6.942.000 "
818.000 "
1.250.000 — Доходы Золотова
33 пуда
170.000 — ассигн. денежных
25.000 — драгоценн. ассигнаций
4.24.000 — Золот. франковъ
450.000 — исп. донесены
Около 14.000.000 — Заграничн. аффекты

11) Въ Петроградѣ — Заграничн. аффекты въ золотѣ и валютѣ вкладамъ.
    Около 30.000.000 — Донецкаго лесн.
12) " Нью-Йорк — 27.227.000 л.н. франц. гриф.
13) " Лондонѣ — 1.100.000 франц. аффекты
14) " Парижѣ — 22.500.000 зол. франковъ

СЕРИЯ «ДОСЬЕ»

Владлен Сироткин

ЗАРУБЕЖНОЕ ЗОЛОТО РОССИИ

Издательство
«ОЛМА-ПРЕСС»
Москва
1999

ББК 66.61(2)
С 40

Исключительное право публикации книги Владлена Сироткина «Зарубежное золото России» принадлежит издательству «ОЛМА-ПРЕСС».

Выпуск произведения без разрешения издательства считается противоправным и преследуется по закону.

Художник С. Морозов

Сироткин В.
С 40 Зарубежное золото России. — М.: ОЛМА-ПРЕСС, 1999. — 464 с.: ил. — (Досье)
ISBN 5-224-00358-X

В последние годы в России немало говорят и пишут о займах Международного валютного фонда и Всемирного банка, о реструктуризации долгов бывшего СССР и собственно российских Западу и Востоку (Японии). И очень редко — о том, что у России за границей находится только так называемой царской собственности — недвижимости на 300 млрд. долларов и «царского золота» на 100 млрд. долларов. За этим стоит целый комплекс и исторических, и правовых, и остро политических вопросов.

Ответы на них читатель найдет в предлагаемой его вниманию книге, написанной в жанре исторического расследования и основанной на малоизвестных материалах.

Рассчитана на широкий круг читателей.

ББК 66.61(2)

ISBN 5-224-00358-X

© В. Сироткин, 1999
© Издательство «ОЛМА-ПРЕСС», 1999

ОТ АВТОРА

Эта книга могла бы стать обыкновенным детективом о погоне за «золотым тельцом» — шутка ли, 3 тыс. 900 т, почти весь золотой запас царской России, в 1914—1927 гг. оказался за рубежами Отчизны, в банках США, Англии, Франции, Швеции, а также в «чулках» у агентов Коминтерна, повсюду, назло буржуям, разжигавшим пожар мировой пролетарской революции.

Ныне именно из этого золота МВФ и дает России свои пресловутые «транши», да еще за большие проценты.

В конце концов, «люди гибнут за металл», и уже одного этого достаточно, чтобы выстроить замысловатый сюжет книги.

Но у этой «золотой эпопеи» была и другая — военно-политическая сторона, тесно связанная с Первой мировой и Гражданской войнами, с крахом самодержавия и Временного правительства, с захватом власти большевиками и борьбой их противников — Колчака, Деникина и Врангеля — за «единую и неделимую».

Ведь за редким исключением — чехословаки и японцы в Сибири и на Дальнем Востоке — золото это не было украдено, а сознательно отправлено (90%) Николаем II, Александром Керенским, Владимиром Лениным, Александром Колчаком за границу.

Причем каждая такая посылка оформлялась дипломатическими соглашениями, сохранившими свою силу и до наших дней (например, статьи, что в случае невыполнения условий Антанта и Япония возвращают золото в России).

Именно на этих условиях Николай подписывал секретные финансовые конвенции в октябре 1914 — январе 1917 г. с Великобританией, Керенский со шведами в сентябре 1917 г., Ленин с германским кайзером 27 августа 1918 г., а Колчак с японцами в октябре 1919 г.

И ни одному из них это разбазаривание золотого запаса не помогло.

Николай II вынужден был отречься от престола и был расстрелян, расстрелян был и Колчак, а Керенский сбежал за границу.

Ленин же, вбухав 94 т золота в кайзера (захвачено в декабре 1918 г. французами) и еще больше через Коминтерн в мировую революцию, в конце концов вынужден был расплачиваться контрибуцией, перемещенными художественными ценностями и территориями Западной Украины и Западной Белоруссии совсем не с теми контрагентами, на которых он первоначально рассчитывал.

Его контрагентом стал маршал Пилсудский, разгромивший у стен Варшавы в августе 1920 г. Красную Армию и навязавший Советской России в Риге в марте 1921 г. второй «похабный» Брестский мир.

Как Россия ввязалась в кровавую Первую мировую войну, имея в запасе снарядов и патронов всего на ЧЕТЫРЕ МЕСЯЦА военных действий — для историков до сих пор загадка. Но не меньшая загадка — и поиск выхода из этой экстремальной ситуации: царь решил закупить оружие за границей на русское золото.

Причем посылать его «кругосветкой» — через всю Сибирь и Дальний Восток, далее на японских военных судах в США и Канаду (там часть золота оставили для строительства пороховых заводов) и далее через Атлантику в Англию и Францию (закупки готового вооружения).

Одна такая посылка шла 6—7 месяцев, причем последнюю, в марте 1917 г., украли японцы, а аврально строившиеся пороховые заводы в США стали давать готовую продукцию к осени 17-го года, когда все уже было кончено — русская армия развалилась и власть захватили большевики, сразу же «замирившиеся» с германцем.

И ведь всё понимали власть предержащие в России. Образованнейший фабрикант, владелец крупнейшего Русско-Азиатского банка и девяти оружейных заводов Алексей Путилов в мае 1915 г. пророчески предсказывал послу Франции в Петербурге Морису Палеологу: «Вся эта вакханалия с золотом и оружием приведет к революции, а она погубит Россию, ибо от буржуазной революции мы тотчас же перейдем к революции рабочей, а немного спустя к революции крестьянской. Тогда начнется ужасная анархия, бесконечная анархия... анархия на десять лет... Мы увидим вновь времена Пугачева, а может быть, и еще худшие...»

Какую роль в разжигании этой АНАРХИИ сыграло экспортное русское золото, что с ним стало и как сегодня идет борьба за его возвращение — об этом наша книга.

Владлен Сироткин,
председатель Международного экспертного совета
по материальным и культурным ценностям
за рубежом Российского Фонда Культуры.

Май 1999
Москва

Глава I

ОТКУДА У ЦАРСКОЙ РОССИИ СТОЛЬКО ЗОЛОТА И НЕДВИЖИМОСТИ ЗА РУБЕЖОМ?

ЗОЛОТО И ВНЕШНИЕ ЗАЙМЫ

Когда с 1909 г. через частное туристическое товарищество известной меценатки графини В. Н. Бобринской (предшественника «Спутника» и «Интуриста») сначала в «ближнее» (автономная Финляндия, Швеция), а затем и в «дальнее» (Германия, Франция, Италия) зарубежье (на основе дарованных манифестом Николая II от 17 октября 1905 г. свобод проживания и передвижения его подданных «всех званий и состояний») поехали с 50-процентной скидкой массовые организованные группы «безлошадной» провинциальной интеллигенции (земские учителя, врачи, фельдшеры, статистики и т. д., т. е. все те 40-рублевые сельские интеллигенты, которые за свой «кошт» не могли бы купить билет до Парижа — 80 зол. руб. в оба конца), они с удивлением обнаружили: русскую ассигнацию без проблем меняют в любом банке Берлина, Вены, Рима или Парижа, а что касается «рыжиков» (золотых николаевских монет по 5 и 10 руб.), то в мелких лавках их охотно берут и без обмена на местные деньги, и даже в два-три раза выше официального биржевого курса (1 зол. руб. в начале XX в. равнялся 2,667 фр.).

Знали бы эти российские туристы, в массе своей пылко осуждавшие «проклятый царизм» и составившие в Феврале 1917 года лидирующую прослойку «революционной демократии» в провинции, кто обеспечил им такое уважение к русскому рублю за границей?

А обеспечили эту стабильность, комфортабельное и интересное путешествие три «царских сатрапа», три министра финансов с 1881 по 1903 гг. — профессор Харьковского университета экономист Н. Х. Бунге, основоположник теории автоматического регулирования академик И. А. Вышеградский и бывший билетный кассир с дипломом Одесского университета, затем начальник службы движения частной Юго-Западной ж. д. математик Сергей Юльевич Витте.

Кратко суть их денежной реформы состояла в переводе с традиционного для XVIII—XIX вв. серебряного паритета бумажного рубля (ассигнации) на паритет золотой. Для этого необходимо было сначала накопить необходимый золотой резерв, чем и занялись Бунге и Вышеградский.

Внутренних источников накопления было три:
— увеличение государственной золотодобычи на Урале и в Сибири (рекордная цифра была достигнута в 1914 г. — 66 521,7 кг; для сравнения — в Советской России в 1920 г. — всего 1 738,4 кг [1]; в 1993 г. в РФ — при неизмеримо возросших по сравнению с 1914 г. технических возможностях — электричество, драги, экскаваторы и т. п. — всего 132 144 кг [2]; в 1996 г. — и того меньше — 120 т)
— резкое увеличение экспорта сельхозпродукции (зерна, масла, мяса, меда, молочных изделий и т. д.)
— введение госмонополии на водку и табак и значительное повышение цен и налогов (акцизов) на них, учитывая, что тогдашней нормой потребления и учета было *ведро водки* (к 1914 г. акциз на ведро водки давал 1 млрд. зол. руб. из всего госбюджета империи в 3,5 млрд.) [3].

С 1881 по 1894 г. шло накопление золотых резервов — при Бунге в 1886 г. они поднялись до 367 млн. зол. руб., при Вышеградском к 1892 г. — 642 млн. и, наконец, Витте (при 895 млн.) в 1894 г. начал свою знаменитую «золотую реформу» — обмен старых бумажных ассигнаций на новые, «золотые», т. е. приравненные к золотому паритету.

К 1897 г. введение «золотого рубля» (в любом отделении Госбанка Российской империи «старые» бумажные деньги один к одному менялись на «новые», а те — при желании любого владельца — на золотые чеканные «пятерки» и «десятки») было завершено, и к 1900 г. «старые» деньги окончательно выкуплены государством. Из «старых» в обращении осталась только мелкая серебряная и медная разменная монета.

Никогда больше ни до, ни после в России не проводилась подобная неконфискационная реформа и население не было обобрано так, как это случилось при Сталине в 1947 г., при Хрущеве в 1961 г., при Ельцине в 1992 г.

В итоге за неполные 30 лет, с 1886 по 1914 г. золотой запас России вырос более чем в пять раз (!) и являлся самым крупным в Европе, превышая сумму в 1 млрд. 695 млн. зол. руб.[4].

Укрепление золотой стабильности рубля открыло еще одну возможность пополнения казны — на этот раз иностранной валютой. Речь шла о золотых французских франках (напомню — за золотой рубль давали два золотых франка 67 сантимов), которые с 1887 г. рекой потекли в Россию в обмен на русские внешние займы во Франции: с 1887 по 1891 г., по 4 млн., т. е. за пять лет — сразу 20 млн. зол. фр.[5].

Что это за «золотой дождь» и почему французы, при всей их известной скупости, пачками начали скупать русские ценные бумаги не только государственных (скажем, «железнодорожного займа» 1880 г. — шесть выпусков облигаций), но и частных (например, «Общества Московско-Ярославско-Архангельской ж. д.», 1897 г.) российских компаний?

Не были ли это столь знакомые нам по последним годам «пирамиды» типа пресловутых АО МММ или «Чары»?

Здесь необходимо сделать одно отступление.

Россия всегда, по крайней мере с Петра I, охотно занимала (хотя не всегда в срок и не столь охотно отдавала: в 1768 г. в Голландии заняли 5,5 млн. гульденов, а вернули их — пусть и с процентами — лишь через 130 лет — в 1898 г.) деньги за границей.

Екатерина II набрала займов на 41 404 681 руб. и при жизни не вернула ни копейки — расплачивались ее преемники.

В период революционных и наполеоновских войн России с Францией главным кредитором выступала Англия: с 1792 по 1816 г. набрали более 60 млн. руб., расплачиваясь с англичанами все последующие 50 лет[6].

Кстати, период наполеоновских войн (континентальная блокада 1806—1813 гг.) внес огромную дезорганизацию в европейское денежное обращение. Враги — Франция против Великобритании с Россией — активно использовали своих фальшивомонетчиков для фабричной подделки бумажных денег противника. У Наполеона под надзором министра полиции Жозефа Фуше на двух тайных монетных дворах в Париже день и ночь трудилась большая группа условно-досрочно освобожденных фальшивомонетчиков (некий первый вариант бериевских «шарашек», столь талантливо описанных А. И. Солженицыным), печатая вначале поддельные английские фунты стерлингов, а с 1810 г. — русские ассигнации достоинством в 25 и 50 руб. (ими в изобилии были снабжены офицеры и солдаты «Великой армии» Наполеона накануне вторжения в Россию, а период оккупации Москвы в 1812 г. французская походная типография вовсю печатала фальшивые ассигнации на Рогожской заставе в подворье старообрядческой церкви).

Наоборот, англичане в Лондоне «гнали на гора» фальшивые франки, а русские в Риге (в зависимости от того, с кем в данный момент воевала Россия) — то фунты, то франки, то турецкие динары [7].

Затем до 1826 г. Минфин России «вылавливал» всю эту фальшивую «валюту» и даже «отрапортовал» Николаю I — «задание выполнено», но фактически вплоть до глобальной денежной реформы графа Витте в 1894—1897 гг. фальшивки там и сям периодически всплывали весь XIX в.

В основном внешние займы с Петра I и до Николая I шли на русскую армию (закупку вооружений, строительство «казенных» военных заводов, военного флота и т. д.). Скажем Крымская война 1853—1855 гг., помимо того, что она закончилась позорным поражением, еще и едва не выставила Россию в финансовую трубу — после Парижского мира 1856 г. бюджетный дефицит составил невиданную доселе сумму в 1 млрд. 155 млн. руб.!!

И снова, как и при Екатерине II, платить было некому: Николай I скоропостижно скончался, а его сыну «царю-освободителю» Александру II пришлось выпутываться. Один из методов этого «выпутывания» — отмена крепостного права в 1861 г. за... выкуп (дополнительный налог) с 80% населения империи — крепостных крестьян.

Известное дело — с русского мужика много не сдерешь, войска (налоговую инспекцию) за недоимками посылать надо... Поэтому следующий царь Александр III круто изменил фискальную политику.

Вот тогда-то и пригодились не сановные бюрократы, а ученые-профессора типа Николая Христофоровича Бунге на посту министра финансов. Это была очень интересная и противоречивая эпоха, когда для одних (Н. Г. Чернышевского, повешенного брата Ленина — Александра и других «революционных демократов») обер-прокурор К. П. Победоносцев «над Россией простер совиные крыла» (А. Блок, из поэмы «Возмездие»), но для других (Бунге, Витте, Менделеев) Россия вступила в полосу индустриальной модернизации (по темпам железнодорожного строительства начала догонять США, а по «золотой валюте» — и обогнала).

По рекомендации профессора Бунге царь лично в 1888 г. отправился в Париж (формально — на открытие Всемирной промышленной выставки) и сразу занял у французских банкиров 8 млрд. зол. фр. на «железнодорожное строительство» в России. Но занял — и в этом было **принципиальное отличие от всех предыдущих и последующих займов России (СССР)** — не под честное слово царя (президента), а под русское «залоговое золото», которое доставили во Францию и положили на депозит (в залог) как гарантию займов во франках.

С тех пор Россия и при царях, и при «временных», и при Колчаке стала применять эту практику*, что накануне Октябрьской революции приведет к тому, что ²/₃ золотого запаса (на 2 млрд. 503 млн. зол. руб.) на 1 октября 1917 г. окажется за границей, преимущественно в Англии, Франции, США и Японии [8].

Но у Александра III особого выбора не было. Дефицит бюджета не уменьшался, «выкупные платежи» с крестьян за «свободу» поступали туго (а в 1883 г. по случаю своей коронации царь их вообще отменил, как позднее руководители СССР будут списывать недоимки с колхозов и совхозов).

---

* В СНГ эту «царскую» традицию сегодня продолжают в своих внешнеэкономических связях с Западом и Востоком (Япония, Турция, Иран) Казахстан, Узбекистан и Туркменистан. — *Примеч. авт.*

А тут еще приспела государственно-стратегическая проблема выкупа скороспело построенных и большей частью убыточных частных железных дорог России в казну.

Помните знаменитую «Железную дорогу» великого русского поэта Николая Некрасова с ее «грамотеями-подрядчиками», грабившими неграмотных работяг? А вот четверостишье того же поэта, но из другого стихотворения:

> Сплошь да рядом — Видит Бог!
> Лежат в основе состоянья
> Два-три фальшивых завещанья,
> Убийство, кража и поджог!

Нынешняя эйфория с приватизацией и акционированием — отнюдь не новость для России. Все это уже было в 80—90-х годах прошлого века, только в обратном порядке: сегодня госсобственность делают «частной» (акционированной), тогда из «частной» (но за выкуп) делали государственной.

При Александре II, сразу после Крымской войны, начался железнодорожный бум. Возникли сотни (если не тысячи) крупных и мелких «товариществ» по строительству железных дорог, иногда длиной всего в десять — пятнадцать верст (кто сейчас кроме историков помнит Подольскую, Новгородско-Великую или Моршанско-Сызранскую ж. д.?). Многие из них оказались «липовыми» — кредиты у казны выпросили, но ничего не построили. Другие хотя и построили, но настолько халтурно, что казенная железнодорожная инспекция их «пути» к эксплуатации не допустила. А те, что допустила, оказались недолговечны. И сам царь на себе испытал, что значит русский купец-подрядчик из тогдашних «новых русских», когда он строит тяп-ляп, лишь бы сдать «объект» и зашибить деньгу.

И здесь уместно процитировать отрывок из еще одного стихотворения Н. А. Некрасова времен железнодорожного бума — «Доллар»:

Грош у новейших господ («олигархов» минувшего века. — *Авт.*)
Выше стыда и закона.
Нынче (а сегодня? — *Авт.*) тоскует лишь тот,
Кто не украл миллиона.

Что ни попало — тащат.
«Наш идеал, — говорят —
Заатлантический брат.
Бог его — тоже ведь доллар»...

Во всех советских хрестоматиях по русской классической литературе XIX века на этом некрасовское стихотворение обрывалось — и так достаточно для критики и отечественного капитализма, и «заатлантического» империализма в США.

Но Некрасов-то вовсе и не критиковал капитализм как таковой — он критиковал отечественных жуликов и воров, особенно в период реформ и «прихватизации»:

Верно! Но разница в том:
Бог его (американского «брата». — *Авт.*) — доллар,
добытый трудом,
А не украденный доллар!

...Незадолго до поездки в Париж Александр III со своими чадами и домочадцами отправился из Петербурга на отдых в Крым. Путь лежал по Юго-Западной частной ж. д. И надо же было такому случиться: на одном из поворотов из-за «не по ГОСТу» положенной насыпи (да ее еще и подмыло дождем, а дренажа не было — подрядчики «сэкономили») царский поезд 17 октября 1888 г. сошел с рельсов. Только чудо да недюжинная сила царя (пока не подоспела помощь, он держал крышу вагона на своих плечах, иначе бы она раздавила всю его семью) спасли царскую семью от гибели [9].

Назначенная министром путей сообщения комиссия из отечественных петербургских и иностранных инженеров установила, что целые участки этой ж. д. были построены с вопиющим нарушением технических норм. Дальше — больше. Устроили глобальную проверку всех железных дорог России — главой определили С. Ю. Витте, к тому времени признанного авторитета железнодорожного дела. Картина получилась ужасающая — как и в наши дни с 450 «частными» (виноват — «акционированными») компаниями, на которые растащили «Аэрофлот» (у иных было всего по два — три самолета, да и те не летали — то крыло отвалилось, то колес нет), — подавляющее большинство карликовых «дорог» оказалось нерентабельными и опасными в эксплуатации*.

И как недавно маршал авиации Евгений Шапошников пытался собирать в кулак «Аэрофлот», так за 120 лет до него Александр III деприватизировал железные дороги за выкуп. Конечно, у Шапошникова не было таких больших денег, он ведь не «царь», чтобы выкупить обратно, скажем, «Якут-Саха авиалинии». У настоящего царя они были, точнее, он их нашел — сразу 8 млрд. зол. франков (к слову — на эти деньги тогда можно было выкупить в казну не только русские, но и половину американских железных дорог)**.

Но деньги не просто взяли, как берет РФ сегодня кредиты у «семерки», Всемирного банка или Международного валютного фонда. Под эти «железнодорожные займы» выпустили «золотые» облигации из расчета 4 % годовых (в самой Франции процент и тогда, и сегодня редко составляет более 3 %), честно указали — деньги идут на выкуп русских частных железных дорог, причем в их последующей реконструкции (и строительстве новых) будут участвовать иностранные банки и промышленные компании.

---

* К началу XX в. правительство выкупило у «частника» около 70% всех акционированных ж. д., но некоторые, например, стратегическая Брестская (ныне Белорусская) так до 1914 г. и остались в руках предшественников Мавроди. Стоит прочитать недавно вышедшие мемуары сына известного театрального деятеля и мецената Ю. А. Бахрушина («Воспоминания». М., 1994), чтобы убедиться: не случайно частный русский капитал называли «ситцевым»; за пределами ворот текстильной фабрики он еще был слаб в эксплуатации таких сложных технологических и экономических комплексов, как железная дорога. Даже такая, казалось бы, благополучная частная дорога, как Московско-Ярославско-Архангельская (продававшая, кстати, свои облигации за границей) и та, подобно Приморской ж. д. в наши дни, к началу века оказалась банкротом, а председатель ее правления, известный меценат-балетоман Савва Мамонтов — в тюрьме. — *Примеч. авт.*

** Кстати, выкупали и не чохом и не в один день, как потом поступали большевики (в 1917 г. — декрет о национализации) или духовные их наследники — «демократы» (1992 г. — разгосударствление и акционирование), а постепенно: более или менее рентабельные частные дороги не трогали, сам процесс выкупа не форсировали, он тянулся более десяти лет.

Рачительному отношению к казенным деньгам способствовало и то, что в 80—90-х гг. прошлого века МПС не было еще «государством в государстве», а входило на правах всего лишь одного из департаментов в Минфин России. — *Примеч. авт.*

Это сразу повысило заинтересованность французских банков в инвестициях (к 1914 г. — 67% в металлургии и 75% в угольной промышленности на юге России). Такие финансовые гиганты Франции, как Crédit Lionnais (с 1879 г. обслуживал весь Дом Романовых), Paribas, Société Générale вложили перед 1914 г. в русскую индустрию (уголь, нефть, химия, металлургия и т. д.) до 2 млрд. зол. фр. инвестиций*.

В железнодорожный бизнес в России включилось и государственное «Национальное общество ж. д. Франции». Его крупнейшим подрядом стало участие в строительстве Транссибирской магистрали, побившем все мировые рекорды подобных гигантских строек — всего девять лет (1891—1900 гг., за исключением небольшого участка вокруг озера Байкал).

Вспомним, что БАМ строят вот уже 25 лет, и все никак не закончат...

Конечно, свою благоприятную роль как для обычных (семь в 1880—1896 гг.), так и «железнодорожных» (три только в 1888—1894 гг.) займов сыграла международная конъюнктура. Ведь вначале русские самодержцы ориентировались на Германию, монархический режим которой больше импонировал их политическим вкусам. И даже первый «железнодорожный» заем 1880 г. Россия вначале размещала не во Франции, а в Германии — и деньги у немцев есть, и техника посильней, чем у французов. Но канцлер Отто фон Бисмарк оказался, как и Наполеон Бонапарт, по меткому замечанию проф. А. З. Манфреда, «гениально ограниченным» человеком. Он не сумел преодолеть «крымского синдрома» — Россия навсегда осталась лично для него (также, как и для Фридриха Энгельса) «жандармом Европы», и он не хотел ее финансового и технологического усиления.

Бисмарк, безусловно, понимал, что для русских царей вопрос — «частная» это железная дорога или «казенная» — дело десятое: главное — ее военно-стратегическое значение. Расширил же царь Николай I ж. д. колею в России, наплевав на убыточную перевалку грузов на границе — главным тут была военная целе-

---

* Например, трамвай в Москве, Киеве и Одессе был построен и пущен франко-бельгийским обществом с участием русского капитала. — *Примеч. авт.*

сообразность — враг не доедет без пересадки до Москвы. Тем более что все военные Европы знали: царь Николай проиграл Крымскую войну, в том числе и... из-за железных дорог — ни одна из них к середине XIX в. не была построена не то что в Крыму, а даже близко к Крыму. Противники же России в короткий период осады Севастополя умудрились построить в Балаклаве собственный стальной путь, завезли паровозы и вагоны и добивали героев первой Севастопольской обороны матроса Кошку и медсестру Дарью Севастопольскую пулями да снарядами, а тем подвозили все снаряжение на волах.

Поэтому и «национализация», и «железнодорожные» займы — это явно военная стратегия, а зачем немцам усиление России? — полагал Бисмарк. И он в 1880 г. дает команду: провалить первый русский «железнодорожный» заем в германских банках, несмотря на его высокий процент.

И хотя в Берлин еще раньше, чем в Париж, завезли «залоговое золото», политика оказалась сильней экономики: как по команде, германская пресса подняла крик — и золото де это «поддельное», и Россия — «без порток, но в шляпе», и 4% — это «липа», и т. д. В итоге русские «железнодорожные» акции никто покупать не стал и они пошли на берлинской бирже ценных бумаг «с молотка» за 70% номинала.

В те времена это был гигантский всеевропейский финансовый скандал, надолго поссоривший Германию и Россию. Спасая лицо, Александр II приказал срочно перевезти «залоговое золото» из Берлина в Париж и туда же отправить остатки русских ценных бумаг.

А французам все это было на руку. Франко-германские противоречия обострялись и в колониях, и в Европе. Во французском обществе зрели настроения реванша за отторжение в 1871 г. «французского Крыма» — Эльзаса и Лотарингии, а тут — готовый военный союзник сам просится в Париж, да еще «залоговое золото» везет из Берлина!!!

Мудрено ли, что когда новый молодой русский царь Николай II с супругой прибыл в октябре 1896 г. в Париж, ему был устроен такой прием на улицах французской столицы, какой даже Н. С. Хрущев не устраивал своим космонавтам на улицах Москвы.

Тщетно социалисты и антимилитаристы Жюль Гед и Жан Жорес били тревогу по поводу «сближения свободы с абсолютизмом», а всемирно известный писатель Анатоль Франс предостерегал: «...Пусть имеющий уши да слышит: мы предупреждаем — наших граждан ждет гнусное будущее, если они готовы и далее одалживать деньги русскому правительству, когда и после этих займов оно может убивать, вешать, уничтожать по своему усмотрению и игнорировать любое стремление к свободе и цивилизации на всем пространстве своей огромной и несчастной империи» [10].

Увы, великий писатель, наверное, запамятовал, что у французского обывателя сердце слева, но бумажник справа. Да и как можно было великому гуманисту, но наивному в политике писателю тогда догадаться, что крупнейшая за всю историю франко-русских отношений финансовая афера 1880—1914 гг. по перекачке сбережений мелких французских держателей акций «русских займов» в Россию имела мощнейшее, как бы сказали в советское время, идеологически-финансовое прикрытие. Почти вся парижская печать (крупнейшая «Фигаро», выходящая и поныне, «Тан» — ее с 1944 г. сменила «Монд», «Пти Журналь», «Эко де Пари», «Пти паризьен», «Орор» и еще два десятка газет и журналов), не говоря уже о провинциальной — «Депеш ди Миди» (Тулуза), «Марсельеза» (Марсель), «Свобода» (Лимож) и десятки других, не минуя и партийные издания («Радикал» — орган правящей с 1901 г. партии радикалов и радикал-социалистов, из которой вышли «тигр Франции» Жорж Клемансо, активный сторонник дипломатического признания СССР в 1924 г. Эдуард Эррио и десятки других видных политиков довоенной и межвоенной Франции), профсоюзных (еженедельник «Синдикат») и даже всемирно известное телеграфное агентство «Гавас» (ныне его сменило «Франс пресс») — все они были куплены императорским российским посольством в Париже, действовавшим через некоего Артура Рафаловича, официального представителя (агента) Министерства финансов России в Париже в 1894—1917 гг.

Образчиком камуфляжа шкурных интересов под прикрытием рассуждений о «великой политике» была, например, заказная статья в «Фигаро» 7 октября

1891 г.: «Патриотизм и правильно понятый интерес французских сберкасс идут рука об руку и уже привели к окошечкам этих касс такое число держателей ценных русских бумаг, какое приходит туда только в часы всеобщего энтузиазма... Это — проявление спонтанных эмоций масс и одновременно сочетание великолепной финансовой операции с политическим актом высокой дипломатии»[11] (1891 г. — начало формирования франко-русского военного союза против Германии).

Вся эта афера с подкупом не только продажных журналистов, но и депутатов (Луи Дрейфус) и даже сенаторов от партии радикал-социалистов (Першо, владелец партийного органа «Радикал») всплыла в начале 20-х годов, когда большевики после Октябрьского переворота обнаружили в архиве МИД России сверхсекретную переписку Рафаловича и тогдашнего царского посла во Франции (1909—1916 гг.) А. П. Извольского с министрами иностранных дел В. Н. Ламсдорфом и С. А. Сазоновым и финансов С. Ю. Витте и В. Н. Коковцовым.

О размерах подкупа говорит одна цифра — только за три месяца (сентябрь, октябрь и ноябрь) 1904 г. на подкуп прессы, депутатов и сенаторов было истрачено 3 млн. 345 тыс. 600 зол. фр.!!!

Большевики на все сто использовали эти разоблачительные документы — в 1918—1920 гг. как моральное обоснование не платить по «царским долгам», а с 1921 г. — НЭП — как средство шантажа продажных французских политиканов и давления перед Генуэзской конференцией 1922 г. по «русскому долгу». А также для форсирования дипломатического признания СССР без «предоплаты» по «царским долгам», хотя все тогдашние премьеры и президенты (Клемансо, Пуанкаре, Мильеран, Вивиани и др.) с 1919 г. публично клялись с трибуны Палаты депутатов или в интервью — «если большевики не заплатят, мы их не признаем».

Признали в 1924 г. (лидер радикалов и премьер Э. Эррио), никуда не делись — большевики не все громкие имена назвали, кое-что припрятали про запас: первый полпред СССР Л. Б. Красин привез на всякий случай в 1924 г. в Париж секретное досье **на всех** купленных с **1880 г. французских политиканов и крупных журналистов** [12].

Признали, ибо орган французской секции Коммунистического Интернационала газета «Юманите» получила из Москвы часть этого досье, и в ноябре — декабре 1923 г. начала публикацию серии разоблачительных статей, дозируя информацию и пока не называя все имена. Впрочем, одно — главное — было названо: Артур Абрамович Рафалович, из крещеных петербургских евреев, финансовый агент Минфина царской и «временной» России, живет в фешенебельном квартале на авеню маршала Фоша 19, в двух шагах от Триумфальной арки (современная Этуаль — Шарль де Голль).

Его секретный счет, писала «Юманите» в 1923 г., открыт в Paribas и в Banque de Paris, счет в «Алжирском кредите» открыт на имя несуществующего месье Ленуара.

В 1894—1917 гг. был вхож во все министерские кабинеты и лучшие политические салоны Парижа. Был избран член-корреспондентом Французской академии, удостоен Ордена Почетного Легиона первой степени, являлся членом многочисленных научных сообществ (политэкономии, статистики и т. д.), был директором собственного еженедельника на французском языке «Финансовый рынок» и прочая, прочая, прочая...

Помимо прямого подкупа Рафалович искусно играл на Парижской бирже ценных бумаг в пользу России. Для этой цели у него была целая сеть заранее подкупленных дилеров во главе с неким де Верней, которые искусственно сбивали котировку, если русские ценные бумаги начинали падать в цене. На такие операции МИД и Минфин не скупились: только в январе 1904 г. на подкуп дилеров и финансовой прессы министр иностранных дел Ламсдорф «отстегнул» Рафаловичу из секретного фонда МИДа единовременно 200 тыс. зол. фр. (сегодня это равняется 3 млн. 800 тыс. фр.).

Для Рафаловича все эти разоблачения в советской и французской прессе 1918—1924 гг. были как с «гуся вода»: ведь с ноября 1919 г. (циркуляр адмирала Колчака по заграничным посольствам и консульствам) членкор Французской академии и кавалер Ордена Почетного Легиона стал единоличным распорядителем «царских» авуаров на сумму в 21 млн. 439 тыс. зол. фр.[13], не считая собственных закрытых счетов.

К 1900 г. облигации «русских займов» расхватывали, как в России горячие пирожки на морозе — их скупило уже более 10 млн. мелких (одна — три облигации) держателей. Люди продавали дома, участки земли, фамильные драгоценности и... покупали «царскую бумагу». Особенно прельщал ловкий ход петербургских финансистов — они первыми (теперь-то в Европе и США это стало нормой) предложили покупать «русские займы» на детей и молодоженов. Еще бы — процент по таким «детским» бумагам достигал 10 и даже 14!!! Да за такой процент какой-нибудь Дюпон мать родную заложит, и ни за каким Жоресом или Анатолем Франсом никуда не пойдет: подумаешь, в России Столыпин крестьян-бунтовщиков вешает, а на реке Лене рабочих расстреливают? Это их внутреннее дело, мы в их «разборки» не вмешиваемся, нам процент подавай.

В начале XX века во Франции появился целый слой рантье, «стригущих купоны» от русских займов. И то сказать — к 1910 г. продажа облигаций «русских займов» дала гигантскую сумму в 30 млрд. зол. фр., 21 млрд. из которых перекочевали в Россию. На Парижской бирже в тот же год из трех иностранных облигаций одна обязательно была русской[14].

Показателем стабильности и высокой доходности русских ценных бумаг стала их скупка не только мелкими рантье, но, что было очень важным для инвестиционной политики России, их покупка крупными заграничными банками. Если в 1900 г. этот процесс только начинался, то к 1917 г. доля иностранных акционеров-держателей ценных бумаг русских банков достигла $^1/_3$ (34%), причем конкурентами здесь выступали французские (47%) и германские (35%) банки[15].

Даже сегодня, когда со дня краха этой системы «стрижки купонов» в 1918 г. прошло почти 80 лет, пять французских обществ держателей ценных бумаг насчитывают свыше 500 тыс. членов и требуют вернуть их деньги (с учетом инфляции и процентов) на фантастическую сумму в 140 млрд. зол. фр.[16].

К проблеме — кто кому и сколько должен? — мы еще не раз вернемся в этой книге.

Пока же затронем обратный процесс — отток золота и иностранной валюты из России после начала Первой мировой войны, с октября 1914 г., отток, который не прерывался ни всю мировую и гражданскую войну (1914—1922 гг.), ни «перестройку» 1985—1991 гг., и не зависел от политической окраски отправителей золота — будь они «белые», «красные» или «розовые».

* * *

На канун мировой войны золотой баланс России был явно в пользу внутреннего золотого запаса: 1 млрд. 604 млн. зол. руб. против всего 140 млн. в заграничных банках [17].

И вдруг за какие-нибудь неполные три года соотношение резко меняется — внутри страны остается только 1 млрд. 101 млн., а за границей — втрое больше — 3 млрд. 604 млн. зол. руб. В чем дело?

Здесь возможны два главных объяснения.

Во-первых, за те недели, что прошли между предъявлением Россией ультиматума Австро-Венгрии 11 июля 1914 г. в защиту Сербии и объявлением 31 июля всеобщей мобилизации, чиновники Минфина России провели молниеносную блестящую операцию по изъятию русских ценных бумаг и «залогового золота» (того немногого, что осталось после финансового скандала 1880 г.) из берлинских банков и бирж.

Уже в ночь с 11 на 12 июля большая группа уполномоченных банковских служащих срочно выехала из Петрограда в Берлин и там за два — три дня изъяла русских ценных бумаг на 20 млн. зол. руб. и успела перевести эту валюту в Лондон и Париж [18] (операция, о которой и не подумали до 22 июля 1941 г. сталинские финансисты, и все имущество и авуары СССР в Германии было конфисковано нацистами).

Гораздо хуже обстояло дело с изъятием «рыжиков» из обращения внутри России: обмен бумажных ассигнаций на золото временно, до окончания войны, был прекращен, но в 1914—1916 гг. удалось изъять золотых «николаевок» всего на 58 млн. — остальные 436 млн. остались «в чулках» у населения [19] (деньги эти в зачет государственного золотого резерва царской России не вошли).

В 1918—1920 и в 1930—1933 гг. большевики через

ЧК и «Торгсины» (магазины «торговли с иностранцами», предшественники хрущевско-брежневских «Березок») начнут выбивать из населения эти золотые миллионы *.

Во-вторых, с октября 1914 г. царское правительство усиленно стало отправлять русское золото за границу. Официальная версия — на закупку вооружений и амуниции. Подавляющее большинство исследователей и в прошлом (В. Новицкий, А. И. Погребецкий, А. Котомкин, П. Д. Климушкин), и в настоящем (С. П. Петров, Дж. Смеле) разделяют эту версию, но есть и несогласные (например, Марина Горбова из Парижа, 1995 г.). Одним из первых поставил версию под сомнение (на 250 млн. зол. руб. ушло золота за границу только через русский Дальний Восток) последний министр финансов «белого» правительства во Владивостоке в 1922 г. Валериан Иванович Моравский. Много лет спустя его сомнения (ничего не зная об архиве Моравского в Гуверовском институте) разделил английский бизнесмен-финансист и историк-любитель Уильям Кларк. В своей научно-популярной книге «Потерянное сокровище царей» (1994) он обратил внимание на любопытный факт: в пяти «золотых посылках», что были отправлены царским правительством за моря (октябрь 1914 г. на английском военном транспорте «Мантуа» под охраной крейсера «Драк» через Архангельск и Белое море — золота на 8 млн. ф. ст. или 75 млн. 120 тыс. зол. руб., в декабре 1915 г. (10 млн. ф. ст.), июне 1916 г. (10 млн. ф. ст.), ноябре 1916 г. (20 млн. ф. ст.) и январе 1917 г. (20 млн. ф. ст.) — всего на 60 млн. ф. ст. русского золота) отдельными коносаментами («местами») грузилось личное золото семьи Николая II **.

---

* Супруга внука последнего председателя Государственной Думы Олега Михайловича Родзянко — Татьяна Алексеевна, живущая с мужем в США, рассказывала мне в 1991 г., что ее девчонкой в 30-х годах «выкупили» жившие в Эстонии родственники, и она легально вместе с родителями поездом выехала из Москвы за границу, в Таллин.

** Согласно давней традиции, восходящей еще к первым Романовым, Николай II имел в личной собственности золотые шахты в Забайкалье (Нерчинский рудник — там, кстати, отбывали свою каторгу декабристы) и на Алтае. Алтай — личный домен царя — он в 1909 г. по просьбе П. А. Столыпина «отписал в казну» для расселения столыпинских хуторян, но золотые рудники оставил за собой. — *Примеч. авт.*

У. Кларк приводит со слов одной англичанки, Лили Ден (Dehn) свидетельство о том, что супруга царя Александра Федоровна, находясь под домашним арестом в Царском Селе в 1917 г., сразу после отречения Николая II (т. е. еще при «временных»), говорила Лили в присутствии фаворитки Анны Вырубовой: царская семья располагает отныне достаточными средствами «в золоте и ценных бумагах» за границей, чтобы жить безбедно и в ссылке [20].

Сравнительно недавно один из наших соотечественников, живущих во Франции, князь Дмитрий Шаховской обратил мое внимание на то, что царица отнюдь не случайно упоминала о «ссылке» (эмиграции). Князь, систематически работающий все летние каникулы в архивах Москвы и Петербурга, не поленился еще раз прочитать оригинал второго варианта отречения от престола (не в пользу сына, а в пользу брата). Так вот — основной мотив отказа в пользу брата: моя семья вместе с детьми **уезжает за границу.**

Следует напомнить, что с началом мировой войны Николай II и все его родственники — великие князья, на «семейном совете» Дома Романовых решили закрыть свои личные счета за границей и перевести все средства в Россию — «на победу»; там же было решено передать свои дворцы в Петрограде под госпитали, а самим жить «на дачах» — в Царском Селе, Павловске, Гатчине, Петергофе и т. д. — именно поэтому Зимний Дворец превратился в гигантский госпиталь, где ни царь, ни Керенский практически не бывали.

В одном только Лили Ден ошиблась — она спутала Bank of England (туда действительно частично пошло «казенное» русское золото, отправленное через Владивосток) с «Barring Brother's Bank», личным (подобно Crédit Lionnais во Франции) банком семьи Николая II.

Эта путаница, кстати, типичная и для советских историков (все «царское» золото якобы принадлежало лично Николаю II, тогда как он сам скрупулезно отличал собственную «золотую шахту» от «казенной», не чета нынешним владельцам «личных» нефтяных вышек) сыграла позднее, в 1920-х гг., злую шутку с самозванкой «Анастасией» Андерсон, якобы «дочерью» царя Николая. Хотя она наняла в советники-адвокаты дипломата Глеба Боткина, племянника известного врача, и пыталась через суд завладеть золотом уже расстрелянных большевиками царя и царицы, дело она проиграла — Bank of England ответил, что «личного» золота ее «отца» у них нет, а «казенное» ее не касается [21].

Любопытно, что то, что не удалось «дочери», успешно реализовал «сын» — М. С. Горбачев. 15 июля 1986 г. с помощью премьера Ее Королевского Величества Маргарет Тетчер Генеральный секретарь ЦК КПСС быстренько при участии Э. А. Шеварднадзе заключил с англичанами «нулевой вариант».

В обмен на те самые «личные» 5,5 тонн золота из своих «золотых шахт» Николая II, что через Дальний Восток и Канаду на японских судах были в 1915—1917 гг. отдельными коносаментами якобы были доставлены в Англию и спрятаны в подвалах «Barring Brother's Bank», СССР выплатил компенсацию мелким британским держателям акций «русских займов» (10% стоимости номинала, или по 90 долл. США на круг), но за это Нобелевский лауреат мира навсегда отказался от 60 млн. ф. ст. (или 5 млрд. 626 млн. долл.), не считая набежавших за 80 лет процентов [22].

Пример столь «мудрого» решения проблем русского золота за границей оказался столь заразительным, что министр экономики правительства Черномырдина Евг. Ясин едва не парафировал в 1995 г. аналогичный «нулевой вариант» с Францией, да наш экспертный совет этому помешал [23].

Самое же трагикомичное состояло в том, что и М. Тэтчер с Горбачевым в 1986 году, и лже-царица «Анастасия» в 20-х гг. делили шкуру неубитого медведя: 5,5 от личного золота царя и царицы до Англии так и не дошли — в марте 1917 г. его захватили японцы (В. Кирсанов. Собирается ли Токио возвращать долг? — «Независимая газета», 5 августа 1998. См. также *Приложение,* таблица 1).

НЕДВИЖИМОСТЬ

Если в отношении российского золота за рубежом с 1880 и по 1922 г. мы по крайней мере можем увидеть документальные «следы» его утечки, располагаем юридическими документами (соглашениями) или, как минимум, расписками (генерал П. П. Петров, атаманы Семенов и Калмыков и др.) о сдаче японцам ящиков или пудов золота на «временное хранение», то в отношении российской недвижимости за рубежом все еще больше тумана, нежели ясности.

Судя по реакции официальных российских властей (совещание представителей министерств и ведомств у вице-премьера О. Д. Давыдова в «Белом доме» 18 января 1995 г.), они все еще никак не определятся — о какой собственности идет речь, сколько ее и с какого конца приступать к ее переводу «на баланс» Российской Федерации?

Время от времени в российской прессе по этой проблеме публикуются отдельные «жареные факты». То вдруг сразу два журналиста (один даже возьмет у меня интервью) заинтересуются «апельсиновым гешефтом» двух высокопоставленных хрущевских чиновников в Израиле, «загнавших» в 1964 г. в обмен на «бартер» (4,5 млн. «апельсиновых» долл.) уникальные объекты церковной собственности в Иерусалиме [24].

То собкор «Московских новостей» в Париже, бывший пресс-атташе Посольства СССР во Франции Владимир Федоровский напишет под рубрикой «скандал» о некрасивой возне московских ведомств вокруг особняка графа Шереметева на ул. Буассьер в связи с тем, что арендовавшее его с 1975 по 1992 г. прокоммунистическое общество «Франция — СССР» (ввиду распада СССР и концом субсидий от ЦК КПСС) обанкротится и особняк вдруг окажется «ничейным» [25].

И, наконец, известный «разгребатель грязи» и борец с коррупцией Александр Минкин опубликует с приложением многочисленных документов сенсационную статью «Как заработать первый миллион долларов?», в которой в духе захватывающего детектива расскажет, как три ответственных чиновника бывшего Министерства внешней торговли СССР лихо, «на троих», «приватизировали» в 1990 г. два старейших советских внешнеэкономических объединения — «Автоэкспорт» и «Тракторэкспорт», фактически присвоив себе их «советскую» собственность (здания, оборудование, счета и т. п.) в Бельгии, Германии, Швеции, Финляндии и Чехии [26].

Подобные журналистские расследования с наивным вопросом — почему именно этим конкретным чиновникам или даже отдельным вице-премьерам досталась за границей та или иная «советская» собственность? — оказались делом далеко не безопасным. Минкина, например, вскоре после его публикаций о коррупции генералов... избили у его же дома.

Известную журналистку Елену Кожевникову-Эриксон за ее статьи в журнале «Столица» о сомнительных махинациях людей из окружения О. И. Лобова с недвижимостью во Франции (в частности, вокруг особняка графа Шереметева в Париже) стали по телефону запугивать анонимы («гляди, кирпич на голову упадет...») и мать двоих маленьких детей, несмотря на то что у нее муж иностранец, норвежский журналист в Москве, в панике обратилась в наш экспертный совет — дайте оправдательные документы по «графскому особняку».

Впрочем, журналистка осталась жива, а вот журнал «Столица» вместе с главным редактором А. Мальгиным и всем журналистским коллективом скоро... «скушали» — не лезьте не в свои дела, разоблачайте коммунистов, империалистов, гомосексуалистов, а не окружение вице-премьеров.

И хотя кирпичи, слава Богу, на головы журналистов пока не падают, но документы по недвижимости уже горят. Как сообщил в наш экспертный совет руководитель группы архивных исследователей В. П. Никифоров, в ФРГ странными пожарами 21 июня 1992 г. (г. Потсдам) и 18/19 апреля 1993 г. (г. Барби) было уничтожено более 5 тыс. документов, «подтверждающих права собственности Западной Группы войск (ЗГВ) на недвижимое имущество» [27].

Таких «разоблачительных» публикаций и справок за 1992—1996 гг. в различных печатных российских изданиях или поступивших в наш совет можно насчитать уже десятки, но они, увы, не дают, как правило, ответа на главные вопросы — о преемственности какой собственности («царской», советской или российской в СНГ) идет речь, каков механизм ее возвращения (правовая база, юридические посредники, на чей баланс ее переводить) и какова вообще суммарная стоимость этой собственности?

Попутно, за незнанием предмета, журналисты изощряются в домыслах. Так, одна бойкая корреспондентка написала, что «вполне может случиться так, что цена, которую придется заплатить России, доказывая право собственности, может сравняться со стоимостью объектов по выигранным делам».

Та же корреспондентка чуть ниже пишет, что цена зарубежных «объектов» по «различным неофициальным оценкам» их рыночной стоимости «колеблется от 10 до 300 млрд. долл.» [28]. Т. е. на 300 млрд. заявили, и 300 млрд. заплатили «судебных издержек» — баш на баш.

Так стоит ли игра свеч?

Могу с уверенностью сказать, что сама Наталья Самойлова, в отличие от членов нашего экспертного совета, ни с одним представителем зарубежных юридических фирм о «судебных издержках» не беседовала. Иначе она не запускала бы подобных «уток». Скажем, мне довелось в Лондоне, Париже и Нью-Йорке вести предварительные неофициальные переговоры с руководством крупнейших английских и американских юридических фирм «Пинкертон» и «Скадден». У них — не у нас: за «судебные издержки» гонорары берутся не с потолка, а либо «по часам» (максимум 450 долл. за час.), либо по проценту от стоимости выигранного в суде объекта недвижимости, причем чем дороже объект, тем ниже процент, но в любом случае, как правило, предоплата. Так вот, если бы одна из этих фирм взялась по поручению правительства России вести «дело о 300 млрд. долл.», более чем на один процент, т. е. 30 млн. долл., она бы не претендовала.

Согласитесь, такая «цена, которую придется заплатить России», вполне приемлема. Более того, директор службы консалтинга и расследования фирмы «Пинкертон» Николас Берч даже обратился ко мне с официальным письмом 26 февраля 1993 г., предлагая немедленно прибыть в Москву и начать переговоры с официальными лицами правительства РФ без всякой предварительной «предоплаты» [29].

Хуже другое. Озвученная журналистской идея о непомерной цене «судебных издержек» имеет широкое хождение в самых высоких кругах российского истеблишмента. От одного из ныне действующих министров Правительства РФ еще два года назад я лично слышал нечто подобное.

В значительной мере вина за всевозможные журналистские слухи и домыслы лежит на Мингосимуществе РФ, которое (и тут я полностью согласен с Натальей Самойловой) на сегодняшний день располагает не «**реестром собственности** России», а лишь «**реестром претензий** России на собственность» (выделено мной. — *Авт.*).

Учет зарубежной собственности России возложен на Мингосимущество (постановление Правительства РФ № 14 от 5 января 1995 г. «Об управлении федеральной собственностью, находящейся за рубежом»).

Но как отмечалось в аналитической справке Счетной палаты (1996 г.), Мингосимущество не выполнило указание правительства 1995 г. о создании автоматизированной системы учета, поэтому оно так и не создало полный реестр принадлежащих России зарубежных объектов (добавим, что реестра не было и в конце 1998 г.). Не выполнено и другое постановление Правительства за № 1211 от 12 декабря 1995 г. «Об инвентаризации собственности РФ, находящейся за рубежом». В результате так и не разработана *методика оценки* зарубежной собственности, включая не только недвижимость, но и капиталы бывших советских заграничных банков (по подсчетам иностранных аудиторов — на 4 трлн. руб. в ценах 1996 г.), а также их акции в зарубежных СП (еще до 64,5 млрд. руб.).

Да и что могли сделать девять сотрудников управления собственности за рубежом и межгосударственных имущественных отношений Мингосимущества, не имеющих ни компьютерной техники для учета, ни своих представительств за рубежом?!

В итоге разнобой в подсчете объектов недвижимости за рубежом достигает огромных размеров: Счетная палата (1996 г.) полагает, что таких объектов всего 1509 в 112 странах мира, а Российский центр приватизации (РЦП) бывшего вице-премьера и главы ГКИ Максима Бойко, одна из «контор» перекачки средств из международных банков, созданная А. Б. Чубайсом, насчитывает 2489 в 122 странах мира, да еще более 500 СП с участием российского капитала (1998 г.) [29а].

При этом и Счетная палата, и РЦП ссылаются

на данные, полученные в одном и том же Мингосимуществе.

Стоит ли после этого удивляться, что пишущие по этому предмету журналисты совершенно запутались и поэтому выдвигают какие-то фантастические версии.

Сей печальный факт был наглядно продемонстрирован на двух ответственных мероприятиях — межведомственном совещании бывшего вице-премьера О. Д. Давыдова в «Белом доме» 18 января и пресс-конференции бывшего зампреда ГКИ — куратора департамента зарубежного имущества и экс-«сенатора» Валерия Фатеева 3 июля 1995 г.

На совещании у О. Д. Давыдова, где с основными сообщениями о «царской» собственности за рубежом выступили члены Международного экспертного совета М. В. Масарский и В. Г. Сироткин, в итоговом протоколе было записано: «1. Считать необходимым активизировать работу министерств и ведомств по поиску и оформлению (?!) прав собственности РФ на имущество бывшей Российской империи за рубежом; 2. Поручить (далее следует перечень министерств и ведомств — МИД, СВР, Росархив и т. д. — *Авт.*) провести поиск архивных материалов, подтверждающих права РФ на собственность за рубежом и ежеквартально докладывать об этих поисках в Правительственную комиссию по защите имущественных прав РФ за рубежом [30].

При знакомстве с этим уникальным документом возникают по крайней мере два вопроса:

а) у всех министерств и ведомств на 18 января 1995 г. не было реестра «царской» собственности, которая могла бы принадлежать им как ведомственным правопреемникам; симптоматично, что в перечне «недоимщиков» по реестру зарубежной собственности числится и ГКИ. Стало быть, работу по составлению реестра «царской» собственности правительству надо начинать с нуля?

б) составители протокола весьма смутно представляют объем архивной работы по «царской» собственности (а это, как минимум, надо «перелопатить» документы только 10—15 архивов Москвы за 300 лет); отсюда бюрократический окрик — «докладывать ежеквартально» — сродни салтыково-щедринскому Угрюм-Бурчеевскому «Закрыть Америку!».

В молодости мне доводилось работать в «царском» Архиве внешней политики России МИД СССР, на основе которого межведомственная Комиссия по изданию дипломатических документов с 1957 г. издавала объемистые сборники «Внешняя политика России XIX — начала XX вв.». Так вот, эта Комиссия, аппарат научных и архивных работников которой в разные годы достигал 20—40 человек, до настоящего времени за 40 лет выпустила всего 16 томов (в среднем на поиск документов только по одному тому уходило от двух до трех лет).

Тесно сотрудничающие с нашим экспертным советом коллеги из ассоциации «Безопасность предпринимательства и личность» сообщили, что, работая в архиве по сравнительно узкой проблематике — собственность Западной Группы Войск (ЗГВ) СССР в Германии — они задействовали свыше 12 человек специалистов-архивистов, потратили более двух лет для просмотра свыше 60 тыс. дел по так называемому оккупационному праву и пока выполнили лишь 50% объема работы (343 объекта собственности).

А ведь оба примера — это работа преимущественно в одном архиве на заранее определенном хронологически узком отрезке времени и при уже отработанной методике (ищут либо дипломатические донесения, либо незаконно проданное генералами ЗГВ имущество).

Самое же смешное состояло в том, что через две недели после совещания у вице-премьера ко мне домой позвонила сотрудница секретариата тогдашнего председателя Росархива Р. Г. Пихоя (его «контору» также помянули в протоколе на предмет «ежеквартальной» сводки) и попросила не в службу, а в дружбу (мы с ней оказались однокашниками по учебе на истфаке МГУ) дать хоть какой-нибудь перечень «царских» объектов недвижимости за рубежом. «Зачем тебе это, Вера? — удивился я. — Возьми любую из моих публикаций, ну, вот хотя бы в «Дипломатическом ежегоднике» за 1992 год и перепиши названия тридцати семи объектов «царской» церковной недвижимости в Израиле, Ливане, Сирии и Египте». Нет, отвечает она, нам нужно со ссылкой на архив, фонд, дело, чтобы «бумага» выглядела солидно. А как же — архивные работники, оперативно выполняем задание вице-премьера...

Дал я, конечно, своей однокашнице пару — тройку названий с архивными шифрами, но подумал: «А кого мы обманываем, разве вице-премьера, не себя ли?»

Не меньшее огорчение вызвала у меня и пресс-конференция зампреда ГКИ Валерия Фатеева 3 июля того же года, на которой я присутствовал. Спору нет, конкретные цифры стоимости зарубежной собственности РФ впечатляли: 106 стран, на 3,3 млрд. долл. — недвижимость, на 5,9 млрд. долл. — доли капитала в СП, причем больше всего недвижимости в Иране (на 1 млрд. долл. — рыбные концессии промышленников Лианозовых с 1876 г., еще в 1921 г. переданные СССР), а долей СП — в Великобритании (на 3 млрд. долл.).

Не лишены были интереса и чисто юридические аспекты. Например, по информации Фатеева (и это верно!), земельные суды в Германии упорно не признают РФ правопреемницей СССР (поскольку парламенты большинства стран СНГ до сих пор не ратифицировали межправительственные соглашения о передаче своих прав на зарубежную собственность СССР в пользу РФ в обмен на выплату их части внешнего долга СССР), но странным образом принимают иски, если они подаются от имени... несуществующего СССР (выходит, юридически для немецких судей СССР все еще существует?!).

Можно согласиться с Фатеевым, когда он констатирует, что «особую сложность вызывает подтверждение прав на имущество, ведущее свою родословную со времени царской России и на собственность по итогам Второй мировой войны — реализация оккупационного права, репарации» [31].

И все же эта длительная (включая вопросы журналистов) и несколько сумбурная пресс-конференция зампреда ГКИ породила больше вопросов, чем ответов.

Во-первых, вызвал вообще недоумение отказ Фатеева дать хотя бы какой-нибудь ответ на вопрос — намерен ли ГКИ заняться судьбой «царского» и «ленинского» золота на Западе?

Во-вторых, мне сразу стало ясно, что чиновники департамента зарубежного имущества ГКИ, подсунувшие своему зампреду конкретные цифры о «царской» недвижимости за рубежом (в частности, в Израиле), не владеют материалом (не 24 объекта, а целых 37, и принадлежали они не «одному из великих князей»*, а Российскому правительству, РПЦ, ИППО** и Дому Романовых).

В-третьих, неприятно покоробил бодряческий тон в духе «рапорта» в ЦК КПСС бывшего зампреда. Признав, что решение проблемы зарубежного имущества РФ — не вопрос двух — трех недель и даже «не года и не двух» (что в принципе верно — уйдет не менее десятилетия), г-н Фатеев далее патетически воскликнул: «Еще два — три месяца назад мы не могли назвать даже прозвучавших сегодня цифр (?!). Но еще через два — три месяца комитет сможет представить уточненные данные по каждой отдельной стране и по каждому отдельному объекту».

Но «через два — три месяца» в ГКИ не было ни зампреда Фатеева, ни первого зама А. И. Иваненко, ни самого председателя А. И. Казакова и, уж конечно, никаких «уточненных данных» журналистам за минувшее со времени пресс-конференции время предоставлено не было.

Насколько я информирован, никаких «ежеквартальных» отчетов о поисках в ведомственных архивах от большинства министерств в Правительственную комиссию по защите имущественных прав также не поступало, а если и пришли, то типа той отписки из Росархива (руководителя которого Р. Г. Пихоя за это время тоже сместили), о которой я рассказал выше.

Да что там «ежеквартальные» отчеты! В правительственном протоколе от 18 января 1995 г. черным по белому было записано: Минюсту РФ (В. А. Ковалев) «осуществлять правовую экспертизу выявленных в архивах министерств, ведомств документов и **документов профессора Дипломатической Академии МИД России В. Г. Сироткина**» (выделено мною. — *Авт.*).

Оставив на совести клерков секретариата вице-премьера формулировку о «документах профессора Сироткина» (они — не «профессорские», а собственность

---

* Генерал-губернатору Москвы вел. кн. Сергею Александровичу, убитому террористом-эсером Каляевым в 1905 г.
** РПЦ — Русская Православная Церковь, ИППО — Императорское Православное Палестинское Общество (1882—1917 гг.), воссозданное в 1992 г. постановлением бывшего Верховного Совета РФ.

нашего Международного экспертного совета, оцененные зарубежными юридическими реалтинговыми фирмами в 1 млн. 200 тыс. долл. США), отмечу, что за минувшие два года ни Минюст, ни ГКИ (а он по крайней мере уже 18 января 1995 г. был информирован о «документах профессора Сироткина», даже если его чиновники и не читали свыше 20 моих публикаций в прессе за 1995—1996 гг. и не смотрели по ТВ за то же время по крайней мере шести передач на ту же тему, одна из которых по московскому ТВ в февральский субботний вечер 1996 г. длилась целых 50 минут!) ни разу не обратились в наш совет, и бывшего начальника департамента зарубежного имущества ГКИ В. П. Шумакова я впервые узрел только 8 июля 1996 г. в кабинете члена нашего экспертного совета М. В. Масарского на Старой площади, да и то в связи с тем, что «сверху» поступила команда в ГКИ заключить с нами договор на «генеральный подряд» по возвращению российского золота и недвижимости из-за рубежа.

Кстати, и Правительственная комиссия по защите имущественных прав Российской Федерации за рубежом (поручение Правительства В. С. Черномырдина от 26 октября 1994 г., № А4-П6—33648) также ни разу не удосужилась пригласить «профессора ДА МИД РФ», обладателя столь уникальных документов, ни на одно из своих заседаний (если, конечно, они имели место), хотя сию Комиссию поручено было возглавлять... вице-премьеру О. Д. Давыдову.

После того памятного межведомственного совещания 18 января 1995 г. в «Белом доме» под председательством Давыдова мы с М. В. Масарским еще три года ходили «по инстанциям», стучались во все двери, организовывали пресс-конференции (в американо-российском пресс-центре вместе с депутатами Госдумы, в пресс-центре «Аргументов и фактов» и др.), пока нам в руки не попала справка Счетной палаты (конец 1996 г. — см. Приложения).

И стало ясно, что, несмотря на все самые строгие постановления Правительства и указы Президента за 1992—1996 гг., в деле учета и эксплуатации зарубежной российской собственности царит полная неразбериха, которой умело пользуются для личного обогащения ловкие чиновники различных министерств и ведомств.

Лишь в самом конце 1997 г. с помощью А. И. Вольского нам удалось прорваться к тогдашнему первому вице-премьеру Б. Н. Немцову и с его помощью получить в январе 1998 г. на специальной записке резолюцию Б. Н. Ельцина о создании новой (вместо недействующей комиссии 1994 г. во главе с уже уволенным в отставку О. Д. Давыдовым) межведомственной государственной комиссии по защите имущественных интересов России за рубежом во главе с тогдашним министром иностранных дел Е. М. Примаковым.

Но прошел еще почти год, когда тот же Примаков, но уже в качестве премьер-министра, оформил резолюцию президента постановлением правительства № 1154 от 3 октября 1998 г. о создании такой комиссии во главе с председателем Мингосимущества Ф. Р. Газизуллиным. Но Газизуллин сначала надолго заболел, а затем ушел в отставку, и комиссия до весны 1999 г. так и осталась несформированной.

Пришлось снова толкать — на этот раз через Совет безопасности РФ, и дело с марта — апреля 1999 г. начало вновь медленно-медленно продвигаться вперед (подробней о совещании по этому вопросу в Совете безопасности см. ниже в главе 7).

* * *

И тем не менее с упорством одержимых мы продолжаем работу.

Сразу оговоримся — далее речь пойдет только о «царской» собственности, да и то — далеко не обо всей, ибо и в нашем экспертном совете отнюдь не самый полный ее «реестр» (хотя, безусловно, гораздо более детальный, чем в ГКИ).

Несколько слов о путях формирования нашего «реестра». Систематически он начал создаваться, как и материалы по золоту, с 1991 г. Начали с Архивов внешней политики России, где при содействии зам. начальника Историко-дипломатического департамента МИД РФ В. И. Трутнева нашли и опубликовали уникальный «Список русских учреждений в Палестине и Сирии (1903 г.)» [32].

Под «Палестиной» тогда, в начале нашего века,

понимались «святые места» вокруг «Гроба Господня» в городе Иерусалиме — монастыри, подворья (гостиницы для паломников), церкви с «кущами» (садами) при них, а также сопутствовавшая им «инфраструктура» ИППО — построенные за счет пожертвований россиян для православных арабов детские сады, школы, больницы, здания духовных миссий РПЦ и т. д. По сегодняшнему государственно-территориальному делению на Ближнем Востоке эта «палестинская недвижимость» находится в Израиле (главным образом в Иерусалиме), Ливане, Иордании, Сирии и в северном Египте.

Значительная часть сведений поступила как результат моих поездок по зарубежным странам (Франция, Италия, Великобритания, США, Канада, Греция, Израиль, Ливан и др.). Скажем, летом 1993 г. в составе делегации Комитета по свободе совести бывшего Верховного Совета РФ во главе с протоиереем о. Вячеславом (Полосиным*) как эксперт по международным делам я побывал в Салониках на Европейском конгрессе христианских парламентариев. В рамках конгресса была организована поездка на Святую Гору Афон, в православную мужскую монастырскую общину, и там довелось посетить старейший на Востоке русский Свято-Пантелеймоновский монастырь (XII век), вооружиться многими документами, побеседовать с монахами из России.

В сочетании с ранее опубликованными материалами о Святой Горе Афон [33] личный визит в Свято-Пантелеймоновский монастырь и последовавшие за ним контакты существенно пополнили текущий архив нашего экспертного совета относительно российской церковной недвижимости в «святых землях» [34].

Много интересных данных по отдельным странам «добыли» добровольные помощники нашего совета. Так, по Италии массу сведений сообщил собкор «Известий» в Риме Михаил Ильинский и его жена Татьяна [35]. В частности, Ильинский подробно рассказал

---

* Вячеслав Полосин обучался в Дипломатической академии и в 1993 г. под моим руководством защитил кандидатскую диссертацию на тему: «Церковь и государство в СССР, 1917—1971 гг.». В 1999 г. неожиданно перешел в ислам, став Вечаславом-Али. — *Примеч. авт.*

и мне, и читателям «Известий» о соборе Святого Николая Угодника в городе Бари, что на юге Италии, где он неоднократно бывал лично *.

Иногда сведения поступали совершенно случайно. Например, в 1994 г. на приеме-обеде у посла Франции в Москве П. Морелля в качестве одного из президентов «Ассоциации друзей Франции» я случайно оказался за столом рядом со статной дамой «третьего» (т. е. после 60-ти), как деликатно говорят французы, возраста. Дама оказалась Антониной Львовной Мещерской, дочерью княгини Веры Кирилловны Мещерской, основательницы (в 1927 г.) «Русского дома» — богадельни для престарелых русских эмигрантов, что находится рядом со знаменитым (похоронены писатели Иван Бунин, Борис Зайцев, Владимир Максимов, кинорежиссер Андрей Тарковский и многие другие) русским кладбищем в Сент-Женевьев де Буа **.

По условиям завещания американской меценатки, выделившей в 1920-х годах крупную сумму в долларах на обустройство и содержание дома-богадельни, он функционирует до тех пор, пока в нем живет хотя бы один последний представитель русской эмиграции первой волны. «Последний из могикан» умер в этом доме в конце 80-х годов (этот факт, а также сам «Русский дом» тепло описал Вячеслав Костиков в одном из своих последних романов ***).

Княгиня Мещерская-дочь, познакомившись со мной, прямо за столом шепотом стала спрашивать — с кем бы в Москве переговорить, чтобы передать «Русский дом» России? Я вежливо поблагодарил княгиню за великодушный порыв, записал ее парижский телефон, но про себя подумал — бедная княгиня, ведь она даже отдаленно не представляет, что значит для наших

---

* Собор был освящен в 1912 г. и являлся до Первой мировой войны одним из «святых мест» православия в Восточном Средиземноморье. До 1917 г. управлялся дирекцией дореволюционного ИППО, затем был заброшен, а в 1939 г. подарен полпредом СССР в Италии Б. Е. Штейном властям Муссолини.

** Об этом кладбище см. обстоятельную работу Э. Шулеповой «Русский Некрополь под Парижем». (М., 1993).

*** В я ч. К о с т и к о в. Последний пароход. М., 1993. Автор до того как стать пресс-секретарем Б. Н. Ельцина, а затем послом РФ при Ватикане и Мальтийском ордене в Италии много лет провел во Франции, работая в ЮНЕСКО.

чиновников «взять на баланс» — и даже даром — зарубежную недвижимость (большой дом с хозяйственными постройками и парком). А кто будет платить налог на недвижимость, за свет, телефон, воду, муниципальный налог? Как оплачивать уход за домом и парком? Нанять сторожа-смотрителя из французов? Так ему по 1200 долл. (гарантированный минимум зарплаты во Франции) нужно платить в месяц, да еще социальные, медицинские, транспортные, жилищные и т. д. надбавки. Кто пойдет на такие расходы, если даже сам российский посол в Париже получал тогда жалование в 2 тыс. 400 долл...

Аналогичная ситуация складывается сегодня и с другим домом для престарелых русских эмигрантов (богадельней) в городе Мантоне на французском Лазурном берегу у самой границы с Италией. Этот большой многоэтажный дом (спальный корпус на 60 человек, столовая, хозяйственные службы, включая гараж) был построен в 1907 г., и в 1913—1991 гг. перестраивался и расширялся. В настоящее время принадлежит православной Ассоциации Святой Анастасии (Русская православная зарубежная церковь).

Русских пансионеров-постояльцев в этом «Русском доме» давным-давно нет — все вымерли. Ассоциация готова продать дом и участок за 30 млн. фр. (5 млн. долл. США), желательно российским владельцам, под культурный центр, пансионат и т. д., иначе дом купят богатые арабские шейхи или американцы, и он потеряет свое значение исторического культурного памятника «русской Франции».

Вообще во Франции, особенно в Париже и на Лазурном берегу, сохранилось большое количество русской дореволюционной недвижимости и вообще «русских мест». Выпущен даже специальный путеводитель по этим местам.

В 1995—1998 гг. мне довелось особенно часто посещать эти «русские места» — я читал лекции в Сорбонне и пользуясь случаем посещал и дом Тургенева в парижском пригороде Буживаль, и домик Николая Бердяева в другом пригороде — Кламаре. Оба дома нуждаются в финансовой поддержке, причем дому Тургенева вообще грозит снос — местная мэрия желает построить на его месте доходный жилой дом.

Особенно много «русских мест» в Ницце — ведь с середины XIX в. она была излюбленным местом отдыха русской аристократии и дворянства. Дворец «Бельведер» — летняя резиденция великих князей, огромный православный собор постройки 1912 г., дворец бывшего управляющего императорскими железными дорогами «Вальроз» фон Дервиза, дворец Кочубея — вот далеко не полный перечень зданий «русской Ниццы».

Пришлось после этих поездок поправлять самого себя. В первых публикациях я писал о казенной даче графа Витте в Ницце. Ее больше нет, а на том участке другое здание — муниципальный музей Марка Шагала, открытый в начале 70-х гг. нашего века.

Были и сенсационные открытия, например, «бухты графов Орловых» в городе Вилльфранше, что в трех километрах от Ниццы. Причем в мае 1998 г. в этом городке мэрия даже установила братьям Федору и Алексею Орловым... бюсты как бывшим владельцам бухты.

Оказывается, еще в 70-х гг. XVIII в. братья облюбовали эту глубоководную закрытую бухту для стоянки русской военно-морской эскадры и откупили ее у местного князька (Лазурный берег до 1860 г. не принадлежал Франции, а входил в конгломерат итальянских княжеств).

В 1856 г. история повторилась — на этот раз бухту арендовал Александр II. Русские построили здесь дороги, казармы, лазарет, угольный склад, а закрывающие бухту скалы и сегодня называются «русской батареей».

Позднее, в казармах Российской академией наук с 1892 г. была открыта русская лаборатория морской зоологии (задолго до аналогичного института Кусто в соседнем Монако), и она просуществовала до 1932 г., пока из-за отсутствия финансирования не была передана Сорбонне для летней практики студентов-зоологов.

Сегодня вице-мэр Вилльфранша Шарль Минетти предлагает возобновить прежнее русско-французское сотрудничество и открыть в городе русский культурный центр.

Я настолько был поражен «открытием» этой бухты, что написал и рассказал об этом в нашей печати [36].

Таких «открытий» было немало и в других странах. Скажем, на центральной площади в Лозанне (Швейцария) стоит импозантный дворец, в прошлом здание университета — ныне муниципальный музей. Спрашиваю — кто построил и когда? Отвечают — в конце XIX в. на деньги русского мецената графа В. Г. Бестужева-Рюмина. Если найдете хороших адвокатов, можете отсудить или получить компенсацию. Если найдете... В том-то и дело, что нашему *общественному* совету такие операции не по зубам.

ПРИМЕЧАНИЯ

[1] Данные о добыче золота по дореволюционной и советской (до 1921 г.) России взяты из рукописи Владимира Новицкого «Происхождение золотого резерва России» (на фр. яз.), управляющего Петроградской конторой Госбанка России, а затем «товарища» (заместителя) министра финансов в Омском правительстве Колчака. Полный текст рукописи был обнаружен в 1994 г. Сергеем Петровым в рукописном отделе библиотеки Лиидского университета в Великобритании (Leed's Russian Archive) и любезно выслан в копии в Текущий архив нашего Международного экспертного совета по золоту, недвижимости и «царским» долгам (далее — *Текущий архив экспертного совета*).

Этот «русский архив» представляет собой неразобранную коллекцию материалов Земгора (Союза земств и городов), образовавшийся в 20—30-х гг. из сданных на хранение русскими эмигрантами материалов в Комитет по беженцам Лиги Наций. После 2-й мировой войны с образованием ООН и частичной ликвидацией довоенного архива Лиги Наций его материалы раздавались европейским и американским университетам и случайно попали в Лиидс.

[2] «Финансовые известия», № 39, 1—7 сент. 1994 (публ. «Золотая промышленность России не спасет экономику от кризиса, ей самой требуется помощь»).

[3] Ольденбург С. С. Царствование императора Николая II. М., 1992, с. 470.

[4] Новицкий В. Происхождение золотого резерва России. — *Текущий архив экспертного совета*, с. 4; Петров С. Сколько российского золота оказалось за границей в 1914—1920 гг.? — «Дипломатический ежегодник». М., 1995, с. 242 (таблица I).

[5] Gorboff Marina. La Russie fantôme (l'émigration russe de 1920 à 1950). Lausanne, 1995, p. 62.

[6] Маньков А. Жизнь взаймы (из истории российских государственных долгов). — «Век», № 24, июнь 1993.

[7] Сироткин В. Г. Финансово-экономические последствия наполеоновских войн и Россия в 1814—1824 годы. — «История СССР», № 4, 1974, с. 49—50.

[8] Из истории происхождения золотого запаса России (копия справки ФСБ от 17 янв. 1995 г. См. Приложения, с. 406—415.

⁹ Сироткин В. Г. Граф Витте, НЭП и наша перестройка. — в кн.: «Вехи отечественной истории (очерки и публицистика)». М., 1991, с. 148.
¹⁰ Цит.. по: Gorboff Marina. Op. cit., p 62.
¹¹ Цит. по: Joël Freymond. Les emprents russes (histoire de la plus grande spoliation du siècle). Paris, 1995, p. 25. Автор публикует длинный перечень из 47 парижских и провинциальных изданий, а также 25 имен политических деятелей, ученых и журналистов, которым только в октябре 1904 г. Артур Рафалович выплатил разовое «вспомоществование» (от 500 до 5 тыс. фр.). — Там же, с. 22—24. Характерно, что среди них (2 тыс. фр.) оказался публицист-экономист А. Тьерри, на труд которого по финансам и экономике России (1914 г.) ссылаются ученые Франции и СССР (см., например: Сб. «Русские финансы и европейская биржа». М. —Л., 1926, с. 309—314). Фактически же это был лишенный объективности неумеренный панегирик, заказное и заранее оплаченное издание, все цифры которого в виде таблиц и справок Минфин России заранее пересылал автору через Рафаловича.
¹² См.: Переписка Л. Б. Красина с женой (из семейного архива). — «Дипломатический ежегодник», М., 1990, с. 367—368.
¹³ «Дипломатический ежегодник». М., 1995, с. 253 (доклад П. П. Петрова, март 1993 г.).
¹⁴ Freymond Joël. Op. cit., p. 9—10.
¹⁵ Карр Э. Большевистская революция, 1917—1923, т. 2. М., 1989, с. 326.
¹⁶ Сироткин В. Царские долги надо платить (весь вопрос в том — когда?). — «Известия», № 63, 14. III. 1992.
¹⁷ Из истории происхождения золотого запаса России (справка ФСБ от 17 янв. 1995, табл. 1). — См. Приложения.
¹⁸ См. «Великая война России за свободу и объединение славян». Сб. материалов под ред. Д. И. Тихомирова. М., 1914 (из выступления министра финансов в Думе 26 июля 1914 г.).
¹⁹ Васильева О. Ю, Кнышевский П. Н. Красные конкистадоры. М., 1994, с. 83.
²⁰ Clarke W. The Lost Fortune of the Tsars. London, 1994, p. 181.
²¹ Ibid.
²² Gorboff Marina. Op. cit., p.67.
²³ Сироткин В. Нулевой вариант. — «Век», № 29, июль 1995.
²⁴ Щедрин В. Л. Апельсиновый гешефт (интервью с проф. В. Сироткиным). — «Рабочая трибуна», 19 фев. 1994; Евг. Бай. Российские паломники на святой земле, которую Хрущев променял на апельсины. — «Известия», № 229, 29 ноября 1994.
²⁵ Федоровский В. Ф. Российские привидения в парижском доме. — «Московские новости», № 51/52, 20 дек. 1992.
²⁶ «Московский комсомолец», 24 марта 1994.
²⁷ Никифоров В. П. Справка о недвижимой собственности РФ на территории ФРГ (август 1996 г.) — *Текущий архив экспертного совета.*
²⁸ Самойлова Н. ГКИ провело ревизию зарубежной собственности России. — «Коммерсантъ-Daily», № 122, 4 июля 1995.
²⁹ Письмо Н. Берча опубл.:, «Дипломатический ежегодник». М., 1995, с. 209а.

[29а] Российский Центр Приватизации. Техническое задание на проведение инвентаризации и рыночной оценки недвижимой собственности РФ за границей. 23 февр. 1998 — *Текущий архив экспертного совета.*

[30] Протокол межведомственного совещания у О. Д. Давыдова от 18 января 1995, № ОД-П6-П26-5. — *Текущий архив экспертного совета.*

[31] Беккер Александр. Российскую собственность за границей придется отсуживать. — «Сегодня», 4 июля 1995.

[32] Трутнев В. Русская дипломатия и ИППО (по материалам АВПР). — «Дипломатический ежегодник». М., 1992, с. 249—268.

[33] Козлов В. Ф. Святая Гора Афон и судьбы ее русских обитателей. — Там же, с. 227—248.

[34] Среди поступивших в наш текущий архив в результате этих поездок и контактов документов уникальный характер носит мидовская справка от 3 февраля 1949 г. за подписью зав. отделом загранимущества управделами МИД СССР Прохорова — «Справка о приобретении недвижимого имущества в Палестине, Сирии и Ливане». Этот обстоятельный документ в 30 страниц содержит подробнейшее описание 51 объекта недвижимости и, главное, юридическое обоснование по каждому о возможности их возвращения. — См. *Приложения.*

[35] Ильинская Татьяна. Российские владения в Риме. — ежен. «Эмиграция», № 29, авг. 1993, с. 7.

[36] Сироткин В. Бухта графа Орлова. — «Правда», 20 мая 1998; Калашнов Ю. Закон сохранения недвижимости (интервью с В. Г. Сироткиным). — «Коммерсант-Daily», № 28, 29 июля 1998.

Глава II

«КАЗАНСКИЙ КЛАД», БРЕСТСКИЙ МИР И «ДЕМОКРАТИЧЕСКАЯ КОНТРРЕВОЛЮЦИЯ» В ПОВОЛЖЬЕ

ГЕНЕРАЛЫ ИЗ «КУХАРКИНЫХ ДЕТЕЙ»

Дальнейшая судьба золотого запаса Российской империи оказалась тесно связанной с гражданской войной «красных» и «белых» и иностранной военной интервенцией. Брест-Литовский мир, подписанный 3 марта 1918 г. главой большевистской мирной делегации Григорием Сокольниковым, окончательно расколол российское образованное общество на «пораженцев» (большевиков) и «патриотов», причем в лагере последних оказалось как большинство «царского» кадрового офицерства [1], так и «леваки» из эсеров и меньшевиков. Характерны в последнем случае признания левой эсерки-террористки Ирины Каховской из ее «Тюремной тетради», недавно обнаруженной молодым исследователем Ярославом Леонтьевым в одном из московских архивов: «Вообще после Брестского мира я уже была обречена, и не здесь, так в другом месте погибла бы...» [2]

Вопреки широко распространенному в литературе мнению, что за год — между Февральской революцией 1917 г. и мартовским Брестским миром 1918 г. — старая «царская армия» полностью разложилась и разбежалась по домам — на деле все обстояло не так просто. Действительно, подавляющее большинство насильственно мобилизованных солдат из крестьян либо уже с осени 17-го года «ударились в бега» — дезертировали, либо после заключения в декабре 17-го года большевиками военного перемирия с «германцем» законно (с бумагой) «комиссовались» и подались в родные деревни, образовав тот слой из «человеков с ружьем», на который позднее опирались и «красные», и «белые», и «зеленые» (батька Махно и другие атаманы).

Иная картина сложилась в офицерском корпусе. За годы Первой мировой войны с ее громадными потерями в младшем и среднем офицерском составе довоенного времени уже царские власти с 1915 г. вынуждены были снять прежние сословные ограничения для принятия в военные школы прапорщиков и производства в офицеры — брали любого, лишь бы он был «грамотным» (т. е. имел четыре класса начальной школы). Так образовалась к февралю 17-го года большая прослойка «офицеров военного времени», которые и стали основной ударной силой февральской «революционной демократии».

Однако значительная часть этих штабс-капитанов «военного времени» все же чуралась политики, старалась держать нейтралитет, примыкая к другим «демократам» довоенной формации, также вышедшим из низов.

Типичный пример такого «генерала из крестьян» являл Павел Петрович Петров (1882—1967). Выходец из бедной крестьянской семьи Псковской губернии, он был, как говорят американцы, «self made man» — «сам себя сделавший человек». Рано пристрастившись к чтению, он сразу попал во второй класс сельской земской школы, да потом еще и сам «преподавал» (читал букварь) первоклашкам в 11 лет.

Грамотей в псковской деревне в конце прошлого века был редким явлением. И нет ничего удивительного в том, что 12-летнего Пашу Петрова вскоре взяли в волостные писари — переписывать списки призывников, земских налогов, составлять протоколы сельских крестьянских сходов, записывать жалобы и даже... выписывать паспорта и заполнять векселя.

Мальчик на свое жалованье — целых 8 рублей в месяц (корову можно было сторговать за пять!) — содержал всю большую семью своих родителей, хотя мать и отец (вскоре он стал подрабатывать деревенским портным) трудились в поле и на подворье от зари до зари.

Через три года — новое счастье: Пашу в 15 лет берут письмоводителем (секретарем) к земскому начальнику — молодому помещику, «народному заступнику». Здесь уже платили целое состояние — 20 руб. в месяц на хозяйских харчах, при своей комнате да плюс роскошная библиотека, которой хозяин разрешил пользоваться без ограничений. Да еще «образованное» общество — начальник, его жена и ее сестра — все воспитывали мальчика, выправляли неправильные ударения в мудреных иностранных словах, научили пользоваться ножом, вилкой и салфеткой, сморкаться в платок, а не через колено. Словом, стал Паша настоящим «барчуком», не чета своим братьям и сестрам.

Понятное дело, в «крестьянство» юноше уже не тянуло, особенно после четырех лет работы у земского начальника и «барской» жизни не на полатях в избе, а в собственной отдельной комнате с кроватью при чистых простынях.

Вначале была мысль податься в учительскую семинарию, но в 1902 г. вышли новые правила для поступления в юнкерское училище (2—3 года обучения), значительно облегчавшие доступ в них «кухаркиным детям».

И Павел рискнул — в 1903 г., накопив денег от жалованья, сам поехал в Петербургское юнкерское училище и начал поступать «с улицы». Сдал все экзамены успешно, но недобрал $1/10$ балла (по закону Божьему) и... пролетел.

Но не сдался, вернулся домой и той же осенью поступил добровольцем (вольноопределяющимся) в Иркутский пехотный полк, дислоцированный в Пскове. Прослужил год и в 1904 г. вновь (но уже как солдат) был направлен в то же Петербургское юнкерское училище. И поступил!

Проучился успешно два года и 24 марта 1906 г. был выпущен «прапором» и причислен к 3-му Финляндскому пехотному полку.

И тянуть бы Павлу Петровичу всю жизнь лямку гарнизонного пехотного офицера, в лучшем случае до выхода в отставку в чине подполковника, не будь Российская империя к началу XX века странным конгломератом феодализма и буржуазной демократии.

Оказывается, если ты — офицер с головой, не пьешь горькую и не просаживаешь казенную полковую кассу в карты (как в купринском «Выстреле»), то у тебя есть «калитка наверх»: можешь поступить в Академию генерального штаба.

«По тогдашним временам, — писал П. П. Петров

в своих эмигрантских мемуарах, завещании своим трем сыновьям много лет спустя, — попасть в Академию и закончить курс по первому разряду означало не только получить высшее военное образование, но и быть включенным в особый корпус офицеров Генерального штаба, из которого формировалась большая часть высшего командного состава, а иногда делались назначения на высшие административные посты. Одним словом, окончание академии вводило вас в высшее военное ученое сословие» [3].

Паша Петров преодолел и этот барьер, хотя поступить в Академию ему было очень трудно — пришлось самостоятельно подготовиться по двум иностранным языкам — французскому и германскому.

И вот в 1913 году, за год до начала Первой мировой войны «Генерального штаба штабс-капитан» Петров Павел Петрович (у которого в формуляре «академика» в графе «сословие» значится «из крестьян Псковской губернии») блестяще заканчивает учебу по первому разряду и направляется на годичную стажировку ротным в пехотную дивизию Виленского (Вильнюсского) военного округа с тем, чтобы уже после окончания стажировки быть «навечно» причисленным к штаб-офицерам Генерального штаба императорской армии.

«Навечно» не вышло — получив назначение в штаб 2-го корпуса Западной армии в городе Гродно, Петров встретил там войну с «германцем». А за ней была еще и Гражданская война с «красными»...

И Петров не был исключением в царской армии. Теперь, когда стали доступны и широко опубликованы материалы из биографий «белых» генералов, уже хорошо известно, что и последний начштаба Николая II и один из организаторов Добровольческой армии на Юге России генерал М. В. Алексеев (сын солдата-сверхсрочника), и генерал А. И. Деникин (внук крепостного крестьянина), и генерал Л. Г. Корнилов (сын казака), да и многие-многие другие «белогвардейцы» — отнюдь не «голубых кровей».

Даже их политический противник премьер-президент А. В. Керенский, упрятавший этих «кухаркиных генералов» под арест за участие в корниловском мятеже, спустя десять лет в своих эмигрантских мемуарах признавал: это не были дворцовые «паркетные» генералы «свиты его Императорского Величества», свои генеральские погоны они заслужили упорным трудом и военным искусством во время Первой мировой войны.

Более того, Корнилов, Деникин, Алексеев, адмирал А. В. Колчак, как и более молодое поколение «генерального штаба обер-офицеров» (Каппель, Петров и др.), вопреки тому, о чем много десятилетий писали советские историки гражданской войны, вовсе не были монархистами. Характерна здесь позиция кандидата в «военные диктаторы» Лавра Корнилова: он категорически отказался быть орудием монархистов (свергнув Керенского, провозгласить одного из убийц Распутина вел. кн. Дмитрия Павловича новым царем), заявив: «нам нужно довести страну до Учредительного Собрания, а там пусть делают, что хотят — я устраняюсь...» [4]

Более того, сам Деникин не принял в свою Добрармию ни одного отпрыска Дома Романовых, а Алексеев сыграл решающую роль в принуждении Николая II к отречению от престола.

Причем все упомянутые генералы проделали тот же путь, что и Петров, только раньше, и на первом этапе назревания и начала гражданской войны (июль 1917 — ноябрь 1918 гг.) почти все они были «учредиловцами».

Схожие «анкетные данные» были и у соратников Петрова по «золотой эпопее» — генералов В. О. Каппеля, Ф. А. Пучкова, С. Н. Войцеховского, В. М. Молчанова и др.

Как почти двадцать лет спустя после «золотой эпопеи», в эмиграции писал в 1937 г. сын «бабушки русской революции» журналист Н. Н. Брешко-Брешковский, к началу гражданской войны русский офицерский корпус лишь на семь процентов состоял из «потомственных (столбовых) дворян». Журналист иронизировал: «Семь процентов! Кастовая армия с 93% "золотопогонников": крестьян, мещан, разночинцев, кантонистов и сыновей кантонистов» [5].

Так что классическая большевистская схема, 70 лет внедрявшаяся в умы советских людей о том, что «красные» — это все сплошь пролетарии «от сохи» или «от станка», а «белые» — одни «графья» да «князья» при соприкосновении с реальной историей гражданской войны не выдерживает критики.

Старшее и среднее поколение россиян помнит сцену психической атаки «каппелевцев» из знаменитого фильма «Чапаев» — сам мальчишкой до войны раз 20 бегал его смотреть, радуясь, как Анка-пулеметчица косит «белогвардейцев» как траву. Помните и вы высокого «белого» офицера в черной униформе с сигарой в зубах, который в полный рост под барабанную дробь идет на пулеметные очереди?

Так создатели фильма братья Васильевы изобразили генерала Владимира Оскаровича Каппеля, главного «белогвардейца» в фильме. А на деле же Каппель, ровесник Петрова и одной с ним военной биографии (разве что родился в семье офицера в отставке, и не в Псковской, а в Тульской губернии), и не пехотинец, а кавалерист, но тоже штаб-офицер (окончил Академию Генерального штаба чуть раньше Петрова), был тех же «кухаркиных кровей» и всей своей военной карьерой был обязан только себе самому, да еще безудержной храбрости (дважды ранен в Первую мировую).

И никакой черной униформы у «каппелевцев» отродясь не было. В народной армии КомУча (Комитета членов Учредительного собрания в Самаре), где «каппелевцы» составляли основное военное ядро, вообще никакой формы (погон, нашивок, кокард и т. д.) не было — обычная полувоенная одежда, донашиваемая после окопов мировой войны. Не было и «царских» обращений типа «Ваше превосходительство» (к генералам), «Ваше благородие» (к офицерам) — называли не по чину, а по должности — гражданин комбат, комбриг, комдив и т. д. [6].

А уж когда стало известным, что основную ударную силу дивизии «каппелевцев» и при КомУче, и при Колчаке образовали восставшие против большевиков весной 1918 г. пролетарии «казенных» военных Ижевского и Воткинского заводов, увезших оттуда к Каппелю своих баб и ребятишек и прошедших с ними весь скорбный путь белой армии Колчака «От Волги до Тихого океана» (так назывались первые мемуары П. П. Петрова, вышедшие в Риге в 1930 г.), то от версии из фильма «Чапаев» о «золотопогонниках» не осталось и следа [7].

Учитывая участие «низов» в сопротивлении большевизму, Каппель, по воспоминаниям «воткинца» В. И. Вырыпаева, говорил: «Мы должны понимать, что они (рабочие. — *Авт.*) хотят и чего ждут от революции. Зная их чаяния, нетрудно добиться успеха... Большевики обещают народу золотые горы. Нам же народу надо не только обещать, но и на самом деле дать то, что ему нужно, чтобы удовлетворить его справедливые надежды»[8].

...Я еще застал потомков этих «воткинцев» и «ижевцев» в США, когда при содействии сына генерала Петрова — Сергея Павловича — посетил в 1991 г. музей-клуб ветеранов Великой войны в Сан-Франциско на улице Львов, выступил перед ними и выборочно ознакомился с огромным мемуарным наследием их дедов и отцов, перебравшихся в 20 — 30-х годах из харбинской эмиграции в Америку. Потрясающие документы человеческого мужества и любви к Отечеству! И низкий поклон американцам, которые (в отличие от нас) приравняли этих политых грязью и забвением «каппелевцев» и «колчаковцев» к собственным ветеранам «Великой (первой мировой) войны», не только выдали им еще в 30-х годах постоянные виды на жительство, но и небольшие пенсии как участникам войны (включив в военный «стаж» не только мировую 1914—1918, но и гражданскую 1919—1922 гг. в Сибири и на Дальнем Востоке).

Надо знать статус американского ветерана — не только он сам, но и его дети имеют ряд привилегий (бесплатное обучение в университете, преимущественный прием на работу в госсекторе, возможность не служить в армии США — дед или отец уже пролили «семейную кровь» за отечество).

Следует подчеркнуть, что как генералы, так и рядовые «каппелевцы» во время Февральской революции и в первые месяцы после большевистского переворота относили себя к «болоту», или, как писал Павел Петров в своих вторых мемуарах «Роковые годы» (Калифорния, 1965), «пассивной массе нейтральных, которая думала как-то отсидеться, пока «кто-нибудь» разгонит новую власть; такие нейтральные были в большинстве».

Поэтому Генерального штаба полковники и подполковники Петров, Каппель и другие в Февральскую революцию не приняли участия в корниловском мятеже против Временного правительства и лично против А. В. Керенского, не поддержали (но и не сопротивлялись) большевистскому перевороту, а после Брест-Литовского мира 3 марта 1918 г. приняли к исполнению распоряжение большевиков передислоцироваться с русско-германского фронта в глубь России, в Поволжский военный округ с центром в Самаре*.

По-житейски понять этих «нейтральных» офицеров сегодня можно — они вообще раньше ни в какой «политике» участия не принимали. Все тот же Павел Петров в своем «завещании» сыновьям (1965 г.), вспоминая революционные события 1905 и 1917 годов, писал: «Несмотря на бурный 1905 год, ни старшее офицерство, ни мы — новоиспеченные, не были совершенно вооружены против тогдашней революционной пропаганды и революционного поветрия. Было какое-то легкомысленное пренебрежение к серьезности положения. Армию травили все, начиная с кадетской газеты «Речь» в Петербурге. Мы презирали «шпаков» за эту травлю... но сами по себе не были готовы дать твердый отпор, когда надо. Да и в 17-ом году мы не были вооружены! (пропагандистки. — *Авт.*). Не видели близкой опасности, не разбирались. Даже такие изображения бесовщины, какие были сделаны Достоевским, не производили должного впечатления»[9].

Деться этим молодым и даже еще неженатым «нейтральным» штаб-офицерам было некуда — поместий они не имели, собственной недвижимости (домов, дач, квартир) — тоже: жили на жалованье либо в казармах, либо снимали квартиры, а на войне — вообще в блиндажах.

Поэтому, получив предписание от большевистского Совнаркома о передислокации, погрузились эти «безлошадные» офицеры и фельдфебели в эшелоны (солдат у них уже давно не было — разбежались по домам), и потянулись эти эшелоны с остатками вооружений и армейским скарбом (походные кухни, телеграфные аппараты, ездовые лошади и т. п.) на Восток, на Волгу,

---

* Характерно, что большевики тем самым уже сознательно нарушили Брестский мир, ибо он предусматривал полную демобилизацию и роспуск по домам всей русской армии. — *Примеч. авт.*

где от Нижнего Новгорода и до Саратова разместили их в теплых казармах довоенной постройки.

Лишь успели некоторые (как Павел Петров весной 1918 г.) заскочить по дороге к своим старикам-родителям и... расстаться с ними навсегда.

Весной 1918 г. в сонных поволжских городах еще было тихо, жизнь текла размеренно, совсем как до революции, но в лагерях и казармах бывших «царских» офицеров, не примкнувших пока в массе своей ни к «красным», ни к «белым» (Деникин, Алексеев, Корнилов еще только собирали свою будущую Добровольческую армию), уже во всю чувствовался развал государства: жалованье «нейтралам» Москва платить не могла, продовольствия никакого не давала.

Боевые офицеры от безделья опускались, некоторые начинали пить, другие меняли офицерские и трофейные вещи на хлеб и папиросы. В некоторых лагерях по весне завели огороды, появилась домашняя живность (куры, утки, поросята), сверхсрочники-вахмистры и ординарцы-денщики, как могли, подкармливали господ-офицеров.

«Судьба нашего офицерства глубоко трагична, — вспоминал в своей кратковременной эмиграции в Берлине в 1923 г. будущий советский писатель Виктор Шкловский, бывший комиссар Временного правительства в 8-й армии Юго-Западного фронта. — Это не были дети буржуазии и помещиков... в своей основной массе... Революцию (Февральскую. — *Авт.*) они приняли радостно, империалистические планы не туманили в окопах и у окопов никого, даже генералов... Мы сами не сумели привязать этих измученных войной людей, способных на веру в революцию, способных на жертву... Такова была судьба всех грамотных русских...» [10].

А таких «измученных войной людей» только в Казани было несколько тысяч, не считая эвакуированной еще при Керенском той самой Академии Генштаба со всей ее профессурой и частью слушателей, которые пока, как Каппель, Петров и другие штаб-офицеры, соблюдали нейтралитет (Академия сначала дислоцировалась в Екатеринбурге, но в июне 1918 г., после мятежа чехов, срочно была переброшена в Казань).

И если «революционным демократам» типа комиссара Шкловского не удалось «привязать к революции» пассивное большинство бывшего «царского» офицерства, то еще менее это удалось сделать комиссарам большевистским. Наоборот, они сами спровоцировали гражданскую войну, и, судя по «Дневнику» (1937 г.) Льва Троцкого, сделали это сознательно.

Здесь необходимо сделать одно важное хронологическое отступление. Широко разрекламированное в советской историографии «триумфальное (мирное) шествие» Советской власти на деле было триумфальным только на бумаге: бывшая царская «тюрьма народов» стала стремительно разваливаться. Еще при «временных» в мае 1917 г. заявила о своей «самостийности» Украина (что вызвало первый кризис Временного правительства и отставку Милюкова с Гучковым). Уже при большевиках «самостийники» пошли на раскол единой делегации и там же в Бресте, но раньше большевиков, подписали 9 февраля 1918 г. с Австрией, Германией, Турцией и Болгарией свой собственный сепаратный мир, пригласив в качестве гарантии «самостийности» от «москалей» германские войска. Ленин и Троцкий, скрепя зубы, вынуждены были признать отделение Украины от Советской России и даже заключить с германским ставленником гетманом Скоропадским мир и установить официальные дипломатические отношения между Киевом и Москвой. Таким образом, уже с марта 1918 г. весь Юг России от Львова до Одессы и Ростова-на-Дону (включая Крым) для большевиков был потерян.

Потеряно было и Закавказье, где в 1918 г. возникли сразу три независимые республики, лидеры которых, как и на Украине, опирались на иностранные — английские или турецкие — штыки. Аналогичная ситуация сложилась и в прибалтийских губерниях и «русской» Польше — при поддержке германских штыков местным националистам удалось быстро подавить хилые ростки советской власти. Финляндию же Ленин в декабре 1917 г. сам «сдал» националистам.

Более того, весной 1918 г. возникла реальная угроза отделения от Москвы огромной Сибири и всего Дальнего Востока — в Томске и Омске зашевелились сибирские «областники»-автономисты (23 июня в Омске они создают первое сибирское автономное правительство).

Еще раньше вооруженное сопротивление Советской власти стали оказывать войсковые атаманы на Дону (Каледин), Южном Урале (Дутов), Забайкалье (Семенов), на Кубани (Филимонов и др.).

Словом, как писал позднее в далекой Аргентине умный противник советской власти эмигрант Иван Солоневич в своем трактате «Народная монархия» (Буэнос-Айрес, 1954; переиздан в Москве в 1991 г.), с 1918 г. на Руси начался второй период феодализация и «смутного времени», ибо «основная черта феодального строя — ...раздробление государственного суверенитета среди массы мелких, но принципиально суверенных владельцев... Феодализм приходит не из производственых отношений. Он приходит от **жажды власти**, взятой вне всякой зависимости и от производства, и от распределения» (**Солоневич И. Л.** Указ. соч. М., 1991, с. 266).

Для большевиков к тому же ситуация усугубляется явным вмешательством иностранных держав и их попытками путем вооруженной интервенции поддержать либо прогермански (Украина, Прибалтика, Дон), либо проантантовски антибольшевистские силы (9 марта 1918 г. — высадка английского экспедиционного корпуса в Мурманске; 5 апреля — оккупация войсками Японии, США, Англии и Франции Владивостока).

Однако окончательный удар по надеждам на мирное развитие социалистической революции в ожидании со дня на день готовой начаться революции мировой (не зря же Ленин в ноябре 1920 г. признавался, что он пошел на штурм Зимнего **исключительно** в надежде на мировую революцию, а Троцкий в 1921 г. на III Конгрессе Коминтерна подтвердил — большевики были уверены, что через неделю — другую их **возьмет на буксир**» мировая пролетарская революция) кремлевским сидельцам нанесли не «белые» (они еще на Дону только собирались с силами) и не иностранные интервенты, а их собственные союзники по социалистической коалиции — левые эсеры и левые меньшевики.

Сегодня много написано о разгоне большевиками 6 января 1918 г. Учредительного собрания. И почти нет информации о том, что ровно через неделю они собрали в Петрограде так называемое 2-е Учредительное собрание, назвав его III Всероссийский съезд Советов (в прессе тех лет употреблялись оба названия).

Делегатами на этот съезд пришли все депутаты 1-го Учредительного собрания от большевиков, их временных союзников — левых эсеров и левых меньшевиков, а также «массы» от рабочих и крестьян.

Стенографический отчет этого 2-го Учредительного собрания — III Съезда Советов, изданный в 1918 г., не переиздавался, хотя монографически эта тема уже разработана *.

Съезд утвердил коалиционный Совнарком (большевики и левые эсеры) — до этого момента Совнарком назывался «Второе временное правительство», официально санкционировал функционирование трех фракций во ВЦИКе (парламенте), декларировал введение «классовой» Конституции (принята в мае 1918 г.) и «классовых» кодексов — гражданского, уголовного, процессуального и т. д. (любопытно, что самое мягкое наказание — нечто вроде хрущевских 15 суток — полагалось тем, кого сажали на срок «вплоть до начала мировой пролетарской революции» — вот бы они сидели до сих пор?!).

И самое главное — 2-е Учредительное собрание — III Съезд Советов провозгласил проведение самых свободных (конечно, с «классовыми» ограничениями — буржуям право голоса не дали) выборов в Советской России.

И выборы в феврале — мае 1918 г. провели. И большевики — как и с выборами в 1-е Учредительное собрание, — снова провалились: на первое место вновь вышли (в деревне и малых городах) левые эсеры, в крупных городах (Москва, Петроград, Тула и др.) — левые меньшевики, и лишь на третьем месте — большевики.

На начало июля был намечен в Большом театре в Москве V Всероссийский Съезд Советов — он должен был утвердить состав нового коалиционного Совнаркома (в него на этот раз собирались войти и левые меньшевики, причем Юлий Мартов претен-

* С м и р н о в Н. Н. III Всероссийский съезд Советов. — Л., 1988.

довал на портфель наркома иностранных дел вместо Г. В. Чичерина).

Начались (совсем как в наше время, после президентских выборов 3 июля 1996 г.) закулисные торги. В 1923 г. Н. И. Бухарин («Коля Балаболкин», как насмешливо называл его Троцкий) на партийной конференции РКП(б) проболтался, что «левые коммунисты» — противники Брестского мира, почти договорились с левыми эсерами и левыми меньшевиками: Мария Спиридонова — премьерша (за 50 лет до Маргарет Тэтчер!), Ю. Мартов — наркоминдел, за Дзержинским — «левым коммунистом» — по-прежнему ЧК, остальным — пропорционально голосам избирателей — по министерскому портфелю. В одном левые эсеры и левые меньшевики оказались непреклонны — **Ленину с Троцким в этом новом коалиционном ультралевом Совнаркоме места не будет!**

Дальше начинаются какие-то совсем фантастические вещи, и историки и у нас, и за рубежом вот уже почти 80 лет спорят — кто был инициатором всей этой фантасмагории?

Еще 25 мая 1918 г. (уже известны предварительные результаты выборов — большевики, Ленин и Троцкий, их проиграли) предвоенсовета и наркомвоенмор Лев Троцкий рассылает по всем городам и узловым станциям Транссибирской магистрали провокационную телеграмму: немедленно остановить и разоружить растянувшиеся от Пензы до Читы эшелоны с чехословацкими пленными (около 50 тыс. хорошо вооруженных солдат и офицеров), мирно двигавшихся с весны 18-го года к Владивостоку для погрузки на транспортные суда Антанты и направления либо на Западный (Франция), либо Салоникский (Балканы) фронты. В случае сопротивления, приказывал Троцкий, арест, заключение в тюрьму или расстрел на месте.

С точки зрения «белых» такой приказ мог отдать только сумасшедший (на что и намекает П. П. Петров в своих «Роковых годах»). Что могли противопоставить местные сибирские «советчики» вооруженной громаде чехословаков? Отряды юнцов с дробовиками да взятых на службу к большевикам ничего не понимающих ни по-русски, ни в политике «интернационалистов» — венгров (чья империя давила словаков), немцев (а их II рейх не церемонился с чехами) или китайцев, основных защитников Советской власти в Сибири?

Как и следовало ожидать, чехословаки никакого оружия не сдали, а, нарушив молчаливый нейтралитет, повернули с востока на запад и обрушились на большевиков. Уже вечером 25 мая отряд капитана Гайды (4 тыс. штыков) смял слабые кордоны красногвардейцев в Новосибирске. 28 мая отряд поручика Чечека из хвостового эшелона (5 тыс. штыков) выбил «красных» из Пензы. Прикомандированный к чехословацкому корпусу еще Временным правительством однокашник Петрова и Каппеля по Академии Генерального штаба полковник Сергей Николаевич Войцеховский (из мелкопоместных дворян Витебской губернии, впоследствии генерал армии в межвоенной Чехословакии, арестован СМЕРШем 11 мая 1945 г. в Праге и погиб в воркутинском ГУЛАГе в 1954 г.) 26 мая почти без боя (8 тыс. штыков) берет Челябинск.

К тому времени головные эшелоны (15 тыс. штыков) уже находились в Забайкалье и намеревались через КВЖД отправиться во Владивосток. Но второй русский генерал, прикомандированный к корпусу, Михаил Константинович Дитерихс (автор первой документальной публикации 1922 г. во Владивостоке по материалам колчаковской комиссии о расстреле царской семьи и предпоследний «премьер» Приморья) приказал повернуть назад.

С запада по Транссибу ему навстречу на всех парах двигался Гайда, по дороге выбивая «красных» из Красноярска (10 июня) и Иркутска (11 июля) — в Чите они встретились: с июля вся транссибирская магистраль от Челябинска через Читу по КВЖД до Владивостока оказалась под военным контролем чехословацких легионеров.

В то время, когда Гайда и Дитерихс двигались навстречу друг другу, Чечек с Войцеховским выбили «красных» изо всех крупных железнодорожных узлов — были взяты Сызрань и железнодорожный мост через Волгу, а 8 июня 1918 г. пала Самара, временное пристанище наших генштабистов-«нейтралов». К середине июня чехословаки контролировали Урал (Уфа —

Челябинск — Златоуст) и «столицу» западной Сибири — Омск.

Запомним эти имена — Гайда, Чечек, Войцеховский, Дитерихс — всем им еще придется сыграть исторические роли в трагедии с «золотом Колчака».

А что же большевики и Троцкий? Мятеж чехословацкого корпуса и та легкость, с которой они захватили почти все крупные города Сибири и Забайкалья вдоль Транссибирской магистрали со всей очевидностью показали, что «триумфальное шествие» советской власти пока не более чем блеф — местное население если и не оказывало чехам и словакам поддержки, то и не защищало «красных» от иностранных интервентов. Такой «нейтрализм» для большевиков, еще не имевших своей регулярной Красной армии, был очень опасен.

Вдобавок в Москве неожиданно открылся «второй фронт» — 6 июля одновременно случились два чрезвычайных события: утром у себя в резиденции левыми эсерами-чекистами Яковом Блюмкиным и Николаем Андреевым был убит германский посол граф Мирбах (решение о теракте принял ЦК партии левых социалистов-революционеров 4 июля, «кураторами» теракта утверждены члены ЦК М. А. Спиридонова, П. П. Прошьян, знали о готовящемся покушении и другие лидеры «левых» эсеров — Карелин, Камков и Анастасия Биценко) [11].

Днем 6 июля московский телеграф был неожиданно занят отрядом эсера-анархиста Попова якобы под предлогом того, что Мирбах готовит монархический переворот силами бывших немецких военнопленных (сотни их, выпущенные на свободу из лагерей после Брестского мира, действительно слонялись по Москве в надежде как-нибудь добраться домой).

Как это было на самом деле и действительно ли лидеры «левых» эсеров хотели свергнуть большевистское правительство (как это утверждал Михаил Шатров в своей известной пьесе «6 июля» и поставленном по ее мотивам одноименном фильме) — пока это до конца не ясно.

Ясно другое — Троцкий на все сто использовал этот «мятеж», благо на Верхней Волге — в Ярославле, Рыбинске и Костроме в те же дни действительно вспыхнул мятеж, только не «левый», а «правый»: монархист полковник Перхуров при участии бывшего эсера Бориса Савинкова перебили часть большевиков (а заодно и «левых» эсеров) и захватили железнодорожный мост через Волгу под Ярославлем. Две недели «перхуровцы» (в основном, бывшие «царские» офицеры, никакого отношения ни к «правым», ни к «левым» эсерам не имевшие) держали оборону моста, ожидая подмоги от англичан, которые якобы высадились в Архангельске и на всех парах мчат им на помощь по Ярославо-Архангельской (ныне — Северной) железной дороге (англичане действительно высадились в Архангельске, но только месяц спустя, 2 августа 1918 г.).

Далее события развивались стремительно — фракция большевиков на V съезде Советов незаметно покинула Большой театр, а лидеры «левых» эсеров и меньшевиков фактически оказались там под арестом (позднее Спиридонову и других будут даже судить, но через три дня выпустят — доказать их участие в «мятеже» не удастся).

Зато удастся другое — 9 июля на том же V съезде Троцкий выступит с пространной речью, где обвинит недавних союзников — «левых» эсеров в контрреволюции, потребует их изгнания не только из Совнаркома, но и изо всех Советов, которые, впрочем, большевики вскоре отменят совсем, заменив их на комбеды.

Тем самым разом снималась проблема «коалиционного правительства» с Марией Спиридоновой во главе, да еще и... без Ленина с Троцким. Банальная борьба за власть оказалась сильней всяких избирательных «демократий», даже «социалистических»!

Если с «мятежом» левых эсеров в Москве 6—7 июля все еще не все ясно, то с убийством графа Мирбаха картина на сегодняшний день существенно прояснилась.

Конечно, не в немецких военнопленных, якобы науськанных графом, было дело. Дело было совершенно в другом — в секретных переговорах большевиков в Берлине по так называемому «второму» Брестскому миру (официальное название — «Дополнительные финансово-экономические соглашения»), которые по своему значению равняются печально знаменитому «пакту Риббентроп—Молотов» (любопытно, что оба «пакта» были подписаны в один месяц — 27 и 23 августа, хотя и с интервалом в 21 год).

Эти сверхсекретные переговоры сразу после Брестского мира в германской столице стали вести три уполномоченных лица — полпред Советской России Адольф Иоффе и два старых знакомых по «деньгам Германского генерального штаба» [12] — Яков Ганецкий и Мечислав Козловский.

Речь фактически шла о том, что большевики в обмен на посылку в Германию 250 тонн золота, сырья (угля, нефти, леса), текстиля и продовольствия покупали у кайзера военный нейтралитет и даже, возможно, помощь кайзеровских войск против интервенции Антанты (проект посылки немецкого корпуса через Финляндию на Мурманск для изгнания захвативших город англичан).

«Левые» эсеры, ярые противники Брестского мира и поборники революционной войны против кайзера, благодаря своему участию в Совнаркоме, ЧК и Наркоминделе, очевидно, узнали кое-что об этом готовившемся сверхсекретном соглашении, и решили его сорвать... путем убийства германского посла.

Очевидно, в том же русле шел и поднятый командующим Восточным фронтом «левым» эсером М. А. Муравьевым 10 июля 1918 г. в Симбирске мятеж против большевиков. Иначе чем можно объяснить странные телеграммы Муравьева в германское посольство в Москве и командованию чехословацкого корпуса об... объявлении войны Германии, движении его армии на Запад и «аннулировании» Брест-Литовского мира. И хотя «муравьевская авантюра» очень быстро закончилась — на другой день после своего ультиматума, 11 июля, при попытке ареста Муравьев был убит [13], вряд ли это была чистая самодеятельность. Похоже, что ЦК ПЛСР 4 июля 1918 г. обсуждал не только теракт против графа Мирбаха, но и более широкий план срыва новой сепаратной авантюры большевиков с кайзером.

Наивные идеалисты-террористы: они еще не знали, что имеют дело с «людьми особого склада» (И. В. Сталин), которых такие старомодные понятия как «честь», «Родина», «патриотизм» совершенно не волнуют.

Ну и что, что убили германского посла, а Муравьев «объявил войну» Германии и «отменил» Брестский мир? Кайзер и германский Генштаб и пальцем не пошевелили, принеся Мирбаха в жертву «высшим интересам». Да что там Мирбах — самого Николая II и его семью «германцы» не защитили, хотя и могли: после Бреста шибко большое влияние имели немцы на большевиков.

Зато 27 августа 1918 г. «Дополнительные соглашения» были в Берлине подписаны обеими договаривающимися сторонами. И, как мы увидим ниже, большевиками (не чета их обязательствам перед какими-то «попутчиками» — эсерами и меньшевиками) скрупулезно выполнены: и четыре «золотых эшелона» в сентябре были подготовлены в Германию к отправке, и зерно с сырьем собрано, и текстиль.

Да только вот неожиданно вмешался в эту «большую политику» какой-то подполковник Каппель из бывших «нейтралов» — возьми и захвати в ночь с 6 на 7 августа 1918 г. половину золотого запаса России в Казани. И добро бы досталось сие золото чехам — тогда понятно, иностранцы, «шпионы» Австро-Венгрии, что с них взять.

А тут какая-то Народная армия неведомого КомУча, какие-то «демократические контрреволюционеры» без погон, но с мощной речной флотилией — берут один город за другим: Самару, Симбирск, Казань. Того гляди и до «второго золотого кармана» в Нижнем Новгороде доберутся — как тогда выполнять обязательства перед кайзером. И Лев Троцкий срочно выехал на Восточный фронт. Только после потери половины золотого запаса большевики, наконец, поняли — «триумфальное шествие» закончилось, пора создавать настоящую РККА и биться за власть насмерть. Иначе повесят — и мировой революции не дождешься...

В ПОГОНЕ ЗА «КАЗАНСКИМ КЛАДОМ»

8 июня 1918 г. можно смело назвать началом организованной гражданской войны «красных» и «белых». В этот день, как уже отмечалось, в Самару вошли части чехословацких легионеров под командованием поручика Чечека*.

---

* Этот бойкий поручик, любитель пива, шпикачек и женщин проделал в России головокружительную военную карьеру — из поручиков в июне он к сентябрю 1918 г. стал... генералом. — *Примеч. авт.*

Самара к лету 1918 г. представляла типичный поволжский губернский город «мирного» периода советской власти. Формально власть принадлежала губернскому исполкому Советов во главе с большевиком Валерианом Куйбышевым, но фактически город был наводнен потенциальными противниками «Совдепии»: правыми эсерами, где заправлял бывший член разогнанного Учредительного собрания и первый министр финансов КомУча Н. М. Брушвит (именно он первым тайно отправился к Чечеку в Пензу и обговорил условия перехода власти к «демократической контрреволюции»), сотнями безработных «царских» офицеров, среди которых уже была создана тайная боевая военная организация из 150 человек во главе с проэсеровски настроенным подполковником Галкиным, по городу болтались без дела бывшие австрийские военнопленные — хорваты, венгры, словаки.

Словно по заказу, за несколько дней до захвата Самары чехами туда прибыл из Старой Руссы штаб Первой армии (в его составе находился и подполковник Павел Петров) с заданием большевиков — усилить Поволжский военный округ, начав прием и обучение добровольцев для Красной Армии (штаб выполнил задачу, только не для «красных», а для «демократических контрреволюционеров» — именно он формировал народную армию КомУча).

Конечно, решающую роль в свержении советской власти в городах Поволжья сыграли чехословацкие легионеры — технология изгнания большевиков здесь была аналогичной той, что в том же 18-м году проводилась кайзеровскими войсками на Украине и в Прибалтике, англичанами — в Мурманске, Архангельске, турками — в Закавказье. Только там в основном ставка делалась на местных националистов, а в Архангельске и Самаре на правых эсеров и меньшевиков.

Иностранцы хорошо знали, что по настоящему «гамбургскому счету» эсеры (как правые, так и левые) пользуются наиболее широкой поддержкой населения России, особенно в деревне.

Что же касается Чехословацкого Национального Совета во главе с профессором Томашем Масариком (будущим первым президентом независимой Чехословакии), то он как европейский либерал вообще тяготел к «революционным демократам» типа Керенского из русского Временного правительства. Именно с ним весной 1917 г. в Петрограде Масарик заключил соглашение о формировании на территории России из бывших австро-венгерских военнопленных (а их к концу войны набралось аж более миллиона человек!) трех дивизий с русским командованием во главе (именно тогда к легионерам были назначены русские командиры — генерал Дитерихс, полковник Войцеховский, капитан Степанов и другие).

Конечно, собирательный термин «чехи» был условным — в этих дивизиях, где, безусловно, чехи и словаки составляли большинство, были и другие подданные Австро-Венгрии: закарпатские русины-украинцы, словенцы, хорваты, даже словацкие венгры. Любопытно, что и будущий вождь СФРЮ хорват Иосип Броз Тито первоначально попал в легионеры, но на Урале от них отстал и переметнулся к большевикам.

Конечная цель соединения этих трех чехословацких дивизий была определена еще «временными» — Владивосток, там посадка на морские транспорты и далее вокруг света — через Средиземное море на Салоникский или Западный фронты для продолжения войны на стороне Антанты против Германии, Австро-Венгрии или Турции. Оплату транспортировки и содержание дивизий брала на себя Франция, для чего к легионерам был прикомандирован французский генерал Жанен.

В марте 1918 г. Совнарком подтвердил соглашение «временных» о беспрепятственном пропуске трех дивизий легионеров на Дальний Восток, правда, дополнив его двумя условиями: чехословаки остаются нейтральными в междоусобной войне русских (и, действительно, Масарик отклонил предложение генерала Алексеева помочь «белым» на Дону) и на сборном пункте в Пензе сдают все тяжелое вооружение (пушки, снаряды, пулеметы), оставляя не более 150 винтовок и один пулемет на эшелон — совсем как в «мирном» плане НАТО в современной Боснии.

Второе условие не выполнялось с самого начала — чехи в Пензе формально сдавали две — три винтовки или один пулемет и пушку, остальное прятали и увозили с собой. У большевиков же тогда не было ни сил, ни средств, чтобы заставить легионеров разоружаться силой.

Конечно, большевики вели пропагандистскую работу среди легионеров, склоняя их вступить в большевистские иностранные «интернациональные» отряды (что уже удалось сделать с латышами, финнами, венграми, частично с немцами и, особенно, с китайцами), но особого успеха они не имели.

27 марта 1918 г. первый эшелон с чехословаками во главе с генералом Дитерихсом отбыл из Пензы во Владивосток.

Провокационная телеграмма Троцкого от 25 мая о принудительном и полном разоружении застала Чечека в Пензе, когда готовился к отправке последний эшелон. Чехам стало ясно, что пробиваться на Восток придется силой, нужны антибольшевистские союзники, и тут как нельзя кстати в Пензе появляется эсер-учредиловец Брушвит со своей идеей демократического правительства КомУча в Самаре.

Дальше все пошло как по маслу: до зубов вооруженная дивизия поручика Чечека подкатила из Пензы к Сызрани в эшелонах, без боя взяла город, переправилась через Волгу по мосту и триумфатором вошла 8 июня в Самару — сопротивления малочисленные отряды красногвардейцев ей практически не оказали, а главари советской власти во главе с Куйбышевым, побросав впопыхах свои кабинеты, в панике бежали на речных судах кто вверх, а кто вниз по Волге или попрятались в городе и его окрестностях.

Уже 9 июня все стены и заборы в Самаре были оклеены листовками: власть «Совдепии» свергнута, она перешла к законным народным избранникам в лице Всероссийского Комитета членов Учредительного собрания (КомУча — 5 человек), для своей защиты от большевиков и германцев КомУч создает собственную Народную армию на добровольной основе (аппарат его составил штаб Первой армии, только что прибывший в Самару, и подполковник Петров сразу становится начальником оперативного отдела) с командованием из трех человек — проэсеровского подполковника Галкина (начштаба) и двух его заместителей-эсеров В. И. Лебедева и Б. К. Фортунатова *.

Если кратко определить суть нового режима — КомУча — то он укладывается в лозунг более поздних антибольшевистских восстаний 1921 г. — Кронштадского (матросы) и Антоновского (крестьяне) — «Советы без коммунистов», с добавлением «революционной» риторики и символов Временного правительства.

«Комучевцы» сохранили даже «советский» красный флаг, введенный, кстати, не большевиками, а меньшевистским Петроградским Советом с одобрения Керенского.

Почти сразу же после молнией распространившегося вверх и вниз по Волге, а также на Урале известия о свержении власти большевиков, в Самару потянулись со всех концов России бывшие депутаты Учредительного собрания, главным образом правые эсеры и меньшевики. В короткий срок их число достигло 60 человек.

Показательны здесь политические зигзаги Ивана Майского, в 1918 г. члена ЦК РСДРП (правые меньшевики), позднее — видного советского дипломата и академика.

Находясь в Казани, с 7 августа занятой Народной армией КомУча, Майский вступил в контакт с ее командирами и, вопреки московскому ЦК РСДРП, принял предложение занять в правительстве «демократической контрреволюции» пост министра труда (сначала в Самаре, а затем в уфимской Директории). За «самоуправство» меньшевики исключили Майского из

---

* В советской и современной российской исторической литературе объективный анализ истории Народной армии КомУча (июнь — сентябрь 1918 г.) отсутствует. Лишь в пражской «белой» эмиграции был издан сборник статей и воспоминаний — до сих пор единственный очерк на русском языке этой необычной — ни «белой», ни «красной» — армии и ее составе. См.: «Гражданская война на Волге» т. 1, Прага, 1930. Из современных зарубежных исследований следует отметить обстоятельную статью С. М. Берка (США) «Демократическая контрреволюция: КомУч и гражданская война на Волге» (Canadian Slavic Studies, vol. 7, № 7, 1973, p. 443—459) и серьезную монографию Дж. Д. Смеле (Великобритания) The Civil War in Siberia: the anti-bolshevik government of admiral Kolchak, 1918—1920. Cambridge UP, 1996. См. также: D. N. Collins and J. D. Smele (издат.) Колчак и Сибирь: документы и исследования, 1919—1926 (в серии «Белое дело»), т. 1—2, New York, 1988.

своего ЦК, а после колчаковского переворота в ноябре 1918 г. и разгона Директории он вообще временно отошел от политической деятельности, уехав в научную экспедицию в Монголию. Именно Майскому принадлежит и сам термин, и первый анализ деятельности «демократической контрреволюции» в Поволжье, на Урале и Западной Сибири.

В Самаре КомУч продержался недолго — всего три месяца, с 8 июня по 8 октября 1918 г., когда город вновь был сдан «красным». Но шуму он, точнее, его Народная армия — и в ней ударный отряд подполковника Владимира Каппеля и речная военная флотилия под командованием морского офицера каперанга Фомина — наделали много, основательно потрепав «красных» и создав по Волге от Самары до Казани первый антибольшевистский фронт.

Особенно отличился Каппель. До 8 июня и вступления чехословаков в Самару он ничем особенным не выделялся в серой безликой массе «нейтралов», коротавших время в казармах Поволжского военного округа. По свидетельству очевидцев, запись добровольцев-офицеров в Народную армию шла туго. Большинство выжидало, чья возьмет? А уж командира-генерала этой армии вообще долгое время нельзя было найти — все уклонялись. И тогда на очередном сборе в штабе раздался негромкий голос на вид скромного молодого Генерального штаба подполковника: «Раз нет желающих, то временно, пока не найдется старший по званию, разрешите мне повести части против большевиков» [14].

И Каппель «повел», да так удачно, что уже в июне — августе его имя стало греметь по всей Волге, Уралу и Сибири. Каппель брал не числом, а умением, по-суворовски, что уже показала его первая блестящая операция в Сызрани.

После ухода чехословаков город вновь заняли «красные», сосредоточив там много живой силы, складов оружия, продовольствия для удара по Самаре. На момент сызранской операции вся «армия» КомУча состояла из трех сотен пеших и конных добровольцев да двух пушек. Каппель лично проверил снаряжение каждого бойца, разделил свой крошечный отряд размером с усиленный батальон на две части и в ночь с 12 на 13 июня поездом отправил свое «войско» из Самары в Сызрань. Не доезжая до города, отряд под покровом темноты скрытно выгрузился. Кавалеристы и два орудия были посланы в глубокий обход, а сам Каппель во главе другой, пешей, группы залег в предместьях Сызрани.

С рассветом обходная группа ударила из пушек по скопившимся эшелонам, штабу «красных» и их узлу связи. Чуть спустя в город с двух сторон ворвались конники и пехотинцы Каппеля. У «красных» началась страшная паника и они побежали из города, бросив все. Потеряв всего четырех убитыми и несколько ранеными, «каппелевцы» захватили большой город и огромное количество трофеев. Операция сразу принесла молодому подполковнику славу «белого Чапая», безграничное доверие подчиненных (с тех пор все служившие под его началом с гордостью называли себя «каппелевцами»; с отголосками этой былой славы я встретился и в Сан-Франциско в музее-клубе армии Колчака) и... очередной чин — военный штаб КомУча присвоил Каппелю звание полковника.

Забрав все трофеи (несколько эшелонов), Каппель отвел свой отряд в Самару. Через две недели ему вновь пришлось брать Сызрань, на этот раз вместе с дивизией Чечека, которая вернулась в Самару из Уфы. И снова удача — Сызрань на время стала основной базой «каппелевцев». Именно здесь Каппель окончательно сформировал свой «летучий полк»: два батальона пехотинцев-добровольцев, два кавалерийских эскадрона и три батареи орудий.

На очереди стояла Симбирская операция. Она была успешно проведена 22 июля по тому плану «клещей», что и сызранская. Каппель ударил по Симбирску в лоб, чехи — через железнодорожный мост из заволжских степей. «Демократическим контрреволюционерам» сильно помогла и их речная военная флотилия.

Падение Симбирска, родины «вождя мирового пролетариата», произвело огромное отрицательное впечатление в Москве. Троцкий из Москвы по радио объявил «социалистическое Отечество в опасности» и лично прибыл на Восточный фронт.

Именно после взятия Симбирска большевики окончательно отказались от марксистской химеры о «всеобщем вооружении народа» и перешли на старый «царский» принцип насильственной мобилизации. Надо сказать, что и у КомУча дела в это время обстояли не лучше — Народная армия росла медленно, даже офицеры по-прежнему «держали нейтралитет», предпочитая отсиживаться у кумушек и вдовушек. Так, в Симбирске добровольцами записалось всего 400 человек офицеров и юнкеров, хотя по квартирам и казармам скрывалось их более двух тысяч. Симбирск пришлось удерживать силами самарских добровольцев да чехов.

Между тем приближался звездный час Каппеля — взятие Казани и захват половины российского золотого запаса *.

Надо заметить, что большевики со времени Октябрьского переворота самым тщательным образом охраняли два «золотых кармана» — в Нижнем Новгороде и в Казани, постоянно их пополняя за счет конфискаций, национализации и перевозки ценностей из западных губерний в Поволжье. Не доверяя «партизанщине» собственно русских частей, большевики (как и в Москве 6—7 июля, во время левоэсеровского «мятежа») поставили охранять «казанский клад» два полка латышских красных стрелков.

Схема взятия Казани в ночь с 6 на 7 августа была аналогичной взятию Сызрани и Симбирска: с трех сторон рано утром 7 августа отряд Каппеля, чехи и примкнувший к КомУчу отряд сербских добровольцев майора Благотича, при поддержке все той же речной флотилии, ударили по городу. Бой длился несколько часов, и в ходе него один из латышских

---

* История захвата «казанского клада» и его срочной переправки из Казани в Самару обстоятельно отражена как в мемуарах непосредственных свидетелей этого события («комучевец» В. И. Лебедев, участники событий П. Д. Климушкин, С. Н. Николаев, ген. П. П. Петров и др.), так и в работах исследователей, особенно, А. П. Ефимкина («Дипломатический ежегодник». М., 1996) и В. Г. Сироткина (жур. «Знамя», 1992, № 8). Решающую роль в срочной переброске «казанского клада» в Самару сыграл управляющий казанского отделения Народного (Государственного) банка П. А. Марвин, перешедший со службы большевикам на сторону КомУча, а также управляющий финансовой частью КомУча уже известный «учредиловец» эсер Н. М. Брушвит, контролер казанского отделения Госбанка Ф. И. Гусев и управляющий Симбирским отделением Госбанка П. П. Устякин.

полков был полностью уничтожен. Что касается красноармейцев, то о них лучше всего сказал лично Ленину командовавший Восточным фронтом вместо убитого Муравьева, И. И. Вацетис: «...в своей массе они оказались к бою совершенно неспособными вследствии своей тактической неподготовленности и недисциплинированности». При этом сам Вацетис чудом избежал плена.

Член комиссии ВЦИК и будущий советский дипломат А. Розенгольц, прибывший на Волгу для расследования причин падения Симбирска, был еще более категоричен: «Чехословацкие войска (об армии КомУча и сербах большевистский комиссар не упоминает. — *Авт.*) поднялись к Казани на пароходах, обстреляли город и почти без всякого сопротивления с нашей стороны взяли его в течение нескольких минут» [15].

Розенгольц, конечно, несколько преувеличил сроки успеха «белых», но в главном он был прав — Народная армия КомУча (особенно «каппелевцы») вместе с чехами и сербами профессионально оказались на голову выше необученных красноармейцев и даже латышских стрелков.

Характерно, что Каппель предложил Галкину, Лебедеву и Фортунатову развить успех — с ходу взять и Нижний Новгород, а с ним и второй «золотой карман», что наверняка лишило бы большевиков «золотого ключика» в игре с кайзером: до подписания «Дополнительных соглашений» в Берлине оставалось всего 20 дней.

Но штабная «тройка», а также чехи, ссылаясь на отсутствие резервов для обороны Самары, Симбирска и Казани, категорически воспротивились смелому плану полковника, справедливо утверждавшего, что в гражданской войне побеждает тот, кто наступает.

Увы, вместо наступления «демократические контрреволюционеры» предпочли ограниченную оборону, что стало крупной стратегической ошибкой КомУча, ибо несмотря на все призывы приток добровольцев в народную армию был слабым — даже преподаватели и слушатели Академии Генштаба в Казани уклонились от мобилизации, продолжая соблюдать нейтралитет.

Единственно крупным и действительно боеспособным пополнением «каппелевцев» стало присоединение к ним в ноябре уже в Омске боевых дружин воткинских и ижевских рабочих, восставших в августе против произвола комиссаров, и отказавшихся пойти в Красную Армию для отбития Казани и войны с КомУчем. Эти потомственные пролетарии, поколениями работавшие на казенных военных заводах Приуралья (пушечные стволы, винтовки, снаряды) три месяца держали оборону против «красных», а когда стало невмоготу, вместе с семьями ушли к Каппелю и прошли в его армии весь скорбный путь от Урала до Тихого океана.

Из знаменитой советский песни «разгромили атаманов, разогнали воевод...» современный читатель не узнает, что в «штурмовые ночи Спасска» и в «волочаевские дни» осенью 1922 г. в Приморье «красным» противостояло 25 тыс. именно этих потомственных уральских пролетариев.

В Казани же отряду Каппеля вместо продолжения броска на Нижний Новгород было предложено вернуться вниз по Волге и оборонять Симбирск, на который наседал М. Н. Тухачевский, а затем вновь возвращаться в Казань, ибо на той стороне Волги, в Свияжске, засел со своим штабом и бронепоездами сам Троцкий.

И снова отряд Каппеля отличился. Он скрытно переправился через Волгу и прошел огнем и мечом по тылам «красных», едва не захватив в плен самого наркомвоенмора.

Затем Каппеля снова бросили под Симбирск против Тухачевского. Такие «челночные операции» ничего стратегически не давали, а лишь изматывали одну из наиболее боеспособных частей народной армии. Тем более что 8 сентября Казань, а 11 сентября 1918 г. Симбирск все равно из-за нехватки сил пришлось оставить. Чехи явно стремились уйти на восток, а с «всенародным отпором большевизму» в Поволжье у КомУча явно не получалось.

И хотя за свои успешные операции Каппель вновь и досрочно был произведен в очередной чин — стал генерал-майором — своему соратнику полковнику В. И. Вырыпаеву он с грустью сказал, что «лучше бы прислали батальон пехоты».

Как политический центр «демократической контрреволюции» КомУч, возглавлявшийся правым эсером В. К. Вольским (в 1919 г. он переметнется к большевикам), оказался несостоятельным. К тому же в сентябре 1918 г. после Уфимского государственного совещания, КомУч фактически влился во «Временное всероссийское правительство» (Директорию) во главе со старым эсером Н. Д. Авксентьевым.

Колеблющаяся «средняя линия» КомУча и Директории не удовлетворяла ни левых, ни правых.

В итоге правые 18 ноября 1918 г. совершили военный переворот, разогнали Директорию, арестовали многих «учредиловцев» (причем некоторых из них расстреляли без суда и следствия), провозгласив военного министра Директории адмирала А. В. Колчака Верховным правителем России.

Остатки Народной армии КомУча — Директории (8 октября они оставили Самару, предварительно отправив несколько эшелонов с «казанским кладом» в Уфу) влились в армию Колчака, причем «каппелевцы» по договоренности их командира с адмиралом до конца гражданской войны в Сибири, Забайкалье и Приморье сохраняли большую военную автономию*.

Итог «каппелевской авантюры» на Волге был двояким.

Первыми уроки из нее извлекли большевики. Они поняли, что привлечение (добровольное или насильственное) «военспецов» из числа бывших кадровых офицеров дает большой эффект, о чем свидетельствовала служба Каппеля, П. Петрова и других штаб-офицеров в Народной армии КомУча.

Любопытно, что Троцкий сразу после взятия «белыми» Казани провел генеральную чистку в команд-

---

* С июня 1918 г. и до смерти Каппеля от крупозного воспаления легких 26 января 1920 г. рядом с ним был генерал-майор Павел Петров. Как «каппелевец первого часа» он с февраля 1920 г. стал начальником снабжения (тыла) Дальневосточной армии атамана Семенова, а после ее разгрома и передислокации остатков армии по КВЖД во Владивосток с декабря 1920 г. занимал командные посты в Земской Рати (с 10 августа 1922 г. — ее начальник штаба) — последнего воинского формирования «колчаковцев» в Приморье, вплоть до его разгрома в октябре 1922 г. и бегства в Китай. — Послужной список генненерала П. П. Петрова см. РГВА, ф.39729, оп. 1, д. 16, л. 1; ф. 40213, оп. 1, д. 2920, л. 2.

ном составе Восточного фронта, назначив главнокомандующим своего «Каппеля» — полковника Генерального штаба царской армии Сергея Каменева. Затем Троцкий начал делать то, чего тщетно добивался Каппель от правительства КомУча — наводить железную воинскую дисциплину: насильственную мобилизацию крестьян, расстрел на месте дезертиров и паникеров, не исключая и большевистских комиссаров, ликвидацию «партизанщины» в Красной армии (его конфликт со Сталиным и Ворошиловым, в котором на сторону Троцкого встал Ленин), усиление вооружения в РККА. Уже в августе Троцкому удалось, в противовес речной флотилии КомУча, создать собственную, но более мощную, вооруженную скорострельными морскими орудиями. В середине августа Каппель доносил в Самару, что Красная армия становится лучше, более дисциплинированной, «военспецы» грамотно ведут операции и прежним кавалерийским наскоком ее уже не возьмешь.

Все было тщетным. Каппелю, лично прибывшему в сентябре в Самару за подмогой, в КомУче заявили: все это пустяки, главное — «мы сейчас добились (на совещании в Уфе. — *Авт*.) образования Всероссийского правительства и наши имена вошли в историю» [16].

Имена-то, может быть, и вошли, а вот правое дело «демократической контрреволюции» против большевиков «учредиловцы» бездарно проиграли.

Единственным реальным вкладом КомУча и его Народной армии в дело борьбы с большевизмом стал захваченный отрядом Каппеля «казанский клад», доставшийся не без активного содействия Дитерихса и Войцеховского Колчаку, что чрезвычайно укрепило международный авторитет Верховного, позволило ему закупать оружие и амуницию, платить жалование своим офицерам и солдатам, не прибегая в массовом масштабе к реквизициям у населения Сибири.

ЧЕХОСЛОВАЦКИЙ СЛЕД «КАЗАНСКОГО КЛАДА»

Для основной проблемы нашего расследования — можно ли вернуть российское достояние (золото и недвижимость), откуда и как? — первым на очереди по хронологии оказывается чехословацкий «след». Ведь именно чешские легионеры участвовали в отбитии «казанского клада», они же обеспечивали его охрану при перевозке и стоянках из Самары до Челябинска (а затем от Красноярска до Иркутска в декабре 1919 — марте 1920 гг.), и именно официальные представители «чехвойск» подписывали протоколы о сдаче остатков «казанского клада» коалиционному Политцентру Иркутска, который уже на последнем этапе (18 марта 1920 г.) окончательно передал «золотой эшелон» его командиру — большевику, чекисту Косухину, который в конце концов и доставил этот эшелон 3 мая 1920 г. в Казань.

Когда же в Казани большевики, наконец, пересчитали «наличность», то оказалось, что по сравнению с ее первоначальной «стоимостью» на июнь 1918 г. «казанский клад» заметно «усох». «Усох» на целых 27 пульмановских четырехосных вагонов из тех 40, что были загружены «под завязку» на момент отправки золота из Самары в конце сентября 1918 г.

В значительной мере эта «усушка» объясняется тем, что, как мы увидим ниже, расследуя японо-гонконгский след «казанского клада», Колчак в марте — октябре 1919 г. отправил во Владивосток четыре «золотых эшелона» (14—20 пульмановских вагонов) с 217 038 кг золота (из них 32 800 кг не дошли до Владивостока, будучи захваченными в Чите в октябре атаманом Семеновым)[17].

И тем не менее, отступая под натиском «красных», Колчак вывез из Омска в ноябре 1919 г. золота в 29 пульманах на 414 млн. 254 тыс. зол. руб. Однако чекист Косухин вернул из Иркутска в Казань золота всего на 409 млн. 620 тыс. зол. руб.[18].

Вот вокруг этой суммы примерно в 4—5 млн. зол. руб. (по другим подсчетам — в 36 млн.) уже много десятилетий кипят споры. Большинство очевидцев из числа «белых» (быв. министр омского правительства Г. К. Гинс, управляющий военным министерством Колчака генерал барон А. П. Будберг, бывший главнокомандующий колчаковской армией К. В. Сахаров, журналист А. Гутман-Гун и многие другие) «грешили» на чехов: те, де, хапнули хорошо, благо вывезли из России от 600 (барон Будберг) до 2000 (С. Витольдова-Лютык) вагонов всякого «барахла» — золота, картин, церковной утвари, меди, мебели, колясок-экипажей, икон, моторных лодок и т. п. (Г. К. Гинс).

Понятное дело, что участники золотой эпопеи с чешской или словацкой стороны в 20 — 30-х гг. и позднее утверждали обратное. Типичными здесь были документированные брошюры (1926 г.) начфина чехословацкого корпуса в Сибири Франтишека Шипа, а также журналиста Иозефа Куделы (1922 г.), к которым мы еще вернемся.

Грешным делом и я сам, когда писал для журнала «Знамя» (1992, № 8) свою первую большую статью «Вернется ли на Родину российское золото?», пошел по «следу» русских эмигрантов и несколько «пережал» в не всегда доказательных примерах разграбления легионерами «золотого эшелона» Колчака, чем вызвал справедливую критику Сергея Петрова (см. его «Письмо в редакцию» — «Знамя», 1992, № 10). Ведь, действительно, сначала правительство КомУча (2 октября 1918 г., Самара) само предоставило начфину Ф. Шипу «в кредит» с последующим возвратом (?!) 750 ящиков серебра на сумму в 900 тыс. зол. руб. для финансовых нужд легиона, а затем, после военного переворота 18 ноября, оставшийся не у дел уфимский Совет управляющих ведомствами на своем последнем заседании 28 ноября принял постановление — «вверить» весь «казанский клад» «чешскому народу в лице Чехсовета для охраны и затем передачи Учредительному собранию или общепризнанному Всероссийскому правительству с тем, чтобы до этой передачи никто этими ценностями распоряжаться не мог» [19].

Но ни «вверить», ни «передать» чехам «казанский клад» Совет не успел. Как только это постановление и телеграмма в Чехсовет стали известны Колчаку, 3 декабря он приказал своему любимцу В. О. Каппелю немедленно арестовать и препроводить в тюрьму всех «уполномоченных», что теперь уже генерал-майор Каппель неукоснительно исполнил.

Однако при всей этой добровольной «передаче» (и тут я с С. П. Петровым по-прежнему несогласен) чехи вовсе не отказывались от попыток захватить весь «казанский клад» или хотя бы его часть.

Последующие десятилетия не внесли ясности в чехословацкий след. В партийной историографии Октябрьской революции и гражданской войны с легкой руки будущего академика И. И. Минца (1932 г.) преобладало мнение — весь «казанский клад» большевики отбили у Колчака и целехоньким вернули трудовому народу. В 1959 г. на основе идеи «полного возврата» был поставлен художественный фильм «Золотой эшелон», полный фактических неточностей.

Впрочем, что там фильм со скороспелым сценарием, если известная советская писательница Анна Караваева еще в 1938 г. написала, что вернул «золото Колчака»... венгерский интернационалист-коминтерновец Матэ Залка (а вскоре этого героя сталинское НКВД репрессировало).

При Н. С. Хрущеве чуть-чуть приоткрылись архивы, и в книжке А. П. Кладта и В. А. Кондратьева «Быль о золотом эшелоне» (1962 г.) имя героя было названо правильно — чекист А. А. Косухин.

Неправильно была оценена роль другого героя — адмирала А. В. Колчака. Именно на него авторы свалили все недостачи по «казанскому кладу». Якобы даже в его личном вагоне при аресте представителями Политцентра в Иркутске были обнаружены «шесть пудов серебра, семь миллионов бумажных денег и целый мешок разных золотых и бриллиантовых вещей» — его и «его любовницы княгини Темировой».

Все здесь ложь. Никаких драгоценностей и серебра с деньгами при адмирале не было — об этом свидетельствует стенографический отчет о сдаче Колчака и его премьера В. Н. Пепеляева в Иркутске [20].

И никакая А. В. Тимирева (а не Темирова), урожденная Сафонова, после расстрела Колчака Книпер, не «княгиня», хотя и из дворян. Отсидела все что положено гражданской жене адмирала в ленинско-сталинском ГУЛАГе с 1922 по 1946 и с 1949 по 1954 гг., реабилитирована в 1960 г., умерла в 1975 г. своей смертью в Подмосковье.

Интимные отношения адмирала и «княгини» — потрясающее общечеловеческое свидетельство любви мужчины и женщины посреди кровавой вакханалии смерти и погони за «золотым тельцом». На это обратил внимание в свое время (1931—1932 гг.) известный эмигрантский историк Сергей Мельгунов в своей капитальной трехтомной работе «Трагедия адмирала Колчака» (Белград). В начале 90-х годов журнал «Минувшее» опубликовал личную переписку адмирала и его гражданской жены — Лев Толстой, будь он жив, написал бы по ним продолжение своей «Анны Карениной».

В 1991 г. дочь Сергея Петрова, ныне известный продюсер Голливуда, совместно со мной составила даже смету будущего документально-художественного многосерийного телефильма «Любовь, золото и смерть — трагедия адмирала Колчака»: центральной линией сериала (не чета всяким там «Тропиканкам» и «Последним жертвам») должна была стать история трагической любви двух русских людей: Тимирева требовала от чекистов расстрелять ее вместе с любимым, получив отказ, пыталась покончить с жизнью в иркутской тюрьме [21].

И как бы легла в этот сюжет легенда о второй женщине — законной жене адмирала Софье, которая будто бы летом 1920 г. тайно прибыла в Иркутск искать могилу мужа (она не знала, что Колчак и Пепеляев были расстреляны на берегу реки Ангары и их тела столкнули в воду). А когда узнала, то в безутешном горе якобы наняла лодку с проводником и поплыла вдоль берегов реки, расспрашивая местных жителей — не вынесла ли матушка-Ангара не берег тела двух казненных мужчин? Так ли было на самом деле или все это еще одна легенда типа «кладов Колчака» в Сибири, для документально-игрового телесериала не так уж и важно, как и то, что Софья не бросилась с горя в Ангару, а умерла в эмиграции в Париже — но какова любовная интрига старого, как мир, треугольника? [22].

Увы, денег тогда мы с дочерью Сергея Петрова не нашли, и замысел так и остался пока на бумаге в виде финансовой сметы да набросков сценария в моем личном архиве...

Понятное дело, такие «задумки» не тревожили сердце официальных партийных советских историков. В их «исследованиях» ни о каких следах «казанского клада» и уж, конечно, о любви адмирала к женщине, речь не шла. Да и зачем? Все ведь вернули, а чего не досчитались — украл Колчак или его «любовница-княгиня»!

Гораздо продуктивнее при всех субъективных оценках (никакие чехи, англичане, французы, американцы и японцы, не защитники «белого дела», а обыкновенные грабители России, воспользовавшиеся гражданской войной, чтобы набить свои карманы [23]) были участники кровавой «золотой эпопеи» из эмиграции, которые не только пошли по «следам золота» — чешскому, японскому, китайскому, американскому, но и осмелились в 1923 — 1941 гг. публично судиться с японцами за возврат золотого достояния Отечеству (Валериан Моравский, генерал Павел Петров и др.).

Их эстафету как исследователи подхватили их сыновья (Сергей Петров, Никита Моравский [24], сын чешского легионера Игорь Немец*, чей отец был репрессирован и гитлеровцами, и сталинским СМЕРШем), а уже в самые последние годы — совсем молодые исследователи из Великобритании [25] и Новосибирского университета [26].

А теперь, после этого небольшого, но необходимого мини-отступления, пойдем по чехословацкому «следу» дальше.

* * *

С весны 1920 г. после шестилетнего отсутствия в Чехословакию морем вокруг света, через Триест и Австрию, стали, наконец, возвращаться легионеры. И почти сразу сначала по стране, а затем и по всей Восточной Европе поползли слухи о несметных богатствах, которые они якобы привезли из Сибири и с Дальнего Востока необъятной России.

Одним из первых с «белой» русской стороны эти слухи «озвучил» в цифрах бывший управляющий центральной конторы Госбанка России в Петрограде при «временных», а затем замминистра финансов у Колчака В. Новицкий.

В издаваемом в Лондоне на деньги бывшего цар-

---

* Именно Игорь Немец при содействии Сергея Петрова прислал в наш общественный Международный экспертный совет по российскому золоту за рубежом целую подборку копий чешских документов из архивов Министерства обороны и МИД бывшей ЧССР, где документально отражается подлинная роль легионеров в судьбе «казанского клада».

ского финансового агента К. Е. Замены бюллетене «Russian Economist» (January 1921, p. 46—57) он опубликовал статью «Судьба императорского русского золотого запаса», в которой впервые среди русских эмигрантов (правда, с оговоркой — «согласно настойчивым слухам») назвал точные цифры «умыкнутого» легионерами «сибирского золота» *: на 63 050 000 зол. руб. или 168 млн. франц. фр. [27].

Для небольшой, только-только становящейся на ноги финансовой и экономической независимости страны это было целое богатство, о котором, скажем, в наше время могла бы только мечтать Эстонская республика. В обычных условиях такая публикация «товарища» министра не вызвала бы никакого резонанса ни в Англии, ни во Франции, а в самой Чехословакии тех времен разве что реплику какой-нибудь проправительственной газеты типа — «ну, опять эти русские эмигранты чем-то недовольны, а ведь толпами едут к нам, да еще денег на проживание просят» [28].

Но публикации Новицкого в 1921—1922 гг. попали в самую точку. Именно в этот период и в Европе, и в Советской России полным ходом шла подготовка (а затем и проведение в апреле — мае 1922 г.) к Генуэзской конференции, первого после гражданской войны и иностранной интервенции мирного «круглого стола» вчерашних непримиримых противников.

Антанта хотела бы получить компенсацию по «царским долгам» и национализации иностранной собственности в Советской России, Советы — добиться дипломатического признания и кредитов на НЭП. Эксперты обеих сторон усиленно искали аргументы. В. И. Ленин на Политбюро ЦК РКП(б) предложил признать только «царские долги» до 1914 г. (и Г. В. Чичерин в октябре 1921 г. разослал по столицам Антанты соответствующий дипломатический циркуляр), сам готовился поехать в Геную, но остальные долги (за национализацию иностранной собственности и за облигации частных дореволюционных компаний и обществ — сегодня только во Франции их оценивают в 48 млрд. долл.) категорически не признавал как «частные».

---

* В Чехословакии «золото Колчака» переименовывается прессой в «сибирское золото».

Чтобы усилить аргументацию, большевики выдвинули встречные претензии — по «военным долгам». В них вошли: посылка золота царским и временным правительствами в страны Антанты в 1914—1917 гг. за закупки вооружений и амуниции (а поставлено было против оплаченного менее 25%, причем Англия и Швеция вообще ничего не поставили «временным» в марте — сентябре 1917 г.), и материальный ущерб от иностранной интервенции, в том числе, и от чехословацких легионеров в 1918—1920 гг.

В порядке инвентаризации «золотых дел» при начале НЭПа и для подготовки к торгу с «буржуями» по инициативе Ленина Советом Труда и Обороны была создана в конце 1921 г. специальная «Комиссия по золоту». Она просчитала все движение золота с 1917 г. по конец 1921 г., записала — 235 500 000 зол. руб. «были захвачены и израсходованы Колчаком»[29].

И тут как нельзя кстати Новицкий со своими выкладками. Оказывается, Колчак-то израсходовал не 275 млн., а на 63 млн. меньше, и эта «недостача» находится... в «Легиобанке» в Праге.

Эксперты Антанты заволновались. Отбить аргументы (а главное, факты и документы по «военным долгам») было чрезвычайно трудно. Только-только на Версальской мирной конференции 1919 г. и серии «малых Версалей» 1920—1921 гг. сама Антанта за «военные долги» Первой мировой войны «разделa» Германию, Турцию, Болгарию, обложив, в частности, немцев огромной контрибуцией. Сказать — «нам можно, мы победители» — вроде бы глупо: большевики ведь тоже победители — и Антанту прогнали, и чехов, и своих «белых», словом, «... разгромили атаманов, разогнали воевод и на Тихом океане свой закончили поход». Да и зачем тогда вся эта катавасия с Генуэзской конференцией, если заранее считать партнера дураком и в грош не ставить его аргументацию?

Посыпались секретные запросы в Прагу. Президент Т. Масарик и его министр иностранных дел Э. Бенеш попали в деликатную ситуацию. Масарик всю «сибирскую эпопею» чехословацкого корпуса официально требовал от его командования «соблюдать нейтралитет». Какой это был «нейтралитет», мы уже знаем.

Бенеш же в секретных инструкциях Чехсовету и командованию легиона рекомендовал «добывать» для новой республики как можно больше золота и драгоценных металлов.

Позднее, в 1926 г. главный исполнитель этих инструкций начфин чеховойск Ф. Шип (к тому времени он из поручиков станет уже подполковником) проговорится: «Для нас сейчас (1920 г. — *Авт.*) выгодный момент для добычи, так что добываем, и изрядно...»[30].

Члену правления — учредителю «Легиобанка»* Ф. Шипу за такие откровения здорово влетит, но пока бойкому пражскому журналисту Иозефу Куделе срочно заказывается брошюрка — «Чехословацкие легионеры и русское золото», которая аккурат к открытию Генуэзской конференции выходит из печати на чешском и французском языках[31]. Разумеется, легионеры ничего не присвоили, все сдали по акту в Иркутске еще 1 марта 1920 г. Так что домыслы и «красных», и «белых» — полнейшая чепуха.

На Генуэзской конференции, как известно, ни до чего реально не договорились. Большевики за спиной Антанты предпочли заключить сепаратный мир с Германией в Рапалло. Но все же условились продолжить переговоры. И продолжили — сначала в Гааге (1922 г.), затем в Лондоне (1924 г.) и, наконец, в Париже (1926—1927 гг.).

И все это время как дамоклов меч висел над Масариком и Бенешем вопрос о «сибирском золоте» в «Легиобанке». А тут еще подлили масла в огонь начавшие выходить на Западе и Востоке (Харбин) мемуары непосредственных очевидцев «золотой эпопеи» в Поволжье, Сибири и на Дальнем Востоке. И одними из первых — резко античешские воспоминания бывшего главкома Колчака генерала К. В. Сахарова, совсем неподалеку, в Мюнхене (1923 г.).

Сахаров дополнил и детализировал скупую и осто-

---

* По странному стечению обстоятельств «Легиобанк» (стал одним из самых крупных в довоенной Чехословакии) был создан вскоре после возвращения легионеров. Долгое время живший в Праге Д. Мейснер, затем вернувшийся в СССР, в 1966 г. вспоминал: «...Чехословацкие легионеры... вывезли из России немало золота... Тогда же на одной из главных улиц Праги было построено огромное здание нового «Легиобанка». Все знали, что и само здание, и средства банка обязаны своим существованием все тому же золоту». — «Знамя», 1992. № 8, с. 201.

рожную информацию Новицкого. Вскоре до Праги дошли публикация В. Зензинова (Париж, 1919 г.), и двухтомный труд Г. К. Гинса (Пекин, 1921 г.), также полный конкретных фактов о том, как легионеры «добывали» (а не «скупали» по рекомендации Бенеша) ценности в России. К середине 20-х годов «сибирским золотом» заинтересовалась пресса соседних государств — «Австрийский корреспондент» в Вене провел опрос рядовых легионеров и в 1925 г. опубликовал серию сенсационных разоблачительных статей.

Дело дошло до парламента. Левый депутат Лодгман сделал Э. Бенешу официальный запрос — правда ли, что чехословацкие легионеры при молчаливом одобрении его, ныне министра иностранных дел, и Т. Масарика, ныне президента, вывезли в 1920 г. через Дальний Восток большое количество русского золота (в кулуарах парламента шушукались — более 30 вагонов!) и несметное количество другого ценного имущества?

Разразился громкий скандал. Бенеш 3 августа 1920 г. переслал запрос депутата в Министерство обороны республики, настаивая на предоставлении оправдательных документов о «передаче русского золота», вывезенного из Казани в 18-ом году». Главное, на чем настаивал министр — а «не было ли в это время чехословацкими частями что-то (?!) взято из золотого запаса?»

И такие документы Минобороны в МИД республики в том же году были предоставлены.

Вот они, передо мной, благодаря любезному содействию Игоря Немеца — 20 страниц машинописных ксерокопий на чешском и русском языках за 1920 г. при сопроводительной генерала Миклоша Чилы от 22 сентября 1925 г. из архива нынешнего Минобороны Чешской республики.

Подборка в основном состояла из актов (на русском языке) о контроле за сохранением пломб на вагонах «золотого эшелона», стоявшего на запасных путях станции Иркутск-1 да перечня номеров караульных частей (рот) чеховойск, которые поочередно несли совместно с другими частями (красноармейцы, румыны, югославы, иркутские партизаны, чекисты РВК и караул Политсовета) круглосуточную охрану эшелона в январе—марте 1920 г.

В эмигрантской «белой» литературе и публикациях все это было хорошо известно еще с 20 — начале 30-х годов [32], да и в советской литературе 50 — 60-х тоже [33], причем даже больше документов, чем представил генерала Чила министру Э. Бенешу [34].

Ключевыми в сопроводительной Чилы от 22 сентября 1925 г. были два факта:

а) что 1 марта 1920 г. был подписан «протокол, по которому русский золотой запас окончательно был передан советской власти в Иркутске в 1920 г.»;

б) «следует подчеркнуть, что неприкосновенность русского золотого запаса в 1918—1920 гг. — до дня передачи — была и есть для чеховойск лишь предмет политического, но никак не финансового интереса» [35].

К огорчению генерала Чилы, не все из его легионеров были искусными дипломатами и мастерами отписок. Уже упоминавшийся подполковник в отставке Франтишек Шип, бывший начфин чехословацких войск в Сибири и один из учредителей «Легиобанка» через год после скандала в Чехословацком парламенте (1926 г.) в специальной брошюре (ее издание было осуществлено в собственной типографии «Легиобанка») «Несколько страниц о снабжении нашей сибирской армии (отповедь генералу Сахарову с его «Белой Сибирью»)» попытался выдать карася за порося, да обмишурился.

Начав, как и генерал Чила, с панегирика легионерам как рыцарям без страха и упрека, якобы спасшим «казанский клад» от разграбления и целиком передавшим его советской власти в Иркутске, далее начфин пошел совсем «не в ту степь».

Прежде всего, он невольно опроверг версию генерала об отсутствии у легионеров «финансового интереса».

Наоборот, все откровения начфина свидетельствуют об обратном, причем Ф. Шип не гнушался писать заведомую неправду — «золотой запас русского государства был захвачен (в Казани. — *Авт.*) нашим первым полком» (легенда, вошедшая затем в СССР во все кинофильмы о гражданской войне).

Как мы описывали выше, сводный отряд Каппеля, захвативший «казанский клад», не насчитывал и полного батальона, а от чехов вообще участвовала всего лишь одна неполная рота, да и та — под командованием русского капитана Степанова. При этом легионеры под пули латышских красных стрелков особо не лезли, предпочитая, по воспоминаниям Степанова, отлеживаться в укрытиях, и все решила отчаянная штыковая атака взвода сербов под командованием майора Благотича.

А далее Шип разоткровенничался совсем: «Когда в сентябре (1918 г. — *Авт.*) я и заместитель председателя отделения Чехословацкого Национального Совета находились в городе на Волге Самаре, то **искали мы пути, как бы завладеть золотом**» (выделено мною. — *Авт.*).

Возможность представилась очень скоро, когда началась эвакуация Самары (в конце сентября. — *Авт.*): Шип и зампред Чехосовета (фамилию его начфин не называет) решили сыграть на недоверии и борьбе за власть между самарским (КомУч), Уфимским (Директория) и Омским (тогда в нем преобладали сибирские областники) правительствами.

«Золото и иные ценности везли в эшелонах к Уралу. Самарское правительство не доверяло Сибирскому. Поэтому я договорился в Уфе с управляющим иностранными делами Веденяпиным и управляющим финансами Баковым, что **золото будет передано нам** (выделено мною. — *Авт.*). Что тотчас же и осуществилось» *.

В обмен на «серебряную предоплату» легионеры взяли на себя охрану «золотых эшелонов» КомУча от Самары до Уфы, ибо к тому времени вся его Народная армия (кроме отряда Каппеля) почти полностью развалилась.

«Комучевцы» не имели больше армии, но владели золотом, уфимская Директория — ни того, ни другого, зато омское правительство (именно в него как военный министр осенью 1918 г. войдет адмирал Колчак) имело армию, но совершенно расстроенные финансы [36].

---

* То есть Шип подписал 2 октября 1918 г. с Веденяпиным и Баковым документ, на современном языке именуемый «Протокол о намерениях», на основании которого чехи получили те самые 750 ящиков серебряной русской монеты (на 900 тыс. зол. руб.), о которых речь шла выше. См.: D. N. Collins and J. D. Soule (eds). Колчак и Сибирь: документы и исследования, 1919—1926, т. 1. New York., 1988.

Шип и здесь ловко использовал благоприятную чехам конъюнктуру. Он добрался в Омск и тайно встретился с министром финансов Сибирского правительства Иваном Михайловым, сыном известного народовольца и каторжанина А. Ф. Михайлова. Михайлов-сын, начавший свою политическую карьеру при «временных» как помощник министра продовольствия известного земца А. И. Шингарева, после Октябрьского переворота бежал за Урал и быстро перекрасился в «областника», «беспартийного социалиста».

Он был типичным «демократическим карьеристом» (А. И. Гучков), которых вынесла на поверхность политической жизни Февральская революция. В Сибири за ним очень быстро установилась кличка «Ванька-Каин», ибо при отсутствии твердых моральных и политических принципов он руководствовался лишь личными симпатиями и антипатиями.

Работая в 1917—1918 гг. в антибольшевистском эсеровском подполье в Новониколаевске (Новосибирск), по отзывам его соратников, он «сдавал» в ЧК лично чем-то ему несимпатичных боевиков. Наоборот, в Омске он «сдавал» монархистам-офицерам из колчаковской контрразведки по тем же личным мотивам своих коллег (например, известного сибирского «областника» Новоселова, которого в сентябре убила группа офицеров) и был активным (но тайным) участником государственного переворота 18 ноября 1918 г., направленного против «демократических контрреволюционеров» из КомУча и Директории.

Как министр финансов он оказался полным ничтожеством, замешанным к тому же в коррупции и целой серии финансовых скандалов (в августе 1919 г. Колчак его с треском выгонит, заменив на Л. В. Гойера).

И вот к этому «сибирскому Нечаеву», живому воплощению героев литературных «Бесов» Ф. М. Достоевского и приехал Шип. Они быстро нашли общий язык. «Позже я говорил с министром финансов Михайловым, — вспоминал начфин в 1926 г., — о том, что возьму две тыс. пудов (золота. — *Авт.*) **как основу для печатания чехословацких денежных знаков**» (выделено мною. — *Авт.*) [37].

По-видимому, никаких «протоколов о намерениях»

не заключалось, ибо вся операция по «изъятию» 2 тыс. пудов должна была совершиться на основе «захватного права» в Челябинске, куда, по свидетельству В. Новицкого, должны были прийти «золотые эшелоны» из Уфы (на нее наседали «красные») и совершиться перегрузка золота из вагонов в... элеватор близ города. Почему надо было перегружать несколько эшелонов на 651 млн. зол. руб. (по другим данным — на 1 млрд. 200 млн.) в элеватор — до сих пор неясно. Может быть, для того, что из элеватора легче «взять» 2 тыс. пудов и даже больше?

Всю «обедню» Шипу и Михайлову испортил Михаил Николаевич Дитерихс. Будучи как начштаба чеховойск на Урале и. о. командующего (командующий генерал Сыров находился в это время в Екатеринбурге на совещании чехословацких командиров), он приказал ничего не знавшему о тайной операции Шип — Михайлов чешскому конвою развести пары и срочно двигаться из Челябинска в Омск, отменив тем самым «элеваторную выгрузку»*.

Последняя в 1918 г. попытка завладеть золотым запасом России имела место в ноябре 1918 г., уже после государственного переворота Колчака. Тогда под давлением чехов адмирал вынужден был временно освободить членов уфимского Совета управляющих ведомствами, которые считали себя законными распорядителями золота. Именно после этого они 28 ноября, о чем говорилось выше, издали свое знаменитое постановление об окончательной и полной передаче «золотых эшелонов» под «охрану Чехосовета», но и эта акция (за которой снова проглядывался Шип) сорвалась. 3 декабря все «подписанты» были арестованы и с этого момента «казанский клад» окончательно перешел в руки адмирала Колчака.

Но легионеры добились-таки своего. После того

---

* М. Н. Дитерихс, предпоследний глава «белого» правительства во Владивостоке и председатель дальневосточного отделения РОВС — Российского Общевойскового Воинского Союза (объединение офицеров-эмигрантов), оставил интересные воспоминания об этом эпизоде по спасению золотого запаса от чехов. Незадолго до смерти он запечатал их и другие интересные документы в пакет и отправил из Китая в Прагу, в Архив русской революции. С 1992 г. мы с С. П. Петровым ищем этот пакет в архивах Москвы и Праги, но пока тщетно.

как Колчак осенью 1919 г. отклонил предложение союзных комиссаров ввиду наступления Красной армии срочно отправить оставшееся в Омске золото «под международным (читай — чешским) контролем» во Владивосток, 4 января 1920 г. адмирал сдался. В телеграмме на имя союзных комиссаров в Иркутске он извещал, что с сего дня передает «золотой эшелон» под охрану чеховойск.

Для Колчака это было начало его трагического конца. Чехи фактически с 6 января взяли его в заложники (а 16 января «сдали» в Иркутске большевикам [38]).

Таким образом, с 4 января по день прибытия «золотого эшелона» с прицепленным к нему вагоном с Колчаком в Иркутск (всю остальную «свиту», включая конвой, «отсекли» еще 9 января) золото находилось исключительно под охраной чехословацких легионеров, правда, при сопровождении небольшой группы служащих Госбанка во главе с начальником эшелона инженером А. Д. Арбатским.

Но и в Иркутске чехи до 7 февраля (дня подписания соглашения с Исполкомом Иркутского Совета о передаче «золотого эшелона» в обмен на паровозы и свободный отъезд в Забайкалье на Читу и далее по КВЖД во Владивосток или в Китай) не допускали к эшелону даже его начальника Арбатского. Последний писал управляющему Иркутским отделением Госбанка Ф. И. Громову гневные докладные (одну из них от 26 января 1920 г. я впервые опубликовал в журнале «Знамя», 1992, № 8, с. 197—198), в которых инженер справедливо утверждал, что у него «нет никакой уверенности в том, что охрана золота стоит на должной высоте, следствием чего может быть новая покража золота» (Арбатский имеет в виду кражу 13 ящиков с золотом на сумму в 780 тыс. зол. руб. на станции Тыреть 11 января за 200 км от Иркутска, причем начальник чешского караула капитан Эмр фактически отказался признать, что кража произошла на перегоне ст. Зима — ст. Тыреть, т. е. в зоне ответственности его караульной смены [39]).

Так присвоили чехословацкие легионеры золото из «казанского эшелона» Колчака или нет?

Самый надежный ответ можно было бы найти в архиве Министерства обороны Чешской республики, в фонде «Финансовые дела русского легиона» по адресу Прага-2, пл. Флоренции, д. 5, откуда в свое время генерал Чила и извлек для Бенеша выгодные ему документы о «финансовой непричастности» легиона.

Но, увы, пока этот путь для нас еще не открыт. Остаются косвенные свидетельства участников событий и отдельные факты, собранные историками.

Если судить по документам, представленным генералом Чилой Э. Бенешу в ответ на запрос депутата Лодгмана в 1925 г., разумеется, нет.

Если же судить по действиям и по переписке Шипа в 1918—1920 гг., его публикации в 1926 г. — присваивали, и еще как (помните — «добывали, и изрядно добываем...»).

Уже не в «белоэмигрантской», а в современной российской прессе появилась масса публикаций о «добыче» легионеров в Сибири и на Дальнем Востоке (особенно интересные факты приводил в серии своих статей в газете «Владивосток» историк-краевед А. Буяков; он, в частности, ссылается на секретное письмо Э. Бенеша от 30 января 1920 г. командованию легиона в Иркутске, в котором сообщается о заинтересованности Минфина молодой республики в «закупке золота и других благородных металлов»).

Конечно, расследуя «чешский след», нельзя сбрасывать со счетов факты банального воровства.

Прежде всего бросается в глаза крайне плохая организация охраны, частично связанная с вековой русской традицией «охраны забора» — вагона, склада, поезда (а не того, что в них). Караульные отвечали лишь за сохранность запоров и пломб на них и число «мест» (ящиков, сумок, мешков). Когда, по рассказам свидетелей, в конце октября в последнем, четвертом «золотом эшелоне» Колчака, направлявшемся во Владивосток, случайно (на входной двери оказалась поврежденной пломба) была проведена проверка содержимого «мест», то выяснилось, что в 26 стандартных ящиках вместо золота были... вложены кирпичи. До сих пор неясно, где их вложили — или при отправке в Омск, или в момент воровства на ст. Тайга?*

---

* Этот последний, четвертый по счету, «золотой эшелон» на Владивосток вообще окажется невезучим. Начав с «утраты» 26 ящиков на ст. Тайга, на ст. Чита он в начале ноября «утратит» и все остальные 616 ящиков. Их присвоит атаман Семенов. — *Примеч. авт.*

Впрочем, система «охраны забора» сыграла с многострадальным «золотым эшелоном» злую шутку и на обратном пути его из Иркутска в Казань. Уж какие «кирпичи» или «железяки» подсунули чекисту Косухину в его эшелон в Иркутске или по пути его следования с 18 марта по 3 мая 1920 г., но по прибытии в Казань он недосчитался золота на еще большую сумму, чем колчаковцы — аж на целых 35 млн. зол. руб. против той описи, что подмахнул с подачи Арбатского и Кулябко [40].

Скорее всего, деньги (ящики с золотом) украли на перегоне между ст. Тайга и ст. Зима (вот заклятое место и район, где до сих пор любители кладов буравят землю в тайге, ища «золотые ящики»!). Именно там, совсем как в октябре 1919 г. (ст. Тайга) и в январе 1920 г. (ст. Тыреть), обнаружилось, что у двух вагонов почему-то произошло «ослабление затворных болтов... с золотым запасом РСФСР». А в этих двух вагонах было ни мало ни много 1040 ящиков с золотом.

Внутрь ящиков снова, как и в Иркутске, заглядывать не стали, а пересчитали лишь «места», что «по проверке оказалось соответствующим количеству мест, показанному по приемочному акту с. г.» [41].

Словом, все в ажуре, все «места» на месте, вагоны снова закрыли и опломбировали. А приехали в Казань да вскрыли ящики и сумки в этих и других вагонах — а там тю-тю, золота-то на 35 млн. руб., как корова языком слизала.

Впрочем, «корова» особиста не спасла: в 1939 г. его все же арестовали и расстреляли — уж не за «недостачу» ли по 1920 году? И не рассказал ли Косухин на допросах в 1939 г. что-то такое, что побудило НКВД СССР в следующем, в 1940 г., завести целое дело по поводу украденного на ст. Тайга «золота Колчака»? Тем более что показания бывшего чекиста наложились на заявление некоего новообращенного гражданина Эстонской ССР (Сталин только-только аннексировал Прибалтику) А. И. Лехта в «органы» в июле 1940 г. о том, что он знает, где закопаны 26 ящиков золота, украденные на ст. Тайга из колчаковского эшелона в конце октября 1919 г.

Это сегодня «органы» на такие предложения (найти

«клад», поднять затонувший корабль с золотом и т. д.) не обращают никакого внимания, разве что в нашем общественном экспертном совете мы фиксируем такие предложения (скажем, письмо В. К. Коровина от 29.X.1991 г. из Ленинградской обл. о том, что его отец, бывший колчаковский офицер в августе 1918 г. принимал участие в тайной транспортировке из Самары в Крым «44 золотых слитков золота по 30 фунтов весом каждый», предназначавшихся для императрицы-матери Марии Федоровны, или Ю. В. Кочева от 20.IV.1993 г. со ст. Немчиновка Белорусской ж. д. в Московской обл. о том, как его отец и дядя, красные партизаны, 25 декабря 1919 г. окружили отступавший в Забайкалье колчаковский полк барона Враштеля, разоружили его и захватили «четырнадцать цинковых гробов с золотом, адресованных Колчаком атаману Семенову»).

Тогда власти по-иному относились к «сигналам», но и ответственность за «сигнал» была другой — собственная голова [42] (детали «дела Лехта-Пуррока» см. *Приложения.* — О розыске колчаковского золота).

* * *

И все же — сколько и чего из «драгметаллов» вывезли чешские легионеры?

Сразу бросается в глаза первое — генерал Чила в 1925 г., мягко говоря, лукавил, а вот начфин Шип резал правду матку: «добыча» тянула более чем на четыре тонны серебра и почти на восемь тонн золота. И не так уж далек от истины краевед А. Буяков, когда пишет в газете «Владивосток», что эти тонны «драгметаллов» стали базой золотого и серебряного обеспечения чехословацкой кроны — одной из самых стабильных в межвоенный период, причем почему-то именно с конца 1920 г.

Такому золотому запасу могли бы позавидовать, например, сегодняшние независимые республики Балтии.

Тогда, в первый период независимости 1918—1940 гг., прибалты явно были «на коне» по сравнению с чехами: как-никак, например, Эстония по тартусскому миру 1920 г. с РСФСР сразу получила «индомнизацию» (возмещение) как бывшая царская окраина в 15 млн. зол. руб., а Литва — 3 млн.

Да и Польша, побив Красную Армию в августе 1920 г. под Варшавой, «отхватила» по Рижскому миру 1921 г. солидный кусок «золотого пирога» — аж целых 30 млн. зол. руб. контрибуции с большевиков.

Чехи и словаки тогда были в положении нынешних прибалтов — Литва только в 1992—1993 гг. с трудом «выбила» у Франции и Англии 3,5 т золота, оставшиеся на счетах ее посольств в Лондоне и Париже после советской аннексии.

Командование легионеров и, особенно, начфин Ф. Шип, конечно, хотело бы «добыть» больше «драгметаллов».

В фонде 197 Колчаковского министерства финансов, что хранится в Москве в ЦГАОР, в «Бухгалтерии общей канцелярии» я видел документы переписки Ф. Шипа за декабрь 1919 г. с последним минфином Колчака П. А. Бурышкиным (кстати, автора вышедшей за границей и сравнительно недавно переизданной в столице интересной книги воспоминаний «Москва купеческая»): начфин просил продать «в кредит» еще 268 ящиков дефектной серебряной монеты на 15,3 млн. руб. по той же схеме, что и первая партия в 750 ящиков, оформленная «протоколом» министров Ком-Уча 2 октября 1918 г.

По-видимому, на этот раз сделка не состоялась, ибо в отчете начальника эшелона А. Арбатского и ст. кассира Н. Кулябко, инвентаризировавших в Иркутске в начале марта 1920 г. содержание «мест» в эшелоне перед его передачей большевикам все эти 262 ящика серебра оказались на месте, а затем благополучно доехали до Казани [43].

Еще менее удачным был замысел «оттяпать» весь эшелон после того, как Колчак с 6 января 1920 г. лишился своей охраны и стал заложником легионеров. Ведь еще 25 декабря глава союзных комиссаров Антанты французский генерал Жанен, видя неуступчивость Колчака и его желание до последнего сохранить свой контроль (и свою охрану) над «золотым эшелоном», дал шифрованную телеграмму чехам: задержать в Нижнеудинске эшелоны Колчака, разоружить его охрану и взять эшелон под свой контроль (как это напоминало телеграмму Троцкого 25 мая 1918 г. относительно разоружения чехов!).

Колчак в последний раз отказался разоружаться, но тогда чехи заблокировали все его эшелоны в Нижнеудинске. Как уже отмечалось выше, адмирал капитулировал только 4 января. А 9 января «золотой эшелон» с прицепленным к нему вагоном Колчака под усиленной охраной чехов отправили, наконец, в Иркутск. Казалось бы — все дело сделано — сдадим Колчака «красным», а сами на всех парах вокруг Байкала с золотом к Тихому океану! Тем более что чешский командир конвоя майор Гачек держал в руках очередную телеграмму Жанена — главное, контролировать золото, а все остальное приложится... Одним из «приложений», в случае каких-либо осложнений, генерал видел... сдачу «золотого эшелона» под охрану японцев. И Жанен даже передал Гачеку приказ: в Иркутске — восстание, золото под угрозой захвата большевиками, срочно гоните эшелон в обход города на станцию Мысовую Кругобайкальской ж. д., где вас уже ждут японцы.

Но командующий чехословацким корпусом генерал Ян Сыровы был реалистом. В возникшей дилемме — «кошелек или жизнь» — он предпочел жизнь легионеров. «Невыдача золота (Политцентру в Иркутске. — *Авт.*) или передача его японцам так возбудит против нас все русское население, особенно большевистские элементы, — телеграфировал он Жанену, — что наше войско от Иркутска до Тайшета окажется в сплошном огне. На нас нападут со всех сторон». Чешского генерала поддержал и представитель Национального совета в Иркутске доктор Благож — «золотой эшелон» придется отдать.

Результатом этого и явилось военное перемирие чехов и Советов на станции Куйтун 7 февраля 1920 г. — золото в обмен на паровозы и вагоны. А ранним утром того же дня Колчака и Пепеляева расстреляли на берегу Ангары: своей смертью он заплатил за золото для большевиков и жизнь легионеров. Начфин Франтишек Шип рвал и метал — «добыча» ушла прямо из рук. Мученическая смерть адмирала его мало волновала — ее ведь в «драгметаллы» не обратишь...

* * *

В мае 1990 г., находясь в Праге со съемочной группой тогдашнего ТВ СССР (Останкино), где мы снимали кадры вывода советских войск из Чехословакии для документального телефильма по истории Коминтерна, в свободный день я зашел на знаменитое Ольшанское кладбище — место упокоения более 20 тыс. «белых» эмигрантов.

Бродя от могилы к могиле, читал на надгробных плитах и памятниках — писатель Аркадий Аверченко, профессор Новгородцев (1870—1924), «евразиец» Петр Савицкий.

Но что это — в православном «отсеке» и вдруг... полковник Ян Червинка, умер в 1933 г. И рядом — Надежда Семеновна Карановская, русская, его жена, умерла почти 30 лет спустя.

Чудно́, подумалось мне, протестант-«гусит» чех и православная русская — в одной могиле — что-то у этих чехов не очень с религиозными традициями...

Сзади послышались шаги. Кто-то подошел и встал за моей спиной рядом с могилой. Потом что-то спросил по-чешски. Я машинально ответил — «не понимаю». И вдруг тот же голос на чистом русском языке: «Пан был знаком с моим отцом и матерью?» Я обернулся — пожилой чех в аккуратном, но уже поношенном костюме, при галстуке, с букетиком цветов в руке, который он бережно положил к памятнику своих родителей.

«Вы русский или чех?» — удивленно спросил я. «И то, и другое — мать русская, сибирячка, отец чех, из легионеров, воевал у вас в России», — ответил он.

Я уже кое-что знал сверх «положенного» о легионерах в Сибири: как-никак закончил истфак МГУ по кафедре истории южных и западных славян, там профессоры и доценты рассказывали о трагедии корпуса больше, чем было написано в учебниках по истории КПСС или официальной историографии гражданской войны в Сибири и на Дальнем Востоке.

Да и после XX съезда партии многие мои однокашники по курсу — чех Франтишек Силницкий и словак Иван Лалуга — разговорились (оба, кстати, стали активистами «пражской весны» и оба пострадали после «братской помощи» войск Варшавского договора в августе 1968; Франтишеку с женой Ларисой пришлось бежать через Австрию в Израиль — теперь они оба живут в США, а Иван остался в Братиславе и хлебнул соленого до слез).

Читал я и вышедшую в 60-х годах книгу историка-слависта А. Х. Клеванского «Преданный корпус» — там упоминается некий полковник Червинка, бежавший из Сибири с мешком русского серебра.

«Так вы — сын того самого полковника Червинки», — изумленно спросил я. «Да, — ответил пан. — Позвольте представиться: Ярослав Карановский, фамилия по матери, родился здесь, в Праге в 1921 г. А маму мою отец вывез из Сибири. И не он один — многие легионеры привезли русских жен, особенно, словаки». Да, подумалось мне, не одно золото и серебро вывозили — и жен тоже. Впрочем, что тут предосудительного — любовь...

«Вы знаете, — прервал мои мысли мой собеседник, — в старой довоенной Чехословакии очень хорошо относились к русским, не чета нынешним временам, особенно после августа 1968 г. Ведь Прага тогда чуть ли не наполовину была населена русскими — русский университет, русские гимназии, русские кадетские корпуса. А сколько выходило газет и книг по-русски. Я ведь учился в чешской гимназии и в русской воскресной школе — отец и мать хотели, чтобы их сын впитал обе культуры. Да и чехи хорошо понимают по-русски, даже если они его никогда не учили. Обратно сложнее — русским чешский надо для этого учить. Тогда ведь еще очень сильны были традиции панславизма и... иллюзии, что большевики — это ненадолго, не сегодня-завтра падут, нужны будут образованные кадры.

Иллюзии эти очень разделял Томаш Масарик, первый президент Чехословакии. Он здорово помогал русским эмигрантам, особенно профессорам и молодежи. Деньги выдавал. Говорят, даже «Легиобанк» заставил раскошелиться на русскую эмиграцию.

Вы видели Русский дом в Праге? Нет? Сходите — там жили все русские профессора. А построили дом на деньги «Легиобанка».

Первые русские эмигранты приезжали, как это по-русски, да, «в чем мать родила» — голые и босые. Так Масарик субсидию специальную установил — жилье давали бесплатно, даже одежду, еду конечно.

Знаете, совсем как сейчас в США для советских евреев. Только у нас «евреи» были русские».

Я спешил — надо было идти на съемки, консультировать режиссера. Мы расстались, и с тех пор я сына полковника Червинки больше не видел. А вот слышать — слышал. По радио «Свобода», в репортаже Игоря Померанцева все с того же Ольшанского кладбища, причем сравнительно недавно — летом 1996 г.

И в тот поздний московский вечер, слушая чуть хрипловатый голос Ярослава, вдруг подумалось — а может быть, **морально** этот чехословацкий «след» от «казанского золота» давным-давно окупился?

Ни японцы с китайцами, ни даже французы (у них тоже было немало «белых» эмигрантов) с англичанами не сделали для наших соотечественников в 20—30-х годах столько добра, сколько эти «пепики».

Да, американцы в Калифорнии приравняли «белых» офицеров к своим ветеранам. Низкий поклон им за это. Но школы русские не открыли, университет — тоже, а ведь в Праге учились тысячи гимназистов и студентов со всего «русского рассеяния».

Да, начфин Шип и генерал Чила вряд ли снимали с себя последнюю рубашку, чтобы помочь детям беженцев. Впрочем, и они приняли генерала Сергея Войцеховского в свою военную касту, высший в довоенной республике чин — генерала армии — дали ему, русскому офицеру, не чеху и не словаку. И если бы послушался его Бенеш в 1939 г. и дал вооруженный отпор в Судетах войскам вермахта, еще неизвестно — стал бы Гитлер нападать на Польшу, заключать союз со Сталиным и вбивать клин между чехами и словаками (марионеточное «государство» Тисо, который, кстати, также взял даже в свой МИД десятки русских эмигрантов).

Да и судиться сегодня с чехами и словаками за «золото Колчака» — безнадежное дело: документов об их «добыче» кот наплакал. Фактически, один «протокол» от 2 октября 1918 г. на 750 ящиков серебра (900 000 зол. руб.). Остальное пока проходит по статье «военные трофеи».

Иное дело — Антанта и Япония. Здесь побороться можно. Вот и пойдем по «следам» нашего «казанского клада» (и не только его) дальше.

ПРИМЕЧАНИЯ

[1] Наиболее типичная реакция на «предательский» Брестский мир отражена в мемуарах штабс-капитана Э. Н. Гиацинтова (первого мужа будущей народной артистки СССР Софьи Гиацинтовой), окончившего свои дни на чужбине, в эмиграции. См. Эраст Гиацинтов. Записки белого офицера (публикация В. Г. Бортневского), Л., 1992.

[2] Цит. по: Леонтьев Я. В. Новые источники по истории лево-эсеровского террора. // «Индивидуальный политический террор в России. XIX — начало XX в. (материалы конференций)». М., 1996, с. 143. И. К. Каховская возглавляла группу эсеров-террористов, которая 30 июля 1918 г. убила в Киеве главнокомандующего германской оккупационной армии на Украине фельдмаршала Г. Эйхгорна, после чего исполнители и организаторы покушения были арестованы. Судьба, однако, была милостива к террористке — ей удалось-таки вырваться из Лукьяновской тюрьмы в Киеве. Затем она принимала участие в организации покушений на адмирала А. В. Колчака и генерала А. И. Деникина (оба теракта не удались), прошла через сталинский ГУЛАГ и умерла своей смертью уже в наше время. — «Родина», № 12, 1989, с. 90—96.

[3] Петров П. П. Из крестьян — в генералы. — «Дипломатический ежегодник» М., 1995, с. 262.

[4] Цит. по: Деникин А. И. Очерки русской смуты, т. 1, М., 1991, с. 97.

[5] Цит. по: Поликарпов В. Д. Военная контрреволюция в России 1905—1917. М., 1990, с. 189.

[6] Бортневский Виктор. Генерал Каппель // Белое дело (люди и события). СПб., 1993, с.48.

[7] Подробней об участии воткинских и ижевских рабочих в борьбе против большевиков см.: Бернштам М. (состав.). Урал и Прикамье (ноябрь 1917 — январь 1919): документы и материалы по народному сопротивлению коммунизму в России. Париж, 1982; Ефимов А. Г. Ижевцы и воткинцы: борьба с большевиками, 1918—1920 гг. Concord, California, 1975.

[8] Цит. по: Бортневский В. Ук. соч., с. 48.

[9] «Дипломатический ежегодник», М., 1995, с. 261.

[10] Шкловский Виктор. Сентиментальное путешествие. Воспоминания 1917—1922 гг. М. — Берлин, 1923, с. 5.

[11] Индивидуальный политический террор в России, с. 140.

[12] Новейшую версию о «германских деньгах» на большевистскую революцию см. в статье-публикации Ю. В. Идашкина «Были ли большевики куплены на золото германского Генерального штаба?» — «Дипломатический ежегодник». М., 1995, с. 278—296.

[13] См. Антонов-Овсеенко В. А. Записки о Гражданской войне, т. 1. М., 1924.

[14] Цит. по: Бортневский Виктор. Ук. соч., с. 47.

¹⁵ Петров П. П. Роковые годы, 1914—1920. Калифорния, 1965, с.107.
¹⁶ Там же, с. 116.
¹⁷ «Справка о приблизительном весе чистого расцененного золота, отосланного во Владивостокское отделение Госбанка». — ЦГАОР, ф. 198, оп. 2, д. 60, л. 22. См. также: ЦГАНХ РФ, ф. 7733, оп. 37, д. 1958, л. 6.
¹⁸ Петров С. Сколько российского золота оказалось за границей в 1914—1920 гг.? (доклад). — «Дипломатический ежегодник». М., 1995, с. 245.
¹⁹ Государственный переворот адмирала Колчака в Омске 18 ноября 1918 г. Сб. документов. / Публ. В. Зензинова. Париж, 1919, с. 44; «Знамя», № 8, 1992, с. 202—203; Васильева О. Ю., Кнышевский П. Н. Красные конкистадоры. М., 1994, с. 84—85.
²⁰ См.: Стенографический отчет переговоров о сдачи власти Омским Правительством Политическому Центру в присутствии высоких комиссаров и Высшего командования союзных держав. Иркутск, январь 1920 г. Харбин, 1921.
²¹ Тимирева-Книпер А. В. Воспоминания. — «Новый журнал», т. 159, Нью-Йорк, 1985. См. также исторический альманах «Минувшее» (М. — Париж, 1990, т. 1, с. 177 и сл. — переписка с Колчаком) и документальную повесть Юрия Карлова «Допрос в Иркутске» (М., 1972).
²² Со временем история расстрела Колчака не без фантазий его палача, начальника Иркутской ЧК «левого» эсера С. Шудновского (Шудновский С. Как был расстрелян Колчак? — «Сибирская деревня», Новосибирск, № 9, 1924), также обросла красивыми легендами. Якобы адмирал потребовал, чтобы он (в лучших традициях бонапартистского офицерства — помните песню Беранже «Старый капрал»?) сам командовал собственным расстрелом при условии, что залп дадут «люди в русской униформе», а не комиссары-евреи в кожанках. Ср.: Фельшинский Юрий. Ленин и расстрел Колчака. — «Русская мысль». Париж, 12 января 1984 г.
²³ См., например: К. В. Сахаров. Белая Сибирь (внутренняя война 1918—1920 гг.). Мюнхен, 1923, с. 324.
²⁴ Моравский Никита. Пражский сборник сибиряков-эмигрантов — жур. «Вольная Сибирь», 1927—1930, Прага; «Записки русской академической группы в США», т. XXVI, New York, 1994, p. 317—339.
²⁵ Smele J. D. White Gold: the imperial russian gold reserve in anti-bolshevik East, 1918-? (an unconcluded chapter in the History of Russian Civil War). — «Europe-Asia Studies, vol. 46, 8. Glasgow, 1994, p. 1317—1347.
²⁶ Аблажей-Долженкова Н. Н. Сибирская эмиграция в 1920—1930 гг. (дипломная работа). Новосибирский ГУ. 1992.
²⁷ То же самое Новицкий повторит во французском (1922) и американском (1928) издании этой статьи.
²⁸ Вскоре чехи привыкнут к тому, что русский эмигрант — что «белый», что «розовый», хоть и ест их хлеб, но правду-матку режет все равно. См., например, разгромную брошюру Б. Солодовникова «Сибирские авантюры и генерал Гайда: из записок

русского революционера» (Прага, б/г), направленную против мемуаров генерала Гайда. (R. Gajda. Moje pameti: československa anobase zret na Ural proti bolshevikum. Admiral Kolchak. Praha, 1925).

[29] Васильева О. Ю., Кнышевский П. Н. Ук. соч., с. 86. На основе этого сверхсекретного «Отчета по золотому фонду» советскими экспертами в Генуе был представлен меморандум, в котором сумма «долга за Колчака» была увеличена на 41 млн. — 215 млн. «висели» непосредственно на Колчаке, а 60 млн. — на частных банках Японии, Китая — Гонконга, Англии, Франции и США за все то золото, что адмирал продал им для закупки оружия. — См.: Меморандум советской финансовой группы в Генуе от 8 мая 1922 г. — «Внешняя политика СССР». Сб. док-тов, т. 2, 1921—1924. М., 1944, с. 360—361.

[30] Šip F. Nekolik Kapitol o hospoclarstvi nasi sibirske armady. Praha, 1926, s. 18.

[31] Kudela J. Les légions tchecoslovaques et l'or russe. Praha, 1922.

[32] См., в частности: Г. К. Гинес. Сибирь, союзники и Колчак. Поворотный момент истории, 1918—1920 гг., тт. 1—2. Пекин, 1921; А. Ган-Гутман. Россия и большевизм: материалы по истории революции и борьбы с большевизмом (часть I, 1914—1920), Шанхай, 1921; Климушкин П. Д. Чехословацкое выступление. Том 1: «Волжское движение» и образование Директории. Прага, 1928; Витольдова-Лютык С. На Восток: воспоминания времен колчаковской эпопеи, 1919—1920 гг. Рига, 1930.

[33] Губельман М. И. Борьба за советский Дальний Восток, 1918—1922 гг. М., 1955; Гак А. М., Дворянов В. Н., Папин Л. М. Как был спасен золотой запас России? — «История СССР», № 1, 1960.

[34] См., например, очень интересную публикацию Кладта А. П. и Кондратьева В. А. «Золотой эшелон» (возвращение золотого запаса РСФСР, март — май 1920 г.). — «Исторический архив», № 1, 1961. Публикация интересна еще и тем, что авторы получили доступ в до того совершенно закрытый Пражский заграничный архив белой эмиграции, символически называвшийся тогда «Коллекция белогвардейских и белоэмигрантских фондов» (ЦГАОР — в 1961 г. ф. 2881, сегодня — ф. 143 и сл.), откуда они и взяли большинство своих опубликованных документов.

[35] Текущий архив Международного экспертного совета по золоту и недвижимости за рубежом (далее — *Текущий архив Экспертного совета*).

[36] Smele J. D. Labour conditions and the collaps of the Siberian Economy under Kolchak — in «Slavonic of the Study Group on the Russian Revolution», vol. 13. 1987, p. 31—32.

[37] Šip F. Op. cit, s. 31. См. также: Черных Е. Злата Прага с «русской позолотой». — «Комсомольская правда», 4 фев. 1992.

[38] Колчак А. В. Последние дни жизни. Барнаул, 1991, с. 41—56.

[39] Акт 12 янв. 1920 г., ст. Тыреть. — «Исторический архив», № 1, 1961, с. 45.

[40] А. Косухин, уполномоченный особого отдела ВЧК при 5-й армии РККА, принял «золотой эшелон» из 13 «американских» четырех-

осных вагонов «по весу» и «местам» (6815 ящиков), **без досмотра их содержимого** (выделено нами. — *Авт*.) — См. Акт от 18 марта 1920 г., ст. Иркутск-I. — «Исторический архив», № 1, 1961, с. 47.

[41] Акт 31 марта 1920 г., ст. Зима. — Т а м ж е, с.48.

[42] Ж у к о в В а л е р и й. Золото Колчака искать на станции Тайга. — «Московский комсомолец», 4 апреля 1992 г.

[43] ЦГАОР, ф. 197 (коллекция Пражского зарубежного архива русской революции), оп. 4, д. 17; журнал «Исторический архив», № 1, 1961, с. 37.

Глава III

«ЛЕНИНСКОЕ» ЗОЛОТО».
«ЗОЛОТО КОМИНТЕРНА».
«НИЖЕГОРОДСКИЙ КЛАД»
УХОДИТ НА ЗАПАД

В предыдущей главе речь шла о движении оставшейся в России в годы гражданской войны половины золотого запаса страны на Восток. Теперь посмотрим, как вторая половина уходила за Запад.

«ЗОЛОТО ЛЕНИНА» — ГЕРМАНСКОМУ КАЙЗЕРУ (ИЛИ ПЕРВЫЙ «ПАКТ РИББЕНТРОПА — МОЛОТОВА»)

Ни «левым» эсерам, убившим графа Мирбаха и фельдмаршала Эйхгорна, ни правоэсеровскому КомУчу, захватившему «казанский клад» 7 августа 1918 г., не удалось сорвать секретные переговоры большевиков с представителями кайзера.

Как уже отмечалось выше, сорвать эти переговоры не удалось еще и потому, что в финансово-экономическом плане эта сделка кайзера и большевиков была чрезвычайно выгодна Германии. Ведь февральско-мартовские сепаратные мирные договоры в Брест-Литовске с украинскими националистами и русскими «интернационалистами» не только «закрывали» для немцев Восточный фронт, но и фактически делали Украину гетмана Скоропадского аграрно-сырьевым придатком Германии (этот вариант в 1941—1943 гг. почти буква в букву повторит Гитлер), а Советскую Россию — экономическим союзником Германии против Антанты (и этот план будет в августе 1939 — июне 1941 г. благодаря второму аналогичному пакту успешно реализован Гитлером).

Брестский мир позволил Германии больше половины своих дивизий перебросить на Западный фронт, и весной 1918 г. немцы едва не взяли штурмом

Париж. Лишь «чудо на реке Марна» (отчаянное сопротивление французов, впервые применивших «мотопехоту» — в столице были реквизированы тысячи частных автотакси и они доставили прямо к окопам несколько свежих французских дивизий, остановивших, а затем и отбросивших германские войска) спасло тогда Францию.

Безусловно, финансовые и экономические ресурсы Германии (и еще больше Австро-Венгрии) были к середине 1918 г. на исходе. Вступление в апреле 1917 г. США в войну на стороне Антанты, наоборот, существенно усилило ее потенциал: военные кредиты, поставки оружия и продовольствия, помощь мощного военного и торгового флотов.

В этой ситуации «самостийная» Украина и готовые пойти на предательство национально-государственных интересов большевики-«интернационалисты» ради того, чтобы любой ценой удержаться у власти, виделись в Берлине как противовес США и как прочный финансово-сырьевой «тыл» Тройственного союза. Следует подчеркнуть, что к лету 1918 г. Западный фронт снова стабилизировался, и еще далеко не было ясным — кто в конце концов победит в этой затянувшейся мировой кровавой бойне?

У большевиков тоже был свой интерес к сделке с кайзером. По условиям Брест-Литовского мира 3 марта 1918 г. они обязаны были демобилизовать всю старую «царскую» армию, а спешно созданная на ее руинах добровольческая красная гвардия была «партизанской», совершенно небоеспособной, особенно при столкновении с регулярной кайзеровской армией.

Легенда о 23 февраля 1918 г. (официальная дата возникновения Советской армии, столько лет торжественно отмечаемая в СССР) — не более, чем легенда. Реальное соотношение сил гораздо более объективно отражали «Дополнительные соглашения», подписанные в Берлине 27 августа 1918 г. в обстановке крайней секретности.

С советской стороны соглашение подписали три «идейных большевика», три выходца из богатых буржуазных еврейских семей — полпред в Германии Адольф Иоффе, сын крупного откупщика в Крыму, и два «финансовых советника» полпредства — Яков

Ганецкий (Фюрстенберг), сын богатого варшавского адвоката, и Мечислав Козловский, также из семьи адвоката и сам ставший присяжным поверенным задолго до революции 17-го года.

Характерно, что два последних «подписанта» проходили летом — осенью 17-го по делу о «большевиках — агентах германского Генерального штаба» наряду с Лениным, Троцким, Зиновьевым, Коллонтай, Луначарским, Раскольниковым и другими, причем Козловский был арестован и заключен в тюрьму. Легенда о «большевиках — немецких шпионах» так до конца ни доказана, ни опровергнута почти за 80 лет ее существования историками не была [1].

Но весьма симптоматично, что два ключевых «героя» этой эпопеи год спустя после шумного расследования [2] вновь оказались в непосредственной близости от здания германского Генерального штаба *.

Следует сказать, что материалы Брест-Литовских переговоров (22 декабря 1917 — 3 марта 1918 г.) довольно подробно публиковались в Советской России [3], в том числе — и в экономическом аспекте [4]. При этом надо иметь в виду, что сам Брестский мир 3 марта 1918 г. (всего 14 статей — пять с половиной страничек текста) в значительной степени был экономическим соглашением с Германией, Австро-Венгрией, Болгарией и Турцией (144 страницы приложений — дополнительных протоколов: подробнейшие тарифы; таможенные правила, консульские конвенции, соглашения о вознаграждении за убытки и т. п.) [5].

Однако никаких конкретных цифр возмещения убытков в этих приложениях не было. Пробел и должен

---

* М. Ю. Козловский (1876—1927) затем станет членом «малого» Совнаркома РСФСР и ВЦИК СССР, умрет своей смертью.

Я. С. Ганецкий (Фюрстенберг — 1879—1937) проделает типичный для КПСС путь «ленинской гвардии»: в 1919 г. — и. о. председателя Народного (Государственного) банка РСФСР, в 1920—1922 гг. полпред и торгпред РСФСР в Латвии, с 1923 г. — член комиссии Наркомата внешней торговли, в 1932—1935 гг. — председатель Гособъединения по музыке, эстраде и цирку, с 1935 г. — директор Музея революции, в 1937 г. арестован как «троцкист» и расстрелян.

Был, правда, и четвертый — самый главный участник этих переговоров — будущий наркомвнешторг Леонид Красин, но он формально этого «пакта» не подписывал, ибо имел всего лишь статус «эксперта». Подробней об этом см. гл. VI.

был восполнить еще один сверхсекретный «дополнительный протокол», но на этот раз подписанный в Берлине *. В советской печати текст «Дополнительных соглашений» 27 августа 1918 г. не публиковался, хотя в Западной Европе они были известны почти сразу же после их подписания. Одним из первых ключевые 2-ю и 3-ю статьи изложил в своих статьях на французском (1922 г.) и английском (1928 г.) языках В. Новицкий, однако в обеих публикациях пункты соглашения 27 августа давались либо с большими сокращениями, либо в изложении.

Только с началом хрущевской «оттепели» и решением лидеров КПСС начать публикацию документов из архивов МИД СССР (для чего в 1957 г. была создана Комиссия по изданию дипломатических документов во главе с А. А. Громыко) в самом первом томе «Документов внешней политики СССР», вышедшем в конце 1957 г., по архивному подлиннику этот «дополнительный протокол» под длинным и неудобопроизносимым названием «Русско-германское финансовое соглашение, служащее добавлением дополнительного договора к Мирному договору (от 3 марта 1918 г. в Брест-Литовске. — *Авт.*), заключенному между Россией, с одной стороны, и Германией, Австро-Венгрией, Болгарией и Турцией — с другой» был, наконец, опубликован в полном виде. От имени правительства РСФСР соглашение подписал полпред *Адольф Иоффе*, от имперского германского правительства — статс-секретарь МИД контр-адмирал в отставке *Пауль фон Ганце* и директор департамента МИД тайный советник *Иоганн Криге* [6]. Через одиннадцать лет тот же документ был перепечатан в сборнике о советско-германских отношения 1917—1922 гг [7].

Следует согласиться с Владимиром Новицким — ключевым в этот финансовом соглашении являлись вторая и третья статьи:

---

* По своему характеру «дополнительный протокол» 27 августа 1918 г. сильно смахивал на аналогичный секретный протокол 19 августа 1939 г. — так называемое Германо-советское торгово-кредитное соглашение, по которому нацистская Германия предоставляла СССР кредит в 200 млн. марок сроком на семь лет для размещения советских промышленных заказов, а СССР обязывался в течение двух лет поставить в Германию на 180 млн. марок нефти, свинца, платины, мехов, хлопка, фосфатов и т. п. — «СССР — Германия. 1939». Вильнюс, 1989, с. 49—51.

«Статья 2. — В целях возмещения германских подданных, в результате мер, принятых русским правительством (имеются в виду меры по национализации иностранного имущества и авуаров. — *Авт.*), и одновременно учитывая соответствующие русские контрпретензии, заявленные в ходе переговоров, о размерах и стоимости продовольствия, реквизированного в России германскими вооруженными силами после заключения мира (в Брест-Литовске 3 марта 1918 г. — *Авт.*), Россия соглашается выплатить Германии сумму в **шесть миллиардов марок** *.

Статья 3. — **Выплата шести миллиардов,** упомянутых в ст. 2 будет осуществлена следующим образом:

1. Сумма в 1½ млрд. марок будет выплачена через трансферт 24 564 кг чистого золота и 545 440 руб. в кредитных обязательствах, т. е. 363 628 000 руб. в купюрах по 50, 100 и 500 руб. ** и остальная сумма в 181 813 000 в купюрах по 250 и 1000 руб. ***

Трансферт должен быть осуществлен пятью траншами, а именно:

а) первый транш весом в 43 860 кг чистого золота и 90 900 000 руб. кредитными билетами, т. е. 60 000 000 руб. в купюрах 50, 100 и 500 руб. («романовки». — *Авт.*) и 30 300 000 руб. в купюрах 250 и 1000 руб. («думки». — *Авт.*), должен быть отправлен не позднее 10 сентября 1918 г.;

б) четыре следующих транша — не позднее 30 сентября, 31 октября, 30 ноября и 31 декабря

---

* Фактически это была контрибуция за национализированную германскую собственность и авуары, которая вытекала из «Русско-германского дополнительного договора» — приложения к Брестскому миру 3 марта 1918 г. (См. «Брест-Литовская конференция». М., 1918, с. 71—79). Большевикам долго будет аукаться эта статья — выходит, их декрет в январе — феврале 1918 г. не расплачиваться за долги «проклятого царизма» носил весьма избирательный характер: выгодно — заплатим, невыгодно — не будем. — *Примеч. авт.*

** В Германии и Франции эти бумажные купюры, обеспеченные золотом, называли «романовками» (billets de Romanoff). — *Примеч. авт.*

*** Выпущенные в годы Первой мировой войны купюры-ассигнации достоинством в 250 и 1 тыс. руб. под гарантию государственной Думы России там же называли «думками» (billets de Duma). — *Примеч. авт.*

1918 г.; каждый из этих траншей будет включать по 50 675 кг чистого золота и по 113 635 000 руб. в кредитных билетах, т. е. 75 757 000 руб. в купюрах по 50, 100 и 500 руб. и 37 878 000 руб. в купюрах по 250 и 1000 руб.
2. Сумма в один млрд. марок должна быть выплачена в русских товарах в следующие сроки: 15 ноября и 31 декабря 1918 г. (каждый раз отправляемый груз не может быть по стоимости менее 50 000 000 марок); 31 марта, 30 июня, 30 сентября и 31 декабря 1919 г. — каждый раз на 150 000 000 марок, но 31 марта — не менее чем на 300 000 000 марок.
3. Сумма в два с половиной млрд. марок должна быть выплачена до 31 декабря 1918 г. путем трансферта облигаций займа, который, начиная с 1 января 1919 г., принес бы их германским держателям 6% и был бы амортизирован за счет 0,5%, включая неоплачиваемый налог по вкладам. Этот заем будет распространен русским правительством в Германии, и принципы этого займа будут рассматриваться как уже включенные в настоящее соглашение.

В гарантии этого займа будут даны специальные государственные привилегии, в особенности проистекающие из экономических преимуществ, предоставляемых в России германским подданным. Эти детализированные гарантии станут предметом обсуждения и заключения *специальной конвенции,* с таким расчетом, чтобы ежегодный доход держателей облигаций этого русского займа мог бы превосходить 20% (?! — *Авт.*) годовых;
4. Оставшаяся сумма в один млрд марок, в случае и при согласии Германии, если эта сумма не станет частью долей Украины и Финляндии в рамках их договоренностей с Россией о разделе национального достояния бывшей Российской империи, явится объектом заключения *специального соглашения* в будущем».

Прежде чем проследить, как на основе этого уникального для германо-русских отношений соглашения из России на Запад в сентябре 1918 г. ушло почти

100 тонн чистого золота и миллионы «романовок» и «думок», попробуем оценить этот «дополнительный протокол» с высоты сегодняшнего дня и того, что мы вообще знали о последних месяцах Первой мировой войны.

Во-первых, из соглашения следовало, что кайзеровские власти в августе 18-го года вовсе не собирались капитулировать перед Антантой, а, как минимум, воевать до полной своей победы, самое позднее — к 1 января 1920 г.

Во-вторых, они явно хотели наверстать то, что Бисмарк так опрометчиво упустил в 1880 г. — сделать Россию как минимум своим финансовым союзником, о чем свидетельствуют все эти планы начать с 1 января 1919 г. распространение «русского займа» в Германии под гигантский процент (20% — напомним, что максимальный французский был 14).

В-третьих, во имя этой «Антанты наоборот» Германия готова была пожертвовать одним миллиардом марок из шести, дабы привлечь к германо-русскому военно-политическому союзу Украину и Финляндию — «осколки» Российской империи.

И, наконец, в четвертых, в геополитическом плане соглашение 27 августа 1918 г. по своей сути сохранит основные идеи (но не цифры) и в германо-советском соглашении в Рапалло в 1922 г., и в экономическом договоре между Веймарской республикой и СССР в 1926 г., и, как отмечалось уже не раз, в пакте Риббентроп — Молотов (экономическое соглашение в Берлине 19 августа 1939 г.).

А пока же большевикам пришлось срочно выполнять «график» отправки золота, «романовок» и «думок» на 1918 год — ведь первый «золотой эшелон» должен был отбыть в Берлин из России через две недели — 10 сентября 1918 года!

* * *

Большевикам, безусловно, предстояло выполнить в очень краткие сроки — с сентября по декабрь 1918 г. — гигантскую работу: собрать, погрузить и отправить в Германию по четыре эшелона чистого золота (всего 195 880 000 кг) и четыре эшелона «романовок» и «думок» на 431 млн. 205 тыс. зол. руб.

Где взять такую гигантскую сумму? Единственным «золотым карманом» к сентябрю 1918 г. (после захвата КомУчем «казанского клада») у них оставался *нижегородский*. В отличие от казанского, по нижегородскому до сих пор существуют отрывочные и противоречивые сведения. Даже наиболее информированные исследователи, В. Новицкий, Л. Юровский и С. Петров, почти ничего не сообщают о «нижегородском кармане», за исключением того, что там осталась половина золотого запаса России*.

До сегодняшнего дня единственным обстоятельным исследованием по «нижегородскому карману» в 1918—1922 гг. остаются две статьи доц. А. П. Ефимкина, опубликованные в 1987—1988 гг. в жур. «Волга» (Саратов) [8].

3 сентября в Нижний прибывает правительственная комиссия из трех человек во главе с комиссаром бывшей царской Экспедиции заготовления государственных бумаг А. Е. Минкиным. С помощью местных властей и рядовых служащих нижегородской конторы Народного (государственного) банка, мобилизованных ЧК на круглосуточную работу по упаковке золота в ящики и погрузке на грузовики, уже через трое суток, в ночь с 6 на 7 сентября (ровно через месяц после того, как полк В. О. Каппеля захватил «казанский клад») длинный конвой тщательно охраняемых грузовиков направился на Московский вокзал, где вдали от главного перрона, на дальних запасных путях стоял состав с двумя паровозами в голове. 120 чекистов и милиционеров перетаскали 2400 ящиков с золотом в вагоны, и на рассвете 7 сентября первый «золотой эшелон» тронулся в путь, на Москву.

На встрече старых большевиков в Горьком

---

* Л. Н. Юровский в своем капитальном исследовании «Денежная политика Советской власти в 1917—1927 гг.» (М., 1996) считал, что на ноябрь 17-го года большевики располагали золотым запасом на 1 млрд. 101 млн. зол. руб. Стало быть, в Нижнем Новгороде находилось на 552 млн. зол. руб. золота.

При всех этих подсчетах почти никто из исследователей не учитывает «бумажное золото» (облигации займов, акции компаний, векселя, «романовки», «думки» и прочие обеспеченные золотом ассигнации 1897—1914 гг.), причем настолько, что все историки «золота Колчака» странным образом «потеряли» след 6-го эшелона адмирала, 45 вагонов которого были набиты «бумажным золотом». — *Примеч. авт.*

в 1957 г. еще живые участники этой акции вспоминали, что состав так был загружен, что и два паровоза никак не могли стронуть его с места [9].

9 сентября точно таким же путем отправили и второй «золотой эшелон» еще с 2400 ящиками.

«Ветеранам ленинской гвардии» никто, конечно, не сказал — куда отправляется это золото. Так до самой своей смерти они и были уверены, что золото едет только до Москвы (столица, кстати, и была указана для камуфляжа в накладных) — большевики спасают его от «белочехов»?!

Оба эшелона в Москве остановили, пересчитали и переложили золотые слитки из деревянных ящиков в стандартные металлические по 50 кг в каждом, добавили «бумажного золота» на 90 900 000 руб. в эшелон и точно по графику, 10 сентября, отправили по Брянской (Белорусской) ж. д. через Оршу в Берлин.

15 сентября «Известия» на последней полосе поместили коротенькое сообщение: «Первая партия золота, подлежащая выплате Германии, согласно Русско-германскому добавочному соглашению, прибыла в Оршу и принята уполномоченными германского Имперского банка» [10].

Любопытно, что «левые» эсеры, постоянно следившие за сделкой кайзер — Ленин и уже в Нижний заславшие своих лазутчиков, сделали последнюю попытку сорвать сговор, пустив первый «золотой эшелон» под откос.

Как признался эсер-боевик Г. Семенов (Васильев) на процессе 22-х эсеровских вождей в 1922 г. в Москве, его боевая группа присмотрела даже место под Москвой, где она заложит динамит, и подготовила грузовик, чтобы после крушения состава забрать часть золота себе, но по каким-то причинам операция сорвалась, и эшелон без помех проследовал на Оршу [11].

Без помех прибыл в Оршу и второй эшелон с 50 675 кг «ленинского» золота в слитках и на 113 млн. 635 тыс. «романовок» и «думок».

Но на этих двух эшелонах отток «ленинского» золота (в металле и в «бумаге») в Германию и прервался. Третий (срок отправления — 31 октября) «золотой эшелон», уже загруженный и готовый к отправке, не говоря уже о четвертом (30 ноября) и, тем более, пятом (31 декабря) так и не доехали до Орши.

11 ноября 1918 г. в Компьенском лесу недалеко от Парижа Германия капитулировала, подписав с Антантой военное перемирие. Через два дня, 13 ноября ВЦИК РСФСР денонсировал Брест-Литовский мир 3 марта и Дополнительные соглашения 27 августа 1918 г.

Однако **94 535 кг чистого золота** и на **203 млн. 635 тыс.** «бумажного» («романовки» и «думки») навсегда ушли из России, начав свою странную «жизнь», продолжающуюся и поныне. Понятное дело, что после 11 и 13 ноября ни о каких поставках товаров или размещении займа в Германии речь уже не шла.

Но и уже отправленным «ленинским» золотом побежденной Германии воспользоваться не пришлось. Долгое время до конца не было ясно, каким путем победители забрали эти «золотые эшелоны» у побежденных?

...Как-то в перерыве заседания Ассоциации историков Первой мировой войны, что при Институте всеобщей истории РАН, ко мне подошла скромная невысокая женщина — Светлана Сергеевна Попова, старейший архивист ЦХИДК (Центр хранения историкодокументальных коллекций — бывший Особый архив: трофейные документы). С. С. Попова давно следила за моими публикациями и мягко указала на мою оплошность: дополнительный финансовый протокол 27 августа 1918 г. изложен не только В. Новицким в 20-х гг., но и опубликован полностью в «Документах внешней политики СССР» еще в 1957 г.

И как бы мимоходом заметила: «А ведь я, просматривая фонд французских трофейных документов, обнаружила в нем протокол о передаче немцами 1 декабря 1918 г. «ленинского золота» во Францию»*. Я едва не подпрыгнул — как обнаружила? Да французы 80 лет пишут, что никакого брест-литовского золота у них

---

* В Особый архив (трофейные документы) с 1945 г. поступали архивы третьих стран, захваченные нацистами в оккупированных странах и вывезенные затем в Германию. По решению Союзной контрольной комиссии эти «трофейные документы» были поделены между союзниками-победителями, и СССР, в частности, достались архив французской контрразведки межвоенного периода, ордена и медали Наполеона I Бонапарта и многое другое. Именно в архиве контрразведки и оказалось франко-бельгийско-германское соглашение от 1 декабря 1918 г. о «ленинском» золоте.

отродясь не было и никакого соглашения с немцами они не заключали?!

Вскоре мы встретились вновь, и результатом нашей работы стала совместная публикация документов из ЦХИДК «А «ленинское» золото все-таки во Франции!» («Литературная газета», 28 января 1998 г.).

Наконец-то достоянием общественности стал текст итогового Протокола финансовой подкомиссии по перемирию и будущим репарациям, подписанный двумя французскими, двумя бельгийскими и тремя германскими представителями в городе Спа (Бельгия) 1 декабря 1918 г. *(ЦХИДК, ф. 198, оп. 17, д. 1122, л. 86. Типографск. экз. по-франц.)*.

Согласно его содержанию, капитулировавшая Германия якобы добровольно передавала Франции 93 т 542 кг «ленинского» золота ценой в 120 млн. зол. «царских» рублей или 322 млн. золотых франков, которое в период с 5 по 11 декабря в одиннадцати четырехосных пульмановских вагонах под охраной французских войск через Саарбрюкен «будет перевезено в Париж и помещено в хранилище Французского банка, который и будет обеспечивать его сохранность...»

Более того, протокол обязывал побежденную Германию сдать Антанте и все другое золото — «русское», «румынское» и т. д., «которое могло быть захвачено или передано Германии согласно Брест-Литовскому и Бухарестскому договорам, дополнительным протоколам или по каким-либо другим основаниям». Причем этой безоговорочной конфискации в пользу Франции подлежало не только государственное, но и «частное золото» не только подданных бывшей Российской империи и Румынского королевства, но даже граждан Антанты, если только это «частное золото» оказалось на территории Германии.

Словом, еще не установив размеров репараций с Германией (что случится полгода спустя на Версальской мирной конференции 1919 г.), французы авансом подчистую подмели золотые немецкие кладовые, спеша вывезти все драгметаллы как «военные трофеи».

Столь откровенный грабеж побежеденной Германии (помните слова «тигра Франции» Жоржа Клемансо — *за все заплатят боши!*) вызвал резкое противодействие моралиста и доктринера Вудро Вильсона, президента США. И тот настоял, чтобы по крайней мере судьба «ленинского» золота была отражена в итоговом Версальском мирном договоре 28 июня 1919 г., где в ст. 259, часть 7 четко зафиксировано: данное золото «конфисковано» (!) на «временной основе» [12].

Попытки французских властей, пользуясь тем, что статья 259 не указывает — в каком банке конкретно находится «ленинское» золото, скрыть факт хранения золота в «Банк де Франс», не увенчалась успехом. Французской и английской прессе еще в 20-х годах удалось установить, что 9 апреля 1924 г. половина «ленинского» золота (47 т 265 кг) тайно была перевезена через Ла-Манш во все тот же «Bank of England», где уже лежало с 1914—1917 гг. «царское» казенное золото.

Современные попытки французских властей убедить общественность, что золото это не «ленинское» (русское), а «кайзеровское» (немецкое) разбились об аргументацию парижской прессы со ссылкой на ту же статью 259, но часть 6: Версальский мир, как и постановление ВЦИК 13 ноября 1918 г., аннулировали Брест-Литовский мир 3 марта и дополнения к нему 27 августа как обязательные для России и Германии международные соглашения. А если так — то Германия с 28 июня 1919 г. обязана была вернуть в Советскую Россию два полученных ею в Берлине «трансферта». Почему не вернула — понятно. Золото-то лежало не в Берлине, а в Париже, «что ясно означает, — пишет французская журналистка Элен Атун, — что речь больше не идет о германском, а, безусловно, о русском золоте» [13].

К перипетиям «ленинского», а также «царского» золота в связи с продолжающейся во Франции дискуссией о выплате долгов по «русским займам» мы еще вернемся.

Пока же и здесь обратим внимание читателя на странный феномен. Как и японская пресса о «золоте Колчака», так и французская с английской и немецкой, как воды в рот набрали в почти 80-летней истории с «бумажным золотом». Куда же делись все эти «романовки» и «думки» на гигантскую сумму в 203 млн. 635 тыс. зол. руб., что большевики отправили из Москвы 10 и 30 сентября 1918 г., немцы их получили в Орше, а в Берлине в ноябре, когда французы захватывали это свое «золото Трои», они куда-то испарились?

Ведь и в страшном сне немцам и французам не могло присниться такое действо, которое совершается в Совдепии 14 октября 1919 г.: «вождь мирового пролетариата» подписывает постановление Комиссии «малого» Совнаркома по использованию денежных бумажных ресурсов страны. В комиссию входят все тот же Я. С. Ганецкий, по совместительству и. о. комиссара-управляющего Госбанком РСФСР, Н. К. Беляков, член коллегии Наркомпути, и И. С. Тер-Габриэлян, член коллегии Главнефти. Задача: «в срочном порядке уничтожить все аннулированные Совнаркомом процентные бумаги прежних правительств».

И с ноября 1919 г. в Нижнем Новгороде запылали печи — жгли кредитные билеты, облигации займов, акции, купоны «царского» казначейства, «романовки» и «думки». «Мешками с этими бумагами, — меланхолично пишет доцент Андрей Ефимкин со ссылкой на госархив Горьковской обл., — всю зиму отапливались две городские бани и здание губфинотдела. Прилегающая к нему часть Большой Покровки покрылась черными хлопьями бумажного пепла. Так в трубу котельной вылетел внутренний (только ли? — *Авт.*) долг царского и временного правительств».

Чтобы мешками с «бумажным» золотом пять месяцев топить две городские бани и здание губфинотдела — надо было здорово потрудиться! В один «банковский» мешок вмещалось 2 млн. ценных бумаг [14]. Судя по всему, сожгли раз в 100 больше, чем отправили кайзеру в сентябре 1918 г. А ведь могли бы и выбросить через Финляндию и Прибалтику на европейские биржи ценных бумаг — царские «романовки» и «думки» были еще тогда в большой цене, не случайно расчетливые немцы запасались ими с 27 августа 1918 г.

Не додумались, носились тогда с «коммунистическим» проектом декрета Михаила Ларина (Лурье), отца будущей жены Николая Бухарина — Анны, об отмене денег в Советской России вообще. Ведь 1919 год — самый «коммунистический» год эпохи «военного коммунизма»: декретировался запрет торговли, введение коммун, «социализация земли», 8-часовой трудовой день для работников сельского хозяйства, запрет держать на подворье домашних животных (даже кошек и собак) и т. п. [15]

Тон задавал сам «вождь»: «Когда мы победим в мировом масштабе, мы, думается мне, сделаем из золота общественные отхожие места на улицах нескольких самых больших городов мира» [16].

Ему вторили «теоретики» рангом пониже. «Мы говорим, — патетически восклицал Г. Е. Зиновьев, председатель Коминтерна, в 1920 г., — мы идем навстречу тому, чтобы уничтожить всякие деньги» [17].

Нет! На такое ни немцы, ни французы, ни японцы, пойти не могли. Так куда же делись два «ленинских» и один «колчаковский» эшелоны с ценными бумагами общей стоимостью в 303 млн. 635 тыс. зол. руб.?

ПРИБАЛТИЙСКОЕ «ОКНО» БОЛЬШЕВИКОВ

История с утечкой золотого запаса России на Запад будет неполной, если не установить — а сколько золота в 1918—1920 гг. уже из Советской России ушло через прибалтийское «окно»?

Это тем более интересно, что проблема «долгов» России независимым балтийским республикам в 1991—1992 гг. и позднее родилась как бы заново, причем в наше время — в экстремальном националистическом варианте — как требование компенсации за «оккупацию» Эстляндии, Курляндии и Лифляндии чуть ли не со времен Петра I.

История отношений Советской России с «лимитрофами» (от фр. limitrof — «соседний», «приграничный»), к которым в межвоенный период в НКИД СССР относили Финляндию, Эстонию, Латвию, Литву и Польшу (все — «осколки» бывшей Российской империи) и долго, целых 20 лет, третировали как страны «ближнего» зарубежья (вот откуда пришло знаменитое сегодня козыревское деление на «ближнее» и «дальнее» зарубежье!), все еще объективно так и не написано. Между тем в самые тяжелые для большевиков годы военной, финансовой и экономической блокады, иностранной интервенции и гражданской войны Финляндия и Прибалтика (особенно Эстония и ее порт Ревель — Таллин) сыграли исключительную роль как «отдушина», через которую Москва могла покупать себе на Западе товары — от продовольствия до оружия, а с марта 1919 г. еще и помогать валютой братским секциям Коминтерна.

Сразу после подписания Брест-Литовского мира 3 марта 1918 г. в балтийских столицах Ревеле, Риге и Вильно (Вильнюсе), все еще оккупированных германскими войсками, объявляются большевистские торговые эмиссары: наркомфин, затем полпред в Эстонии И. Э. Гуковский, наркомвнешторг Л. Б. Красин, все те же неутомимые Ганецкий с Козловским. И не с пустыми руками — сумками везут золото и пока ищут (и находят) контрабандные пути проникновения на Запад, прежде всего, в Швецию. Помогают старые довоенные и военные связи в Дании, Норвегии, Германии, Польше.

В качестве политического прикрытия используются большевистские декреты об отказе от «проклятого прошлого»: от 29 ноября 1917 г. о возврате художественно-исторических реликвий украинскому народу, от 25 января 1918 г. — польскому и т. д. На практике речь шла о возврате эвакуированных в связи с угрозой германского вторжения в 1914—1916 гг. из «русской» Польши, Белоруссии, Литвы, Латвии в глубь России (преимущественно, как и золото, в Поволжье) художественных ценностей. Например, пяти тысяч колоколов, снятых с польских костелов и отправленных в Саратов или «драгметаллов» (скажем, 500 ящиков из частных банков Риги, привезенных в Нижний Новгород).

«Золотой поток» от большевиков особенно возрос с января 1920 г., когда Верховный Совет Антанты, опираясь на Версальский мирный договор, официально отменил финансово-экономическую блокаду Советской России. И вскоре, 16 и 20 марта 1920 г., большевистский Совнарком принимает постановление — максимально использовать «балтийское окно» для импорта промышленных изделий (знаменитая сделка со Швецией 15 мая 1920 г. о ввозе одной тысячи паровозов и запчастей к ним, на что из «нижегородского кармана» было выделено 300 млн. руб. «золотом в виде слитков и золотой монеты») и продовольствия, главным образом, через Ревельский морской порт.

И «желтый дьявол» снова потек на Запад. Только в марте — апреле 1920 г. из Нижнего Новгорода в Ревель (Таллин) и в Вильно (Вильнюс) было отправлено восемь «золотых посылок» из 2200 ящиков с золотой монетой и 665 слитков чистого золота [18].

При этом большевики даже не стали торговаться со шведами по «мелочам»: ведь часть тех знаменитых паровозов можно было бы оплатить из золота на сумму в 4 млн. 850 тыс. зол. руб. (или 2,5 млн. долл. США или 13 млн. зол. фр.), что в день штурма большевиками Зимнего дворца прибыло в Стокгольм из Петрограда на основе секретной (Швеция считалась нейтральной в Первой мировой войне) конвенции Временного правительства о поставках оружия (снарядов, патронов, броневиков и т. д.), но так никогда больше и не вернулось в Россию, и по сию пору лежит в подвалах шведского Ricksbank'a [19].

Безусловно, в 1920 г. «балтийское окно» стало главной отдушиной для ввоза в Совдепию продовольственных и промышленных товаров. К концу того года через эстонскую, литовскую и финскую границы удалось вывезти товаров на 105 млн. зол. руб [20].

«Отдушина» обходилась большевикам дорого: во всех дипломатических договорах с «лимитрофами» о «замирении» (Литвой, Латвией, Финляндией и Польшей*) в 1920—1921 гг. фигурировали обязательства РСФСР поделиться частью золотого запаса бывшей Российской империи. В итоге из «нижегородского кармана» уплыло в Ревель 15 млн. зол. руб., в Вильнюс — 3 млн., в Варшаву — целых 30 млн. (правда, половину внесла Украина); всего же «лимитрофам» пришлось уплатить 48 млн. золотом [21].

И тем не менее остатки золотого запаса (включая и возвращенное в Казань «золото Колчака») гнали и гнали эшелонами в Ревель и Вильно — только из одного «нижегородского кармана» и только в 1920 г. его «добыли» 148 т, а всего — на 274 млн. зол. руб. [22]

---

* Мирные договоры 1920 г. с Эстонией (2 фев.), Литвой (12 июля), Латвией (11 авг.), Финляндией (14 окт.) и Польшей в 1921 г. (18 марта). Подробней см. В. Г. Сироткин. Рижский мир. — жур. «Международная жизнь», № 8, 1988.

В Нижний едут и едут комиссия за комиссией, и комиссары устраивают настоящий «шмон», вскрывая подряд все «места» (ящики, сумки, баулы, коробки и т. п.) «на предмет извлечения из них золота в монете, слитках и изделиях» (из инструкции «поисковикам» Наркомфина и Гохрана РСФСР, январь 1921 г.).

Похоже, к началу 1921 г. «нижегородский Клондайк» оскудел.

10 февраля 1921 г. из Нижнего в Москву отправляется очередной «золотой эшелон». Но везут уже не чистое золото в слитках или «рыжиках», а семь мешков с Георгиевскими крестами (золотыми, бронзовыми и солдатскими медными), шкатулку с конфискованными у некоей мадам М. Бубновой фамильными драгоценностями, 192 ящика залоговых ценностей Петроградского ломбарда. Не брезгуют и иностранной золотой и серебряной разменной монетой (200 ящиков персидских кранов).

4 июля 1921 г. забирают серебро (153 ящика) и более 1000 пудов чистой электролитической меди (уже тогда Эстония нуждалась в этом цветном металле).

5 марта 1922 г. грузят в вагоны остатки серебра (375 ящиков 10-ти и 20-ти копеечных серебряных монет) и еще 363 ящика разной «мелочовки»: столовое серебро на 200 «кувертов» с бывшей царской яхты на Волге, золотой кубок с крейсера «Рюрик», чарки и подносы из серебра, конфискованные в «домике Петра» в Петергофе и т. п.

8 июля и 9 августа 1922 г. «нижегородский карман» очищают окончательно — вывозят ордена, медали, церковную утварь, не щадят и нижегородский художественный музей.

И тем не менее 17 сентября В. И. Ленин пишет записку замнаркому финансов М. К. Владимирову: «будьте любезны сообщить: 1) сколько у нас осталось золота?.. 2) сколько других ценностей?..»[23]

Ничего не осталось, дорогой Владимир Ильич, по крайней мере, в Нижнем Новгороде — 9 августа 1922 г. вывезли последние ценности.

Почистили и все остальные «золотые кладовые» — в Казани и в Перми. И это несмотря на то, что в этих трех «кладовых» на май 1920 г. находилось, помимо отбитых в Иркутске остатков «клада Колчака», еще

2739 кг золота (успели вывезти из Омска до мятежа «белочехов»), на 408 млн. «рыжиков», припрятанных рабочими Нижнеудинска и 32 800 кг золота в Иркутске, которое пришло ранее с сибирских приисков и не было обнаружено ни чехами, ни союзниками, ни Политцентром [24].

Куда же все это несметное богатство ушло? За границу через Ревель, главным образом, в Швецию и Англию (с ней 16 марта 1921 г. заключили даже торговое соглашение, предусматривавшее свободную продажу «русского золота» на британской бирже драгметаллов). До этого соглашения большевики загоняли золото в Лондоне на 15—20% дешевле мировых цен (кстати, аналогичным образом поступали в 1919 г. представители Колчака во Владивостоке), после заключения англо-советского торгового договора 16 марта — лишь на 6%.

По подсчетам В. Новицкого, только через эстонскую границу большевики вывезли золота на продажу на гигантскую сумму в 451 млн. зол. руб. (1 млрд. 202 млн. 660 тыс. зол. фр.), да через другие границы (в Иран и Турцию) еще на 74 млн. (192 млн. зол. фр.).

По мнению информированного финансиста, к концу 1921 г. большевики разбазарили ²/₃ имевшегося у них золотого запаса при резком снижении добычи золота (в 1921 г. — всего 2,5 т) и к моменту введения НЭПа остались на бобах (подробнее об этих «бобах» см. ниже, гл. VI).

Иными словами, большевики, еще не победив «в мировом масштабе», уже сделали золотыми — нет, не «отхожие места», а кладовые банков «нескольких самых больших городов мира» — Лондона, Стокгольма, Нью-Йорка, Парижа, Токио. И в этом деле насыщения послевоенного рынка золота на Западе им активно помогли их непримиримые политические противники — «белые» монархисты и «розовые» учредиловцы.

«ЗОЛОТО КОМИНТЕРНА»

Среди этих 451 млн. зол. руб., вывезенных в виде золота, бриллиантов, церковной утвари и т. д. через прибалтийское «окно» в 1919—1922 гг. существенную часть образовывало «Золото Коминтерна».

В период суда над КПСС в Москве появилась целая серия разоблачительных публикаций о «золоте Коминтерна» как составной части «золота партии» [25].

Такого рода публикации могут стать сенсацией лишь для тех, кто начисто забыл подлинную историю создания СССР.

* * *

В первой Конституции СССР 1924 г. провозглашалось, что «Отечество мирового пролетариата» — это лишь первый шаг по созданию Пролетарских Соединенных Штатов Мира, ибо образование СССР «послужит верным оплотом против мирового капитализма и новым решительным шагом по пути объединения трудящихся всех стран в Мировую Социалистическую Советскую Республику» (из преамбулы — декларации к конституции 1924 г.) [26].

Ни в одном календаре с 1918 по 1936 год, года принятия «сталинской конституции», не было даже праздника Великой Октябрьской Социалистической революции — вместо нее значилось: «7—8 ноября — Дни начала Всемирной пролетарской революции».

Кажущийся сегодня абстрактным спор большевиков между собой в 20-х годах о возможности «победы социализма в одной отдельно взятой стране» (в котором победил Сталин и его марксистски малограмотная партийная «пехота») на деле означал гигантскую коллизию доктрины и реальной жизни.

Ленин в 1917—1920 гг. много раз говорил, что Октябрьский переворот — это не национальная революция, а начало процесса мировой пролетарской революции. Выступая на I учредительном конгрессе Коминтерна в марте 1919 г., он утверждал: «... мы скоро увидим рождение Международной Советской республики» [27].

Как бы Сталин потом, в интересах борьбы за власть в партии и государстве, не подгонял в своем «Кратком курсе ВКП(б)» марксистскую доктрину под свой национал-большевизм, на IV Всемирном конгрессе Коминтерна (ноябрь 1922 г.) он голосовал за следующую резолюцию: «IV Всемирный конгресс напоминает пролетариям всех стран, что пролетарская революция никогда не сумеет восторжествовать в пределах одной только страны, — что она может восторжествовать только в международном масштабе, вылившись в мировую революцию» [28].

В теоретическом плане это был грандиозный утопический проект переделки всего мира, замена принципа «Нации» (Лига Наций, июнь 1919 г.) на принцип «Класса» (Коминтерн, март 1919 г.). И не случайно в газетах Запада тех времен была модной карикатура — на земной шар накинуты две петли — за одну тянет президент США Вудро Вильсон («отец» Лиги Наций), за другую — Владимир Ленин («отец» Коминтерна).

У Ленина архимедовым рычагом был класс пролетариев и Коминтерн, у Вильсона — нация и Лига Наций. И не случайно, что и Коминтерн, и Лига Наций были созданы в один, 1919, год, и оба утописта — Ленин и Вильсон — по фатальному стечению обстоятельств тоже умерли в один, 1924, год.

Первая мировая война показала явное социально-экономическое несовершенство классического капитализма времен Маркса. А массовое взаимоуничтожение (в Первую мировую войну за четыре года погибло столько людей, сколько их не погибало за всю предыдущую историю войн всего человечества!) произвело такой эффект (школьные учебники Франции, например, до сих пор хронологию «серебряного века» заканчивают 1914 годом), что даже самые твердолобые политики стали искать выход из коллизий XIX века.

Вильсон предложил классический вариант американской и французской революций XVIII в. — надо снова сплотить буржуазию и рабочих в одну нацию. А для этого создать в Европе и Азии по возможности моно-, в крайнем случае, бинациональные (как Чехословакия) небольшие государства по типу Латинской Америки при арбитражной роли Лиги Наций, где бы всем заправляли державы-победительницы (США, Франция, Англия).

Не трудно заметить, что аналогичная схема (только не три, а пять «великих держав» — постоянных членов Совета безопасности с правом вето) легла и в основу структуры ООН. Однако Лига Наций оказалась гораздо слабее ООН. Во-первых, она не имела Совета безопасности как эффективного инструмента принятия решений и очень скоро превратилась в простую говорильню, с которой никто не считался, даже ее учредители. Во-вторых, с самого начала из нее выпали США, ибо американский Сенат не ратифицировал Версальский договор и устав Лиги Наций как его составную часть. Это был смертельный удар по престижу Вильсона-политика. В 1920 г. на очередных президентских выборах он проиграл и резко ушел из политики, оставив по себе память в родном Принстонском университете в виде «Вудро Вильсон СКУЛ» — политологической аспирантуры при университете, построенной на его личные пожертвования (в 1991 г. мне довелось вести занятия с тамошними аспирантами, а также поработать в личном архиве «отца» Лиги Наций).

В итоге в Лиге Наций стали соперничать Франция и Англия. Большевики до 1934 г. принципиально Лигу не признавали, называя ее не иначе как «Лига убийц», противопоставляя Коминтерн и его дочерние организации (КИМ, Крестинтерн, Спортинтерн, МОПР, Межрабпром и др.) этому «сборищу империалистов».

Когда же они в 1934 г. все же вошли в Лигу, эффекта это большого не дало, т.к. в том же году из Лиги демонстративно вышли Германия и Япония, а в 1939 г. СССР вообще исключили из Лиги как агрессора за войну с Финляндией.

Самый же главный недостаток утопии Вильсона в его эксперименте с нациями коренился в другом: США настояли на развале двух многонациональных империй — Австро-Венгерской и Османской и санкционировали отделение от третьей, Российской, ее западных окраин — Финляндии, балтийских республик, Польши (со времен Венского конгресса 1815 г. и до 1918 г. ²/₃ польских территорий вместе с Варшавой входили в состав Российской империи). Однако никакой эффективной экономической и политической помощи (включая и военное вмешательство), как это делали США в Латинской Америке после провозглашения в 1823 г. доктрины Монро, они, не признав Версальскую систему, не оказали.

Не удалось до конца провести в жизнь и принцип мононациональных государств (типичный «анти-Вильсон» — конгломерат наций — Королевство сербов, хорватов и словенцев — будущая СФРЮ), а также извлечь «мины» замедленного действия — территориальные споры (Венгрии и Румынии — из-за Трансильвании, Польши и Литвы — из-за Вильно, Югославии и Болгарии — из-за Македонии и т. д.). Франция и Англия, ослабленные после Первой мировой войны и занятые внутренними проблемами, в лучшем случае шли лишь на создание антибольшевистских военных союзов типа Малой Антанты.

В итоге, предоставленные сами себе, малые восточно- и южно-европейские государства, разорвав традиционные экономические связи в рамках бывших империй, попали в полосу жесточайшего экономического и социального кризиса (ситуация, во многом повторяющаяся сегодня в Прибалтике, в Украине, в Молдове, в государствах Закавказья). Единственным фактором, который мог сохранить их государственность, стал авторитарный национализм, быстро принимавший форму фашизма. Достаточно проследить хронологию установления национал-авторитарных режимов в этих странах: 1919 г. — Венгрия, 1923 г. — Болгария, 1926 г. — Польша, 1929 г. — Югославия. В 30-х гг. наступила очередь Финляндии и прибалтийских государств.

Таким образом, задолго до прихода Гитлера к власти в Германии, национал-фашизм уже победно шествовал по Восточной и Южной Европе.

Одиноким островком классической буржуазной демократии оставалась только Чехословакия.

В политологическом плане к конце 20-х гг. к власти в ряде стран (СССР, страны Восточной Европы, Ближний Восток) приходит новая правящая элита из малообразованных мещан («мы гимназиев не кончали»), рекрутируемая либо по «пролетарскому», либо по национальному принципу (ситуация, во многом напоминающая нынешнее СНГ — региональные партократы, срочно обрядившиеся в националистические одежды, формируют элиту бывшего второго эшелона номенклатуры КПСС).

Экономический кризис 1929—1933 гг. усугубляет

ситуацию. Он действительно ставит Запад перед дилеммой — либо вооруженное подавление безработных, либо серьезные социальные уступки.

Общим для всех стран становится усиление роли государства в социальных вопросах. В СССР Сталин после кровавой коллективизации превращает госаппарат в послушный инструмент своей политики. В США президент Франклин Делано Рузвельт начинает «новый курс». Он формирует его как глобальную концепцию «сочетания интересов». «Я имею в виду не всеобъемлющее регламентирование и планирование экономической жизни, — пояснял он в 1932 г., — а необходимость властного вмешательства государства в экономическую жизнь во имя истинной общности интересов не только различных регионов и групп населения нашей великой страны, но и между различными отраслями ее народного хозяйства». Рузвельт особо подчеркивал, что абсолютный приоритет должен быть отдан интересам всего общества. «Отвлечься от этого означало бы шараханье от одной группы к другой, предлагая временные и, как правило, неэффективные меры... Каждой социальной группе надлежит осознать себя частью целого, звеном общего плана».

В другой форме аналогичный курс проводит правительство Народного фронта во Франции (*в социальной сфере* — введение оплачиваемых отпусков и организация коллективного отдыха по «соцстраховским путевкам»; *в экономической сфере* — национализация ж. д., тяжелой и горнодобывающей промышленности, энергообразующих отраслей — «Электричество Франции», «Газ Франции» и т. д.).

Но «новый» курс начинает с 1933 г. и Гитлер — и у него усиливается роль госаппарата, создаются «народные предприятия», на частные назначаются «хозяйственные комиссары», ликвидируется массовая безработица — бич Веймарской республики.

Общей тенденцией с начала 30-х гг. становится гонка вооружений.

У Гитлера она осуществляется под лозунгами реванша за поражение Германии в Первой мировой войне.

Сталин же ловко использует постулаты Троцкого и Бухарина об «осажденной крепости», внешне сохраняя все атрибуты мировой революции: до 1943 г. официальным гимном СССР все еще является «Интернационал», первая программа радио носит название «имени Коминтерна», серп и молот по-прежнему осеняют флаг державы, которая давно уже перестала быть «первым отечеством мирового пролетариата».

Но комсомольский поэт Павел Коган и в канун 1941 г. (он погибнет на войне) продолжает писать:

> Но мы еще дойдем до Ганга,
> Но мы еще умрем в боях,
> Чтоб от Японии до Англии
> Сияла родина моя!

Да что там комсомольский поэт! Сам печатный орган ЦК ВКП(б) в редакционной статье по случаю Нового, 1941 года, писал первого января: «... Велика наша Родина, товарищи: самому земному шару нужно вращаться девять часов, чтобы вся огромная страна вступила в новый год своих побед. Будет время, когда ему понадобится для этого не девять часов, а круглые сутки, потому что каждый новый год — это ступень к коммунизму, к братству народов земного шара.

И кто знает, где придется нам встречать новый год через пять, через десять лет: по какому поясу, на каком новом советском меридиане? С какой новой советской страной, с каким новым советским народом будем мы встречать новый год?..» [29]

«Мировой» СССР все еще цепко держит души советской молодежи, уверенной, что Запад загнивает.

Впрочем, ничто не вечно под луной! Наполеон Бонапарт, совершив в 1799 г. контрреволюционный переворот, став сначала «пожизненным (с 1802 г.) консулом», а с 1804 г. — и императором, сохранил (как и Сталин 130 лет спустя) все атрибуты Революции: трехцветное знамя и униформу своих «императорских» гвардейцев, чеканил на монетах якобинский лозунг «Свобода, равенство и братство», и даже в 1812 г. его полки шли на штурм батареи Раевского на Бородино под музыку полковых оркестров, игравших революционную «Марсельезу». Во Франции, отметим, эта революционная «униформа» была, скорее, ритуальной формой, нежели верой.

В СССР же миф о неизбежности пришествия Христа (мировой революции) превратился в разновидность религиозной ереси, и чем больше реальная жизнь расходилась с догмой, тем яростней в нее верили большевики. Вспомните Макара Нагульнова из шолоховской «Поднятой целины». В одной руке он держит наган, чтобы загнать односельчан в колхоз, а другой — листает русско-английский словарь. Зачем? Чтобы поднять угнетенных индусов против британского империализма на мировую революцию.

Ну чем не протопоп Аваакум и его старообрядцы в борьбе с патриархом Никоном? Во истину — «умом Россию не понять», если знать, что Нагульнова и протопопа разделяют без малого 300 лет российской истории. Многие современники и исследователи отмечали аналогичный фанатизм Ленина и Троцкого в их стремлении реализовать утопию мировой пролетарской революции.

Обрусевший француз А. М. Терне, яростный противник большевизма, приводит услышанную на митинге фразу Ленина: «Пусть 90% русского народа погибнет, лишь бы 10% дожило до мировой революции»[30].

Анжелика Балабанова, секретарь и переводчица Исполкома Коминтерна (впоследствии разошлась с большевиками и вновь эмигрировала в Италию), в своих неопубликованных в СССР воспоминаниях пишет, что Ленин и наступление на Варшаву летом 1920 г. начал в отчаянной попытке прорваться в Германию на штыках Красной Армии и поднять там мировую революцию, ибо строительство социализма в одной России считал чистой авантюрой. Именно Ленин, вопреки предостережениям части военных и местных коммунистов, настоял на продолжении наступления на Варшаву и далее на Берлин в августе 1920 г., так как был (вместе с Троцким уверен — лишь мировая революция (а она ассоциировалась, по Марксу и Энгельсу, прежде всего с Германией) спасет Советскую Россию от неминуемой гибели[31].

Сокрушительная военная катастрофа под Варшавой в середине августа 1920 г. (и это при том, что на II конгрессе Коминтерна в Большом театре в Москве уже висела электрифицированная «карта мировой пролетарской революции» — в 1922 гг. ее заменит «национальная» карта ГОЭЛРО), отступление остатков Красной Армии за Минск и капитуляция 12 октября 1920 г. перед Пилсудским (отказ от Западной Белоруссии и Западной Украины с 15 млн. человек населения, выплата контрибуции, возврат «польского золота» и польских художественных ценностей и т. п.) — все это нанесло невосполнимый удар по первоначальной большевистской концепции Октябрьской революции как началу мировой, обозначило поворот к НЭПу и сталинской эпохе «национал-большевизма» [32].

Для анализа проблемы «золото Коминтерна» исключительное значение имеет сборник документов «Коминтерн и идея мировой революции» под редакцией Я. С. Драбкина, вышедший в конце 1998 г. в издательстве «Наука».

За минувшие 70 лет, с 1929 г., это — первое фундаментальное издание на русском языке о «коминтерновской линии» во внешней политике СССР в 1920—1930 годах [33].

Начиная с 5 января 1919 г., еще до создания Коминтерна, когда вождь Советской республики в Венгрии Бела Кун требовал у В. И. Ленина срочно выслать в Будапешт денег на мировую революцию, поток банкнот и драгоценностей на разжигание «мирового пожара» в 1920-х годах не иссякал.

Так, только в апреле — августе 1919 г. по статье «секретные суммы» ИККИ отправил в Англию, Францию, Германию, Италию. США и другие страны «братскую помощь» на 3 млн. 223 тыс. зол. руб. бриллиантами и деньгами на 200 тыс. [34] Переправляли бриллианты нелегально — зашивали в специальные подошвы башмаков, для чего через Елену Стасову ИККИ добывал специальную кожу («кожа нам нужна для подметок, в которые мы будем заделывать ценности, главным образом, бриллианты» [35]).

Чаще всего в таких «башмаках Коминтерна» в качестве курьеров за границу отправляли женщин-большевичек, имевших опыт политической эмиграции (например, Галину Крумину, которая за один раз нелегально перевозила в Германию бриллиантов на сумму до 15 млн. зол. руб.!).

* * *

И снова — авторское отступление. В период горбачевской перестройки, когда неизмеримо возрос спрос на историков в их попытках стирания «белых пятен» советской истории, в двух номерах «Известий» (№ 69, 70, 9—10 марта 1989 г.) я опубликовал большую статью «Уроки НЭПа».

По тем временам она имела большой резонанс, я получил более тысячи писем-откликов, Владимир Молчанов тотчас же пригласил меня в свою очень популярную тогда телепередачу «До и после полуночи», были выступления и по радио, и в массовых аудиториях (в МГУ и других вузах и НИИ).

Суть моей публикации в «Известиях» состояла в том, что я выдвинул концепцию «двух нэпов», *ленинского* как более длительного, «зигзагообразного» пути к прежней химере — мировой пролетарской революции (изложена Н. И. Бухариным в 1925 и 1929 гг. в его статьях о «завещании Ленина») и *сталинского* как временного «мостика» к национал-большевизму и авторитарному правлению нового «царя» в обличии Генерального секретаря ЦК ВКП(б).

Оба «нэпа» трактовались и Лениным и Сталиным как мера вынужденная и временная, ибо при *полноценном нэпе* он вел бы к отмене диктатуры пролетариата (т. е. партноменклатуры ВКП(б)) и приходу к власти образованных «спецов» из некоммунистической инженерно-технической дореволюционной интеллигенции «сменовеховского» толка (и не случайно вся «белая» эмиграция — от монархистов до кадетов — радостно приветствовала нэп как конец химеры мировой революции в СССР, а Сталин отреагировал на эту «радость» сфальсифицированным ОГПУ в 1930 г. процессом Промпартии).

Так, монархист Виталий Шульгин, убежденный антикоммунист, в своих мемуарах-размышлениях «1920 год» (вышли в эмиграции в начале 20-х годов, перепечатаны в Ленинграде в 1927 г. и в 1990 г. в Москве) писал: «... Они (большевики. — *Авт.*) восстановили армию. Это первое. Конечно, они думают, что они создали социалистическую армию, которая дерется «во имя Интернационала», но это вздор. Им только так кажется. На самом деле они восстановили русскую армию. И это наша заслуга. Мы (белогвардейцы. — *Авт.*) сыграли роль шведов. Ленин мог бы пить [за] «здоровье учителей». Эти учителя — мы... Мы били их до тех пор, пока они не выучились драться. И к концу вообще всего революционного процесса Россия, потерявшая в 1917 г. свою старую армию, будет иметь новую, столь же могущественную.

Дальше. Наш главный, наш действенный лозунг — Единая Россия. Когда ушел Деникин, мы его не то чтобы потеряли, но куда-то на время спрятали... А кто поднял его, кто развернул знамя? Как это ни дико, но это так — знамя Единой России фактически подняли большевики. Конечно, они этого не говорят. Конечно, Ленин и Троцкий продолжают трубить Интернационал. И будто бы «коммунистическая» армия сражалась за насаждение «советских республик». Но это их армия била поляков (в 1920 г. — *Авт.*), как поляков. И именно за то, что они отхватили чисто русские области...» [36].

Нельзя не поражаться прозорливости старого русского монархиста-государственника, особенно, когда он в самый разгар эйфории лозунгов о неизбежной победе мировой революции, пишет о победе национал-большевизма. Ведь всего за несколько лет до этого глубокого анализа командарм М. Н. Тухачевский издал 3 июля 1920 г. свой знаменитый приказ: «Красные солдаты! Пробил час расплаты... Устремите свои взоры на запад. На западе решаются судьбы мировой революции. Через труп белой Польши лежит путь к мировому пожару. На штыках понесем счастье и мир трудящемуся человечеству. На Запад!..» [37].

В отличие от большевиков, Шульгин хорошо знал, чем кончаются все революции в мире — приходом нового «царя», ибо «сила событий сильнее самой сильной воли, Ленин предполагает, а объективные условия, созданные Богом, как территория и душевный уклад народа, «располагают». И теперь очевидно стало, что, кто сидит в Москве, безразлично, кто это, будет ли это Ульянов или Романов...» *

---

* Современную трактовку перерождения «пролетарского якобинизма» в термидорианство см. в работе нашей соотечественницы из Парижа Тамары Кондратьевой. — «Большевики-якобинцы и призрак Термидора». М., 1992.

По мнению Шульгина, рано или поздно «социализм смоется, но границы останутся. Будут ли границы 1914 года или несколько иные — это другой вопрос. Во всяком случае, нельзя не видеть, что русский язык во славу Интернационала опять занял шестую часть суши» [38].

В одном Шульгин, Милюков, Устрялов и другие мыслящие русские эмигранты ошиблись — относительно сроков, когда социализм в СССР «смоется», да еще в том — сумеют ли наследники большевиков после декабря 1991 г. сохранить «границы 1914 года или несколько иные». Увы, они сохранили «несколько иные» — границы начала XVIII века.

Зато в другом — кто станет «царем» новой Советской Империи — Шульгин оказался более чем пророком — ни Ленин, ни Троцкий на эту роль не годятся: «На этих господах висят несбрасываемые гири, их багаж, их вериги — социализм, они не могут отказаться от социализма, они ведь при помощи социализма перевернули старое и схватили власть. Они должны нести этот мешок на спине до конца, и он их раздавит». И далее — самое гениальное: **«И тогда придет Некто, кто возьмет от них их «декретность», их решимость — принимать на свою ответственность, принимать невероятные решения... Но он не возьмет от них их мешка. Он будет истинно красным по волевой силе и истинно белым по задачам, им преследуемым. Он будет большевик по энергии и националист по убеждениям»** [39] (выделено мной. — *Авт.*).

В то время как большинство «белых» эмигрантов — от черносотенца крещеного немца Федора Винберга* до будущего мирового светила социологии эсера из коми-пермяков Питирима Сорокина** (не минуя и гениального писателя и лауреата Нобелевской премии «столбового» дворянина Ивана Бунина***) изощрялось в поисках «иудо-масонского заговора»,

---

* «Гнуснейшая нация, посадившая себе на шею жидов» — это русские. — Ф. Винберг. В плену у обезьян. Киев, 1918, с. 5.

** Кронштадтское восстание давило «латышское, башкирское, татарское, русское, еврейское и международное отребье...». — P. Sorokin. Leaves from a Russian diary. London, 1925, p. 267.

*** И. А. Бунин. Окаянные дни. М., 1992, с. 171. «Вся беда от жидов, они все коммунисты, а большевики все русские» (из беседы автора в 1919 г. в Одессе с красноармейцами).

якобы погубившего матушку-Расею, Шульгин, как русский Нострадамус, точно предсказал приход советской «редиски» (красная снаружи, белая внутри) — СТАЛИНА.

Справедливости ради следует сказать, что и в советской литературе начала 20-х годов звучали «шульгинские» мотивы прихода «нового царя» в новую (старую) Россию. В ныне почти забытом романе Бориса Пильняка «Голый год» (1920 г.) две революции 17-го года и гражданская война трактуются как возврат к «истокам», к допетровской Руси XVII века. И никакие «жиды» здесь не помеха: «бунт народный — к власти пришли и свою правду творят — подлинно русские подлинно русскую».

Один из персонажей романа дед-знахарь Егорка (нечто вроде шолоховского деда Щукаря) изрекает: «Нет никакого Интернационала, а есть народная русская революция, бунт и больше ничего. По образу Степана Тимофеевича» [40].

И, действительно, ведь не «жиды» сначала разграбили, а затем сожгли в феврале 1918 г. (совсем «по образу Степана Тимофеевича» Разина!) все три усадьбы великого народного заступника и гениального русского поэта А. С. Пушкина — Тригорское, Покровское и Михайловское. А осуществили все это варварство «внуки» и «правнуки» его няни Арины Родионовны — псковские крестьяне.

В отличие от сегодняшних наших антикоммунистов, вчерашних членов КПСС, видящих в доктринерстве Ленина, Троцкого, Зиновьева, Бухарина некую разновидность паранойи, настоящие убежденные антикоммунисты типа цитированного выше монархиста Виталия Шульгина или кадета Павла Милюкова указывали еще в 20-х годах в эмиграции на реальную поддержку народных масс России утопическим планам большевиков.

В своей и по сию пору мало известной у нас капитальной двухтомной работе «Россия на переломе» (1927 г.) Милюков писал: «Те, кто думают, что эта навязчивая идея большевиков — мировая революция — может измениться или даже, что большевики уже «отказались от мировой революции, вместе с коммунизмом и другими основами большевизма», те недостаточно углубились в понимание большевизма и рискуют серьезными ошибками в своих суждениях и разочарованием в последствиях своих отношений с большевиками. Не только к деяниям большевиков, но и к их идеологии надо относиться серьезно. В день, когда эта идеология будет потеряна, большевиков вообще больше не будет. Будет простая шайка бандитов, — какими часто и считают большевиков их нерассуждающие враги. Но простая шайка бандитов не владеет секретом гипнотизировать массы. Что в конце концов потеря большевистской идеологии неизбежна и что большевики к этому фатально идут — это совсем другой вопрос!» [41]

Пока же, в 1927 г., отмечал Милюков, большевики еще ведут под знаменами мировой пролетарской революции значительную часть народа, и эта «иллюзорная цель» позволяет им сохранять узурпированную у того же народа власть — диктатуру пролетариата.

Иными словами, НЭП не изменил *стратегии* большевиков («право на красную интервенцию», как говорил Н. И. Бухарин на IV конгрессе Коминтерна в 1922 г.), но существенно поменял *тактику*.

Вот этот-то ключевой тезис (который я, что уж греха таить, тогда, в 1989 г., позаимствовал у Шульгина с Милюковым) об **одном** (а не двух — донэповском и посленэповском) **Ленине**, и вызвал ярость наших тогдашних «обновленцев» (фильм «Больше света!», пьесы «Большевики», «6 июля» и др.) — Егора Яковлева и Михаила Шатрова. В руководимых тогда первым очень популярных «Московских новостях» мой тезка и тогдашний «твердокаменный ленинец» Владлен Логинов (ныне обретающийся в Горбачев-фонде) тиснул статейку о «фальсификации» мною ленинского «завещания» (его поддержал тогда другой ярый «ленинец», а ныне столь же «убежденный» антикоммунист Отто Лацис), а Михаил Шатров вообще устроил на первом канале Останкино истерику, добившись через главного горбачевского идеолога Вадима Медведева своего срочного выхода в прямой эфир по каналу пользовавшегося тогда невероятной популярностью «Взгляда».

Серьезной полемики по существу моей статьи в «Известиях» не было — все свелось к схоластическому средневековому спору о количестве «чертей» на острие иглы: мог ли Ленин **в самом конце 1923 г.** (как было написано у меня в «Уроках НЭПа») диктовать вторую часть своего «завещания» или не мог, так как был уже «живым трупом»? Вдобавок В. Логинов как крупный «спец» по документам «ленинианы» утверждал, что он никогда не видел в архиве Ленина в ИМЭЛе такой второй части его «завещания».

Такой спор по образу «в огороде бузина, а в Киеве дядька» — старинный прием полемики у российской интеллигенции. Еще Г. В. Плеханов на заре нашего века, высмеивая молодого Ульянова-Ленина, говорил — дайте ему цитату из Библии, и он докажет, что автора следует повесить. «Вешать» меня не стали, но фактуру ленинского высказывания мои оппоненты исказили до неузнаваемости.

Вот что я писал в 1989 г. в «Известиях»: «Когда, наконец, с выходом в свет шестого Полного собрания сочинений В. И. Ленина его «нэповские» документы за 1921—1923 г. полностью станут доступны всем читателям, мы, возможно, прочитаем и такую запись его личных секретарей М. И. Гляссер и Л. А. Фотиевой, сделанную ими под диктовку Ильича в самом конце 1923 г.: «Конечно, мы провалились. Мы думали осуществить новое коммунистическое общество по-щучьему велению. Между тем, это вопрос десятилетий и поколений. Чтобы партия не потеряла душу, веру и волю к борьбе, мы должны изображать перед ней возврат к меновой экономике... как некоторое временное отступление. Но для себя мы должны ясно видеть, что попытка не удалась, что так вдруг переменить психологию людей, навыки их вековой жизни, нельзя. Можно попробовать загнать население в новый строй силой, но вопрос еще, сохранили бы мы власть в этой всероссийской мясорубке» (у меня нет сомнений в точности передачи мысли Ленина его секретарями; упоминается она и в «Архиве Троцкого», вышедшем за рубежом, но в наиболее полном виде эта запись воспроизведена пока лишь в воспоминаниях бывшего секретаря Сталина Б. Бажанова, изданных в Париже — Нью-Йорке в 1983 г.)» *.

---

* Б о р и с   Б а ж а н о в. Воспоминания бывшего секретаря Сталина. Изд. 2-е, допол. Под ред. А. Глезера. Париж — Нью-Йорк, 1983, с. 300—301.

Иными словами, в статье и намека не было на «архив Ленина» в ИМЭЛе, ни на «текст» второй части «завещания», а вся история передавалась в изложении личных секретарей вождя с последующим переложением Бориса Бажанова (а за его «Воспоминаниями» Сталин в 1930 г. гонял в Париж и обратно самолет с тем, чтобы получить свежий номер миллюковских «Последних новостей», где первоначально публиковались откровения его бывшего личного секретаря — вряд ли Сталин делал бы это, будь эти мемуары фальшивкой или малодостоверными).

Частный случай этой курьезной полемики с моей статьей «Уроки НЭПа» отражают гораздо более серьезную проблему идеологической эквилибристики большевиков — как сочетать марксистскую доктрину мировой пролетарской революции с... антимарксистской (сталинской) о возможности построения социализма в «одной отдельно взятой стране» («на одной улице, в одной комнате», — каламбурил Карл Радек в конце 20-х годов: в 1939 г. этот каламбур стоил ему жизни [42]).

И хотя мировая революция так и не свершилась (Зиновьев еще в 1926 г. жаловался Троцкому: «при отсутствии мировой революции наша партия держится на честном слове»), гигантская машина для достижения несбыточной утопии исправно работала много десятилетий, тратя на эту «работу» огромные народные средства.

Одна из главных причин поражения Троцкого и его сторонников в ВКП(б) и в СССР — окончательный крах к 1927 г. надежд на то, что мировой пролетариат «возьмет на буксир» (выражение Троцкого из его доклада на III конгрессе Коминтерна летом 1921 г.) отсталую аграрную «лапотную» Россию, свершив мировую революцию.

И хотя Троцкий, высланный в 1929 г. за границу, и в эмиграции фанатично верил в неизбежный приход мировой революции и даже создал в 1938 г. в Париже IV (троцкистский) Интернационал (он существует и поныне, имея небольшие группки своих адептов в Западной Европе, Латинской Америке, в Азии, а в последнее время — и в России), утопия от этого не стала реальностью.

Поразительно другое. Бухарин и другие «правые»,

сыгравшие решающую роль в разгроме «троцкистов» и их исключении из партии на XV съезде ВКП(б) в декабре 1927 г., теоретически и практически стояли на той же утопической платформе неизбежности прихода мировой революции. Читаешь сегодня полемику Бухарина и Троцкого на седьмом расширенном пленуме («малом» конгрессе) Исполкома Коминтерна в ноябре — декабре 1926 г. (стенограммы изданы в 1927 г. в двух томах под названием «Пути мировой революции») и никак не поймешь — в чем теоретические разногласия «левых» (троцкистов) и «правых» (бухаринцев)?

Оба вождя партии и Коминтерна — за мировую революцию, оба не верят в возможность победы социализма в одной стране, оба убеждены в неизбежном новом военном столкновении Запада с СССР, оба клянут «капиталистическое окружение» и утверждают, что СССР — это «осажденная крепость».

Сталинская легенда о двух «уклонах» в партии при знакомстве с материалами пленумов и конгрессов Коминтерна не выдерживает никакой критики. Вот что говорит «правый уклонист» Н. И. Бухарин, с 1926 г. и. о. председателя Исполкома Коминтерна, слово в слово цитируя «левого уклониста» Троцкого: «Все мы без исключения признаем международный характер русской революции, которая является составной частью революции мировой... Окончательная практическая победа социализма в нашей стране без помощи других стран и мировой революции невозможна... Мир будет принадлежать либо нам, либо буржуазии... А поэтому в перспективе у нас неизбежная вооруженная борьба между нами и капиталистами» [43].

Более того, санкционировав как член Политбюро ссылку Троцкого в Алма-Ату, Бухарин тотчас же садится за разработку «троцкистского» документа — «Программы мировой революции», наконец-то (с 1919 г. Коминтерн такой программы не имел) принятой по бухаринскому докладу на VI Всемирном конгрессе Коминтерна летом 1928 г.

С высоты прожитых народами бывшего СССР лет просто поражаешься, как эти два, несомненно одаренных человека, Троцкий и Бухарин, не понаслышке знакомые с европейской и мировой культурой (достаточно прочитать сборник Троцкого «Искусство и революция» или статьи Бухарина по литературе), знавшие несколько европейских языков, фанатично верили в эту марксистскую утопию о мировой революции и в спасение человечества на путях классовой борьбы. При этом ни Троцкий, ни Бухарин совершенно не предугадали мировой экономический кризис 1929—1933 гг., а когда он разразился, оба (один — в эмиграции, другой — в СССР) восприняли его как второй этап подготовки мировой пролетарской революции. Сталин же под эту трескотню «троцкистов» и «бухаринцев» провел в СССР свою «мировую революцию» — коллективизацию, упразднение НЭПа и ликвидацию «кулака как класса» (а заодно — и дореволюционных нэповских гражданских и военных «спецов», священнослужителей, ученых и т. д.).

«Вождь всех времен и народов» посадил даже эсперантистов. Еще бы — до 1923 г. в РККА — Рабоче-Крестьянской Красной Армии по приказу Троцкого эсперанто изучался как язык «мировой революции», в 20-х годах выдвигался даже проект обязательного изучения эсперанто в средней школе вместо любых других иностранных языков.

Одна из задач сталинских кровавых чисток 1936—1938 гг. в партии и стране — начисто выбить партийцев, знавших, что штурм Зимнего («мы начали наше дело исключительно в расчете на мировую революцию» — В. И. Ленин. ПСС, т. 41, с. 2) — это лишь начало мирового революционного пожара. Что ленинское «слабое звено» в системе империализма, это «звено» (Россия), откуда начинается мировая пролетарская революция.

Но в итоге спроектированное по Марксу здание — «мировой» СССР — оказалось на ложном фундаменте: мировая революция так и не свершилась.

«Наш паровоз вперед лети, в коммуне — остановка», а рельсов-то нет. Вот тут-то и началась словесная эквилибристика идеологов большевизма — «полная победа», «окончательная победа», «развитой социализм», «реальный социализм» и т. д.

Защищались диссертации, писались пухлые тома, выбирались члены-корреспонденты и академики и все ради одного — черное выдать за белое, карася за порося, ибо просчет был в самом начале — 7 ноября 1917 года.

Ошибся Маркс, трагически ошибся Ленин.

Справедливости ради следует сказать, что и оба адепта мировой пролетарской революции — Троцкий и Бухарин — «приложили ручку» к этой псевдомарксистской словесной эквилибристике насчет «полных», «окончательных» и прочих «побед» социализма — «развитых», «реальных» и т. п. Именно они вооружили сталинскую, хрущевскую и брежневскую партноменклатуру идеологическими уловками, призванными оправдать очевидный крах изначальной доктрины: Троцкий — концепцией об общем кризисе капитализма (три этапа), а Бухарин — о мирном сосуществовании как особой форме классовой борьбы. Хитрые хрущевские советники (Федор Бурлацкий и К°) после XX съезда КПСС выдали это за свое изобретение и подсунули сей плагиат «нашему Никите Сергеевичу» («Я учился у попа две зимы за пуд картошки», — как-то признался Хрущев одному из своих соратников; где уж было ему до «теоретиков», на документах Политбюро он писал — «ознакомица», поэтому сам писать не любил, все больше диктовал стенографисткам). Не мудрено, что этот истовый борец с троцкистско-бухаринскими шпионами и убийцами (см., например, живую речь Хрущева в 1938 г. в документальном фильме реж. В. Лопатина «Другие и Сталин», 1989) легко проглотил по невежеству эту наживку и санкционировал включение в программу КПСС 1961 г. и троцкистского, и бухаринского тезисов.

А чем, как не повторением заклинаний председателя Коминтерна в 1919—1926 гг. Григория Зиновьева, можно назвать филиппики Хрущева «мы вас закопаем...» или его утверждение что «нынешнее поколение советских людей будет жить при коммунизме»?

Конечно, есть большой соблазн списать такие безответственные декларации на малограмотность Хрущева или маразм Брежнева. Но они — продукт сталинской партийной «пехоты», которая даже подлинную историю собственной партии уже не знала.

Но если внутри СССР Сталин довольно быстро расправился со всеми адептами мировой революции («старыми большевиками», по терминологии тех времен), то «коминтерновской» линии внешней политики суждена была долгая жизнь.

Каждый работник совпосольства за границей при желании и сегодня расскажет, что до недавнего времени у СССР было три «посла» в любой стране: собственно посол (МИД), резидент (КГБ — ГРУ) и советник по партийным вопросам (бывший «агент Коминтерна»). И все — со своими валютными бюджетами, спецсвязью в Москву (нередко, спутниковой), а резиденты — еще и с сетью платных осведомителей (только две разведки мира работали по-старинке — КГБ и ЦРУ — через осведомителей; все остальные давно перешли на компьютерную обработку легальных данных — и дешевле, и эффективней, и провалов меньше).

Результатами такого двойного стандарта стал очевидный дуализм советской внешней политики, что уже с 1921 г. отмечали очень многие зарубежные исследователи (например, Джордж Кеннан, бывший посол США в СССР [44]).

Впрочем, разоблачения иностранных авторов о «руке Коминтерна (Москвы)» в посольствах СССР (РФ) за рубежом не перестают появляться и в эпоху «партнерства» Запада и Востока. Типичный пример — недавняя книга французского журналиста из еженедельника «Экспресс» Бернара Леконта «Бункер» (так в Париже называют новое здание посольства РФ на бульваре маршала Ланна, действительно напоминающего осаждаемый «бункер»), повествующая о деятельности резидентов КГБ во Франции с 1971 по 1991 год [45].

Поэтому чрезвычайно трудно сегодня вычленить, какое золото шло через «балтийское окно» на «мирное сосуществование», а какое, наоборот, на его подрыв и «мировую революцию»?

Графически три главных компонента власти большевиков в 20-х годах — мирное сосуществование (НКИД), мировая революция (Коминтерн) и «диктатура пролетариата» (ГПУ) — выглядят так:

НКИД	Коминтерн	ГПУ
май 1920 г. — Л. Б. Красин от имени «Центросоюза» ведёт торговые переговоры в Лондоне.	Июль — сентябрь 1920 г. — глава дип. делегации РСФСР Л. Б. Каменев обвинен в подкупе рабочих советов «Руки прочь от Советской России!» и коммун. газеты «Дейли Геральд» (75 тыс. ф. ст. — выручка от продажи в Лондоне «царских» бриллиантов).	29 янв. 1920 г. — декрет Совнаркома об обязательном труде всех «непролетарских элементов».
Март 1921 г. — Договор о дружбе с Турцией Кемаля Ататюрка.	Секретное приложение к этому договору от 16 марта: туркам выделено 10 млн. зол. руб. на закупку оружия.	Подавление Кронштадтского восстания и антоновского крестьянского мятежа на Тамбовщине.
1921 г. — НКИД инициирует декрет Совнаркома о свободе выезда за границу (400 зол. руб. госпошлины).	ИККИ создаёт секретную лабораторию Коминтерна по изготовлению фальшивых загранпаспортов, виз и т. п. (просуществует до августа 1991 г.).	ОГПУ «дополняет» (1925 г.) «Положение о въезде и выезде» 1921 г. секретным приложением о нежелательных лицах (усложнение процедуры выезда).
1922 г. — установление дипотношений с Италией Муссолини.	Встреча «трёх Интернационалов» в Берлине. Ленин срывает компромисс коммунистов и социал-демократов.	Процесс над эсерами в Москве (12 чел. приговорено к смертной казни). «Последний пароход» — высылка наиболее известных представителей русской интеллигенции навсегда за границу.
1922 г., 16 апреля. Соглашение в Рапалло (Италия) о взаимном дип. признании, развитии торг. отн. и секр. воен. конвенция между Германией и РСФСР	1923 г. — Коминтерн посылает в Германию «красные бригады». Цель — к 9 ноября свершить Мировую революцию (полный провал).	1922 г., 26 фев. ОГПУ конфискует церковные ценности «для голодающих». Арест Святейшего патриарха Тихона.

1924—1925 гг. «Полоса дип. признания» СССР: 2 фев. — Англия, 28 окт. 1924 г. — Франция, 20 янв. 1925 г. — Япония.	1924 г. — «Красные бригады» атакуют резиденцию правительства в Таллине, пытаясь установить советскую власть в Эстонии (полный провал).	Создание ОСО — «особых совещаний» («тройки»). Судят за шпионаж, контрабанду, валютные операции. Пока — с участием прокурора (но без адвоката).
1925—1926 гг. — 12 окт. 1925 г.: крупный торгово-эконом. договор с Германией; 24 фев. 1926 г. — договор о нейтралитете с ней же.	1926 г., май — июнь. «Золото Коминтерна» британанским шахтерам (всеобщая забастовка). Политбюро ЦК ВКП(б) выделяет Коминтерну несколько млн. зол. руб. (из фондов НЭПа).	18 июня 1926 г. — «спецналог на нэпманов». Расширение сети политизоляторов («перевоспитание» эсеров, меньшевиков, затем «троцкистов»).
1926—1927 гг., 27 мая — разрыв дипотношений Англии и СССР; приостановка дипотношений СССР с Китаем (с марта 1926 г.).	1927, декабрь — «мировая революция» в Кантоне (Китай); 1926 г. — уличные бои в Вене (Австрия).	Продовольственная паника в СССР (население готовится к войне). Нэпманы переводят «червонцы» за границу. ОГПУ сажает «троцкистов».

Не правда ли — впечатляющая картина!

Тщетно Ленин требовал еще в 1921 г. на Политбюро, чтобы большевики «раздвоились» и не «ляпали» иностранным корреспондентам по советской внешней политике того, о чем они говорят «в своем кругу» — на заседаниях ИККИ или Политбюро. Типичный скандал произошел в 1922 г. между Карлом Радеком и Христианом Раковским. В январе — феврале 1922 г. оба они оказались в Германии, К. Радек — по линии Коминтерна, Х. Раковский — посланный Лениным с секретной миссией в Берлин и Прагу для поиска союзников на Генуэзской конференции. Однако Радек фактически сорвал все усилия Раковского: в январе он проболтался немцам о секретных франко-советских переговорах о совместном давлении на Германию из-за ее отказа своевременно платить репарации (в 1923 г. Франция пошлет свои войска в Рурский угольный бассейн), а в феврале дал интервью французской газете «Матэн», в котором снова «разоблачал» советское правительство за «тайную дипломатию» с Францией и Англией [46]. Г. В. Чичерин написал возмущенное письмо В. И. Ленину: «Радек раскрыл все секреты тайной миссии Раковского». Ленин согласился с наркоминдел, но ограничился философской констатацией: «Радек доказал этим случаем еще раз, что при всех своих многочисленных достоинствах он совершенно не годится в дипломаты» [47]. И оставил К. Радека на посту исполнительного секретаря Коминтерна (выгонит Радека из ИККИ только Г. Е. Зиновьев в 1925 г.).

Впрочем, это «раздвоение» Ленина носило чисто тактический характер.

Сравнивая публикуемую выше таблицу с напечатанными под редакцией Я. С. Драбкина документами Коминтерна, еще раз убеждаешься в надуманности перестроечной легенды о «двух» (военного коммунизма и нэпа — ее тогда разделял и я) и даже «трех» (Юрий Буртин) Лениных. Ленин всегда был и умер одним Лениным — доктринером мировой пролетарской революции. И на эту революцию — мечту всей его жизни — никаких денег из «проклятого царского прошлого» ему было не жалко.

Именно Ленин в июле 1920 г., в период заседания II Всемирного конгресса Коминтерна, убедил колеблющихся членов ЦК РКП(б) продолжить наступление РККА, «бойцов Коммунистического Интернационала, героев общей борьбы всего человечества» (из обращения IV Конгресса Коминтерна в ноябре 1922 г. «К Красной Армии и флоту РСФСР») на Варшаву и далее на Берлин. И именно он прямо с конгресса направил 23 июля 1920 г. члену Реввоенсовета Юго-Западного фронта И. В. Сталину такую телеграмму:

«Положение в Коминтерне превосходное. Зиновьев, Бухарин, а также и я думаем, что следовало бы поощрить революцию тотчас в Италии (?! — Авт.). Мое личное мнение, что для этого надо советизировать Венгрию, а может быть, также Чехию и Румынию. Надо обдумать внимательно» [48].

А что такое ленинская «советизация» Европы, разъяснил «любимец партии», автор «Программы мировой революции» Н. И. Бухарин на II, IV и VI конгрессах Коминтерна в 1920—1928 гг. «Мы живем на переломе, на грани между пролетарской обороной и пролетарским нападением на капиталистические твердыни, — писал он в журнале «Коммунистический Интернационал» в 1920 г. — Революция может победить только как революция мировая... Поэтому всякая возможность ускорить крах капитализма в других странах есть революционная необходимость» [49].

Даже в ноябре 1922 г., когда РКП(б) и Коминтерн официально провозгласили нэп (или «мирное сожительство» с капиталистическим окружением), на IV Конгрессе Коминтерна в Москве Бухарин требовал включить в одну из резолюций конгресса пункт: «Каждое пролетарское государство имеет право на красную интервенцию, поскольку распространение Красной Армии является распространением социализма, пролетарской власти, революции» [50].

Да что там «Коля Балаболкин»! Сам Ильич, оказывается, целиком разделял эти химеры о мировой революции (разве что после поражения РККА под Варшавой постоянно оговариваясь — *«я прошу записывать меньше: это не должно попадать в печать»* [51]).

Уже войска Пилсудского, разгромив Красную Армию под Варшавой, стоят в Минске, уже идут тяжелые переговоры о военном перемирии и будущем мире, заключенном в Риге 18 марта 1921 г. (Советская Россия отдаст Польше всю Западную Белоруссию и Западную Украину с общим населением более 15 млн. человек, выплатит Польше большую контрибуцию, отдаст перемещенные культурные ценности и т. д.), а Ленин на девятой партконференции в Москве заявляет 22 сентября 1920 г. делегатам: *«Оборонительный период войны со всемирным империализмом кончился, и мы можем и должны использовать военное положение для начала войны наступательной* (чем? РККА разбита — часть в плену, часть погибла. — *Авт.*)... *Мы еще раз и еще раз перейдем от оборонительной политики к наступательной, пока мы всех не разобьем до конца»* [52].

Но умный противник большевиков конституционный монархист В. Шульгин примерно в то же время в своих воспоминаниях «1920 год» очень точно замечает: нет, Ленин с Троцким никогда не станут национальными лидерами России — «на этих господах висят несбрасываемые гири, их багаж, их вериги — социализм, они ведь при помощи социализма перевернули старое и схватили власть. Они.должны нести этот мешок на спине до конца, и он их раздавит»[53].

Однако справедливости ради надо сказать, что не все большевики из ленинской гвардии были фанатиками-доктринерами: имелось среди них и немало прагматиков. К последним, как мы увидим ниже, еще с 1918 г. принадлежал Леонид Красин, весьма скептически относившийся к доктрине мировой революции и называвший ее «универсальным запором». Став наркомвнешторгом, Красин будет всячески противиться выбрасыванию казенных денег на мировую революцию, не стесняясь на пленумах партии делать такие публичные заявления: «Источником всех бед и неприятностей, которые мы испытываем в настоящее время, является то, что коммунистическая партия на 10 процентов состоит из убежденных идеалистов, готовых умереть за идею, но не способных жить для нее, и на 90 процентов из бессовестных приспособленцев, вступивших в нее, чтобы получить должность. Бесполезно и безнадежно пытаться убеждать 10 процентов фанатиков в необходимости этой новой экономической политики, поэтому я обращаюсь к остальным 90 процентам и честно предупреждаю: если вы не хотите, чтобы массы русского народа поступили с вами так же, как с царской челядью, отбросьте беспочвенные мечтания (о мировой революции. — *Авт.*) и повернитесь лицом к экономическим законам. Как указывает Маркс, доктрина не является началом и концом всего на свете»[54].

Сокрушительный удар, который нанесла советско-польская война 1920 г. по доктрине экспорта мировой революции на штыках «армии Коминтерна» на Запад, вынужденное введение нэпа и поиски дипломатического компромисса с Антантой (Генуэзско-Гаагская мирная конференция 1922 г.) обострили борьбу прагматиков с доктринерами, что проявилось уже с 1921 г. во все углублявшемся ведомственном конфликте аппаратов НКИД и Коминтерна и их представителей за границей.

Так, 14 июня 1921 г. наркоминдел Г. В. Чичерин пишет возмущенное письмо секретарю ЦК РКП(б) В. М. Молотову: советские профбоссы открыто ведут переписку с торгпредом Л. Б. Красиным в Лондоне о передаче через него 200 тыс. зол. руб. бастующим английским углекопам. По мнению Чичерина, осуществляя открыто такие акции, «мы рискуем немедленным разрывом с Англией» и ее односторонней денонсацией торгового соглашения 16 марта 1921 г., с таким трудом заключенным Красиным [55]. Чичерин настаивал на «тщательном уничтожении всех до одной копий упомянутой мною официальной бумаги (письма генерального секретаря Профинтерна С. А. Лозовского Красину. — *Авт.*) по поводу передачи английским шахтерам через Красина двухсот тысяч рублей золотом...». Ленин пишет на этой бумаге: «Т. Молотову. **Я за**. Затребовать от Лозовского **бумаги**, что гарантирует, что **все** уничтожил» [56].

И двух месяцев не прошло — руководители ИККИ Г. Е. Зиновьев и К. Б. Радек шлют «телегу» в Политбюро на НКИД: его полпреды за границей лезут в дело Коминтерна, ведут сепаратные переговоры за спиной коминтерновских агентов с коммунистическими лидерами в Германии и Чехословакии, Чичерин лично вмешивается в коминтерновские дела Туркестанского бюро (Сафаров, Рудзутак), а Литвинов блокирует посылку денег на мировую революцию через «прибалтийское окно» (Ревель). Конфликт Коминтерна с НКИД настолько обостряется, что Зиновьев и Радек грозят отставкой с постов руководителей ИККИ.

Мудрый Ильич и здесь соглашается: нехорошо, батеньки, надо жить дружно. В итоге на коминтерновской «телеге» появляется следующая резолюция вождя мирового пролетариата: «По-моему, поручить Зиновьеву и Чичерину устраивать периодические совещания для информации и считать инцидент «закрытым». 17.VIII.*Ленин*» [57].

Но «закрыть» подковерную борьбу НКИД и Коминтерна не удастся ни Ленину, ни Политбюро. И только Сталин, превратив заграничную структуру ИККИ в агентуру своих спецслужб, официально объявит в интервью американскому журналисту Рою Говарду, опубликованному 5 марта 1936 г. в «Правде», что с «коминтерновской» линией во внешней политике СССР отныне покончено раз и навсегда [58].

Но пока, в 1920-х гг., Политбюро и ЦК РКП(б),

а также ИККИ были завалены предложениями типа «Тезисов Политбюро о взаимоотношении между органами НКИД и Коминтерна», проектами решений Политбюро «О взаимоотношениях между аппаратом Коминтерна и НКИД», письмами все того же Лозовского на тему «О взаимоотношениях Советского Правительства и Коминтерна» и т.д.

Только в 1921 г. Политбюро с участием Ленина трижды обсуждало вопрос о взаимоотношениях НКИД и Коминтерна, принимая (14 мая 1921 г.) такие решения: «Безусловно запретить всякую нелегальную работу и деятельность как послам и ответственным должностным лицам Советских Представительств за границей, так и курьерам и всяким другим служащим»[59].

Но все было тщетно: публикуемая выше *таблица* асинхронных действий Коминтерна, НКИД и ОГПУ свидетельствует, что хотя внешняя политика СССР была однопартийной, но *«многоподъездной»*.

В июне 1921 г. Чичерин бил тревогу относительно откровенного подкупа боссов английских шахтеров, дабы они продолжили стачку и приблизили Британию к мировой революции. Но в мае 1926 г. Политбюро, Профинтерн и ИККИ не менее вызывающе организовали гигантскую пропагандистскую кампанию в СССР в поддержку «английских углекопов» и послали им в десять раз больше денег, чем в 1921, что в конечном итоге осенью 1927 г. вызвало разрыв англо-советских дипломатических отношений[60].

В том же 1926 г., в ноябре — декабре, на расширенном Пленуме ИККИ (так называемом «малом» конгрессе Коминтерна) состоялась острая дискуссия о стратегии Коминтерна в условиях отлива революционного движения в мире, где вновь стал вопрос о взаимоотношениях Наркоминдел и Коминтерна. Найти консенсус между доктриной мировой революции и национальной внешней политики участники дискуссии не сумели — увязли в спорах о соотношении мировой революции и социализма в одной стране[61], и конфликт Коминтерна и НКИД продолжался.

НКИД заботился о мирном сосуществовании, а Коминтерн продолжал подрывать «тылы империализма» изнутри, по-прежнему посылая братским секциям ИККИ не только деньги, но и террористические группы *.

Впрочем, Чичерин все же не был столь твердым государственником, как Красин. О «коминтерновской» слабинке наркоминдела свидетельствует его выступление на XIV съезде ВКП(б) в 1925 г., в котором Чичерин договорился до того, что объявил все полпредства СССР за границей «крышей» для агентов Коминтерна. Столь резкое расхождение наркома иностранных дел с официальной программой большевиков, нацеленной на «мирное сожительство» с капиталистическим окружением, побудило даже доктринеров мировой революции не включать речь Чичерина в стенографический отчет съезда, и она увидела свет лишь 66 лет спустя, в 1991 г., в журнале «Кентавр».

Однако, это только для нас, бывших советских людей, откровения Чичерина на партийном съезде были тайной. На Западе благодаря русской эмигрантской печати они ни для кого секрета не представляли. П. Н. Милюков в 1927 г. в эмиграции обнародовал в своей книге «Россия на переломе» еще более раннюю (1921 г.) директиву наркоминдела советским полпредам за границей: «Для нас лучше остаться на время в тени. Официальное признание наших представителей, развитие торговых отношений, постепенное распространение пропаганды и усиления нашего влияния на пролетарские массы: таковы задачи нашей деятельности» [62].

Но от своих «наркоминделовцев» начальство не скрывало, что на Западе мало верят в мирные намерения большевиков. В выходившем для служебного пользования «Бюллетене НКИД» в обзорах иностранной печати в 20-х годах можно было прочитать такие откровения (из «Курьера Польского» от 4 октября 1921 г.): «За границей должны надлежащим образом оценить тот большой труд, с которым Польша старается сохранить и укрепить мирные отношения с большевистской Россией. Мир с государством, не признающим никаких норм цивилизованного мира... ненавидя-

* Это хорошо показано в разделе «Военно-конспиративная деятельность коммунистов» в 1923—1928 гг. в сборнике документов «Коминтерн и идея мировой революции» (док. 110—141: публикуются впервые).

щим политическое устройство всей остальной Европы и желающим видеть ее объятой пожаром и бунтом» [63].

Понятное дело, что, несмотря на все ухищрения Коминтерна по конспирации экспорта революции (листовками, бриллиантами, террористическими группами и т. д.) и запреты Политбюро («возку нелегальной литературы дипломатическим курьерам запретить...» — Протокол № 21, пункт 8 заседания Политбюро 4 мая 1921 г. [64]), Запад не верил в дипломатическую лояльность большевиков и их декларации о «мирном сожительстве».

Так, в Веймарской республике министр внутренних дел писал в германский МИД по поводу советско-германского соглашения 18 февраля 1921 г. о дипломатической почте: его МВД категорически против этого соглашения, поскольку в советских дипломатических вализах «будет лежать не что иное, как материал для агитации за мировую революцию, так как у России не найдется ничего другого на экспорт» [65].

Еще более скептически к внешней политике СССР были настроены американцы, не признававшие большевиков дипломатически до 1933 г. Мотивируя этот отказ, государственный секретарь Чарльз Юз еще 18 декабря 1923 г. сделал в сенате следующее заявление:

США не признают СССР до тех пор, пока Коминтерн не прекратит «пропаганды за ниспровержение существующего у нас строя» [66].

Да и что говорить о доктринерах мировой революции, когда даже царские генералы типа Алексея Брусилова, во время польской кампании перешедшего на службу в РККА, поддерживали авантюристический план Л. Д. Троцкого о военном походе Красной Армии на Индию.

Брусилов, по свидетельству Троцкого, еще в 1918 г. разработал свой собственный план «создания конного корпуса (30 000 — 40 000 всадников) с расчетом бросить его на Индию».

Более того, в марте 1921 г. (уже провозглашен был НЭП, а Советская Россия капитулировала 18 марта в Риге перед Польшей Пилсудского! — *Авт.*) бывший главковерх Временного правительства докладывал на закрытом заседании Совнаркома под председательством В. И. Ленина свой план «броска на Индию» (с картами, схемами, выкладками) [67].

Вряд ли ученик и последователь известной русской теософки и оккультистки Елены Блаватской, воспитанник Пажеского корпуса генерал от инфантерии А. А. Брусилов (1853—1926 гг.) верил в марксистскую доктрину мировой революции. Но в способность Троцкого возродить былую силу и славу русской армии (пусть и в «красном» обличье), в ее скобелевские походы в Среднюю Азию — наверняка.

Сам Брусилов не успел рассказать в деталях об этом старом проекте русских царей — удар по Англии с тыла (в 1800 г. поход на Индию пытался осуществить Павел I, в 1808 г. — Александр I). Но за него это сделал в своих мемуарах «1920 год» В. В. Шульгин [68], о чем мы уже писали выше (о приходе «Некто» — СТАЛИНА, и его возврате к экспансии русских царей [69]).

Но пока до прихода этого «Некто» было еще далеко, и все три коммунистические «конторы» соревновались и склочничали в борьбе за «опаздывающую» мировую революцию.

В наши дни президент России издает указы о срочном создании всероссийской «национальной идеи». Целая бригада бывших консультантов ЦК КПСС на бывшей цековской даче почти год пыталась сотворить нечто похожее на уваровскую триаду «самодержавие — православие — народность» (1832 г.).

Большевикам в 20-х — начале 30-х гг. не было нужды заказывать «спецам» какой-либо текст — к VI Всемирному конгрессу Коминтерна в Москве (1928 г.) пером Н. И. Бухарина они его уже сотворили и единогласно приняли — «Программу мировой пролетарской революции».

И прав был бывший профессор Московского императорского университета П. Н. Милюков, когда в 1927 г. в Париже, как мы отмечали выше, писал в своем трактате «Россия на переломе» о коминтерновской идее мировой революции как об их собственной «интернациональной идее» пророчески утверждая — без этой идеи большевики — «простая шайка бандитов». Правда, эта трансформация из идейных борцов за мировую революцию в «простую шайку» произойдет постепенно: в 1927 г. из ВКП(б) вышибут фанатиков мировой революции — «троцкистов», в 1943 г. Сталин прикроет Коминтерн и восстановит Патриаршество, а в 1991 г. рухнет, наконец, и само творение доктринеров мировой революции — СССР.

Но пока — и это крайне важно для нашего последующего изложения — большевики к этому «фатальному концу» еще не пришли. Наоборот, они уверены, что и «царское» золото 1914—1917 гг., и золото Брест-Литовска и, уж конечно, «золото Коминтерна» они непременно вернут, как только мировая революция разразится, наконец, «во всемирном масштабе», и все это богатство и так достанется «первому отечеству мирового пролетариата», которое к тому времени (зачем же принимали в 1924 г. первую конституцию СССР?) охватит весь мир благодаря подрывной деятельности Коминтерна.

ПРИМЕЧАНИЯ

[1] Из самых последних расследований на эту тему отмечу очень интересную (хотя и основанную на системе косвенных доказательств — расписок Ленина о приеме от Генерального штаба немецких денег автор не публикует) статью журналиста Ю. В. Идашкина «Были ли большевики куплены на золото германского Генерального штаба?» («Дипломатический ежегодник». М., 1995, с. 278—296). Главной сенсацией статьи Идашкина следует считать находку части материалов огромного, в 21 том, «дела» о большевиках-шпионах (все историки считали, что после Октябрьского переворота «дело» было уничтожено по приказу Ленина), которые оказались приложенными к другому «делу» 1939—1940 гг. — следователя П. А. Александрова, который вел расследование в 1917 г. (в 1940 г. был расстрелян, в 1993 г. — полностью реабилитирован).

[2] Первым версию о «большевиках — немецких шпионах» запустил еще в апреле 1915 г. в швейцарской социал-демократической газете «Фольксштимме» бывший большевик, а затем меньшевик — «оборонец» Григорий Алексинский, историк по образованию. В июле 1917 г. он повторил это обвинение в плехановской газете «Единство» и в собственном издании «Без лишних слов», где прямо назвал Ленина и его попутчиков по «пломбированному» вагону «пассажирами германского военного поезда, мешающими русской армии защищать Россию».

[3] Мирные переговоры в Брест-Литовске, т. 1. Под ред. А. Л. Иоффе с предисл. Л. Д. Троцкого. М., 1920, с. 270.

[4] Брест-Литовская конференция (заседания экономической и правовой комиссий). Под ред. Б. Е. Штейна. М., 1923, с. 155. С учетом новых границ, определенных в Бресте (Украина, Польша, Финляндия, Прибалтика, Закавказье отошли от России) Советская Россия по сравнению с Российской империей потеряла 26% населения, 27% всех пахотных земель, 26% железнодорожной сети, 33% промышленности, 73% добычи железной руды и 75% каменного

угля. — См. также: М а й с к и й И. М. Внешняя политика РСФСР, 1917—1922. М., 1922, с. 37—40.
5. Брест-Литовская конференция (полный текст договора с картой и приложением дополнительных протоколов). М., 1918, с. 150.
6. Документы внешней политики СССР, Т. 1. М., 1957, с. 445—453.
7. «Советско-германские отношения от переговоров в Брест-Литовске до подписания Раппальского договора». Сб. документов, т. 1, 1917—1918. М., 1968, с. 321.
8. Е ф и м к и н А н д р е й. Золото республики. — «Волга» Саратов, № 11; 1987; № 4, 1988. Вторая часть статьи (1988 г.) перепечатана с сокращениями в «Дипломатическом ежегоднике» (М., 1995, с. 227—240).
9. См.: Солдаты ленинской гвардии. Кн. 2. Горький, 1977, с.10.
10. Цит. по: «Дипломатический ежегодник». М., 1995, с. 10.
11. Я н с е н М а р к. Суд без суда. 1922 год (показательный процесс социалистов-революционеров). М., 1993. См. также: С е м е н о в Г. (Васильев). Военная и боевая работа партии социалистов-революционеров за 1917—1918 гг. М., 1922, с. 32—33. Не все, однако, «эксы» эсеров сорвались: в 1920 г. в результате налетов на некоторые украинские банки они захватили немало золота, переправили его за границу, там поместили в банки и на получаемые кредиты и проценты создали свой эсеровский эмигрантский фонд, который содержал даже целое эсеровское издательство «Скифы».
12. К у л л у д о н В и р д ж и н и я. «Ленинское» золото во Франции. — «Дипломатический ежегодник». М., 1995, с. 269; «Le Point», 7 janvier 1995. См. также: «Дипломатический словарь», т. 1. М., 1984, с. 195.
13. A t o u n Hélène. Emprunts russe: on raparle de remboursement. — «Le Quotidien de Paris», 12 april 1995, p. 5.
14. Е ф и м к и н А. П. Ук. статья. — «Дипломатический ежегодник». М., 1995, с. 62—63.
15. Н и к о л ь с к и й С. А. Власть и земля. М., 1990, с. 62—63.
16. Л е н и н В. И. Полн. собр. соч., т. 45, с. 133.
17. К а р р Э. Большевистская революция, 1917, т. 2. М., 1989, с. 208.
18. Е ф и м к и н А. Н. Ук. статья. — «Дипломатический ежегодник». М., 1995, с. 231.
19. N o v i t z k y V. Op. cit., p. 25. — *Текущий архив экспертного совета.*
20. Ш и ш к и н В. А. В борьбе с блокадой (о становлении советской внешней торговли). М., 1979, с. 80—82.
21. N o v i t z k y V. Les origines du stock d'or [Paris, 1921], p. 25. *Текущий архив экспертного совета.*
22. «Социалистическое хозяйство». М., 1926, кн. V, с. 162.
23. Цит. По: Е ф и м к и н А. П. Ук. статья. — «Волга», 1988, № 4, с. 184, 186—187.
24. N o v i t z k y V. Op. cit., p. 24. — *Текущий архив экспертного совета.*
25. См., например, публикацию документов из архивов КПСС Э. Максимовой о передаче ИККИ 28 мая 1919 г. бриллиантов на 300 тыс. зол. руб. — («Известия», № 120, 23 мая 1992 г.). См. также: Б у н и н И. Золото партии. Л., 1992.
26. Цит. по: «Иного не дано». М., 1988, с. 371—372.

[27] Ленин В. И. Полн. собр. соч., т. 38, с. 72.
[28] IV Всемирный конгресс Коминтерна. Избранные доклады, речи и резолюции. М. — Пг., 1923, с. 401.
[29] Цит. по: «Аргументы и факты», 1996, № 2, (рубрика «55 лет назад»).
[30] Терне А. В царстве Ленина. Берлин, 1922. с. 5.
[31] Загладин Н. В. История успехов и неудач советской дипломатии. М., 1990, с. 54.
[32] Агурский М. Идеология национал-большевизма. Paris, YMCA-Press, 1979.
[33] Ср. Пять лет Коминтерна в решениях и цифрах. — М. — Л., 1924; Десять лет Коминтерна в решениях и цифрах. — М. — Л., 1929. К сожалению ответственный редактор сборника о Коминтерне Я. С. Драбкин проигнорировал два этих ценных издания.
[34] Коминтерн и идея мировой революции. Документы. — М., 1998. — С. 79, 150—152.
[35] Там же. — С. 153.
[36] Шульгин В. 1920 год. Л., 1927, с. 270—271.
[37] Цит. по: Сироткин В. Г. Вехи отечественной истории. М., 1991, с. 228.
[38] Шульгин В. Ук. соч., с. 271.
[39] Там же, с. 273.
[40] Пильняк Б. Голый год. — «Избранные произведения». М., 1976, с. 83—84.
[41] Милюков П. Н. Россия на переломе, т. 1. Париж, 1927, с. 260.
[42] Сироткин В. Г, Гусейнов Э. Е. Лицо и маски Карла Радека. — «Московская правда», 14 мая 1989 г.
[43] Цит. по: Сироткин В. О мировой революции и России, которую мы потеряли. — «Свободная мысль», № 15, 1992, с. 27.
[44] Kennan G. The Russia and the West under Lenin and Stalin. Boston, 1960.
[45] Lecomte B. Le Bunker. Paris, 1994.
[46] Конт Ф. (Франция). Секретные миссии Раковского в Западной Европе. — «Дипломатический ежегодник. 1989». М., 1990, с. 417—420.
[47] Ленин В. И. Полн. собр. соч., т. 54, с. 176, 615—616.
[48] Коминтерн и идея мировой революции, с. 186.
[49] Там же, с. 227.
[50] Цит. по: «Иного не дано». Сб. Статей под редакцией Ю. Н. Афанасьева. М., 1988, с. 374.
[51] Коминтерн и идея мировой революции, с. 197. Из ранее никогда не публиковавшейся стенограммы выступления В. И. Ленина 22 сентября на IX конференции РКП(б). 1920 г. Ср. Девятая конференция РКП(б). Протоколы. — М., 1972.
[52] Коминтерн и идея мировой революции, с. 197, 199.
[53] Шульгин В. В. Годы. Дни. 1920 год. — М., 1990, с. 796—797.
[54] Цит. по: Сироткин В. Г. Вехи отечественной истории. — М., 1991, с. 174.
[55] Коминтерн и идея мировой революции, с. 287.
[56] Там же, с. 289.
[57] Там же, с. 306—307.
[58] См. там же, с. 63 (предисловие Я. С. Драбкина).

[59] Там же, с. 273. См. также: Ленин В. И. Биохроника. — М., 1979, т. 10, с. 414.
[60] Всеобщая забастовка в Англии в мае 1926 г. (из «особой папки» Политбюро ЦК ВКП(б)) — Исторический архив. — 1995. № 1, с. 5—28.
[61] См. Пути мировой революции. Стенографический отчет. Т. 1—2. — М. —Л., 1927.
[62] Цит. по: Милюков П. Н. Россия на переломе. — Т. 1. — Париж, с. 290.
[63] Бюллетень НКИД. — 1921, 31 окт., № 99, с. 9.
[64] Коминтерн и идея мировой революции, с. 265—266.
[65] Советско-германские отношения. От переговоров в Брест-Литовске до подписания Рапалльского договора. — М., 1971, т. 2, с. 305.
[66] См. Документы внешней политики СССР. М., 1962, т. VI, с. 547—548.
[67] Коминтерн и идея мировой революции, с. 147 (записка Троцкого в ЦК РКП(б) о походе на Индию, 5 авг. 1919 г.). В своих авантюрных прожектах Троцкий был не одинок. В июле 1927 г. бывший член партии «Бунд» и участник англо-бурской войны некто А. Лурье представил Сталину проект экспорта мировой революции.... в Южную Африку, что попутно позволило бы захватить в пользу Коминтерна золотые рудники, «которые большей частью принадлежат английским бандитам». — Там же, с. 608—609.
[68] См. «Октябрь». — 1993, № 11, с. 146—147.
[69] Шульгин В. В. Указ. соч., с. 795.

Глава IV

ЗОЛОТЫЕ КЛАДОВЫЕ ЗАПАДА И ВОСТОКА НАПОЛНЯЮТСЯ ЧЕРЕЗ ВЛАДИВОСТОК

Среди той обширной корреспонденции, что я стал получать со всех концов бывшего Союза и из-за границы после моих статей о «зарубежном русском золоте», типичным стало одно письмо от А. В. Киреева из Калужской обл. Автор сообщал: с 1957 г. он работал в городе Шевченко (ныне Актау), что на полуострове Мангышлак Восточного побережья Каспийского моря. В те времена он случайно наткнулся на книгу «Чекисты Казахстана», где вычитал следующее: «...После разгрома остатки армии Колчака под командованием генерала Толстого отступали через Форт-Александровский (там томился в свое время в ссылке великий украинский поэт Тарас Шевченко. — *Авт.*) на Мангышлаке, плато Усть-Юрт, с тем, чтобы затем прорваться на юг и уйти за кордон. При подходе к полуострову Бузачи ими был спрятан остаток золотого запаса России (Киреев затем уточнил у старожилов-казахов: точно, целых «семь подвод». — *Авт.*). Гурьевские чекисты в течение 15 лет безуспешно искали это золото. Видимо, до сегодняшнего дня эти сокровища ждут своего «звездного часа». (Письмо от 16 апреля 1993 г.)

Такого сорта письма я получаю десятками, меняется лишь география «кладов» колчаковского золота. То это станция Тайга Транссибирской ж. д., то бывший православный мужской монастырь в Приморье на границе с Китаем, то железнодорожный разъезд Раздольное Приморской ж. д.

Написаны десятки рассказов и повестей о якобы уже найденных «кладах Колчака» в Восточной Сибири и в Приморье (типичный пример такой «развесистой клюквы» являет историческая повесть Юрия Сергеева

«Берегиня» — журнал «Молодая гвардия», 1992, № 5/6).

А клады-то следует искать совсем не там, где их помещает народная молва. Вот один из точных адресов, к тому же указанный на официальном бланке колчаковского министра иностранных дел И. И. Сукина (шифровка из Омска российскому генеральному консулу в Шанхае Виктору Федоровичу Гроссе, через посла царской России в Пекине кн. Кудашева, 24 сентября 1919 г., № 688):

«Прошу сообщить Шанхай Гроссе. Министр финансов (омского правительства. — *Авт.*) просит передать: на Ваше имя высылается мною из Владивостока свыше 6000 пудов с пароходом, отбывающим из Владивостока около 26 сентября. Все подробные указания о дате прибытия и количестве имеющего быть выгруженного золота будут Вам сообщены директором Иностранного Отделения Госбанка Владивостока. Русско-Азиатскому банку Шанхае одновременно телеграфирую войти с Вами в соглашение о предоставлении в Ваше распоряжение кладовых банка для хранения золота.

Подпись *Сукин*» [1].

Это была далеко не первая «золотая посылка» из Владивостока на имя консула В. Ф. Гроссе. В мае того же года он уже получил «коносамент» в 600 пудов на русском сторожевом военном крейсере «Командор Беринг» [2].

Так вот где надо искать «клады Колчака» — в Шанхае, Гонконге, в Токио, Осаке и Иокогаме и далее — за Тихим океаном: в Сан-Франциско, Ванкувере, Нью-Йорке и еще дальше, за океаном Атлантическим — в Лондоне, Стокгольме, Париже, Брюсселе и банках Швейцарии.

Тем более что на все эти «коносаменты» с 1915 г. сохранились документы — от финансовых соглашений до дипломатической переписки и расписок в получении груза.

ЦАРСКИЕ ЗОЛОТЫЕ «КОНОСАМЕНТЫ» НА ЯПОНСКИХ СУДАХ.

Выше уже говорилось, как в 1914 — феврале 1917 гг. царское правительство отправляло «залоговое золото» в Англию.

Уже первая транспортировка в октябре 1914 г. из Архангельска в Ливерпуль едва не привела к катастрофе — потере «золотого коносамента» ценой в 8 млн. ф. ст. на дне Северного моря: немецкая разведка каким-то образом пронюхала о морском «золотом пароходе» (британский транспорт «Мантуа»), и германские субмарины разбросали на пути его следования у побережья Шотландии мины. Транспорт чудом избежал гибели (в 1942 г. судьба была не столь благосклонна к английскому крейсеру «Эдинбург» с «золотом Сталина», и он почти в том же месте пошел ко дну, атакованный гитлеровскими подлодками), а вот сопровождавшие «Мантуа» крейсер «Драйк» и другое, высланное навстречу британское военное судно, на германских минах подорвались, хотя и остались на плаву.

Англия и Россия, однако, не стали вторично испытывать судьбу, и с декабря 1915 по февраль 1917 г. начали осуществлять «золотую операцию» только через Владивосток: «коносаменты» железной дорогой шли на Дальний Восток, там на зафрахтованных японских военных судах плыли в Ванкувер (Канада) или Сан-Франциско (США), далее через всю Северную Америку по железной дороге на восточное побережье и снова океаном — в Ливерпуль или Лондон. Конечно, это был не самый короткий путь, да и японцам за фрахт надо было платить по 1—2 млн. зол. иен с каждого «коносамента», но зато более надежный.

Вся эта «золотая экспедиция» 1915—1917 гг. на 60 млн. ф. ст. была оформлена сверхсекретными финансовыми соглашениями между Его Величества Британским Казначейством и Императорским Минфином России. Их скрывали как от немецких шпионов, так и от русской Госдумы, где шумел лидер кадетов Павел Милюков, вопрошая в ноябре 1916 г. — «что это, глупость или измена?»

Ясное дело, в 1915—1917 гг. секретный финансовый «пакт» Англии и России (как и «пакт» Ленина с кайзером 27 августа 1918 г.) опубликован не был. Не был он опубликован и в горячке «разоблачительных» публикаций большевиков о тайных договорах царизма в ноябре — декабре 17-го года (то ли матрос Маркин его не нашел, то ли так упрятали чиновники Минфина, что и найти было невозможно — не следует забывать, что до февраля 1918 г. госслужащие центральных министерств саботировали власть большевиков и ни ключей от сейфов, ни документов им не давали [3]), но до сего времени этот «пакт» известен лишь в изложении В. Новицкого, который (судя по хорошей осведомленности о деталях как тогдашний управляющий Петроградской конторой Госбанка России), если и не участвовал лично в подготовке этого «пакта», то хорошо его изучил и, возможно, взял «на память» одну из его секретных копий [4].

Любопытно, что большевики, когда им самим потребовалось заграничное «царское» золото, охотно перепечатали в США разоблачения бывшего «товарища» (заместителя) министра финансов Омского правительства в изданном на деньги «Амторга» (одного из первых советско-американских СП) в Нью-Йорке информационном сборнике «Русское золото» (1928) [5].

Итак, судя по откровениям Новицкого, «пакт» был оформлен финансовыми соглашениями между британским казначейством и русским Минфином:

а) *декабрь 1915 г.* (под гарантию Франции, также отправившей в США часть своего золотого запаса) — Россия направляет через Дальний Восток в «Bank of England» (единственный в Великобритании банк, который всю Первую мировую войну менял бумажные деньги на золото даже физическим лицам — в России и Франции ни один банк этого уже не делал) три «транша» своего чистого золота в следующие сроки:

— конец декабря 1915 г. — на 10 млн. ф. ст.
— середина июня 1916 г. — на 10 млн. ф. ст.
— начало ноября 1916 г. — на 20 млн. ф. ст.

Всего: — на 40 млн. ф. ст.
(или на 375 млн. 590 тыс. зол. руб.).

В обмен на залоговое золото «Bank of England» под гарантию британского казначейства предоставляет

России кредит на 200 млн. ф. ст. для закупок оружия (в основном, снарядов и патронов) и амуниции для русской армии. Оба ведомства договариваются хранить в строжайшем секрете эту сделку, а Минфин России даже уточняет — как он обманет бдительность «думцев», шумящих об ответственности императорского правительства перед парламентом — в бюджете вся операция будет закамуфлирована глухой строкой — «золото за границей».

Новицкий дважды упоминает «специальные условия» (special terms for Russia) соглашения в декабре 1915 г. («было, однако, условлено, что золото вернется в Россию после окончания войны» [6] — в «пакте» даже был определен точный срок: через год после окончания), но сам автор этих «условий» ни в английском, ни во французском тексте своего опубликованного расследования не приводит;

б) *февраль 1917 г.* — второе финансовое соглашение о дополнительном «военном кредите» под залог четвертого «транша» золота на сумму еще в 20 млн. ф. ст. (187 млн. зол. руб.) — маршрут доставки и условия возврата «залога» те же.

«Как результат этих отправок, — пишет Новицкий, резюмируя отток русского золота за моря, — золотой резерв России уменьшился на 68 млн. ф. ст., или 640 млн. 200 тыс. зол. руб. или 329 млн. 703 тыс. долл. США» [7].

Что из этих «траншей» окупилось в виде поставок вооружений, что — нет, и сколько «залогового золота» осталось в «Bank of England» после окончания Первой мировой войны — об этом среди историков до сих пор идут горячие дискуссии, которые начались еще при «временных» [8]. Известно, однако, что в 1916 г. русскую армию на фронте потряс «снарядный голод» — на пушку выдавалось всего по три — четыре снаряда, тогда как германцы лупили по окопам снарядами как горохом.

Но больше всего, в чем нуждалась русская армия — это не столько в собственно патронах и в снарядах, а в пириксилиновом бездымном порохе к ним. Собственно, именно из-за отсутствия такого пороха в армии и на флоте (Цусимская катастрофа) Россия в военно-техническом отношении проиграла русско-японскую войну 1904—1905 гг.

Великий русский химик и патриот Д. И. Менделеев незадолго до своей смерти в 1907 г. вместе со своими учениками теоретически восполнил это пробел: ими была разработана технологическая химическая «формула Менделеева» по производству бездымного пороха на отечественных пороховых заводах. Тогда же, в рамках реформы армии и «казенной» военной промышленности, был намечен план реконструкции существующих и строительство новых заводов для производства *пириксилинового пороха* по «формуле Менделеева», превосходившей даже рецепты «отцов» бездымного пороха — французов. В частности, началась подготовка технической документации для строительства такого порохового завода в Тамбове.

Но тут, как всегда случалось в России в период реформ и сопровождавшей их «приватизации», вмешались «олигархи» начала века — «нефтяные короли» братья Нобели, финансово-промышленная группа Русско-Азиатского банка (председатель правления — А. И. Путилов, члены правления заводчики братья Беккеры и др.), владелец Ковровского порохового завода Поссель и Царицынского — Виккерс и др.

Через своего лоббиста в III царской Думе фабриканта А. И. Гучкова, одно время — ее спикера и председателя думского военного комитета, затем военного министра в первом составе Временного правительства, «олигархи» начали мощную кампанию в прессе и Думе против якобы «убыточности» казенных оружейных заводов, их «отсталой» технологии и т. п.

Вице-премьеров — коммунистов тогда в царском правительстве, разумеется, еще не было, но те ушаты грязи, которые выливали подконтрольные «олигархам» газеты начала века, по своей аргументации мало отличаются от тех комьев грязи, которыми нынешние «олигархи» через свои СМИ забрасывали, например, Ю. Маслюкова или Г. Кулика: главное ведь не политическая этикетка, а возможность присосаться к государственному бюджету.

Особенно доставалось тогда царскому министру финансов и его министерству, в недрах которого с 1907 г. зрел проект «принудительного выкупа оружейных заводов в казну» (что в конце концов и случится в 1916 г., да будет уже поздно).

Но на горе России, верх в этой борьбе за казенные деньги взяли упомянутые «олигархи»: в 1912 г. с помощью А. И. Гучкова они провели через Думу закон о перераспределении бюджетных ассигнований на оборону — 2/3 досталось «частникам», и только 1/3 — «казенным» заводам.

В 1913 г. очередной съезд российских частных металлозаводчиков, включая представителей правлений так называемого «Гранатного комитета» (девять путиловских частных заводов, отхвативших львиную долю «снарядного заказа») торжественно рапортовали царю со съездовской трибуны, что не сегодня-завтра они завалят армию бездымным порохом, снарядами, патронами и вообще любым вооружением в избытке.

Увы, «получилось, как всегда...». Как и в 60—70-х годах предыдущего века со строительством железных дорог, частник-олигарх в очередной раз «кинул» и ДЕРЖАВУ, и НАРОД. Вот свидетельство нашего современника «пороховых дел мастера» доктора химических наук Леонида Забелина, в свою очередь ссылающегося на отчеты русского инженера-пороховщика Александра Сапожникова, срочно посланного в 1916 г. в США на пороховые заводы концерна Дюпона: Первую мировую войну начали, когда *«собственных запасов боевого снаряжения хватило лишь на четыре первых месяца войны. Такого провала страна не знала ни в турецких походах Петра и Екатерины, ни в наполеоновскую кампанию»* [9].

Как потом оказалось, никакое производство вооружений «олигархи» и не думали развивать. Получив бюджетные деньги, через свои уполномоченные банки и финансово-промышленные группы — Русско-Азиатский банк, Международный банк, Донецкое общество железоделательного и сталелитейного производств и т. п. они начали печатать акции и «крутить» их за границей, главным образом, на Парижской бирже ценных бумаг наряду с официальными «царскими» государственными облигациями.

При этом, как отмечалось выше, подкупленная французская пресса не особо различала государственные (гарантированные царской казной) и «частные» (не гарантированные) русские облигации.

Но при этом нельзя сказать, что «олигархов» начала века (как, впрочем, и его конца) «бес попутал», и они в погоне за чистоганом не ведали, что творят.

Сохранилось свидетельство одного из участников этой предательской авантюры и виновника последующей катастрофы, разрушившей великую империю, фабриканта Путилова, сочетавшего, по образному выражению Мориса Палеолога, посла Франции в России в 1914—1917 гг., «качества американского бизнесмена и славянофила»: «...Необходима коренная перестройка (вот еще когда применялся горбачевский термин! — *Авт.*) всего административного аппарата... — говорил Путилов Морису Палеологу в мае 1915 г., в разгар «снарядного кризиса», — иначе неизбежна революция».

Между тем именно Путилов и другие «олигархи» первыми спровоцировали предпосылки к этой революции, ибо к 1914 г. оставили русскую армию без вооружений. Ведь те бюджетные деньги, что с 1912 г. пошли в их карманы, не достались казенным оружейным заводам в Туле, Сестрорецке, Ижевске, Коврове и т. д. В результате даже Тамбовский завод бездымного пороха к началу войны не был построен и лишь в конце 1916 г. (да и то по временной схеме) был запущен в производство.

«Как всегда», т. е. задним умом спохватились, с 1915 г. стали «крутить в обратную»: перераспределять бюджетные деньги с частных вновь на казенные заводы (в Туле это сразу дало возможность увеличить выпуск винтовок до 130 тыс. штук в год, но лишь к январю 1917 г. — опять слишком поздно!).

Разумеется, как и в наши дни после дефолта 17 августа 1998 г., на тогдашних «олигархах» правительство и Дума отыгрались «на полную катушку»: 12 января и 16 октября 1916 г. Дума приняла законы о секвестре «частных» оружейных заводов в казну и введении на них «внешнего управления» путем назначения царских уполномоченных (в феврале 1917 г. их заменят комиссары Временного правительства, а после Октябрьской революции — большевистские). При этом, однако, о «липовых» облигациях на Парижской бирже в думских решениях ничего сказано не было.

Между тем, 80 лет спустя, в 1999 г., французское казначейство признало «законными» (т. е. гарантированными царским правительством) только 3 млн. 700 тыс. русских облигаций из 10 млн., сохранившихся на руках у потомков.

Под флагом борьбы с «немецким засильем» в России в первую очередь секвестировали военные заводы, владельцы которых носили иностранные фамилии: все еще строившийся в 1916 г. Царицынский пушечный завод (Виккерс), Ковровский винтовочно-пороховой завод (Поссель), Выксунские оружейные заводы (Копикуз), медеплавильные заводы торгового дома Вогау и т. д. Затем дошла очередь и до Путилова: «гранатный комитет» и его девять оружейных заводов тоже «отписали в казну», а к самому Путилову приставили «уполномоченных» из охранки и военной контрразведки (то-то заводчик сразу стал участником заговора Гучкова и его гвардейских офицеров осенью 1916 г. — заговорщики намеревались захватить царский поезд, принудить Николая II к отречению, а при отказе — убить [10]).

Вслед за «гранатным комитетом» после 22 октября 1916 г. правительство разогнало и все остальные «частные» объединения российских «олигархов» — «Продуголь», «Медь», «Продпаровоз», «Продвагон» и т. д. [11].

Словом, за два года до захвата большевиками царские власти национализировали всю тяжелую промышленность России, и большевикам осталась лишь самая малость — заменить комиссаров Временного правительства на своих.

Так «олигархи» собственными руками (точнее — собственной жадностью) обеспечили «красногвардейскую атаку на капитал», и вырыли для русского капитализма могилу.

Между тем оружие, патроны и снаряды с 1914 поступали в действующую армию по-прежнему с перебоями.

Не успели построить и в США пороховой завод, хотя в 1916 г. «наладили» туда 2 тыс. тульских мастеровых. Разразился гигантский скандал. Сказать, что снаряды, несмотря на отправку в октябре 1914 г. и декабре 1915 г. «залогового золота» на 18 млн. ф. ст. (167 млн. зол. руб.) из Англии все еще не получены, правительство в Думе не могло — «пакт» оставался секретным. Да что там «думцы» — себе признаться боялись, что преступно просчитались: британские оружейные заводы технологически не могли в столь короткий срок выполнить такой гигантский «снарядный» заказ, сколько бы золота в Англию не посылали*.

Тогда срочно и тайно направили в августе 1916 г. на военные заводы Великобритании «толкачей» во главе с одним из великих князей — членом императорской фамилии. Тот метался по заводам, грозил, умолял, но все было бесполезно: больше, чем станок мог дать, британский работяга выжать не мог — это вам не Россия...

В конце концов, не получив ни снарядов, ни пороха, отыгрались на военном министре генерале В. Сухомлинове и начальнике военной разведки генштаба полковнике Мясоедове. Сухомлинова в марте 1916 г. арестовали как «германского шпиона» (хотя в «пломбированном вагоне» он через Германию не ездил), а Мясоедова и вообще расстреляли.

1919 ГОД: «ИОКОГАМА СПЕШИ БАНК» СТАНОВИТСЯ КРУПНЕЙШИМ БАНКОМ ЯПОНИИ

1994 год, V Государственная Дума, мы, с десяток экспертов, сидим на 13-м этаже нового здания, что по Георгиевскому переулку в Охотном ряду, в который раз до хрипоты споря над проектом закона «О собственности Российской Федерации, находящейся за границей» (автор — тогдашний зам. пред. Комитета по собственности, приватизации и хозяйственной деятельности, депутат от ЛДПР академик Владимир Лисичкин).

---

* Уже после войны советские и британские военные историки подсчитали — английская военная промышленность до марта 1917 г. сумела выполнить лишь 25% оплаченных заказов России. См. G. D. Smele. White Siberia: the anti-bolshevik government of admiral Kolchak, 1918—1920. Cambridge, 1996. В недавно опубликованных и ранее неизвестных мемуарах А. Ф. Керенского (1942—1944 гг.) эта цифра подтверждается. — См.: Керенский А. История России. Иркутск. 1996, с. 423.

«Мы» — это председатель правления АО «Российское золото» Марк Масарский, юрист из ФСК Николай Ралдугин, представитель МВД Аркадий Черник, профессор Фуат Новрузов из «Финистбанка», я — от Дипакадемии МИД РФ и другие — словом, рабочая группа по доработке законопроекта.

В душе у меня — ликование. Наконец-то от «самодеятельности» нашего экспертного совета по золоту и недвижимости за рубежом переходим к государственному законопроекту. В принципе, на мой взгляд, законопроект неплох, особенно в части взятия недвижимости «на баланс». Предусмотрено создание специального Российского агентства зарубежной федеральной собственности.

Группа старается максимально довести содержание законопроекта до слуха общественности. 21 декабря 1994 г. устраиваем в Российско-американском пресс-центре в Хлебном пер. 2/3 встречу с нашими и зарубежными журналистами (В. А. Лисичкин, М. В. Масарский, В. Г. Сироткин), даем интервью в газетах [12], я даже публикую на той стороне земного шара, в эмигрантской русскоязычной газете «Панорама» (Лос-Анджелес, США) большую статью «Царское золото и борьба за власть в России» [13].

Увы, еще не догадываюсь, что логика думской политической борьбы фракций совсем иная, нежели логика здравого смысла. Казалось бы, ну что тут плохого — попытаться вернуть Отечеству его достояние, оказавшееся за рубежом? Но, оказывается, в Думе «хорошее» и «плохое» зависит не от интересов ее избирателей, а — кто предлагает законопроект. Если «элдэпээровец» — то заведомо плохо (а для ЛДПР наоборот — если «выборосс»). И пошла писать губерния!

На Совете Думы «забодали», казалось бы, простейший вопрос: пригласить из США за счет Думы двух иностранных экспертов, уже включенных решением Комитета в состав рабочей группы — Сергея Петрова и Никиту Моравского. Раз предлагает депутат от ЛДПР — нельзя-с, слишком дорого, аж целых 3 тыс. долл. на два авиабилета, Дума такие расходы не потянет. На 100 млрд. долл. благодаря документам, что хранятся в личном архиве их отцов, этих уже немолодых людей, законопроект «потянет» (пусть высылают свои архивы факсом, шумел один из «выбороссов»), а на три тысячи долларов — нет. Так и «забодали» на Совете Думы приезд двух уникальных знатоков проблемы.

Дальше — хуже. Едва В. Лисичкин оформил все «бумаги» по своему проекту и понес его спикеру И. П. Рыбкину на предмет включения в повестку дня пленарного заседания V Думы для первого чтения, новый пассаж. Три «выборосса», Г. А. Томчин, С. А. Маркидонов и М. Л. Горячев быстренько сочиняют контрпроект и несут его все тому же Рыбкину — включайте в повестку! Еще никто не видел и не слышал в Думе ни того, ни другого законопроекта, а уже в «Известиях» Алексей Портанский подсуетился — тиснул анти-ЛДПРовскую статейку — «В Думе замышляют еще одну национализацию». Главный удар — по проекту введения Российского агентства заграничной федеральной собственсти [14]. Оказывается, национализация — это всегда плохо, а вот приватизация «по Гайдару и Чубайсу» — всегда хорошо. А посему лучше приватизировать все эти ящики с золотом за границей да и продать их как ваучеры всем желающим (но лучше, со скидкой, одним «выбороссам») — то-то славно будет.

Хитрый Рыбкин ни с ЛДПР, ни с «Выбором России» ссориться не стал, а... отправил оба законопроекта на согласование. А в этой «комиссии по согласованию» не только законопроект, но и саму идею чего-либо вернуть из-за рубежа (ну, зачем нам ссориться с Западом, он же кредиты нам на развитие демократии дает!), благополучно похоронили, и она в V Думе, как и сам закон, так больше и не возродились.

Впрочем некоторый позитивный результат от всей этой «думской возни» все же был. О законопроекте члены рабочей группы Лисичкина писали в газетах, говорили по радио и телевидению. И вот вдруг в Думу на мое имя приходят из Токио документы о том, где, сколько и какого («царского», «колчаковского», «семеновского», «калмыковского», «петровского», «подтягинского», «миллеровского») золота хранится в Японии. Среди этих документов три совершенно уникальных. Это соглашения от 4 сентября 1916 г., 7 и 16 октября 1919 г. о поставках в «Иокогама спеши банк» и «Чосен банк» «царского» и «колчаковского» залогового золота и «золотых векселей».

Как мы увидим ниже, дальнейший сценарий «игры в одни ворота» в точности повторит историю с золотом России в Англии: золото возьмут, а обязательства не выполнят. Все государственное значение этих финансовых русско-японских соглашений мы с В. А. Лисичкиным полностью оценили, когда 11 августа 1995 г. попали в японскую миссию в Москве на беседу к зам. главы миссии г-ну Кадзухико Того по его приглашению.

Едва я упомянул про соглашения, а затем издали показал их ксерокопии, как Того-сан и его молодые дипломаты заволновались. Где вы их нашли — застыл немой вопрос в их глазах. А когда мы добавили, что и документами из японских банков располагаем о том, как каждые десять лет, начиная с 1927 г., проценты от этого русского золота (по 62 млн. зол. иен) регулярно «оприходывались» в японскую казну, Того-сан поспешил свернуть беседу, заметив, что такие проблемы он уполномочен решать не с Думой и ее экспертами, а только с МИД РФ. На том и расстались. Впрочем, не совсем. Когда я кратко изложил суть беседы в газете «Век» [15], шибко недовольны оказались некоторые японские дипломаты в Москве, а у Того-сан, говорят, были после моей публикации большие неприятности в Токио...

Позднее из комментария редакции к моему интервью на ту же тему газете «Токио симбун» (3 декабря 1995 г.) довелось узнать, что документы за 1919 г. у профессора Сироткина, конечно, подлинные, из японских архивов и библиотек, но они все равно не могут якобы служить юридическим основанием требовать золото России обратно. Почему? Да потому, что режим Колчака ни Япония, ни Антанта, ни даже Тройственный союз (до ноября 1918 г.) и вообще ни одно государство мира дипломатически не признали, поэтому, де, владивостокские соглашения 7 и 16 октября 1919 г. носили как бы «частный» характер. «Частник» Колчак договаривался с «частниками» из «Иокогама спеши банк» и «Чосен банк». Не правда ли, ловко?! Привезли как «частное», а оприходовали как «казенное» — по 62 млн. иен каждые десять лет в государственную казну Японии, по свидетельству финансового советника «Иокогама спеши банка» [16].

* * *

Волнение японских дипломатов в Москве понять можно — несколько десятилетий, начиная с заявления правительства СССР в 1956 г., советско-японские отношения были «игрой в одни ворота». Японцы методично забивали в них «мяч» о «северных территориях» (четырех Южно-Курильских островах), а наша дипломатия лишь отбивала «пенальти», даже не пытаясь перебросить этот «мяч» (русское золото в Японии) на половину поля партнера-соперника.

Попытки отдельных российских политических деятелей (Г. Э. Бурбулиса, Ю. Н. Афанасьева, А. И. Вольского) найти нестандартное решение проблемы «северных территорий» вызывали бурные дебаты в печати и буквально вой наших унтер-державников — «не отдадим!».

Помнится, лично присутствовал в 1992 г. на двух «хуралах» о Курильских островах. Один шумел в «Белом Доме» старого Верховного Совета РФ, когда тогдашний первый вице-спикер С. А. Филатов тщетно пытался утихомирить страсти депутатов и журналистов.

Второй — в подмосковной Черноголовке, где бывший народный депутат СССР Ю. Н. Афанасьев отчитывался в связи с роспуском Съезда народных депутатов СССР перед избирателями. Вначале подумалось — ну, сейчас врежут за распад СССР! Ничуть. Два часа пытали своего избранника: как это так — пообещал он публично, будучи на Курилах, отдать их японцам? Предатель!!! Я возьми и подскажи Юрию Николаевичу: «Да попроси ты вон того крикуна найти на политической карте мира (она висела в зале, где проходила встреча) эти несчастные острова». Афанасьев пригласил на сцену одного ультра-державника, другого — не то что четыре острова Курильской гряды, японские острова долго найти не могли...

Такой вот «географический» уровень наших борцов за державность. Впрочем, в начале века многие «державники» точно также с трудом находили на карте...

черноморские проливы, за которые, по официальной версии, царская Россия и ввязалась в первую мировую войну.

Но подумалось — а почему о «русском золоте» в Японии у нас никто не шумит? Не знают? Или команды «шуметь» сверху не поступало? Русское (или «романовское», как его еще называют в Японии) золото — это вам не «северные территории», здесь все чисто — все «накладные» — русские и японские — в целостности: «отправил — получил — расписался».

Даже грифа «совершенно секретно», как с «пактами» 1914—1917 гг. с англичанами или 27 августа 1918 г. с немцами нет — кричи, не хочу.

Первую «накладную» подписал 4 сентября 1916 г. сам царский посол в Токио П. П. Крупенский, с японской стороны — представитель уполномоченного правительством Японии «Иокогама спеши банк» (после Второй мировой войны влился в «Банк оф Токио», а последний совсем недавно слился с финансовым гигантом мира «Мицубиси банком»).

Все было расписано в деталях: императорское Российское правительство направляет в залог кредита на 70 млн. иен «золотые векселя» государственного казначейства из расчета 2% годовых в пользу банка и единовременно выплачивает «Иокогама спеши банк» 0,4% комиссионных (на 17,5 тыс. иен).

В обмен на это банк открывает специальный кредит (код «Трезор») на 64 млн. 750 тыс. иен, которым может распоряжаться только «Особенная канцелярия по кредитным операциям» Минфина России в Петрограде (ст. 4).

Фактически же, как следует из перечня японских банков, приложенных к соглашению 4 сентября 1916 г., речь шла о «синдикате» банков Страны Восходящего Солнца (целых 18), а «Иокогама спеши банк» был лишь их полномочным представителем (ст. 7). «Особенной канцелярии» запрещалось в течение трех месяцев после заключения соглашения 4 сентября иметь дело с какими-то ни было другими банками на японском рынке ценных бумаг, кроме банков «синдиката»[17].

По данным В. Новицкого и С. Петрова, из 20 млн. ф. ст., отправленных третьей «золотой посылкой» в ноябре 1916 г. через Владивосток в Северную Америку, по крайней мере 3 млн. ф. ст. остались на депозитах «синдиката» как «магарыч» в исполнение соглашения 4 сентября 1916 г.

На аналогичных принципах 7 и 16 октября 1919 г. во Владивостоке были заключены еще два русско-японских финансовых соглашения о предоставлении правительству Колчака кредита под залог уже не только ценных бумаг (векселей, облигаций и т.д.) для «заграничного отдела кредитной канцелярии Русского правительства в Омске» (соглашение 7 октября, ст. 4), но и «чистого золота» в двух «коносаментах», эквивалентных 20 и 30 млн. иен.

Существенно повышался, по сравнению с 1916 г., процент, получаемый японскими банками за хранение (и, как оказалось впоследствии, за **использование**) залогового золота адмирала Колчака — до 7,5% за ценные бумаги и до 3% в год — за «чистое золото».

Все снова было расписано до мельчайших деталей: куда сдавать залоговые ценные бумаги и золото (в «Матцуда банк» — филиал «Чосен банк» во Владивостоке — ст. 2, соглашение 7 октября), куда затем вести (в город Осака — ст. 8), что будет стоить такой трансфер (6% от стоимости золота — там же), как будет называться код («Special credit») в «Иокогама спеши банк» (Токио) и «Чосен банк» (Сеул), открытый на представителей Госбанка России при наличии у них официальной доверенности на распоряжение кредитами (ст. 8, 7 октября), однако при условии, что кредитная канцелярия Минфина в Омске срочно сообщит в Токио, Осаку и Сеул заверенные образцы подписей этих представителей (ст. 4, соглашение 16 октября*).

Со стороны Госбанка России оба соглашения подписал (под патронажем уполномоченного Минфина правительства Колчака во Владивостоке по продаже золота Никольского) представитель Госбан-

---

* Впоследствии, в 20-х гг., когда русские эмигранты на Дальнем Востоке начнут судиться с «синдикатом», требуя деньги назад, отсутствие заранее высланных из Омска их «заверенных подписей» станет для японских судов формальным основанием для отказа в приеме исков к рассмотрению, хотя сам факт наличия «романовского золота» в Японии ни один суд не отрицал. — *Примеч. авт.*

ка России в Токио И. Г. Щекин*, со стороны «синдиката» — два его уполномоченных: за «Иокогама спеши банк» Н. Кайивара и Накайи, за «Чосен банк» — С. Катайама.

Для сегодняшних переговоров с Японией об этом «романовском золоте» и набежавших на него за 80 лет процентах чрезвычайно важна статья 8, включенная в оба соглашения от 7 и 16 октября: **«Государственный Банк России остается распорядителем золотого депозита и по первому требованию может возвратить его из Осаки во Владивосток»** (выделено мной — *Авт.*), уплатив лишь 6% издержек за «обратный трансферт» [18].

О том, что «обратного трансферта» в Россию больше никогда не будет, свидетельствует нижеследующая таблица:

Ввоз золота и серебра в Японию 1916—1920 гг.

годы	в золотых иенах (из России)	в граммах (изо всех стран)	
		золото	серебро
1916	39 млн. 189 тыс.	41 416 2	14 311
1917	39 млн. 059 тыс.	1 327 414 1	37 439 446 3
1918	нет данных	2 333 485 5	103 472 356 2
1919	55 млн. 854 тыс.	25 855 912 1	79 523 119 1
1920	3 млн. 381 тыс.	12 800 9	308 307 591 6

Примечание: большую часть суммы составили «золотые векселя» царского казначейства.

Источник: Сводная ведомость экономического управления Минфина Японии (1925 г.); сводная ведомость управления монетного двора Минфина Японии (1936 г.) — *Текущий архив экспертного совета* (копии на японском языке).

---

* В 1922 г. как знаток вопроса И.Г. Щекин будет привлечен атаманом Семеновым к его судебным процессам по возврату этого «русского золота» из японских банков, однако судьи отведут этого знающего суть дела эксперта как не имеющего «надлежащим образом оформленной доверенности» (из приговора Токийского окружного суда 9 марта 1925 г. — *Текущий архив экспертного совета*).

ЯПОНСКАЯ АРМИЯ ВОЕННЫЕ ТРОФЕИ НЕ ВОЗВРАЩАЕТ...

До сих пор речь шла о русском золоте, чья утечка за рубеж так или иначе оформлялась межгосударственными документами, включая и «ленинское» золото кайзеру, оказавшееся во Франции и Великобритании.

Но было так называемое «разовое» золото, которое в бурные годы гражданской войны в Забайкалье и в Приморье, а также в Китае передавалось «на временное хранение» с припиской на расписках — «с последующим возвратом», как правило, представителям японского командования экспедиционного корпуса Квантунской армии, в 1918—1922 гг. действовавшего в регионе Восточной Сибири, Маньчжурии и Приморья.

Об одном из таких «разовых даров» в виде 20 ящиков золотой монеты и двух ящиков золотых слитков, сданных 22 ноября 1920 г. на ж. д. станции Маньчжурия КВЖД начальником тыла семеновской армии генерал-майором Павлом Петровым под расписку начальнику японской военной миссии полковнику Идзоме (Исомэ), я подробно рассказал и в своих публикациях (опубликовав и текст, и фотокопию этой расписки), и в телевизионных выступлениях, начиная с 22 сентября 1991 г. по Российскому телевидению в документальной передаче «Примирение: послесловие к первому конгрессу соотечественников в Москве» [19].

С тех пор интерес к таким «дарам» от разбитых «белогвардейцев» не утихает до сих пор, хотя по реальному удельному весу в сравнении с «золотыми коносаментами», официально переданными «в дар» от Николая II, Керенского, Ленина и Колчака Антанте, кайзеру и микадо все эти «дикие ящики» составляют ничтожную долю — менее одного процента!

И тем не менее интерес историков и журналистов (если, конечно, они не гоняются за голой сенсацией) вполне оправдан. Во-первых, он свидетельствует, что не все «белогвардейцы» были отпетыми жуликами и ворами (примеры генерала Петрова, «колчаковского казначея» Мелких, военного атташе в Токио генерала Подтягина это подтверждают), им «за державу было обидно» и они все-таки надеялись, что рано или поздно золотое достояние Отчизны вернется на Родину.

Во-вторых, они не только в экстремальных обстоятельствах отдавали, но и спустя несколько лет, уже в эмиграции, пытались вернуть (и снова не себе, а в благотворительные фонды и союзы эмигрантов) эти «золотые ящики» (генералы П. П. Петров и С. Н. Войцеховский, посол Д. И. Абрикосов), не боясь в открытую судиться с японской военщиной. И это последнее, пожалуй, самое важное для нас, их потомков: если нам все же придется повторить этот путь, их ошибки и аргументация японских судей нам будут уже хорошо известны, как и те архивы в Японии, США и Китае, где еще можно найти подлинники (или копии) расписок [20].

Одна из таких расписок от 13 февраля 1920 г. за подписью командира 30-го японского пехотного полка полковника Слуга касалась приема «на хранение» от войскового старшины Уссурийского казачьего войска Клока «двух ящиков и пяти мешков» из тех 38 пудов золота, что атаман того же войска Калмыков экспроприировал при отступлении из Хабаровска в местной конторе Госбанка.

Поспешно отступая под натиском Красной армии, атаман не смог взять все золото с собой и приказал своему адъютанту Клоку сдать его «на хранение» под расписку японцам. Что с этим золотом стало, до сих пор неясно. Калмыков вскоре при неясных обстоятельствах зверски был убит в Харбине.

По косвенным данным, «калмыковское» золото в Хабаровске находилось сначала у командира японской дивизии генерала Ямада, который якобы затем передал его интенданту всего японского экспедиционного корпуса Квантунской армии в Приморье. Тот в свою очередь поместил золото в «Матцуда банк» — филиал «Чосен банк» во Владивостоке, и уже из «Матцуда банка» при окончательной эвакуации японцев с Дальнего Востока золото будто бы было вывезено в г. Симоносеки [21].

Однако наибольший интерес у исследователей и журналистов по-прежнему вызывает судьба «семеновского» золота — захваченного в Чите в октябре 1919 г. четвертого «золотого эшелона» Колчака, направляющегося во Владивосток — атаман при поддержке японцев «хапнул» тогда сразу 172 ящика со слитками и 550 сумок с золотой монетой на сумму в 42 млн. 251 тыс. зол. руб.

Долгое время в литературе, как советской, так и эмигрантской, бытовало мнение, что Семенов в ноябре 1920 г., спасаясь от «красных», бежал с этими ящиками в порт Дальний, где безбедно жил до самого 1945 г., когда его арестовали «смершевцы» (затем его судил советский военный трибунал, по приговору которого в 1946 г. атаман был повешен).

В рамках своего научного доклада «Куда делось российское золото?», который в марте 1993 г. С. П. Петров распространил в Москве среди членов и актива нашего экспертного совета, он провел специальное расследование судьбы «семеновского» золота.

И оказалось, что Семенов физически не смог бы забрать с собой все золото, кроме одной-двух сумок: он бежал из осажденной «красными» Читы на аэроплане. На основе личного архива своего отца и материалов харбинской эмиграции Гуверовского архива Петров установил: в январе—августе 1920 г. на нужды своей армии и гражданским ведомствам атаман раздал 37 млн. 340 тыс. зол. руб. из тех 42,2 млн., что он в октябре 1919 г. захватил в Чите. Причем лично начальнику тыла генералу Петрову выделил 7,7 млн.: именно из этих почти восьми миллионов 22 ящика на 1 млн. 270 тыс. зол. руб. Петров и передал под расписку полковнику Идзоме, а остальное начтыла раздал по ведомости отступавшим в Китай командирам остатков семеновской армии — Войцеховскому, Пучкову, Бангерскому и другим «на непредвиденные расходы».

В распоряжении Семенова на конец ноября оставалось около 5 млн. зол. руб. — вот их-то и следует искать.

Часть «нашел» уже сам генерал Петров: в записке своим адвокатам в 1933 г. он указал, что 21 ноября 1920 г. в последний раз встретился с атаманом как с главнокомандующим и сообщил ему, что назавтра намерен сдать последние оставшиеся у него 22 ящика главе японской военной миссии «на временное хранение». Семенов ответил, судя по записке Петрова, что он сам предпринял «аналогичные шаги и также передал все оставшиеся у него казначейские средства на хранение японской миссии»[22].

Так ли это было на самом деле — генерал Петров не уточняет, и ни я, ни другие исследователи (в частности, аспирантка Н. Н. Аблажей-Долженкова, читавшая в 1995 г. в архиве Гуверовского института неопубликованную рукопись атамана Г. М. Семенова «История моей борьбы с большевиками») расписок полковника Идзоме или других японских военных, аналогичных расписке, данной 22 ноября 1920 г. генералу Петрову, пока не нашли.

Но известно, что представители атамана в 1920 г. действительно сдавали японским властям в других местах «золотые ящики» под расписку, в частности, еще в марте 1920 г. в порту Дайрен (Дальний) были переданы 33 ящика, они были срочно отправлены в гор. Осаку в филиал «Чосен банка», где «золото было обменено на японскую валюту» (из протокола токийского окружного суда от 9 марта 1925 г.)[23].

Судя по тому, что атаман в 20-х гг. судился с японскими военными, особых капиталов он с собой в эмиграцию не увез. А последовавшие в марте 1926 г. в японском парламенте публичные обвинения генералов-самураев в грабежах в Сибири и на Дальнем Востоке и в коррупции (напомним, что годом раньше, в 1925 г., аналогичные обвинения прозвучали в чехословацком парламенте) и последовавшее за ним 8-месячное расследование (видимо, следователи вышли-таки на «след» и «семеновского», и «калмыковского», и «петровского» золота — иначе 30 октября 1926 г. главного следователя не убили бы, инсценировав его самоубийство под колесами поезда) показало: чехословацкая «добыча» в Сибири — это лишь «цветочки», настоящие «ягодки» скрыты в дебрях генералитета Квантунской армии.

* * *

И тем не менее борцы за «белое дело» в Сибири и на Дальнем Востоке не испугались судьбы японского следователя и с 1922 г. начали серию самостоятельных расследований и процессов в судах Японии. Это сложная, во многом запутанная история, где наряду с правдоискателями с русской и японской сторон действовало немало проходимцев и авантюристов, желавших набить карманы «русским золотом».

Расследование В. И. Моравского

Валериан Иванович Моравский (1884—1942) сыграл ключевую роль в сборе документальных свидетельств о «следах» русского золота, ушедшего за границу, по следам событий. Во всяком случае, он был самым первым из эмигрантов, кто еще в 1923 г. составил сводную справку «Русское золото за границей»*.

Моравский являл собою типичного либерального интеллигента «западнического» толка рубежа двух веков. В молодости «баловался эсерством», но очень скоро отошел от всех экстремистских — левых и правых — течений и стал ярым поклонником идей великого писателя Владимира Галактионовича Короленко.

Как и он, не принял большевистский переворот и большевизм как политическое течение: после Октября 17-го года Моравский всю свою жизнь посвятил борьбе с большевизмом. В 1908 г. он впервые попал в Сибирь как корреспондент кадетской газеты «Речь», и через несколько лет она стала для него второй родиной, хотя родился Моравский в обедневшей дворянской семье в Бессарабии и там же окончил православную духовную семинарию (затем в Петербурге Агрономический институт и два курса Петербургского института восточных языков).

В годы Первой мировой войны — активный «оборонец», как и многие другие интеллигенты-патриоты пошел «в службу» — в 1914 г. поступил в Министерство путей сообщения, в 1916 г. стал экспертом Министерства сельского хозяйства. Февральскую революцию — как и подавляющее большинство интеллигенции горячо приветствуя — встретил зам. начальника

---

* Справка неоднократно мною публиковалась. См.: «Россия», № 43, ноябрь 1994, с. 6; «Общая газета», № 46, ноябрь 1995, с. 7; «Дипломатический ежегодник». М., 1995, с. 208; «Золото и недвижимость России за рубежом». М., 1997 (иллюстрации).

департамента Министерства продовольствия Временного правительства.

Октябрьский переворот активно не принял, был одним из руководителей забастовки служащих Минпрода, арестован лично Ф. Э. Дзержинским, но вскоре был отпущен и срочно уехал в Сибирь, в Томск.

Там принял самое активное участие в движении сибиряков-«областников», в декабре 17-го года был назначен управляющим делами 1-го Сибирского автономного правительства в Томске. В феврале 1918 г. избран в Сибирскую областную Думу и назначен ее государственным секретарем.

Это правительство в Томске было первым и последним законно избранным правительством на территории Сибири и Дальнего Востока. После Уфимского совещания всех сил «демократической контрреволюции» сибирское правительство передало свои полномочия Директории, но после переворота 18 ноября 1918 г. в Омске «областники» отошли от адмирала и Моравский вошел в 1-й Совет уполномоченных организаций автономной Сибири (СУОАС-1).

К военной диктатуре Колчака относился резко отрицательно, работая по снабжению в Сибземгоре (Всесибирский союз земств и городов) на Дальнем Востоке. В 1920 г. вошел в комитет по борьбе с большевизмом во Владивостоке, издавал там антибольшевистскую газету «Вечер». В 1921 г. там же вошел во 2-й Совет уполномоченных организаций автономной Сибири (СУОАС-2).

Между тем в «белом» лагере началась чехарда власти: 4 января 1920 г., перед своим арестом большевиками, Колчак передал полномочия «верховного» атаману Семенову*, но тот в ноябре 1920 г. бежал в эмиграцию, и только 7 февраля 1922 г. «де-юре» передал «верховные полномочия» СУОАСу-2 во Владивостоке.

За три дня до захвата Владивостока большевиками СУОАС-2 сформировал собственное 2-е Сибирское правительство, в котором Моравский получил порт-

---

* Очень распространенная ошибка в литературе о гражданской войне в Сибири — Колчак якобы передал полномочия «верховного правителя России»... А. И. Деникину. На самом же деле — атаману Г. М. Семенову. — *Примеч. авт.*

фель министра финансов, труда и промышленности. Но это «мотыльковое» правительство бежало, успев вновь передать «верховные полномочия» СУОАСу [24].

К концу 1922 г. Моравский с третьей женой и ее двумя детьми от первого брака оказался в Шанхае в долгой, до самой смерти, 20-летней эмиграции. Все эти годы экс-министр был одним из руководителей СУОАСа-2, (а после смерти старого народовольца-«областника» А. В. Сазонова — и его председателем), сочетая антибольшевистскую политическую борьбу с поиском денег на эту борьбу, главным из источников которых было «русское золото» в Японии и Гонконге.

Уже в августе 1923 г. с полномочиями от СУОАС-2 Моравский отправился в Токио и Осаку «выбивать» 2 млн. 400 тыс. зол. иен, причем он повез с собой многие расписки (включая и «петровскую») о сдаче на хранение японцам многочисленных ящиков с русским золотом. Посредником в операции был избран некий японец Шюн Сузуки, мелкий коммерсант, до того промышлявший на русском Дальнем Востоке и выдававший себя за адвоката-«мэтра» [25].

И надо же было такому случиться: 1 сентября 1923 г. Токио потрясло гигантское землетрясение. Моравский с двумя другими своими «суоасовцами» — профессором Томского университета и бывшим министром иностранных дел 1-го и 2-го Сибирских автономных правительств М. П. Головачевым и управделами СУОАС Г. Чертковым едва успели выскочить во двор, как здание гостиницы рухнуло, погребя все личные вещи постояльцев, в том числе и подлинник расписки Идзоме. Конечно, у генерала Петрова и других эмигрантов остались копии. Но между Петровым и Моравским пробежала «черная кошка» — землетрясение землетрясением, но документ на 1 млн. 270 тыс. зол. руб. мог бы и спасти. Эта неприязнь невольно перешла и к сыну генерала, не жалующего Моравского-отца в своих трудах (см. например, письмо Сергея Петрова в редакцию жур. «Знамя», 1992, № 10.).

Гибель расписки еще раз сыграла злую шутку с Моравским, когда он в 1932 г. второй раз попытался получить «петровское» золото по расписке полковника Идзоме: суд вроде бы соглашался, но требовал подлинник, а его, как известно, уже не было. И все дело снова сорвалось *.

Поездки в Японию в надежде отсудить «петровское», «подтягинское» и «миллеровское» золото Моравский сочетал с поиском политических союзников в антибольшевистской борьбе в тогдашнем японском истеблишменте. Он встречался в 20—30-х гг. с известным японским либералом главой Конституционной партии Такеши Инукайем, с бывшим подполковником заместителем начальника военной миссии Японии в Харбине в 1918 г., а затем влиятельным генералом Араки, в 1933 г. в марионеточном Маньчжоу-Го виделся с начальником императорской гвардии «императора» Пу И генералом Кудо, снова в Токио с главой тайного влиятельного самурайского общества «Кокурюкай» Мицуру Тояма и многими другими [26].

Видимо, эти политические контакты Моравского в Японии не прошли бесследно. В 1932 г. он неожиданно переезжает из Шанхая в Харбин, где семью Моравских ждет роскошный особняк с горничной, кухаркой, поваром, садовником, учителями-репетиторами для сына Никиты **. Моравский начинает издавать в Харбине «Нашу газету». Но через год столь же неожиданно все бросает и срочно бежит снова в Шанхай: горничные и репетиторы исчезают, семью вышибают из особняка, мать с сыном ютятся несколько недель в какой-то халупе, пока ночью не приезжает Моравский и не увозит жену и сына в Шанхай. Сын Никита, которому тогда было десять лет (а Сергею Петрову — одиннадцать), конечно, ничего тогда не понимал, но склонен сегодня, на закате жизни, предполагать, что такие житейские метаморфозы были связаны, разумеется, не с доходами от «русского золота» (его ни Петров, ни Моравский так никогда не получили), а с политической борьбой в японских высших кругах и ставкой одной из фракций японских политиков на «русскую фашистскую партию» [27].

* Два документа за 1923 и 1930 гг. по «золотым делам» из личного фонда В. И. Моравского в Гуверовском архиве см. «Дипломатический ежегодник». М., 1995, с. 208—209.

** Нечто подобное происходит в 1933 г. с генералом Петровым: у него в Японии тоже особняк на всю семью, прислуга, автомобиль, и это после хибарки в Мукдене, где он подрабатывал фотографией.

171

И не случайно, что именно в 1928 г. СУОАС-2 раскололся на две организации — на собственно СУОАС и просто СУСО — Совет уполномоченных сибирских организаций (без «автономных»). Первую по-прежнему возглавлял Моравский, а вот вторую — его недавний друг Мстислав Петрович Головачев. В расколе виделась умелая японская рука. Головачев вдруг стал ратовать за создание «буферного сибирского государства» под протекторатом Японии как главного оплота борьбы с коммунизмом на Дальнем Востоке. Это вызвало раскол сибирских эмигрантов-«областников» на два лагеря — антияпонский и прояпонский. Впрочем «япономания» Головачева длилась недолго: с 1931 г., как только Квантунская армия снова обосновалась в Маньчжурии, оттуда толпами повалили на юг Китая русские эмигранты — самураи их третировали как слишком «розовых». Кончилось все тем, что Головачев с Моравским помирились, а СУОАС снова стал единым.

Спустя много лет, в очерке о «предке» Никита Моравский, уже переживший отца на целых 15 лет, весьма объективно отметил его недостатки: отец «не всегда держал слово, был непунктуален... и порой слишком поспешно судил людей. Самым же серьезным его недостатком было легкомысленное обращение с деньгами и нередкое невозвращение долгов в срок» [28].

Поэтому за Моравским в эмиграции всегда полз шлейф слухов — и что он будто «фальшивомонетчик» (деньги от «адвоката» Шюн Сузуки), и «агент Коминтерна» (его соратник по «золотым поискам» К. И. Славянский в середине 30-х гг. неожиданно сбежит в СССР), да и вообще «жидо-масон» *.

И все же В. И. Моравский внес весомый вклад в продолжение эпопеи «золото России за рубежом»: он сумел собрать, систематизировать и, главное, осенью 1941 г. с оказией (в багаже американского бизнесмена Вулсифера, возвращавшегося из Китая домой) отправить свой уникальный архив за 1917—1941 гг. в США (тридцать коробок материалов). В 1948 г. Вулсифер

---

* Уникальную листовку Русской фашистской партии начала 30-х гг. обнаружил в фонде отца в Гуверовском архиве и передал ее копию мне Никита Моравский. (*См. илл.*).

передал архив В. И. Моравского в Гуверовский институт войны, революции и мира. И мы теперь располагаем ценнейшими документами.

Судебный процесс генерала М. П. Подтягина

Изо всех судебных процессов, которые когда-либо велись за границей в 20—30-х гг. по делу о возврате «русского золота», два — девицы Анастасии (Андерсон), лжедочери Николая II, в британских судах, и против военного атташе (агента) России в Токио генерал-майора М. П. Подтягина — в японских, были самыми громкими.

Лжедочь нас мало интересует — это была типичная на рубеже двух веков авантюристка, пытавшаяся завладеть личным золотом семьи последнего царя*.

Михаил Павлович Подтягин был направлен военным министерством еще в годы Первой мировой войны в Японию как военпред (размещение и приемка артиллерийского вооружения) и «причислен к императорской военной миссии в Токио» с правом открытия собственного «казенного» счета в банках.

По некоторым данным на него была возложена задача воплотить в оружие (снаряды, патроны и т. д.) статьи русско-японской финансовой конвенции 4 сентября 1916 г., о которой речь шла выше.

Бурные революционные события 17-го года (дважды власть в России менялась) привели к тому, что «временные» сменили всю верхушку российского дипкорпуса в Японии — посла П. П. Крупенского заменил поверенный в делах Дмитрий Абрикосов (1876—1951), кстати, потомок известной купеческой семьи Абрикосовых, «шоколадных королей» России, наследники которых сегодня пекутся о возвращении им знаменитой фабрики им. Бабаева в Москве, а военного агента (атташе), самовольно сбежавшего в США — генерал Михаил Подтягин.

---

* Сколько лет со времен аферы Анастасии—Андерсон прошло, но не перевелись на Руси самозванцы! Едва в печати появились сообщения о «царском золоте» за границей, как инстанции и наш экспертный совет были завалены письмами «сыновей» и «внуков» Николая II, требующих свою долю золота. Новейший список этих самозванцев см. в книге алуштинского писателя В. А. Кашица.— **Кашиц Владимир.** Кровь и золото царя. Киев, 1998.

Оба пробыли в «послах (агентах) без государства» в Японии по семь — восемь лет, Подтягин до мая 1924 г. (уехал в Париж), а Абрикосов — до февраля 1925 г.; после того как Япония и СССР 20 января установили официальные дипломатические отношения он уехал в Калифорнию, США, где в 1951 г. в возрасте 75 лет умер, успев, правда, написать очень интересные мемуары, вышедшие посмертно [29].

Оба были профессионалами, только один — дипломат (работал с 1904 г. в посольствах Лондона, Пекина, в центральном аппарате МИД в Петербурге), а другой — военный. Обоим в 1917—1924/25 гг. пришлось действовать на свой страх и риск, без директив из «центра», да при этом еще единолично распоряжаться огромными валютными резервами в японских банках и их филиалах во Владивостоке, Сеуле, Пекине, Шанхае, Гонконге.

Положение Подтягина было особенно сложным — ведь именно через него шли «золотые коносаменты» Колчака на закупки оружия, его же бомбардировал телеграммами и слал гонцов за оружием атаман Семенов, к нему попадали разные «случайные» ящики с золотом, там и сям всплывавшие в Японии (очевидно, «колчаковский казначей» Мелких именно генералу сдал несколько таких ящиков, припрятанных от японцев).

Здесь следует сделать одно отступление. За исключением одного «царского» посла в Португалии, одного военного агента во Франции (генерал-лейтенанта графа А. А. Игнатьева, автора вышедших еще в сталинские времена «50 лет в строю») все остальные послы и военные атташе царского и Временного правительств большевиков не признали и выполнять их директивы отказались.

Учитывая, что Запад и Восток (Япония) большевистский режим не признавали, сложилась парадоксальная ситуация «двух Россий» (как позднее, после Китайской революции 1949 г. — «двух Китаев»). Причем вторая, зарубежная «белая» Россия фактически к 1921 г. (когда большевики окончательно разбазарили свою долю доставшегося им золотого запаса «царской» казны) стала распорядителем огромных валютных резервов в 3 млрд. 617 млн. зол. руб., не считая золотых «коносаментов» императорского, временного, колчаковского, семеновского и прочих «правительств», отправленных на Запад и Восток в 1914—1922 гг.

Заграничные банки и фирмы в этих условиях юридическими распорядителями русских денег признавали только послов, военных атташе, да еще одну, чисто русскую, категорию российских представителей за рубежом — **финансовых агентов** (институт, введенный лично министром финансов графом С. Ю. Витте с 1894 г. для преодоления ведомственного соперничества за границей: об одном из первых таких агентов — Артуре Рафаловиче в Париже — мы уже писали выше).

И в Токио к 1917 г. был один такой агент — Константин Константинович Миллер, имевший отдельный от Абрикосова и Подтягина валютный счет, причем на нем к 1920 г. находились огромные деньги (6 млн. 940 тыс. иен, 25 млн. ф. ст., 424 тыс. фр. фр., 450 тыс. мексик. долл. [30]). Понятное дело, японцы хорошо знали об этих богатствах на счетах российского финансового агента, но ничего поделать не могли.

Дело в том, что на Парижской мирной конференции лета 1919 г. интересы этой «белой» зарубежной России (большевиков не пригласили) представляла русская заграничная делегация во главе с бывшим царским министром иностранных дел С. Д. Сазоновым, в разгар Первой мировой войны без всяких объяснений выгнанный царем со своего поста в ноябре 1916 г. за противодействие клике Распутина [31].

Больших успехов Сазонов, несмотря на все усилия, не достиг — Антанта упорно держала его в «предбаннике» конференции, но одно дело ему удалось: в Версале бывшие союзники России согласились временно признать прежний статус всех российских загранпредставителей — послов, поверенных в делах, консулов, военных и финансовых агентов *. И сложилась с 1919 г. парадоксальная ситуация — в Москве сидели большевики, а за рубежом — «белые» послы с огромными деньгами. Для Ленина и Троцкого (а также для всех желающих завладеть «русским золотом» в иностран-

---

* «У России одно будущее — великая держава» (письма С. Д. Сазонова и К. Д. Набокова П. В. Вологодскому в Омск, 1919). «Неизвестная Россия», вып. 3. М., 1993, с. 9—40.

ных банках) дело осложнялось тем, что в ноябре 1919 г., узнав об этом «временном» решении Антанты в Версале, «Верховный правитель России» адмирал А. В. Колчак разослал циркуляр по всем российским загранпредставительствам с требованием срочно перевести валюту с «казенных» на личные счета, буде Антанта передумает и дипломатически признает Советскую Россию.

Как в воду глядел адмирал! С 1924 г. началась «полоса дипломатического признания» СССР Западом и Востоком (не все, однако, это сделали слишком быстро — США признали СССР лишь в 1933 г., Швейцария — накануне Второй мировой, а ряд стран Латинской Америки — и вообще после Второй мировой войны), но большевики не добились самого главного от этой «полосы»: денежки-то им (кроме графа Игнатьева и, частично, посольства в Лондоне) ни один бывший «белый» посол, консул или агент так и не вернул — как же, теперь они на «частных» счетах!

Конечно, не все загранпредставители «царской» России оказались бессребрениками и избежали искушения поживиться в личных интересах такими гигантскими суммами бывших «казенных» денег. Не мучились угрызениями финансовый агент в Париже уже известный нам Артур Рафалович, хапнувший сразу 22 500 тыс. зол. фр., и «финансовый уполномоченный» барона Врангеля в Лондоне проф. Бернатский (607 тыс. фунт. ст.). Но подавляющее большинство «новыми русскими» не стало, и на своих «частных» счетах ревниво берегли каждую копейку.

Вопреки тому, что много лет писала советская пропаганда, послы царского и Временного правительств, помимо объяснимых затрат на содержание зданий дипломатических миссий и жалование персоналу, оказывали огромную финансовую помощь русской эмиграции. Крупные суммы от послов-«частников» поступали на благотворительность через общественные и церковные эмигрантские организации, на школьное и вузовское образование молодежи (особенно в Праге, Белграде и Софии), на выплату пенсионных пособий, на «гранты» (стипендии) видным деятелям «белого движения» (один такой крупный грант от посла Г. П. Бахметьева из США получил генерал А. И. Деникин на написание своих многотомных «Очерков русской смуты»).

В 1920 г. «царские» послы организовались под председательством Г. П. Бахметьева, в прошлом крупного русского инженера, несколько лет до 17-го года стажировавшегося в США, в Союз послов, который начал координировать из Вашингтона через Париж, Лондон и Токио всю финансовую помощь эмиграции.

Вскоре выяснилось, что у некоторых послов либо нет «личных» счетов (Василий Маклаков, известный адвокат и видный кадетский деятель, замешкался, а когда спохватился — французы не дали ему перевести «казенные» деньги на «личный» счет), либо открывать их было все равно бесполезно (в Германии или в бывшей Австро-Венгрии — **казенные** деньги там еще перед войной 1914 г. изъяли чиновники царского казначейства).

Зато у других — генконсулов в Шанхае В. Ф. Гроссе и Гонконге В. О. Эттингена — в 1919 г. благодаря «золотым коносаментам» Колчака накопились огромные «остатки» на миллионы фунтов стерлингов и золотых рублей. Виталий Гузанов, изучавший эту проблему по документам дипломатической переписки МИД Омского правительства Колчака, высказывает продуктивную мысль, что с 1920 г. Гонконгско-Шанхайский банк становится одной из «золотых кладовых» Союза послов, который постепенно перекачивает ее содержимое в США [32].

В Японии многие, и особенно военщина, точили зубы на «золото послов», явно используя в своих корыстных целях некоторых «белых» эмигрантов, в частности, Моравского. Судя по некоторым документам, хранящимся в Текущем архиве нашего экспертного совета, не обошлось здесь дело и без участия в судебных процессах 20—30-х гг. против Подтягина советской разведки.

По крайней мере два фигуранта этих процессов — некто А. В. Балакин из СУОАС-2, которого посол Д. И. Абрикосов называл «типичным авантюристом, кои процветали на Дальнем Востоке в период гражданской войны», и К. И. Славянский, бывший деятель Всероссийского крестьянского союза, подозревались «белой» эмиграцией в том, что они — тайные «агенты ОГПУ».

В документах нашего архива есть туманные намеки на то, что и два главных японских фигуранта — все тот же «адвокат» Шюн Сузуки и второй посредник Синкэй Куроки, бывший офицер разведки японского Генштаба, прикомандированный в 1918 г. к штабу атамана Семенова в Забайкалье, также «окучивались» агентами ОГПУ в Китае и в Японии. Иначе чем можно объяснить странные заявления свидетелей истцов в Токийском суде еще до официального (январь 1925 г.) признания Японией СССР типа: «Подтягин будет лишен права распоряжаться этими суммами и они будут переданы советскому государству». Впрочем, у части потомков эмигрантов той поры и сегодня бытует мнение, что игра была двойной — и ОГПУ, и японской разведки; интересы последней, возможно, и представлял в процессах Куроки.

И именно этим сомнительным посредникам — Балакину, Славянскому, Сузуки и Куроки — доверились генерал Петров (доверенность на ведение дела в Японии о 22 ящиках золота Славянскому от 7 декабря 1921 г.), публицист Моравский (доверенность Сузуки от 16 декабря 1923 г.), атаман Семенов (доверенности Куроки от 15 июля 1922 г. и Сузуки от 29 октября 1923 г.).

Вчиненные этими авантюристами Подтягину и Миллеру, а также Гонконгско-Шанхайскому банку (1 ноября 1930 г., доверенность Моравского Сузуки) в японских судах иски колебались от 1 млн. 061 тыс. 900 зол. иен (Подтягину) до 12 млн. зол. руб. (банку) [33].

С формально-юридической стороны речь шла вначале о совершенно конкретной сумме — так называемых «семеновских» деньгах в 1 млн. 400 тыс. иен, перечисленных атаманом в сентябре 1920 г. за военное снаряжение (5 тыс. патронов и амуниция: шинели, обувь и т.п.) на армию в 45 тыс. человек (примерно столько у атамана было под ружьем на тот момент в Забайкалье), которое в принципе было заказано еще Колчаком и им же через Подтягина оплачено из того самого залогового золота, что было привезено в Японию по соглашениям 1919 г.

Поскольку все это снаряжение ввиду падения правительства Колчака и его отказа 4 января 1920 г. от всех полномочий в пользу атамана Семенова так и осталось на складах японского военного ведомства, Семенов еще в марте 1920 г. наладил в Токио к Подтягину своего порученца генерал-майора Сыробоярского и тот подписал с военным агентом соглашение — за 1 млн. 400 тыс. иен Подтягин переуступает примерно 1/6 «колчаковского» имущества на японских складах в пользу забайкальской армии Семенова.

20 сентября 1920 г. чиновник Читинского отделения Госбанка Лосев привозит Подтягину чек на требуемые 1 млн. 400 тыс. иен. Осторожный военный атташе, посоветовавшись с послом Д. И. Абрикосовым, иск сразу не принимает, а требует от Лосева «бумагу» — удостоверь, что деньги не ворованные, а законно вырученные от продажи русского золота представителями Семенова во Владивостоке, т. е. «казенные», что Лосев и удостоверил с «приложением гербовой печати Читинского отделения Госбанка».

Запомним этот ход Подтягина — Абрикосова.

Никакого военного снаряжения Семенов, как и Колчак, в итоге так и не получил — в ноябре 1920 г. свою отступающую в Китай армию он бросил, улетел из Читы на аэроплане и... на несколько месяцев вообще пропал, скрываясь то ли в Китае, то ли в Японии (потом оказалось, что в США). Но в мае 1921 г. неожиданно всплыл в Японии, и с ходу предъявил Подтягину пока устное требование — верни 1 млн. 400 тыс., не греши, ибо ты взял с меня за оплаченное уже Колчаком военное имущество (что действительно было так). Подтягин снова посоветовался с Абрикосовым, и они решили — часть денег (338 тыс. иен), которые военный агент действительно взял из семеновской «предоплаты», надо вернуть, что и было сделано, но остальное — ни-ни.

Кто такой теперь Семенов? «Частное» лицо, бездарно проваливший «белое дело» в Забайкалье, ограбивший Колчака, да еще торговавший ворованным золотом по бросовой цене во Владивостоке — хватит с него и 338 тыс.! К тому же все генералы-«каппелевцы» (Петров, Войцеховский, Вержбицкий, Пучков) в один голос в эмиграции твердили, что весь штаб атамана состоял из «отпетых подлецов» (оценка генерала Петрова).

В эмигрантской прессе В. И. Моравский напомнил,

что когда Семенов, несолоно хлебавши вернулся из США во Владивосток, ему даже не разрешили как «дезертиру» спуститься на берег с борта корабля и он вынужден был отбыть в Японию, где временно осел в Нагасаки. Но атаман не сдается — отдай миллион! В июне 1921 г. шлет в Токио к Подтягину и Абрикосову очередного гонца — генерала Н. Магомаева. Снова от ворот поворот. Ответ Подтягина однозначен — деньги «казенные», «частным» лицам я их не отдам, разве что российский посол в Токио письменно прикажет. А посол Абрикосов не «приказывает»...

Ситуация вокруг миллиона «семеновских» иен на счетах военной миссии еще более осложнилась, когда по наводке Семенова на них с августа 1921 г. стали претендовать две японские фирмы — «Тойо Сейка Джо» и «Фукуда Гуми», с которыми атаман не расплатился еще с забайкальских времен. Японские «фирмачи» не стали ходить по судам, а заявились в центральное полицейское управление в Токио и потребовали срочно арестовать все счета российского посольства и военной миссии. Видимо, у Абрикосова с Подтягиным за годы работы в Токио сложились неплохие отношения с полицией, ибо с арестом счетов дело не двигалось целый год. Но 24 августа 1922 г. начальник столичной полиции все же посоветовал Подтягину перевести спорный миллион со старых счетов на новый во все тот же «Иокогама спеши банк», и самому «арестовать» его, сделав приписку — «до решения компетентного суда». Военный агент так и сделал.

Вот тогда-то Семенов и спустил своих «борзых» — С. Куроки и Ш. Сузуки — на счета российской военной миссии, включая и только что открытый новый счет в «Иокогама спеши банк», о чем 5 июля 1922 г. атаман известил Подтягина письменно. При этом Семенов выдает Куроки 15 июля 1922 г. самую широкую доверенность, фактически делая его правопреемником «семеновских» миллионов.

В Токийском окружном суде этот первый процесс по «делу Подтягина» тянулся с 15 сентября 1922 г. (29 октября 1923 г. атаман подключил к делу и второго «концессионера» Ш. Сузуки) почти два с половиной года и 9 марта 1925 г. был вынесен вердикт: отказать истцу как «частному лицу», желающему завладеть «казенными» деньгами (председатель суда Хорита Кахичи) [34].

Понятное дело, что Куроки и Сузуки с этим решением не согласились и, пользуясь тем, что у них в запасе была еще и доверенность от СУОАС-2 от 27 февраля 1922 г., подали апелляцию в Высший суд Японии. Там дело тянулось еще четыре года и завершилось в октябре 1929 г. отказом не только Семенову, но и СУОАС-2. Вместе с тем суд внес «поправку» — 1 400 000 иен не принадлежат и Подтягину, а Дальне-Восточной армии Забайкалья, ее больше нет, а посему и деньги «ничьи»*, т. е. пусть пока лежат в «Иокогама спеши банк» [35]. Где они «лежат» и по сию пору...

О последующих методах обмана японских судов спевшейся «интернациональной» шайкой авантюристов свидетельствует такой факт. Проиграв к 1925 г. все процессы против военного и финансовых агентов в токийских судах, участники японского варианта фирмы «рога и копыта» забросили исковой бредень в другие суды городов Японии. И, о чудо, в одном из них — суде города Кобе (1926 г.) решение оказалось положительным — «концессионерам» неожиданно присудили «подтягинское» золото (более 1 млн. зол. иен). Но суд обусловил их окончательную выдачу двумя условиями:

а) залога в 300 тыс. иен;

б) личной явки генерала Подтягина в суд.

С залогом еще как-то можно было выкрутиться, а вот с «явкой агента» в суд дело обстояло совсем худо: не дожидаясь положительного, как оказалось, для него решения токийского окружного суда 9 марта 1925 г., военный атташе с санкции посла Абрикосова подал в отставку и с мая 1924 г. навсегда уехал из Токио в Париж. Генерал мотивировал свой уход крайне нервным истощением (с декабря 1921 г. «концессионеры» мотали его по судам), угрозами физической расправы с ним и членами его семьи (в «объяснительной» генерала по мотивам отставки делался намек, что

---

* Такой «пассаж» — отказ и «государственнику» Подтягину в распоряжении «казенными» деньгами — был явно связан с дипломатическим признанием 20 января 1925 г. СССР Японией, что автоматически делало военного атташе «персона нон грата».

здесь не обошлось без «руки Москвы») и явно назревающим дипломатическим признанием СССР, что автоматически лишит военного агента «царской» России дипломатического иммунитета.

Однако прежде, чем отбыть, генерал еще 27 февраля 1924 г. пишет атаману Семенову, главному инициатору судебного процесса против него, полное достоинства, но категорическое письмо. В нем он стыдит Семенова как русского генерала-лейтенанта за недостойное российского офицера поведение (наивный военный агент — кого он стыдит? — *Авт.*), подчеркивая, что находящиеся на счетах русской военной миссии деньги — это не его, Подтягина, «личные» (хотя счета в соответствии с директивой Колчака в ноябре 1919 г. генерал переоформил на свое имя. — *Авт.*), а **«казенные»** деньги, и он никогда не допустит, чтобы некие Куроки и Сузуки наложили свои грязные лапы на государственное достояние России. Пока, — писал далее генерал, — до окончательного решения суда деньги военной миссии находятся под арестом, но как только решение состоится (а Подтягин не сомневался, что он выиграет. — *Авт.*), военный агент намеревался сразу же перечислить их из Японии в Югославию или во Францию, на имя генерала барона П. П. Врангеля, верховного председателя РОВС [36].

Благородство Подтягина выглядит резким диссонансом на фоне причастного к доставке «колчаковского золота» во Владивосток генерала С. Н. Розанова. Сей единомышленник Семенова оказался более удачливым, чем атаман, и безо всяких судов «хапнул» золотишка аж на целых 55 млн. зол. иен, после чего открыл личные счета в банках Токио и Шанхая [37]. Стыдить таких «интернациональных» жуликов — все равно что делать кое-что против ветра, что и показали последующие действия «концессионеров».

Что делают Сузуки с Куроки, пока их апелляция по токийскому суду пылится в Высшем суде Японии? Проводят параллельную операцию в лучших традициях «турецко-подданного командора»: уговаривают безработного и всеми забытого бывшего аса японской авиации Н. Хирохичи, инструктируют его, гримируют, переодевают в форму дореволюционного русского генерала с аксельбантом и... приводят этого лже-Подтягина в суд города Кобе (ну, чем не лжедочь царя Андерсон, хотя та до грима и переодевания à la Анастасия все же в британских судах не дошла).

Самое поразительное — в июне 1926 г. суд поверил лжегенералу, а тот прямо в суде заключил со своими «противниками» мировую — деньги поделили «фифти-фифти». Да настолько талантливо сыграл японский летчик, что вызвал аплодисменты и у судей, и у публики в зале. Дело было выиграно, и с решением суда «концессионеры» отправились в отделение «Иокогама спеши банк», где, они были уверены, их ждал один миллион золотых иен «на блюдечке с голубой каемочкой».

То ли летчик на радостях хватил перед походом лишний стаканчик саке, то ли грим от жары потек, но в банке один из служащих, неоднократно ранее видевший настоящего Подтягина (он несколько лет подряд приходил сюда оформлять свои военные счета), заподозрил неладное. Охрана банка вызвала полицию, и вся гоп-компания во главе с прославленным асом и национальным героем страны оказалась в полицейском участке. Там без труда установили, что русский «генерал» — не настоящий, а подложный. Афера попала в газеты. Замелькали имена атамана Семенова, генерала Петрова, «друга» японских генералов Моравского. Газетчики писали о «руке Москвы», якобы устроившей всю эту провокацию с лже-Подтягиным.

Через полтора года в октябре 1926 г. «концессионеры» сидели в том же суде города Кобе. Оказывается, во всем был виноват... атаман Семенов. Это он, бес, их попутал, якобы подсказал идею с лжегенералом и даже через своих представителей будто бы руководил гримировкой и переодеванием японского аса. За «идею» атаману выдан был «концессионерами» аванс в 60 тыс. иен, а он посулил за выигранное дело отвалить на пятерых всего 150 тыс. Ключевой в «оправдательных» речах жуликов была одна фраза: «Мы трудились не только за гонорар. Мы искренне верили, что, добывая деньги для атамана Семенова, мы вносим свой финансовый вклад в борьбе с большевизмом» (?!).

Иными словами — мы воры, но — «идейные воры». Просим поэтому суд о снисхождении. Жаль, что

Ильф и Петров не знали в 20-х годах этот японский сюжет. То-то бы они повеселились всласть, поместив на место японского летчика Остапа Бендера (а, может быть, наоборот?). Комбинаторы всего мира, как и пролетарии, национальности не имеют.

Впрочем, Сузуки и Славянский свои аферы не оставили — им «наплюй в глаза, все Божья роса». В 1932 г. оба всплыли вновь и снова как «соавтор» иска здесь оказался замешанным Валериан Моравский, уже председатель СОУАС-2. Теперь речь шла о «петровском» золоте и расписке полковника Рокуро Идзоме (или о 1 млн. 270 тыс. зол. руб.).

«Концессионеры» вызвали генерала П. П. Петрова из Мукдена в Токио, куда он и приехал осенью 1932 г.

Процесс генерала П. П. Петрова (1932—1941 гг.).

Это был последний судебный процесс, который бывшие «белогвардейцы»-эмигранты вели в Японии, — больше они никогда не возобновлялись.

Предыстория процесса распадается на два этапа: 1932—1934 гг. — генерал Петров пытается выиграть дело внесудебным путем, но с помощью Сузуки и Славянского; 1934—1941 гг. — Петров судится один, привлекая профессиональных японских адвокатов с высокой репутацией. В обоих случаях речь идет о 22-х ящиках золота.

Петров знал К. И. Славянского еще по гражданской войне в России, ибо в качестве начальника тыла Дальне-Восточной армии контактировал с представителем Сибирского крестьянского союза — СКС — Славянским как главным поставщиком продовольствия в армию. Судя по «раскопкам» сына генерала Петрова (а Сергей Павлович регулярно сообщал мне в Москву о них в своих обстоятельных письмах в 1992—1994 гг.), еще в декабре 1921 г. именно ему, Славянскому, генерал доверил подлинник расписки полковника Рокуро Идзоме на 22 ящика золота в надежде (за вычетом комиссионных), что Славянский, пробивной и прожженный сибирский делец, выбьет у японцев хотя бы малую толику. Причина этой «слабинки» П. П. Петрова была самая что ни на есть житейская — у него вот-вот должен был родиться ребенок, а у родителей не было денег даже на пеленки (именно тогда генерал стал подрабатывать любительской фотографией, интерес к которой пронес затем через всю жизнь).

Поехав в Токио в 1923 г., Славянский случайно встретил там Моравского с Сузуки, которые промышляли тем же — искали пути, как бы «отовариться» за счет русского золота. Велеречивый Моравский уговорил Славянского не открывать отдельного судебного процесса по «делу Петрова», а присоединить его иск к уже начатому «делу Подтягина», показав кучу доверенностей от атамана Семенова и «досье», которое Сузуки уже подготовил по делу о «подтягинском золоте».

В качестве вклада в «дело» (а оно верное, и двух месяцев не пройдет, уверяли Моравский с Сузуки Славянского в два голоса) Моравский одолжил под расписку подлинник документа Идзоме, того самого документа, который через несколько дней исчезнет навсегда во время сентябрьского землетрясения 1923 г. под развалинами одной из гостиниц Токио, где остановились деятели СКС, СУОАС и Сузуки* [38].

Правда, как сообщал мне в ноябре 1991 г. Сергей Петров, когда я в первый раз посетил его в Милл Валей под Сан-Франциско, его отец как фотограф-любитель снял в Мукдене несколько фотокопий с оригинала, прежде чем отдать его Славянскому (именно эти фотокопии с собственноручной росписью полковника Идзоме и будут фигурировать в судебных процессах Петрова с 1932 по 1941 гг. и именно одну из них впервые в России я опубликовал в журнале «Деловые люди», 1991, № 3)**.

---

* Потрясенный утратой, Славянский взял у Моравского и Сузуки заверенные в префектуре объяснения об обстоятельствах гибели подлинника. Кроме того, об утрате подлинника расписки в результате землетрясения, Славянский дал официальное платное объявление в одной из токийских газет. Все эти документы (включая вырезку из японской газеты) Славянский вместе с доверенностями вернул генералу Петрову в Мукдене.

** В письме в редакцию журнала «Знамя» по поводу моей статьи «Вернется ли на родину российское золото?» (1992) С. П. Петров повторил эту версию: «Несколько копий подлинника были сфотографированы отцом до отъезда Славянского в Токио». — *Текущий архив экспертного совета.*

Мы столь подробно останавливаемся на таком, казалось бы, незначительном факте, как подлинник или копия эта расписка, ибо от этого, по сути, зависел успех первого этапа судебного дела Петрова.

Вот как дальше развивались события. Весной 1932 г. генерал Петров получает весточку от своего старого знакомца Славянского. Тот пишет со слов японского адвоката Хара Фуджиро, что общая политическая обстановка в Японии (обострение отношений с СССР на КВЖД, конфликты на дальневосточной границе в связи с фактической оккупацией Японией Северного Китая — Маньчжурии в 1931 г. — *Авт.*) становится снова благоприятной для «белых», и можно попытаться вчинить иск о 22 ящиках золота. Х. Фуджиро брался возобновить дело, которое он намеревался вести еще в 1923 г., да помешали Моравский с Сузуки.

Правда, очередная попытка Славянского еще до приезда П. П. Петрова в Токио (18 июня 1932 г. Славянский дал Сузуки доверенность на 22 ящика) одним махом выиграть дело и поделить выручку пополам с Сузуки, с треском провалилась. Все дело уперлось в **подлинник** расписки полковника Идзоме. У Славянского с Сузуки его не было. Тогда оба «комбинатора» снова привлекли Моравского, полагая, что через знакомых тому японских генералов Тага и Минами тот «надавит» на суд, и он примет иск с **копией** расписки. Не вышло — связи бессарабского бурсака с генералами микадо оказались сильно преувеличенными. Но зато Моравский узнал, что «концессионеры» его снова надули и в «доле» его нет. Он поднял страшный шум, созвав в Мукдене «хурал» желающих поживиться «петровским» золотом. По-видимому, на «хурале» был и генерал Петров. Он окончательно понял — с такими посредниками каши не сваришь и решил лично вести свой процесс.

* * *

Помимо постоянной нужды, которую все эти годы испытывала в Мукдене семья Петрова (а у него после 1923 г. родилось еще два сына, и генерал с трудом кормил пять человек), для открытия судебного процесса о золоте имелись и общеполитические обстоятельства.

На рубеже 20—30-х гг. резко обострилась международная обстановка и в мире, и на Дальнем Востоке. «Мир капитализма», как писали тогда в СССР, потряс невиданный экономический кризис 1929—1933 гг., больно ударивший и по русским эмигрантам в Китае. В Германии рвались к власти нацисты. В США полиция расстреляла мирную демонстрацию ветеранов войны прямо у стен Капитолия.

В СССР Сталин искусственно нагнетал «обострение классовой борьбы»: в 1928 г. параллельно шли заседания VI Конгресса Коминтерна и процесс «вредителей — инженеров» по сфабрикованному ОГПУ «шахтинскому делу».

Насильственная коллективизация всколыхнула всю деревню — в Сибирь, как и в «царские» времена, потянулись большие партии «раскулаченных». Как всегда, большевики искали врагов «внутренних» и врагов «внешних». К последним, ясное дело, относились «белогвардейцы» — эмигранты, особенно их РОВС — Российский Обще-Воинский Союз, во главе которого до 1929 года (когда его в Брюсселе отравили агенты ОГПУ [39]) стоял «черный барон» генерал П. Н. Врангель.

Но если действительные обстоятельства смерти Врангеля стали известны лишь почти 70 лет спустя, то грубо сработанная чекистами из отдела борьбы с белогвардейской контрреволюцией ОГПУ (иностранный отдел) операция с похищением в Париже 26 января 1930 г. преемника Врангеля на посту председателя РОВС генерала Кутепова, вызвала большой резонанс в мире, особенно в кругах русской эмиграции.

По существу, «операция Кутепов» означала нечто гораздо большее, чем похищение и убийство одного «белого» генерала. Фактически с 1930 г. чекисты отказываются от прежних, достаточно гибких, а главное, политических методов нейтрализации наиболее активных лидеров эмиграции (операция «Трест», движение евразийства в Праге, вербовка «младороссов» и членов «Братства русской Правды»), и переходят к «нейтрализации» буквально — ядом, кинжалом, пистолетом.

На Дальнем Востоке все эти события вызвали

контрреакцию. Оживилось дальневосточное отделение РОВС со штаб-квартирой в Шанхае. Именно его председатель уже хорошо нам знакомый генерал Дитерихс Михаил Николаевич подпишет 28 сентября 1933 г. удостоверение на имя генерала П. П. Петрова как официального представителя РОВС для ведения судебного дела о 22 ящиках золота.

По свидетельству Сергея Петрова, миссия его отца в Японию первоначально была связана с надеждами РОВС и созданным в конце 20-х гг. антибольшевистским «Союзом спасения Родины» на финансирование из «независимых источников» агентурной сети в Сибири и на Дальнем Востоке*, ибо очень многие из эмигрантов тогда, в 1929—1933 гг. были уверены: ну, уж на этот раз большевики не перенесут такого катаклизма, как разгром собственного крестьянства, и их режим вот-вот рухнет, стоит его только чуть-чуть подтолкнуть. Тем более, что в РОВС в Шанхае доходили сведения о недовольстве высших командиров РККА на Дальнем Востоке (Василий Блюхер и др.) политикой Москвы в крестьянском вопросе.

Словом, осенью 1932 г. генерал Петров с доверенностью от председателя Даль-РОВС генерала М. Н. Дитерихса и небольшой суммой командировочных оказался в Иокогаме.

Как считает один из весьма информированных современных знатоков истории «колчаковского» золота владивостокский исследователь Амир Хисамутдинов, помимо общей политической конъюнктуры и доверенности от Дитерихса у Петрова (а также другого генерала — «каппелевца» Вержбицкого) имелось и официальное приглашение от какого-то из очень влиятельных японских политических деятелей [40].

---

* Инициатором проекта создания «анти-ЧК» еще осенью 1923 г. выступил известный фабрикант А. И. Гучков, военный министр при «временных», близкий к барону Врангелю. К концу 20-х гг. Гучков создал при штабе РОВС нечто вроде «мозгового центра» (философ И. А. Ильин, генералы А. А. фон Лампе и П. Н. Шатилов, капитан А. П. Полунин, участник покушения на советского полпреда в Швейцарии А. А. Воровского в 1923 г. и др.). Под прикрытием альманаха «Белое дело» они начали с 1928 г. создавать глубоко законспирированную агентурную сеть в СССР. Убийство Врангеля стало местью чекистов за эту попытку. — В. Бортневский. Был ли убит генерал Врангель? — «Панорама», (Лос-Анджелес), № 764, 29 нояб. — 5 дек. 1995, с. 24—25.

Как вспоминал Сергей Петров в 1991 г., уже летом 1933 г. его отец перевез всю семью из лачуги в Мукдене в роскошный особняк с садом в Иокогаме: «Мы, дети, поступили в колледж Св. Иосифа, частную американскую католическую школу. Дома у нас был повар и прислуга, — рассказывал мне Сергей Павлович. — Мать часто устраивала приемы для японцев и русских эмигрантов в Японии. Я хорошо помню адвокатов отца» (Хикосиро Хада и Тосизо Яман. — *Авт.*).

Сам сын генерала Петрова до сих пор не располагает документами — оказывали ли какие-то влиятельные японские лица финансовую помощь отцу и его семье, вызвавшую такую метаморфозу в жизни и быте их семьи, но, полагает Сергей, несомненно, что фактически такая помощь была, ибо «наши (в Иокогаме. — *Авт.*) семейные расходы вряд ли могли быть покрыты из тех ограниченных средств, которые выделил отцу РОВС на ведение процесса» [41].

Казалось бы, прибыв в Японию, генерал Петров должен был бы немедленно подать судебный иск о 22 ящиках. Но он почему-то тянул почти два года (осень 1932 — июнь 1934 гг.), конечно — не из-за того, что он был занят перевозкой и обустройством семьи в Иокогаме. «...Я почти уверен в том, — говорил мне в 1991 г. Сергей, — что отец сначала старался получить золото, не прибегая к судебному процессу».

Это совершенно точно, ибо генерал Петров тогда мог только догадываться — какой очередной тур «большой политики» Японии начинается на Дальнем Востоке и какая роль отводится «золотым пешкам» (Петрову, Моравскому, Семенову) на этой большой геополитической шахматной доске?

* * *

Вернемся на 14 лет назад, в весну 1919 г., в Омск. В конце марта предсовмина П. В. Вологодский срочно созывает внеочередное заседание правительства (присутствуют 8 министров) и ставит на обсуждение по просьбе «Верховного Правителя» — адмирала А. В. Колчака — один сверхважный вопрос: обсуждение предложения японского правительства, официально переданного главой японской военной миссии при Омском правительстве полковником Гиити Танака (бывший японский военный атташе в «царской» России; он еще сыграет свою зловещую роль в будущей японской агрессии в Китае и всей Юго-восточной Азии в 1931—1945 гг. и японо-советских отношениях [42]), об оказании Белому движению «бескорыстной помощи» в виде 5 дивизий (350 тыс. штыков) и 50 новеньких паровозов во имя союзнической совместной борьбы за «освобождение России от власти Красного Интернационала» [43].

Ситуация почти зеркально отражалась, когда за год до этого, в марте — августе 1918 г. в Берлине делегация дипломатов-большевиков обсуждала аналогичную проблему — помощь (или, по крайней мере, военный нейтралитет) кайзеровской Германии в борьбе против «белых».

В отличие от «белых» министров Колчака, «красные» не мучились такими «буржуазными» понятиями, как совесть, честь, долг, распродажа национального достояния иностранцам в обмен на удержание власти и т. п., а шли по пути, завещанному еще Николо Макиавелли: «цель оправдывает средства».

В итоге и появился тот самый позорный первый «пакт Риббентропа — Молотова», названный тогда для камуфляжа «дополнительным протоколом» 27 августа к Брест-Литовскому миру, о котором неоднократно речь шла выше.

Нечто подобное Брестскому миру предложили год спустя Колчаку и японцы.

Как с грустью отмечал генерал Касаткин в эмиграции много лет спустя, «кто знает, может быть, помощь японцев спасла бы Россию, а с нею и весь мир, от большевистской заразы?»

В ходе обсуждения предложения, переданного Колчаку полковником Танака через начштаба генерала Д. А. Лебедева, отчетливо выявились две прямо противоположные точки зрения.

Первая (военные, минфин И. А. Михайлов) — помощь, безусловно, надо принять, ибо: а) армия Колчака еще только формируется как боевая единица, а вскоре предстоит общее наступление на Запад; б) пять дивизий в 350 тыс. штыков с полным вооружением (пушки, минометы, пулеметы, связь, транспорт) — это такая сила, что она тараном пройдет от Омска до Москвы и даже дальше; в) японские военные — это не славяне, чехи и словаки, их не распропагандируешь, т.к. «не зная русского языка, японские солдаты не могут подвергнуться и заразиться коммунистической пропагандой» (генерал А. И. Андогский, помощник начштаба генерала Лебедева)*.

«Ванька-Каин», минфин И. А. Михайлов, был тоже «за», поддержав военных. Его аргументация была весьма циничной, особенно в устах сына бывшего народника-каторжанина. Обыватель и в Сибири, и на Урале, и за Волгой смертельно устал от продовольственного и «ширпотребовского» голода гражданской войны. Ему надо заткнуть «хайло», привезя из Японии и Китая на 50 японских паровозах «барахло», продаваемое по городам и весям сразу после их отбития у большевиков — и «народ» толпами повалит за нами, ибо ему (по крайней мере, в Сибири) глубоко наплевать на политические программы и «белых», и «красных». **

Вторая. (большинство министров, часть военных) — как борцы за державность, мы не можем поступиться принципами, главный из которых — *территориальная целостность России*. Суть этой позиции изложил сам Колчак, когда, получив на утверждение итоговый протокол заседания Совмина с отрицательным решением (7 — за, один, Михайлов, против), заявил П. В. Вологодскому: «Несомненно, они (японцы. — *Авт.*), несмотря на все свои уверения, потребуют реальных компенсаций, а я на это никогда не соглашусь. Русская земля принадлежит не мне, а русскому народу, и я не имею права этой землей распоряжаться». (У Ленина была прямо противоположная позиция — вспомним Брестский и Рижский миры! — *Авт.*).

«Озвучил» мысли Колчака на заседании Совмина его министр иностранных дел И. И. Сукин (Колчак —

---

* Колчаковские генералы явно извлекали уроки из тактики большевиков — опора на иностранных наемников, главным образом на отряды «китайских интернационалистов» в Сибири. — *Примеч. авт.*

** Ценная, хотя и циничная мысль: нечто похожее реализуют нынешние российские и китайские «челноки», баулами везя «шмотки» из Китая. — *Примеч. авт.*

Вологодскому: «Я много говорил с И. И. Сукиным и он, безусловно, передал мои мысли»), сделавший фактически большой часовой доклад. В очень многом концепция этого доклада (Сукин затем изложит его в своих неопубликованных «Записках», хранящихся ныне в архиве Земгора в британском университете в Лиидсе) совпадала с мнениями других «белых» дипломатов, в частности, «белого» посла России в Токио Д. И. Абрикосова (см. его «Откровения русского дипломата», Сиэтл, 1964).

Вкратце внешнеполитическая концепция Сукина — Абрикосова состояла в следующем:

1. Геополитически Япония, при ее долгосрочных противоречиях с США на Тихом океане, не была в 1918 г. заинтересована ни в победе «белых», ни в победе «красных». Лучший вариант для нее — продолжение процесса территориального распада огромной российской империи и возникновение маленьких «самостийных» государств типа «государства» атамана Семенова в Забайкалье с тем, чтобы после окончания Первой мировой войны получить «мандат» на управление этим конгломератом «удельных княжеств» от Урала до Владивостока (аналогичный план в 1919—1939 гг. реализовала в Версале Антанта, раздав Англии и Франции «мандаты» на управление осколками рухнувшей Османской империи).

Пять японских дивизий в 350 тыс. человек на 50 японских паровозах «прошьют» Россию на Запад насквозь, скомпрометировав, по словам колчаковского (а ранее — и у «временных») министра исповеданий профессора А. В. Карташева, известного богослова (его труды по истории Русской Православной Церкви сегодня переиздаются массовыми тиражами), присутствовавшего на этом судьбоносном заседании, «саму глубокую идею крестового похода против коммунизма» из-за «участия в белом движении желтой расы» (как иностранных наемников. — *Авт.*). «Думать о том, — воскликнул министр-богослов, — что японские войска расположатся и будут хозяевами в нашей белокаменной Москве, непереносимо для моего русского сердца».

2. И хотя полковник Танака клятвенно обещал, что 350 тыс. японских штыков останутся под «верховным командованием» адмирала Колчака, опыт «русского командования» над чехословацким корпусом (и всего-то 45 тыс. штыков) показал: стоит коготку увязть — всей птичке пропасть. И тогда уже совсем неизвестно — кто кем будет командовать, если японцы возьмут Москву?

3. Но и рубить с плеча — не след, не та ситуация у Колчака (пока его еще никто дипломатически не признал), чтобы открыто сказать японцам — «пошли вон, косоглазые!» Нужна дипломатическая гибкость, постоянное согласование позиций с дипломатами Антанты, игра на их противоречиях с японцами. Следует развить успех «владивостокского опыта» 1918 г. — тогда при активном участии русского посольства в Токио удалось превратить одностороннюю японскую военную интервенцию на Дальнем Востоке в многостороннюю — США, Англия, Франция, Канада. «И хотя японцы, — вспоминал в США много лет спустя Абрикосов, — были значительно активнее, присутствие других союзных держав японский темперамент, безусловно, существенно сдерживало».

* * *

В начале 30-х гг., в условиях мирового экономического кризиса, при новом витке обострения геополитических интересов великих держав на Дальнем Востоке, в Японии оживились старые проекты 1918 г. о «подмандатных» территориях в Китае и в СССР.

В 1931 г. первую такую «территорию» — Маньчжоу-Го — японская военщина уже создала. Затем начались провокации на КВЖД — «подмандатной» территории СССР, доставшейся ей от царской России: в конце концов Сталин продаст КВЖД японцам в середине 30-х годов, а жившие в «полосе отчуждения» — в Харбине и других городах — русские эмигранты либо в большинстве сбегут на юг Китая, ближе к Шанхаю, либо, меньшинство, вернется в СССР, где позднее многие из них будут репрессированы как «японские шпионы».

Но в Японии были и другие политические силы, которые еще в 1926 г. (известный парламентский скандал, о котором мы уже упоминали ранее, с нашим знакомцем — теперь генералом и военным министром Г. Танака, публично обвиненным депутатами в присвоении «русского золота» в Сибири в 1919—1920 гг.) пытались осадить набиравшую силу военщину.

С 1931 г. японские либералы начали новый тур публичных нападок на Квантунскую армию, становившуюся «государством в государстве» в Северном Китае и Корее. «Русское золото» использовалось как карта в этой опасной политической игре. Попытка военного переворота 26 февраля 1936 г., в ходе которого молодые офицеры-самураи убили нескольких либеральных министров и даже членов правящего императорского дома, знавших о «русском золоте» слишком много, показала, что японская армия просто так «золотых» военных трофеев никому не отдает.

Разумеется, ни Петров, ни Моравский, почти в то же самое время обзаведшийся с японской подачи похожим особняком, но только в Харбине, еще не знали — в какие жернова сложной и опасной политической игры в Японии они попадают? Скорее всего, обоих пытались использовать и та, и другая сторона.

Моравскому, как мы писали выше, в конце концов пришлось, бросив и особняк, и семью, и газету, срочно бежать из Харбина снова в Шанхай.

У генерала Петрова, очевидно, в Иокогаме дело обстояло несколько лучше, хотя в 1932—1933 гг. ему и не удалось при поддержке своих японских покровителей вернуть 22 «золотых» ящика внесудебным путем.

25 июня 1934 г. он, наконец, подписывает доверенность на ведение судебного дела двум своим японским адвокатам — Хоросиро Хада и Тосизо Ямане — по возвращению ему, генерал-майору Петрову, денежного эквивалента за сданные на временное хранение «золотые» ящики в сумме 1 млн. 250 тыс. зол. руб. [44].

Это было лишь начало долгого, изнурительного и опасного (ведь ответчиком выступало самое могущественное военное министерство в лице министров Тэраути и Хага, которые, однако, сразу же отмежевались от сотрудника своего ведомства полковника Идзоме, который якобы превысил свои полномочия, согласившись принять «подозрительные» ящики с золотом от генерала Петрова, да еще под расписку) для самого генерала и его семьи семилетнего судебного марафона, завершившегося в 1941 г., как и процесс по «подтягинскому» золоту атамана Семенова и СУОАС-2 в 1929 г., окончательным вердиктом Высшего суда 27 января 1941 г. за подписью верховного судьи Хисаси Есида: «В иске отказать и все расходы по процессу возложить на истца». Кстати, в этом приговоре русское золото в Японии впервые было названо «романовским» и с тех пор этот термин укоренился в Японии (т. е. это как бы не русское «казенное» золото, а «личное» золото семьи последнего царя Романова).

Окончательное решение японских судов совпало с очередным резким ухудшением финансового положения семьи Петровых. То ли прежние покровители потеряли интерес к «русскому золоту» и «белому» генералу (как-никак в 1939 г. в Европе началась Вторая мировая война, а в Азии она уже во всю бушевала — японская армия громила Китай с 1937 г.) и прекратили финансирование «дела» (Даль-РОВС уже давно не слал ни копейки после смерти Дитерихса в 1938 г.), то ли адвокаты выдохлись, но с 1939 г. (отрицательный вердикт суда 2-ой инстанции) дело катилось как бы по инерции.

Пришлось уехать из роскошного особняка в квартиру похуже, жена генерала пошла работать по основной профессии — медсестрой. «Среди лета, — записывает П. П. Петров в своем дневнике 16 июля 1940 г., — кризис по всем линиям. Денег на жизнь не хватает, дело (в суде. — *Авт.*) провалилось».

Выплатить огромные судебные издержки у генерала Петрова не было никакой возможности — грозила долговая тюрьма. Адвокаты генерала нашли ход — Петров отдает судьям (фактически — военному ведомству) **подлинник** расписки (чтобы уже никогда дело о 22 ящиках больше не всплывало), но за это японское правительство, т. е. все то же военное ведомство, берет все расходы по уплате судебных издержек на себя. Подлинника, как известно, у Петрова не было с 1 сентября 1923 г. — он сгорел во время токийского землетрясения. Но тем не менее японское правительство в конце концов заплатило судебные издержки. Сергей Петров объясняет этот парадокс так (1993 г.): «Под давлением адвокатов и японских властей... отец **приостановил** судебное дело. Взамен японское правительство согласилось заплатить все судебные издержки. Так что «расписку» отец никогда не возвращал. Это ключевой факт для переговоров с современной Японией» [45].

Сергей Агафонов в первоначальном тексте своей корреспонденции от 12 марта 1992 г. из Токио «Прощание с легендой, или почему не надо искать 22 ящика золота в Японии» (в «Известиях был опубликован сильно урезанный вариант), ознакомившись не с полным «делом Петрова», а лишь с его составленным судейскими чиновниками «конспектом» (резюме), приложенным к решению Высшего Суда Японии от 27 января 1941 г., вообще выдвигает фантастическую версию: будто бы Петров судился... всего за один ящик № 3091, ибо полковник Идзоме якобы через месяц после того, как он получил «на хранение» под расписку 22 ноября 1920 г. 22 ящика «петровского» золота, 21 из них... вернул лично Семенову в конце декабря того же года (расписки Семенова корреспондент почему-то не приводит?) [46].

При всей сенсационности утверждения С. Агафонова (а он на протяжении 1991—1995 гг. в своих корреспонденциях из Токио в «Известиях» постоянно ставил под сомнение правомерность требований по возвращению «романовского» золота из Японии) заочный спор между ним и сыном генерала Сергеем Петровым может разрешить лишь знакомство с **полным текстом** процесса генерала Петрова в японских судах в 1934—1941 гг., что наш экспертный совет и намерен осуществить как одну из первоначальных своих задач на конец XX века.

С началом войны Японии с США и их союзниками вся семья генерала Петрова, как и все остальные «белые» эмигранты, была интернирована и всю войну провела в лагерях. После войны один американский юрист из штаба оккупационных войск генерала Макартура предлагал Петрову снова начать судебное дело о 22-х «золотых» ящиках, но генерал отказался.

В семейном кругу, по воспоминаниям его сына,

Павел Петрович так мотивировал этот отказ: «Нет смысла снова начинать дело. Даже если бы я начал процесс снова, Москва немедленно вмешалась бы, так как золото фактически принадлежит Российскому народу... и это его право начинать дело, если он хочет» [47].

Весной 1947 г. семья Петровых переселилась в США — генерал Петров получил место профессора в американском институте военных переводчиков (город Монтерей, Калифорния).

Умер он в 1967 г. в Сан-Франциско. Перед смертью успел передать фотокопии расписки полковника Рокуро Идзоме в архив Общества русских ветеранов Великой войны и в архив Гуверовского института войны, революции и мира.

* * *

В заключение проанализируем чисто юридические итоги двух этих главных — «подтягинского» и «петровского» судебных процессов 20—30-х гг., которые велись в Японии по возврату «романовского золота».

«Если бы Москва вмешалась», как о том мечтал старый русский генерал, то с какими формально-юридическими аргументами с японской стороны встретился бы «российский народ», которому фактически принадлежит золото:

1. Сам факт наличия в Японии «русского (романовского) золота» ни в одном суде **не отрицался.** Не отрицались и места, где оно может находиться (например, «Иокогама спеши банк»); более того, в ходе судоговорений и опроса свидетелей в протоколах судов зафиксированы очень важные факты, в частности, (со ссылкой на «Историю Иокогамского валютного банка», Токио, 1927), что в 1919 г. руководство этого банка отметило в своем годовом отчете «возможность перевода русского золота в активы японских банков из-за гражданской войны в России».

2. Все судебные инстанции Японии признали, что это золото — не «частное», а «государственное», и может принадлежать только «РОССИЙСКОМУ ГОСУДАРСТВУ» (так, с прописных букв, эта максима писалась, например, в приговорах Токийского окружного суда 9 марта 1925 г.).

3. Всем претендентам (Семенову, сибирским «областникам», генералу Петрову) было отказано в исках на **владение** как ЧАСТНЫМ ЛИЦАМ, а бывшему военному атташе в Токио генералу Подтягину Высшим судом — и в **распоряжении** валютными суммами, поскольку он уже не представлял после 1925 г. (с момента дипломатического признания СССР Японией) интересы РОССИЙСКОГО ГОСУДАРСТВА и не имел от него на момент обсуждения иска в Высшем суде соответствующих полномочий (доверенности).

4. Новым претендентам на золото в Японии придется доказывать принципиальную разницу между понятиями «русское» и «романовское» золото (приговор Высшего суда, 27 января 1941 г.). Здесь пригодится английский юридический прецедент — разбор в британских судах иска «лжецаревны» Анастасии — Андерсон, так как британские судьи весьма четко разделили понятие «романовского» (личного) и «русского» (государственного) золотого запаса Российской империи.

5. Все усилия частных юридических фирм (лиц) представлять интересы своих клиентов в японских судах подвергаются тщательной экспертизе и любая попытка «смухлевать» (что показал случай с «адвокатами» Семенова и СУОАС-2 Ш. Сузуки и С. Куроки) безжалостно пресекаются.

Иными словами, «если Москва вмешается», ей следует самым тщательным образом подготовиться, причем любой иск должен предъявляться в японском суде лишь под ДОВЕРЕННОСТЬ от РОССИЙСКОЙ ФЕДЕРАЦИИ как государственной правопреемницы Российской империи.

Пока же переговоры МИД РФ с японскими властями о «романовском золоте» велись по чеховскому принципу «на деревню дедушке», даже без привлечения «писателей» из нашего экспертного совета. Так, после 18 января 1995 г. — совещания у запреда правительства РФ О. Д. Давыдова — МИДу было поручено запросить японские официальные инстанции — сколько «российского золота» в Японии и где оно находится? Ни конкретного указания на архивы и фонды, ни даже упоминания о мемуарах японских банковских служащих, имевших дело с русским золотом в 20-х гг. не было сделано.

Кто же будет добровольно отдавать то, «что с возу упало» — таких альтруистов в банковском мире нет. Вот и на ноту МИД в конце 1995 г. в духе чеховского Ваньки Жукова японский МИД ответил в январе 1996 г. соответствующим образом: да, «некоторое (?!) количество слитков русского золота было вывезено в Японию», но это «золото было возвращено (?!) либо использовано в качестве залога при предоставлении займов японскими банками России и у Японии нет обязательств возвращать царское золото».

Аналогичным образом, кстати, отреагировал и Английский банк на мое интервью о русском залоговом золоте 1914—1917 гг., данное в марте 1999 г. московскому корреспонденту британской газеты «Санди Таймс» Марку Франкетти: «Банк Англии не располагает золотыми слитками, датированным до 1924 г. Мы не раскрываем какие-либо сведения о наших клиентах».

Понятное дело: газетное интервью — это вам не официальная дипломатическая нота, на него можно или не отвечать, или уверять неискушенных в истории британцев, что свои военные обязательства перед Николаем II и Александром Керенским правительство Ее Величества выполнило в 1914—1917 гг. на сто процентов.

Но когда ответственный мидовский чиновник, директор 2-го департамента Азии дает в СМИ интервью о том, что наш МИД не может решать вопрос о «российском золоте» в Японии «на основе газетных публикаций или настроений отдельных писателей, которые готовы из этого сделать сенсационную историю», это уже грустно.

Ведь именно в текущем архиве нашего Экспертного совета «писателей» и якобы любителей «сенсаций» сосредоточены все основные документы о «российском золоте» в Японии. 2-й департамент Азии, однако, «не может использовать сенсации в качестве базы для своей работы» и в результате направляет в МИД Японии собственное творение «на деревню дедушке» — ту самую пресловутую ноту 1995 г., которую японцы из-за ее бессодержательности просто высмеяли.

Складывается впечатление, что отдельные отечественные дипломаты дальневосточных департаментов

МИД озабочены не столько проблемой «российского золота» в Японии, сколько пропагандистским противодействием «людям, стремящимся придать известный ажиотаж этому вопросу» [48].

И, видимо, поэтому в пакете переговоров о мирном договоре с Японией, ведущихся с 1956 г., проблема золота до сих пор отсутствует.

ПРИМЕЧАНИЯ

[1] «Записки И. И. Сукина», приложения (диплом. переписка) — Russian Archives — University of Leeds, UK. — *Текущий архив экспертного совета*.

[2] Гузанов Виталий. Уплывшее сокровище (русское золото в иностранных банках). — «Совершенно секретно», № 3, 1993, с. 5.

[3] Этот саботаж в форме «итальянской забастовки» («волынки» по-русски) хорошо описал сын писателя Гарина-Михайловского, видный царский дипломат, в своих сравнительно недавно опубликованных мемуарах. См. Михайловский Г. Н. Записки. Кн. 2. М., 1993, с. 9—21.

[4] Кроме того, Новицкий как «товарищ» (заместитель) министра финансов Омского правительства ведал в 1919 г. всеми вопросами продажи «колчаковского золота» за границу. — См. «Дипломатический ежегодник». М., 1995, с. 297 (ЦГАОР, оп. 1 — Общая канцелярия, д. 317, телеграфная переписка Новицкого с уполномоченным Омского минфина Никольским во Владивостоке).

[5] Novitzky V. The Russian Gold Reserve before and during the World and Civil Wars (1883—1921). In: «Russian Gold: a collection of articles, and statistical data reporting the Russian Gold Reserve and shipments of Soviet Gold». New-York, Amtorg Trading corporation, Information Department, 1928, p 12—15.

[6] Ibid, p. 13.

[7] Ibid, p. 15.

[8] Первым о «безвозвратных ссудах» союзникам начал говорить министр финансов «временных» известный земец кадет А. И. Шингарев, зверски убитый пьяной матроснёй 7 января 1918 г. в Мариинской тюремной больнице в Петрограде. См. Шингарев А. И. Финансы России во время войны. Птг., 1917, с. 2, 7.

[9] Попов Ю. Не было пороха в пороховницах? — «Труд», 29 сент. 1998 г.

[10] См.: А. И. Гучков рассказывает... — М., 1993 (единственные опубл. воспоминания).

[11] Поликарпов В. В. Государственная власть и монополиии в России. — Первая мировая война (дискуссионные проблемы истории). — М., 1994, с. 54.

[12] «Золотая лихорадка» (интервью В. А. Лисичкина корреспондентке Н. Колосовой). — «Российская газета», 31 января 1995.

[13] «Панорама», № 717, 4—10 янв. 1995.

[14] «Известия», № 33, 21 фев. 1995.

[15] Сироткин Владлен. «Век» выступил — Япония взволнова-

на... (еще раз о скандальной ситуации вокруг русского золота). — «Век», № 33, 1995, с. 10.
16 С у с у м у Х а д з и к а т а. История Иокогамского валютного банка, т. 3. Токио, 1927 (на яп. яз.). Неточно, что режим Колчака не признало ни одно правительство мира: в 1919 г. его признало государство сербов, хорватов и словенцев (с 1929 г. — Югославия). — «Грани», № 175, 1995, с. 181.
17 Русско-японское финансовое соглашение от 4 сентября 1916 г. (копия на англ. и яп. яз.) — *Текущий архив экспертного совета.*
18 Русско-японские финансовые соглашения от 7 и 16 октября 1919 г. (копии на английском и яп. яз.) — Т а м ж е. В Текущем архиве экспертного совета в приложении к этим трем соглашениям 1916—1919 гг. имеется большая подборка документов на японском языке (62 стр.), в частности, полугодовой отчет (1.VII-31.XII 1919) «Иокогама спеши банка», его балансовый отчет за 1919 г., общая балансовая ведомость Ассоциации японских банков за 1918—1919 гг. и др., из которых следует, что золотой депозит «Иокогама спеши банк» резко, на много порядков, возрос именно в 1919 г. Как писал старейший работник этого банка, его советник на протяжении многих десятилетий Хидзиката Сусуму, «благодаря крупным заграничным денежным вложениям 1918—1919 гг. банк стал крупнейшим в Японии».
19 «Знамя», № 8, 1992, с. № 187; «Деловые люди», 1992, март, с. 75. См. также: П е т р о ф ф С е р г е й. Япония должна вернуть России 22 ящика золота — «Известия», 19 фев. 1992 г.
20 На местонахождение некоторых из них уже указали Никита Моравский (см. его неопублик. очерк «Мой отец В. И. Моравский», с. 20. — *Текущий архив экспертного совета,* 1996 г.) и Амир Хисамутдинов, историк из Владивостока — «Владивостокское время», № 70, 22 июля 1995, с. 16.
21 А б л а ж е й-Д о л ж е н к о в а Н. Н. Новые факты в дискуссии о русском золоте (по материалам Гуверовского архива и Музея русской культуры в Сан-Франциско). — Неопубл. статья, 1995 г. — *Текущий архив экспертного совета.* См. также: А г а ф о н о в С. Кому достанется золото Колчака? — «Известия» № 243, 11 окт. 1991 (с большим количеством фактических неточностей).
22 П е т р о в С. П. Ук. доклад — «Дипломатический ежегодник», М., 1995, с. 248.
23 Цит. по: С и р о т к и н В. Г. Русское золото находится во Франции, Японии и Чехии. — ежен. «Россия», № 43, ноябрь, 1994, с. 6.
24 М о р а в с к и й Н. В. Из архива моего отца. — Неопубл. рукопись, присланная 4 февраля 1993 г. В. Г. Сироткину — *Текущий архив экспертного совета.*
25 Лидеры СУОАС А. В. Сазонов и В. И. Моравский настолько доверились «адвокату», что дали ему «карт-бланш» на ведение судебных дел не только по «петровскому», но и по «золоту» военного атташе генерала М. П. Подтягина и финансового агента Минфина России в Токио К. К. Миллера. За это Сузуки обязался выплачивать двум сибирским вождям-эмигрантам по 2,5 тыс. зол. иен ежемесячно, а также оплачивать их командировки в Японию. — Обязательство Шюн Сузуки, 22 сентября 1923 г. (на рус. яз., копия из Гуверовского архива). — *Текущий архив экспертного совета.*

[26] Краткие характеристики всех этих деятелей в виде диктовок Моравского (в перев. на англ. яз.) сохранились в его личном фонде в Архиве Гуверовского института. Никита Моравский любезно предоставил в 1996 г. некоторые из них нам. — См. *Текущий архив экспертного совета*.

[27] См.: Джон Стефан. Русские фашисты (трагедия и фарс в эмиграции, 1925—1945). М. , 1992.

[28] Моравский Н. В. Мой отец В. И. Моравский (неопубл. рукопись), с. 5. — *Текущий архив экспертного совета*.

[29] Abrikosov D. I. Revelations of Russian Diplomat. Seattle, 1964. Есть также русское издание, вышедшее мизерным тиражом. — См.: Сергей Агафонов. Версия Дмитрия Абрикосова. — «Известия», 14 янв. 1995.

[30] Петров С. П. Ук. доклад. — «Дипломатический ежегодник». М. , 1995, с. 253 (табл. 2).

[31] См.: Сазонов С. Д. Воспоминания. М. , 1991.

[32] Гузанов В. Уплывшее сокровище. — «Совершенно секретно», № 3, 1993, с.6.

[33] См.: Доверенность председателя СОУАС-2 А. Сазонова Сузуки, 6 марта 1924 г.; Приговор Токийского окружного суда 9 марта 1925 г.; Доверенность Моравского Сузуки от 1 ноября 1930 г. — «Дипломатический ежегодник». М. , 1995, с. 208—209 — *Текущий архив экспертного совета* (материалы судебного процесса против генерала Подтягина из архива Гуверовского института, Калифорния, США).

[34] Приговор Токийского окружного суда, 9 марта 1925 г., с 6 (копия на рус. яз., из Гуверовского архива). — *Текущий архив экспертного совета*.

[35] Аблажей-Долженкова Н. Н. Ук. статья, с. 7. — *Там же*.

[36] Цит. по: Натаров Валерий. Золотой след. — «Литературная газета», № 21, 24 мая 1995 (собкор. газеты в Токио обнаружил это письмо Подтягина в личном частном архиве С. Куроки на о. Кюсю; в архиве сохранились почти все материалы (в копиях) подтягинского процесса 20-х годов. Оригиналы же стенограмм хранятся в Парламентской библиотеке в Токио).

[37] «Ведомость частных вкладов в банках Японии» (сведения японской контрразведки, 1920 г. — на яп. яз.). — *Текущий архив экспертного совета*.

[38] Письмо С. П. Петрова к В. Г. Сироткину, 23 мая 1992 г. — *Там же*.

[39] Бортневский Виктор. Смерть генерала П. Н. Врангеля: еще одно преступление ГПУ? — «Русская мысль», Париж, № 4094, 28 сент. — 4 окт. 1995, с. 16.

[40] «Владивостокское время», № 70, 22 июля 1995, с. 6.

[41] «Знамя», № 8, 1992, с. 207.

[42] См.: Славинский Б. Н. Пакт о нейтралитете между СССР и Японией: дипломатическая история, 1941—1945 гг. М. , 1995.

[43] Запись заседания сделана по памяти генералом Касаткиным, в то время — начальником службы военных сообщений штаба армии Колчака. — Рук. отдел библиотеки Колумбийского ун-та (Нью-Йорк); копия любезно предоставлена мне в феврале 1996 г. Никитой Моравским в США. — *Текущий архив экспертного совета*.

Ср.: Гинс Г. К. Сибирь, союзники и Колчак, т. 1. Пекин. 1921; Болдырев В. Г. Директория, Колчак, интервенты (воспоминания). Новониколаевск, 1925; Мельгунов С. П. Трагедия адмирала Колчака, т. 1. Белград, 1931.

[44] Доверенность адвокатам Х. Хада и Т. Ямнце от 25 июня 1934 г. (копия на рус. яз.). Из личного архива генерала П. П. Петрова, хранящегося в доме его сына, Сергея Петрова (папка с надписью «Золото»). — *Текущий архив экспертного совета.*

[45] Цит. по: Письмо-замечания Сергея Петрова на статью В. Г. Сироткина «Вернется ли на Родину российское золото?» (1993, с. 9—10). — *Там же.*

[46] С. Агафонов. Прощание с легендой, или о том, почему не надо искать 22 ящика золота в Японии? (12. III. 1992, машинопись, с. 8). — *Там же.*

[47] Цит. по: Письмо-замечания Сергея Петрова... (1993 г.), с. 11. — *Там же.*

[48] «О российском золоте» в Японии (Москва, 3 декабря 1997 г. Дипломатический корр. ИТАР-ТАСС). Интервью с директором 2-го департамента МИД РФ Александром Лосюковым. — *Текущий архив экспертного совета.*

Глава V

НЕОЖИДАННЫЕ СОЮЗНИКИ

С 1991 г. я не упускал ни одной заграничной поездки — будь то в качестве эксперта при парламентской (1992 г. — Япония) или религиозной (1993 г. — Греция, 1994 г. — Израиль) делегации, либо в качестве приглашенного университетского профессора (1991—1998, Франция, Италия, Испания, США, Канада, Великобритания) — для того, чтобы продолжить сбор материалов по проблеме российского золота и недвижимости за рубежом.

За время длительных, до трех месяцев, университетских коммандировок удавалось поработать в архивах и библиотеках, снять сотни страниц ксерокопий уникальных документов для нашего Текущего архива экспертного совета.

Очень много дали личные архивы потомков первой волны русской эмиграции, долгие беседы с сыновьями и внуками участников российской драмы 1917—1922 гг.

...Никогда не забуду одной такой беседы в начале декабря 1991 г. в Нью-Йорке. Я только что закончил свою месячную стажировку в «Вудро Вильсон Скул» Принстонского университета и по дороге домой заехал на один — два дня к своей московской знакомой Надежде Адольфовне Иоффе, дочери того самого советского полпреда Адольфа Иоффе, что 27 августа 1918 г. в Берлине подписал первый «пакт Риббентропа — Молотова» (Н. А. Иоффе только что, в 80 с лишним лет, эмигрировала в США по «еврейской визе»).

Именно во временное пристанище Надежды Иоффе в Бруклине за мной, чтобы пригласить меня на несколько дней в гости, и заехал другой эмигрант — внук последнего председателя Государственной Думы Олег

Михайлович Родзянко, тот самый, жену которого Татьяну в 30-х гг. «выкупили» у Сталина родственники. И вот они сидят друг против друга — потомки «красных» и «белых» отцов и дедов на одной кухне в чужой стране, один — проживший в США почти всю свою жизнь, другая — приехавшая туда умирать из «первого Отечества мирового пролетариата».

И было невыносимо горько слушать беседу этих двух далеко немолодых людей на чужбине, отец и дед которых, каждый по-своему, боролись за счастье народов бывшей Российской империи. Они ведь и погибли почти в одно время: Михаил Родзянко умер от побоев в Белграде в 1924 г., будучи избит группой молодых офицеров-монархистов как «предатель», а Адольф Иоффе застрелился в 1927 г. (по официальной версии — в состоянии глубокой депрессии от неизлечимой болезни, по версии дочери — уже тогда предвидя кровавые репрессии Сталина против «троцкистов» — ее отец был личным другом Л. Д. Троцкого).

И мне тогда подумалось — а стоило ли проливать такие реки человеческой крови в начале века, чтобы дети и внуки «красных» и «белых» к концу его оказались у разбитого корыта? И если уже невозможно вернуть миллионы загубленных жизней, то нельзя ли попробовать вернуть то, что прадеды и деды этих «красных» и «белых» заработали своим тяжелым трудом, но дали разбазарить амбициозным политикам — народное достояние Отечества?

ПОТОМКИ ДЕРЖАТЕЛЕЙ «РУССКИХ ЗАЙМОВ» ОБВИНЯЮТ... ПРАВИТЕЛЬСТВО ФРАНЦИИ

К 1995 г. чисто исследовательская, розыскная работа в отечественных, зарубежных государственных и частных архивах и собраниях была в основном закончена — в нашем Текущем архиве было собрано солидное досье по золоту и недвижимости за рубежом. Причем не только какие-то общие сведения, а конкретно номера счетов, копии расписок, купчие на недвижимость и т. д.

Наступал *второй этап* — изучение опыта решения аналогичных проблем в других странах: возвращение золотых резервов Албанией и балтийскими независимыми республиками в 1992/93 гг., Индонезией из Японии в послевоенные годы и т. д.

В качестве *первой* модели мы решили остановиться на Франции. Почему Франция? Да потому, что там с 1955 г. действует целых *пять* объединений потомков держателей русских ценных бумаг (1822—1917 гг.), объединяющие свыше 500 тыс. человек*, суммарные претензии которых превышают 240 млрд. современных франков (или почти 50 млрд. долл. США). Внимательно изучив в 1995—1998 гг. деятельность этих объединений и побывав на отдельных заседаниях, я пришел к выводу, что не все они равноценны с точки зрения интересующей нас проблемы.

С 1991 г. «головную» ассоциацию (GNDPTR) сотрясают скандалы, дележ портфелей, расколы. К 1994 г. из этой ассоциации-«матери» выделились три «дочерние» организации. Основная причина неэффективности четырех из пяти объединений — мелкотравчатое провинциальное политиканство (большинство из них возглавляется мелкими лавочниками с северо-востока — Лилль, или юга — предгорья Альп, департамент Юра на юге Франции). Так, бывший президент GNDPTR Эдуард Шампенуа, перебежавший как почетный президент в «раскольническую» GPTR (в молодости — владелец овощной лавки), не вернув из «русских займов» членам обеих ассоциаций ни франка, тем не менее в 1995 г. «выбил» себе престижный «Национальный орден за Заслуги» (?!).

Многие рядовые члены этих ассоциаций тяготеют к правым, голосуют за Национальный фронт Ле Пена. К иностранцам, попадающим на их «хуралы», относятся с нескрываемым подозрением, а уж к русским — как к кровным врагам их семейств, как будто бы,

---

* Национальное объединение защиты интересов держателей русских ценных бумаг (с 1955 г. — фр. аббревиатура — GNDPTR);

Французская ассоциация держателей русских займов (откололась от GNDPTR в 1994 г. — AFPER);

Национальное объединение защиты потомков держателей русских займов (откололось от GNDPTR в 1993 г. — GNDTR);

Объединение держателей старых ценных бумаг (откололось от GNDPTR в 1991 г. — GPTA);

Национальная ассоциация французских держателей акций недвижимости (ANPEVM).

скажем, я несу личную ответственность за то, что большевики в 1918 г. отказались платить проценты по «русским займам».

В конце концов выяснилось, что наиболее серьезной является Французская ассоциация держателей русских займов (AFPER — Париж, ул. Лормель, 75), президент которой Пьер де Помбриан сегодня проявляет большую активность (дает интервью в СМИ, подал в суд на правительства Франции и России и т. д.).

Ассоциация пригласила в качестве адвоката скандально известного не только во Франции, но и во всем мире «мэтра» Жака Вержеса, защитника «лионского палача» гестаповца Клауса Барбье и «красного» террориста «Ильича» Карлоса.

Но, самое главное, ее исследовательскую группу (нечто вроде нашего экспертного совета, но только с хорошей оплатой) возглавил пишущий на финансовые темы журналист Жоэль Фреймон, на сегодняшний день — самый крупный во Франции «спец» по «русским займам».

Помнится, весной 1995 г. я ломал голову над тем — как подступиться к этой любопытной Ассоциации? Во Франции, с ее, можно сказать, ритуальным, почти мистическим отношением к деньгам, нечего и думать о том, чтобы просто так, «с улицы» проникнуть, например, в подвалы «Banque de France». Допуск в эти «святая святых» может разрешить лишь один из «регентов» (управляющих) Французского банка, да и то — лишь официальному лицу, имеющему полномочия либо от МИД, либо от Минфина РФ. А какое я «официальное лицо», так, «общественник», рядовой российский профессор, хотя и приглашенный по трехгодичному контракту для чтения лекций о русской цивилизации в Национальную школу живых восточных языков, одну из пяти «больших школ» при Парижском университете (Сорбонне).

В конце концов все же — удача. 27 марта 1995 г. попадаю на пресс-конференцию-обед (есть такая форма общения с прессой во Франции — либо завтрак, либо обед: платишь от 30 до 100 фр. за еду, жуешь, слушаешь и на десерт, под кофе, задаешь вопросы).

Основным докладчиком на встрече был тот самый «спец» Жоэль Фреймон (в приглашении он был указан как «технический советник» Ассоциации), о котором я упоминал выше (к концу года он издаст свой доклад отдельной брошюрой [1]). Докладчик выступил эмоционально, хотя, на мой взгляд, не по всем затронутым проблемам достаточно аргументировано. Основная и самая интересная мысль доклада — ответственность за невыплату дивидендов по «русским займам» держателям русских ценных бумаг должны разделить оба правительства — французское и советское (российское). И в подтверждение Фреймон упомянул старую работу 20-х гг. некоего немца Гельмута Вельтера.

Я раскопал эту книгу (правда, в переводе на французский) в парижской Национальной библиотеке — очень любопытная вещица.

Оказывается, стоны всех французских правительств, начиная с 1918 г., когда большевики отказались платить французским рантье проценты по «русским займам», совершенно необоснованны, ибо во Франции в подвалах ее банков оставалось к 1923 году «залогового золота» (слитков и золотой монеты, а также других «драгметаллов», включая и «ленинское» золото) на 93,5 тонны, т. е. на 283 млн. зол. фр. (или 5,6 млрд. современных) [2].

И если бы французские власти действительно захотели хотя бы частично компенсировать потери мелких вкладчиков в 1919—1924 гг., им с лихвой хватило этих денег, и еще кое-что осталось бы.

Не захотели, предпочли все списать на «большевика с ножом в зубах»...

Но деньги все же потратили: на финансирование военной интервенции в 1918—1920 гг. в Россию и помощь «белым» генералам, на содержание до 1924 г. бывшего «царского» посольства в Париже, на антибольшевистскую пропаганду в прессе, где те же самые журналисты, которым Артур Рафалович платил за «любовь» к России, теперь изощрялись за русские же деньги в «ненависти» к ней.

Между тем, спустя 75 лет, разыскания дотошного немца, книгу которого французская пресса 20-х годов объявила «происками побежденных бошей», полностью подтвердились. И связано это было с нашей с архивистом Светланой Поповой публикаций в «Литературной газете» в январе 1998 г.

Публикация вызвала лавину откликов как у нас, в России (в очередной раз меня пригласили и на радио, и на телевидение), так и, особенно, во Франции. Еще бы — без малого 80 лет официальные французские власти тщательно скрывали этот факт, как и переписку тогдашнего французского министра финансов Луи Клотца с регентами «Банк де Франс»:

«После совершения процедуры опознания золота прошу вас оставить его на хранение в ваших хранилищах (Париж, ул. де ля Круа-де-Пти-Шан, рядом с центральным зданием Французского банка.— *Авт*.),— писал министр,— ввиду того, что французское правительство взяло на себя временное хранение для союзников, это золото не должно фигурировать в балансе Банка».

«Литературка», в отличие от многих московских «демократических» изданий, все еще доходит до Парижа, и, главное, по-прежнему читается. Поэтому наше с С. С. Поповой публикация «А "ленинское" золото все-таки во Франции!» не осталась незамеченной. Более того, известный еженедельник «Экспресс» (июнь 1998 г.), отталкиваясь от нашей публикации, провел собственное расследование по архивам МИД, министерства экономики и финансов и особенно «Банк де Франс». И не только апробировал наши с Поповой выводы, но значительно их углубил и расширил, фактически документально подтвердив многие предположения Гельмута Вельтера в 1923 г.

И вот как выглядит судьба 5620 слитков «ленинского» золота по 18 кг каждый, что в период с 5 по 11 декабря 1918г. были доставлены из Берлина в Париж, а также (в отдельном эшелоне) «романовок» и «думок» на 204 млн. 535 тыс. зол. руб. (или на 10 млрд. современных франков).

Поскольку вся операция с «временным хранением» (а этот статус подтверждается ст. 259 Версальского мирного договора 28 июня 1919 г.) носит сугубо секретный характер и не отражается в балансах Французского банка, парижские власти плюют на Версальский договор и 4 ноября 1920 г. делят 5 620 слитков «ленинского» золота на три части: 2 073 слитка отгружаются в Лондон, 1 450 остаются во Французском банке, а еще 2 097 слитка... отправляются на переплавку (письмо министра финансов Поля Думера премьеру Аристиду Бриану 6 июля 1921 г. — золото должно быть переплавлено для уничтожения на слитках императорских двуглавых орлов, проштамповано клеймом «Банк де Франс» и отправлено теперь как якобы «французское» в Нью-Йорк в «Федерал Резерв Бэнк» для продажи, что и было сделано в том же году).

Но и это не все — ведь 1 450 слитков все еще лежат в хранилище на Пти-Шан. В апреле 1924 г. доходит очередь и до них: 7 апреля Великобритания забирает свою очередную долю в 724 слитка, а Франция — свою в 992 «кирпича» (и вскоре продает 744 из них — разумеется переплавленных — 24 июля 1925 г. все в том же Нью-Йорке за 3 млн. фр. или 600 млн. нынешних).

Оставшиеся 248 слитков лежат на Пти-Шан еще 12 лет, пока премьер левого правительства «Народного фронта» социалист Леон Блюм не оприходует и их: 21 января 1937 г. последние слитки «ленинского» золота переплавляют и как «исконно французские» зачисляют в казну Франции.

«Ленинское» золото во Франции перестает существовать физически.

Но в виртуальном воображении потомков французских держателей русских ценных бумаг «ленинское» золото осталось. И они 60 лет спустя водружают на сцене своего очередного съезда в Париже в апреле 1998 г. огромный плакат с таким текстом: «Французское государство! Верни нам 47 тонн золота».

Такой поворот истории с «царскими долгами», признаюсь, был для меня тогда большой неожиданностью. Ведь вся отечественная пресса с 1990 года (когда М. С. Горбачев впервые подписал в Париже договор о преемственности обязательств царской России, переходящих к СССР) только и писала, что отныне мы должны погасить «царские долги» [3].

По правде сказать, меня и тогда несколько удивляла такая односторонность наших собкоров в Париже. То Юрий Коваленко из «Известий» пускается на охоту за «золотом партии», предлагая «покрыть царские долги с помощью капиталов КПСС, упрятанных в парижских банках» [4]. То собкор «Правды» Владимир Большаков (кстати, мой бывший студент в Московском инязе имени Мориса Тореза) вдруг пишет, что, заплатив долги, мы якобы можем «поставить, например, вопрос о возвращении Соединенными Штатами России Аляски или выплаты ей соответствующей компенсации за нее»⁵. Увы, мой бывший студент явно слабо знаком с историей продажи Аляски 30 марта 1867 г. США всего за 7,2 млн. зол. долл⁶.

Сопоставима ли такая «компенсация» за возврат Аляски по сравнению с 1,1 млрд. долл. (цена части русского «залогового золота» во Франции в 1923 г.), если Аляску мы продали «навечно» (см. текст русско-американского договора 1867 г. в трактатном зале Архива внешней политики России МИД РФ), как, впрочем, сделал и Наполеон с Луизианой, а Испания — с Флоридой, но вот, скажем, по «ленинскому» золоту у нас есть «расписка» о временном хранении — статья 259 Версальского мирного договора 1919 г.

Убедить собкоров двух крупных ежедневных московских газет в Париже не «играть в одни ворота» (хотя один из них — В. Большаков, и был на докладе Ж. Фреймона 27 марта 1995 г., а в своем корпункте имеет большое досье о «русских займах» во Франции, которым он поделился со мной*) мне так и не удалось. И я ограничился тем, что дал другому собкору в Париже — из газеты «Труд» — Вячеславу Прокофьеву обширное интервью, где пунктирно набросал тактику игры в «двое ворот»⁷.

Единственным утешением было то, что в отличие от Ю. Коваленко и В. Большакова их парижские коллеги охотно подхватили и развили тезис о равной ответственности двух правительств — французского и российского — за то, что проблема «царских долгов» и «русского золота» во Франции не решается или решается келейно, вдали от глаз и слуха общественности двух стран⁸.

* * *

Так получилось, что я еще в 1992 г., в бытность мою экспертом Комитета по международным делам и внешнеэкономическим связям бывшего Верховного совета РФ оказался причастным к этой проблеме реше-

---

* Ксерокопии материалов части этого досье ныне находятся в нашем **текущем архиве**. — *Примеч. авт.*

ния спорных российско-французских финансово-экономических вопросов. Как известно, в законодательные функции ВС РФ входила ратификация межгосударственных соглашений. В ноябре 1992 г. подошла очередь ратификации подписанного президентом Б. Н. Ельциным 7 февраля того же года в Париже российско-французского соглашения о сотрудничестве, повторяющего основные принципы «преемственности» аналогичного соглашения 1990 г., подписанного М. С. Горбачевым там же, в Париже.

Тогдашний председатель Комитета народный депутат РФ Е. А. Абмарцумов поручил мне как эксперту подготовить пояснительную записку к договору 7 февраля 1992 г. с тем, чтобы она стала канвой для выступления одного из зампредов Комитета (им оказался И. И. Андронов) по мотивам ратификации. Надо сказать, что тогда, в 1992 г., в обстановке всеобщей эйфории от парламентской демократии, когда ВС РФ впервые начал обсуждать и рекомендовать на должности даже российских послов в «ближнем» и «дальнем» зарубежье, ратификации обставлялись весьма торжественно. Выступал один из замов министра иностранных дел, представитель Комитета по международным делам, приглашались чиновники соответствующего отдела (департамента) МИД, иностранные послы (в нашем случае — посол Франции), на галерее для публики находились журналисты, отечественные и зарубежные.

И надо же было так случиться, что за несколько дней до пленарного заседания ВС РФ, где должна была состояться ратификация, по каналам ИТАР — ТАСС из Парижа пришло изложение пресс-конференции Жака Вержеса в Национальном собрании (нижней палате французского парламента), на которой он резко нападал на свое правительство за бездействие в вопросе «царских долгов», несмотря на то, что соглашение от 7 февраля 1992 г., казалось бы, давало ему все юридические карты в руки.

Ж. Вержес изложил целую программу давления держателей облигаций «русских займов» на правительство и парламент своей страны. Среди предложенных им мер значилось:

а) сбор подписей парламентариев в защиту «держателей» (к ноябрю удалось собрать более 100 подписей — ¹/₅ от общего числа депутатов Национального собрания);

б) давление на МИД Франции при обсуждении его бюджета в нижней палате (не будете давить на Россию — урежем ассигнования!);

в) введение специального налога на все коммерческие операции между Францией и Россией и перечисление сборов от него на особый счет в покрытие «царских долгов»;

г) блокирование «проекта века» — строительство высокоскоростной железнодорожной магистрали Москва — Петербург к 2000 году (проектная стоимость в 1992 г. — до 8 млрд. долл.) по типу французских ТЖВ (Train à Grande Vitesse — «поезда большой скорости» — до 250—300 км/час) на том основании, что Россия так и не расплатилась с Францией за «железнодорожные займы» 1880—1896 гг., хотя часть из них пошла в конце XIX в. именно на модернизацию старой Николаевской дороги.

В заключение «мэтр» Вержес объявил о предстоящем создании **общественного агентства** «держателей», которое будет координировать всю эту программу давления на правительство и парламент *[9].

В своей справке к ратификации франко-российского соглашения 7 февраля 1992 г. я специально подчеркнул эти «ленинские золотые тонны», не забыв упомянуть и 22 млн. 500 тыс. зол. фр., что остались на счетах царского финансового агента Артура Рафаловича как плата за «залоговое золото» времен Первой мировой войны.

Но и это не все. Вслед за информацией о пресс-конференции Жака Вержеса по каналам МИД в наш Комитет по международным делам пришла информация о предстоящем подписании А. В. Козыревым в Париже 12 ноября 1992 г. российско-французского соглашения об учреждении государственных культур-

---

* Любопытно, что создать нечто подобное этому агентству (но с противоположными целями) наш экспертный совет предлагал тогдашнему первому вице-премьеру правительства РФ В. Ф. Шумейко в мае 1993 г.[10]. В 1994 г. та же идея возродилась в законопроекте депутата В. А. Лисичкина в V Госдуме в виде Российского агентства федеральной собственности за рубежом[11]. — *Примеч. авт.*

ных центров в столицах двух государств под эгидой соответствующих посольств, которое развивало и детализировало приложенное к договору 7 февраля 1992 г. соглашение о культурном сотрудничестве двух государств.

Франция к ноябрю 1992 г. такой центр на базе библиотеки иностранной литературы в Москве уже открыла, а вот с нашим культурным центром в Париже случилась крупная неувязка. Собственно, де-факто такой культурный центр СССР существовал в Париже давно, с 1975 г., когда советское посольство выкупило в центре французской столицы по ул. Буассьер, 61 особняк, некогда принадлежавший сподвижнику «гнезда Петрова» графу Шереметеву. Не одно поколение членов аналогичного «Общества СССР — Франция» (и я в том числе) побывало после 1975 г. в этом «графском» особняке — последний «десант» в 300 человек активистов высадился там в разгар перестройки в 1989 г. Был особняк знаком и немалому числу наших писателей, художников, музыкантов.

В соответствии с тогдашней «коминтерновской» установкой здание было куплено на подставную «контору» — ВАО «Интурист СССР», и сдано в бессрочную бесплатную аренду прокоммунистическому «Обществу Франция — СССР», которое благополучно там и обреталось целых 17 лет, до февраля 1992 г., когда оно обанкротилось из-за отсутствия субсидий от ЦК КПСС. Немалый штат аппарата «Общества» оказался не у дел. Но не случайно Францию иногда называют страной «рыночного социализма с человеческим лицом» — все-таки 14 лет ее президентом был социалист Франсуа Миттеран. Уволить госслужащего «за просто так» нельзя — плати компенсацию за три года вперед со всеми социальными надбавками. Что и вынуждено было сделать французское правительство, выложив безработным клеркам «Франции — СССР» «на бочку» целых 8,5 млн. фр. Но в порядке частичной компенсации за бюджетные потери пустило имущество (компьютеры, мебель, оргтехнику и т.п.) общества как финансового банкрота с молотка на аукционе. Едва не продали и сам «графский» особняк, но в последний момент «казенная» ликвидационная комиссия остановилась и задумалась — а стоит ли, ЦК КПСС уже нет (как, впрочем, давно нет и Коминтерна), но Россия-то осталась?

И тут возникла интересная ситуация — в самом центре Парижа, в пределах его бульварного кольца, роскошный особняк с гаражом и старинными залами в позолоте, с мраморными полами и... «ничейный». Нет никакого хозяина!

Но не забудьте — 1992 год — год «сплошной прихватизации». Что тут началось — и вообразить невозможно. Сей секунд объявилось не менее десяти «хозяев», не считая попыток «самозахвата» неких фирмачей из Сибири, с Северного Кавказа, с Урала, а также дипломатических партнеров по СНГ: Украина, Беларусь, Грузия — все искали здания под свои посольства в Париже, а Литва уже начала судиться с РИА-«Новости» за свое бывшее «буржуазное» здание посольства на площади генерала Катру, где обосновалось бывшее АПН.

ЦК КПСС больше нет, администрация Президента РФ еще только формировалась и толком не знала — что ей делать? В правительстве чехарда — то премьер Силаев, то Гайдар, то он же, но уже и. о. премьера, то, наконец, Черномырдин. Война Президента со Съездом народных депутатов РСФСР и его ВС РФ еще только начиналась «под ковром», и многие потенциальные «прихватизаторы» особняка в Париже спешили заручиться поддержкой Р. И. Хасбулатова, а тот «футболил» просителей в наш Комитет по международным делам и внешнеполитическим связям. Скоро его председатель Амбарцумов обалдел от ходатаев, вызвал меня в сентябре как главного специалиста-эксперта Комитета и заявил: «Ты вице-президент «Общества СССР—Франция», вот и разбирайся, чей это особняк?»

Хорошо сказать — разбирайся, когда вокруг лакомого пирога зарубежной советской собственности столкнулись такие «киты». МИД в лице зам. министра В. И. Чуркина утверждает — особняк наш, есть распоряжение Президента РФ № 102 — РП от 24 февраля 1992 г., да и французы открывать там «частную лавочку» не дадут (письмо к зампреду Госимущества А. И. Иваненко, 25 мая 1992 г.). Нет, наше, утверждает первый зампред Моссовета С. Б. Станкевич (письмо Б. Н. Ельцину от 21 апреля 1992, № 4-63 -518/2), нам его передал вице-премьер и куратор ГКИ А. Б. Чубайс (поручение Правительства от 5 мая 1992 г., 3 АШ—ПЗ — 17125) под создание «Дома Москвы» в Париже. Как бы не так, парирует другой вице-премьер А. Н. Шохин, президент «отказал» (указ № 889 от 14 августа 1992 г.) этот «графский особняк» моему РАМСИРу*, «скушавшему» бывший ССОД вместе с Валентиной Терешковой и присвоивший себе все его здания за рубежом.

Обождите, ребята, пишет министр культуры и туризма РФ Е. Ю. Сидоров в МИД (10 июля 1992 г., № 294-01-45/5-31), а как же мы? Нет уж, отдайте особняк нашему Министерству «для развития и укрепления всего комплекса культурных связей между Россией и Францией».

Наконец, в свару вмешивается Президиум ВС РФ: 1 июня 1992 г. за № 2889-I выходит постановление за подписью первого зампреда С. А. Филатова «О Русском Доме в Париже»: «разработать концепцию функционирования Русского Дома в Париже (улица Буассьер, 61) в качестве самоокупаемого культурно-делового центра, имея в виду возможность его использования для развития межпарламентских связей между Россией и Францией, и предоставить ее на рассмотрение Президиума ВС РФ в срок до 1 августа 1992 г.».

Нет нужды говорить, что никакой «концепции» ни до 1 августа, ни позднее в Президиум ВС РФ так представлено и не было — вскоре Филатов, разругавшись с Хасбулатовым, ушел главой администрации Президента, а самому спикеру, вступившему уже на «тропу войны» с Ельциным, было не до «Русского Дома» в Париже.

Зато «дело», как оказалось, было для окружения тогдашнего председателя экспертного совета при Президенте РФ О. И. Лобова, по совместительству еще и председателя Фонда гуманитарных и экономических связей с Францией.

Что делал сей Фонд, кроме организаций поездок своего председателя во Францию, и по сию пору остается загадкой, но в 1992—1993 гг. Фонд активно вклю-

---

* РАМСИР — Российское Агентство Международного Сотрудничества и Развития (1992—1995 гг.), «липовая» контора, с уходом А. Н. Шохина с поста вице-премьера прекратившая свое существование. — *Примеч. авт.*

чился в битву за «графский особняк» в Париже (письмо О. И. Лобова Президенту Б. Н. Ельцину от 5 мая 1992 г., № А5—104).

В качестве «толкача» он нанял некоего И. А. Коновалова, бывшего советника торгпредства СССР в Париже, а с 1992 года — президента «Интурист Холдинг Компани», одного из осколков бывшего Интуриста СССР, «приватизированного на троих» («Холдинг», ВАО «Интурист» и «Мосинтурист» — все трое вели между собой смертельную войну за особняк в Париже). Помнится, как созданная Е. А. Амбарцумовым во главе с его замом по Комитету, бывшим следователем А. П. Сурковым, подкомиссия пыталась примирить бывших коллег — ныне смертельных врагов (я присутствовал на этих заседаниях), но тщетно.

Ловчее всех оказался Коновалов. Он обошел и Амбарцумова, и Филатова и подписал 27 октября 1992 г. у Лобова письмо к Б. Н. Ельцину, где вместо федеративного государственного культурного центра под эгидой МИД РФ предлагалось разместить в особняке некую полукоммерческую, полукультурную частную «Ассоциацию пользователей» («Интурист Холдинг Компани» Коновалова, РАМСИР Шохина и Фонд Лобова).

Президент и эту просьбу удовлетворил, начертав на бумаге Коновалова—Лобова резолюцию «Согласен» (3 ноября 1992, Пр-1923).

В результате этой «подковерной» борьбы за дележ заграничной советской недвижимости («графского особняка») появилось такое количество прямо противоположных постановлений, распоряжений, резолюций и даже указов, что к 4 ноября 1992 г. — моменту ратификации российско-французского соглашения 7 февраля 1992 г. — в них сам черт мог ногу сломать *.

---

* Распоряжение Б. Н. Ельцина 24 февраля о передаче особняка МИДу, его же «согласие» 3 ноября, наоборот, отдать дом частной «Ассоциации пользователей», его же проект указа от 1 декабря вновь вернуть дом в федеральную собственность, постановление Президиума ВС РФ от 1 июня за подписью Филатова фактически подчинить дом российскому парламенту, указ № 889 от 14 августа отдать дом РАМСИРу Шохина, распоряжение Правительства 5 мая 1992 г. передать дом Моссовету и т. д. — вся переписка по «графскому особняку» в Париже сохранилась в *Текущем архиве экспертного совета.*

И. И. Андронов, докладывая мнение Комитета, кратко «озвучил» и историю с «ленинским» золотом во Франции (сразу после этого посол Пьер Морелль, не дожидаясь голосования, покинул зал заседаний — пошел, очевидно, давать шифровку в Париж), и всю безобразную историю с дележом особняка на улице Буассьер в Париже. Соглашение от 7 февраля, разумеется, ратифицировали, но Комитету по международным делам Р. И. Хасбулатов высказал пожелание — разобраться с этим «чертовым особняком».

Надо сказать, что к концу 1992 г. скандал с дележом «графского особняка» уже попал в газеты — о нем писали «Коммерсантъ-Daily», «Московские новости», газета «Срочно в номер!», журнал «Столица», некоторые корреспонденты французских газет из Москвы, мне самому приходилось комментировать свару под перекрестным «допросом» Улисса Госсе и его коллег из московского бюро TF-1 — первого канала французского ТВ.

Снова вызывает Евгений Аршакович — со спикером у него были не самые теплые отношения, он больше дружил с Филатовым: «Владлен, слышал, что сказал Руслан? Ноги в руки и марш в Париж — разберись с этой бодягой на месте, да и что там думает посол Рыжов, узнай».

29 ноября прилетаю в Париж и сразу — к послу. А он на меня разве что не с кулаками (мы с его женой учились в аспирантуре у одного научного руководителя — акад. А. Л. Нарочницкого): «Что вы там творите в Москве? Какая-такая «Ассоциация пользователей»? Да французы ее выгонят как «частную лавочку» через год, к 1 января 1994 г., когда истечет срок аренды, формально записанный на уже несуществующий Интурист СССР, и никакой Коновалов им не докажет, что он — прямой «наследник». Тем более, что у вас в Москве еще два таких «наследника» — ВАО «Интурист» и «Мосинтурист». Объявят аукцион, продадут особняк, и мы его навсегда потеряем. Хотите такой вариант, пожалуйста. Но без меня», — отрезал Юрий Алексеевич. Пошел к знакомым французским журналистам. Те, конечно, в курсе дележа «шкуры неубитого медведя», смеются. «Знаешь что, — говорил мне Мишель Лабро из популярного еженедельника «Эвенман

дю жеди», — мы же знаем, что никакой «Интурист СССР» (т. е. Коновалов и К⁰. — *Авт.*) не владелец этого здания, деньги-то выделены в 1975 г. по просьбе тогдашнего посла СССР во Франции С. В. Червоненко и наверняка оформлены решением Политбюро ЦК КПСС — кто бы дал какому-то «интуристу» столько миллионов? Вы хотите, чтобы снова пошли статьи о «деньгах КПСС» во Франции?»

Во французском МИДе и разговаривать долго не стали: есть договор 7 февраля, есть конвенция Козырев — Дюма (тогдашний министр иностранных дел, затем председатель Конституционного суда Франции) 14 ноября 1992 г., везде четко записано — «государственный культурный центр», т. е. под эгидой МИД России. Что еще вам нужно? Лепечу что-то вроде — «мы бедные, а там долги от почившего в Бозе «Общества Франция—СССР» на 8 млн. фр., кто будет платить?» Усмехается чиновник, знакомый с таинственной славянской душой не понаслышке — четыре года изучал русский язык и литературу в Национальной школе живых восточных языков, работал в посольстве Франции в Москве: «Кто-кто? Как это у вас, платить будет — Пушкин». Дал понять, что если будем соблюдать подписанные соглашения о культурных центрах, то и долги «скостят» — хорошие отношения с Россией дороже стоят. А если по-другому, начнете «химичить» — за смену титульного владельца недвижимостью («Интурист СССР» ведь больше не существует) впаяем вам от 10 до 20 млн. фр. по суду, никакая «Ассоциация пользователей» такой кусок не проглотит, так-то, мон шер ами.

Доложил послу. Все правильно, ответил Рыжов, у них — не у нас, на козе не объедешь. Договорились о дальнейших действиях — он пишет в МИД, Козыреву, я — в Комитет, Амбарцумову[12]. Основной постулат один — «федеральный государственный культурный центр» под эгидой МИД РФ, и точка.

И все закрутилось в обратную сторону. МИД направил ноту в посольство Франции в Москве с просьбой «сообщить юридическую процедуру переоформления прав собственности на «Русский Дом» в Париже на Российскую Федерацию (а не на «ассоциацию пользователей» или мэрию Москвы). Е. А. Амбарцумов направил докладную записку в Правительство. Но прошло еще долгих три года, пока все утряслось*.

За эти годы многие фигуранты дележа «шкуры» либо сошли с политической арены (Р. И. Хасбулатов, Е. А. Амбарцумов, С. Б. Станкевич), либо сменили амплуа (А. Н. Шохин, Е. Т. Гайдар).

В конце 1995 г. В. В. Терешкова сумела прорваться к Президенту и выплакать у него указ о восстановлении ССОД, правда, под другим названием, но с возвращением ей всей заграничной инфраструктуры и собственности. Шохинский РАМСИР тот час же разогнали (его самого еще раньше сместили с поста вице-премьера, и он подался в «думцы» по спискам «Наш дом — Россия») и в «графский особняк» в марте 1996 г. въехал новый «комендант» — Алексей Рябов, бывший ответственный секретарь «Ассоциации друзей Франции» (экс-«СССР — Франция»). «Центр Пушкин» прикрыли, Мачебелли уволили (но он сразу же пристроился в новой «конторе» — ответственным секретарем официозного «Национального французского общества друзей России» во главе с бывшим министром иностранных дел и послом в СССР Ж. —Б. Реймоном) и все в «графском особняке» вернулось «на круги своя» — под эгиду посольства РФ во Франции и державную длань российского государства. К великой радости и моей, и моей активной помощницы и тайной советчицы Ольги Валентиновны Степановой из Управления (ныне департамента) по культурным связям МИД РФ, с которой мы вместе бились в 1992—1993 гг. за «графский особняк».

Читатель вправе спросить: ну, хорошо, особняк у российских «прихватизаторов» вы со Степановой отбили, честь вам и хвала. Но где же ваши «неожиданные союзники» во Франции?

Отвечаю — да вот они, немолодые уже люди в потрепанных пиджаках и жакетах, сидят в одном из муниципальных залов бывшего «красного пояса» Па-

---

*. За это время (1992—1995 гг.) бывший ответственный секретарь «Общества Франция — СССР» французский гражданин Владимир Мачебелли создал некую временную ассоциацию «Русское пространство — Центр Пушкин», которая, правда, действовала в тесном контакте с посольством России в Париже и даже обслуживалась из его столовой. — *Примеч. авт.*

рижа, слушают отчет президента AFPER Пьера де Помбриана.

Так получилось, что ежегодные съезды Ассоциации в 1995—1998 гг. совпадали с моим пребыванием в Париже (в 1998 г. ОРТ даже передало из французской столицы мой комментарий прямо из зала заседаний съезда Ассоциации). Более того, удалось установить деловой контакт с новым президентом AFPER Пьером де Помбрианом, который весьма существенно отличался по своим взглядам на проблему решения «царских займов» от своего предшественника.

Если предыдущий президент Ассоциации во всем винил Россию, то новый публично, на съездах AFPER и в СМИ, исповедовал принцип равной ответственности правительств двух стран за обман вкладчиков. За четыре года общения с Пьером в Париже я убедился: это не прежний «отмороженный» президент, во всем винящий «большевика с ножом в зубах»; это разумный французский общественник, честно отстаивающий интересы рядовых членов своей Ассоциации.

Сменился и главный адвокат AFPER: Вержесу дали от ворот поворот — за публичное использование трибуны Ассоциации для саморекламы. В 1998 г. ежегодный съезд избрал главным адвокатом Мишеля Карлшмидта, родом из прибалтийских немцев, свободно говорящего по-французски, немецки и (большая редкость в ассоциациях потомков владельцев «царских займов») — **по-русски.**

Остался советником AFPER Жоель Фреймон, и этот тандем Карлшмидт — Фреймон существенно усилил историко-юридическую составляющую Ассоциации.

Новая стратегия нового руководства и его советников отчетливо проявилась на последнем из съездов Ассоциации, где мне удалось побывать в апреле 1998 г. Именно на этом съезде впервые было принято «Обращение к русскому народу», в котором обманутым вкладчикам двух стран предлагалось объединиться в конфедерацию и совместно давить на свои правительства.

НА БЛИЖНЕМ ВОСТОКЕ БЕРЕГУТ ПРАВОСЛАВНЫЙ ДУХ И... РОССИЙСКУЮ НЕДВИЖИМОСТЬ.

Канун православного Крещения Господнего, 18 января 1994 года. Мы, первая после 1914 г., большая, почти 70 человек, группа православных паломников грузимся в огромный «боинг» компании «Трансайро» в Шереметьево-2 и летим в Тель-Авив и далее к «Святым местам», в «Святую Палестину».

Ядро паломников образуют преподаватели и слушатели Московской духовной академии, что в Сергиевом Посаде под Москвой, во главе с епископом Дмитровским ректором Академии владыкой Александром (в составе слушателей — чудесный мужской церковный хор), несколько приходских батюшек из Тверской и Ставропольской «губерний», руководство ИППО во главе с его председателем профессором О. Г. Пересыпкиным и мы — небольшая пресс-группа в составе съемочной бригады РТР из передачи «Уходящая натура» (автор и ведущий Лев Аннинский) и спецкора «Независимой газеты» Евгения Александрова. Я при них нечто вроде куратора и консультанта от ИППО. Субсидирует поездку православный бизнесмен Александр Зражевский, бывший семинарист *.

Подавляющее большинство не только к «святым местам», но и вообще в Израиль едет впервые.

* * *

Это сегодня, в последние три — четыре года, православие входит в повседневную жизнь России и СНГ. Патриарх Московский и всея Руси благословляет Президента РФ на второй срок правления, мэр Москвы ударными «стахановскими» темпами восстанавливает взорванный большевиками в декабре 1931 г. Храм Христа Спасителя на Волхонке.

А исторически, каких-нибудь 50—60 лет тому назад, православие было гонимо, в конце 20-х годов

---

* После этой первой поездки А. В. Зражевский создаст «Всемирный фонд паломничества» и начнет регулярно отправлять группы христианских и мусульманских паломников в Иерусалим и в Мекку. — *Примеч. авт.*

большевики запретили не только крестить детей, но и встречать Новый год с наряженной елкой.

И советский поэт Семен Кирсанов в первый день Нового, 1941 года, тискал в «Правде» такие стишата:

«... И даже елка, блестками слепя,
За время хвойной лапою задела,
Все вифлеемское сняла с себя
И все советское — надела».

А мы едем, наоборот, за тем, чтобы снять с себя «советское» и надеть снова «вифлеемское». Едем возобновить традицию паломничества в Святой град Иерусалим, традицию, восходящую еще к XII веку, когда первый славянский паломник игумен Черниговского монастыря Даниил в 1104—1107 гг. посетил «Святую Землю».

С тех «библейских времен» почти восемь веков «Святая Палестина» (помните — «вернуться к своим палестинам», т. е. к истокам, к «отеческим гробам» — А. С. Пушкин) была мощнейшей струей в русской духовной культуре.

«С первым детским лепетом, — писал в 1881 г. первый секретарь Императорского Православного Палестинского Общества — ИППО — известный религиозный и общественный деятель XIX в. В. Н. Хитрово, — привыкли мы произносить священные имена: Иерусалима, Иордана, Назарета, Вифлеема и имена эти, в нашем детском воображении, сливаются как-то с родственными для нас именами: Киева, Москвы, Владимира и Новгорода» [13].

«Библейская» тематика «святых мест», отраженная в Библии и Евангелии, была тем реальным духовно-культурным «мостиком», который соединял Пушкина и его няню Арину Родионовну, Лермонтова и его «дядьку»-денщика на Кавказе, графа Льва Толстого с его литературным героем Платоном Каратаевым из романа «Война и мир».

Человек, побывавший хотя бы раз в жизни в «Святой земле», почитался на Руси почти как святой. Тот же Хитрово подчеркивал: «Расходясь по возвращении в Россию до отдаленнейших ее окраин, они желанные гости в любой крестьянской избе, где стар и млад заслушивается их рассказами».

Более ста лет прошло со времени этих откровений. И совсем другой паломник, о. Ипполит из Пятигорска, бывший минометчик Советской Армии, участник войны с Германией и Японией, контуженный и чудом выживший («мать сильно молилась за меня всю войну, вымолила у Бога для сыночка жизнь», — говорит он Льву Аннинскому в фильме-исповеди «Уходящая натура», показанному по российскому каналу ТВ в марте 1994 г.) сидит на плитах у Храма Гроба Господня и... плачет. «Что ты, отче, кручинишься?» — спрашивает его епископ Александр. «Да от радости, владыко, — отвечает бывший сержант-минометчик. — Не зря воевал, теперь уже и помирать не страшно».

А о. Яков, в миру художник, паломник из другой группы, приехавший в «Святую землю» в начале 1996 г., так обрисовал свои ощущения от посещения Палестины: «Удивительно видеть своими глазами то, что знаешь наизусть. Это потрясает» [14].

Заочно, «наизусть» мы знали о Святой Палестине даже в безбожное советское время. О Вифлееме и Назарете, об Иордане и Гробе Господнем писали в своих стихах Пушкин («Когда владыка ассирийский...», 1835 г.) и Лермонтов («Ветка Палестины», 1837 г.), в прозе Гоголь и Иван Бунин.

Более того, корифеи литературной классики сами совершили паломничество в «Святую землю». Незадолго до смерти по дороге из Рима посетил Иерусалим Н. В. Гоголь («Видел я, как во сне, эту землю», — из письма к поэту и переводчику В. А. Жуковскому). В 1850 г. на Пасху приехал в Иерусалим с женой последний из живших еще друзей Пушкина престарелый кн. П. А. Вяземский, оставив в память о своем паломничестве стихотворение «Палестина» и дневник, изданный уже после его смерти племянником [15].

Наконец, в 1907 г. припал к «святым местам» И. А. Бунин. Приехал, чтобы найти умиротворение после кровавых крестьянских бунтов 1905—1906 гг., первой репетиции будущих «Окаянных дней» 1917— 1919 гг., которые вытолкнут гениального писателя и будущего лауреата Нобелевской премии в «белую» эмиграцию. Очерки и стихи Бунина, написанные им в Палестине, ценнейший источник для понимания духовного надлома писателя, мучительно размышлявшего — откуда из этой серой и богобоязненной толпы мужичков-паломников берутся Стеньки Разины да Емельки Пугачевы?[16] Палестинская тема еще долго, почти весь эмигрантский период творчества Бунина, будет звучать в его прозе и стихах (см., например, его сборник «Роза Иерихона», 1924, Париж, а в нем рассказ-сказка «О дураке Емеле» из тех самых паломников-разбойников, что выгнали из России гениальных писателей и поэтов).

Однако заложили основы российского «укоренения» в Палестине (нынешние Израиль, Ливан, Сирия, Иордания, часть Египта) официальные власти России, императорский Дом Романовых и Священный Синод Русской Православной Церкви, начиная с царствования Николая I.

* * *

Вокруг царствования «Николая-Палкина», «царя-фельфебеля» (А. И. Герцен) до сих пор в отечественном и зарубежном «русоведении» идут горячие споры. В СССР все советские годы преобладала резко отрицательная оценка этого «вешателя декабристов» (при этом тщательно замалчивалась ироническая оценка автора «Горе от ума» и крупного дипломата А. С. Грибоедова — «сто прапорщиков вознамерились изменить политический быт России»), в русском зарубежье, наоборот, господствовала позитивная оценка правления царя как эпохи «консервативной модернизации» (Николай Рязановский. «Николай I», университет Беркли, Калифорния, США).

Фактически, как всякое крупное историческое явление, эпоха Николая I была сложным и противоречивым периодом, который, скажем, Н. В. Гоголь заклеймил в своем «Ревизоре» и «Мертвых душах» как эпоху реакции, взяточничества и жульничества («вся Россия — один большой монастырь» — писатель имел в виду николаевский «порядок» даже в личной и семейной жизни своих подданных).

Наоборот, Ф. М. Достоевский, чье творчество началось при Николае I («Бедные люди», «Белые ночи») приветствовал усилия царя по возврату к религиозным истокам, к соборности, утверждая, что «православие — это и есть наш русский социализм».

Что бы ни говорили и ни писали современники и потомки о «николаевской реакции», у царя была своя цельная концепция внутренней и внешней политики, чего так не хватает нынешним правителям «демократической» России.

При общей политике сдерживания высшего образования для лиц недворянского звания (двери для «кухаркиных детей» откроются лишь в 60-х гг. XIX в., с реформой университетов при Александре II), Николай I весьма поощрял среднее специальное образование. При нем в России открылось множество коммерческих училищ. Он же осуществлял политику протекционизма отечественных купцов и промышленников, не доводя их до банкротства, как это случилось в 1819 г. при Александре I, когда тот ввел либеральный тариф, и английские и германские промтовары буквально разорили русских текстильных фабрикантов: в 1822 г. первая попытка «войти в европейское экономическое пространство» закончилась провалом.

Не был «царь-фельдфебель» чужд и поощрению наук и ремесел. Именно при «Палкине» были открыты будущая знаменитая Пулковская астрономическая обсерватория (1839 г.) под Петербургом, Технологический институт (1828 г.) и Институт инженеров путей сообщения (1832 г.), создано Императорское Русское Географическое общество (1845 г.), ряд других научных сообществ.

По-своему прислушивался царь и к критике деятельности своего аппарата управления из рядов общественности (Гоголь, Белинский, славянофилы Погодин, Аксаков, Хомяков и др.). Ни один царь из династии Романовых не издавал такого количества указов по чиновникам, как Николай I за 30 лет своего правления. То он обязывает гражданских (вице-) губернаторов не сидеть сиднем в губернских столицах, а хотя бы раз в год объезжать лично все уезды (1827 г.), то вводит губернские правления, детально регламентируя их обязанности (1845) г.

А уж какое количество царских и сенатских указов было в 1827—1851 гг. издано, дабы поднять «исполнительскую дисциплину» чиновников — и не перечесть. Здесь и вычеты из жалования (пени) «за медленность и нерадение по службе» (1831 г.), и увольнения необразованных чиновников, «не имеющих грамоты» (1831 г.), и запрет «принимать подношения от общества» (1832 г.), и об отдаче под суд чиновников «за не хождение к должности» (1847 г. — деньги получали, а на службу не ходили), и о «высылке из столиц чиновников, отставляемых за дурное поведение и нетрезвость» (1848 г.) [17].

При Николае I впервые в России были созданы «курсы повышения квалификации» чиновников при университетах, а также разрешен был экстернат на сдачу экзаменов «за весь университетский курс» (именно этим указом много лет спустя и воспользуется В. И. Ульянов для сдачи госэкзаменов экстерном в Санкт-Петербургском университете).

И неправым оказался великий поэт М. Ю. Лермонтов, когда в известном стихотворении «Прощай, немытая Россия...» писал о послушном «голубым мундирам» народе. «Голубые мундиры» (жандармские офицеры III отделения собственной его Императорского Величества канцелярии, возглавляемой с 1826 г. графом Бенкендорфом) следили не за «народом», а за... высшими чиновниками — министрами, генерал-губернаторами и вице-губернаторами на предмет их потенциального отклонения в «самостийность» (регионализм, а такие случаи имели место, например, в Восточной Сибири в 30—40-х гг. у генерал-губернатора Руперта) или взяточничества (в 1856 г. специальная комиссия Сената в секретном докладе Александру II сообщила, что из 45 генерал-губернаторов «николаевской России» только двое — Калужский и Астраханский — не брали взяток).

Свою битву с чиновничьей коррупцией (как до него Петр I, Павел I и Александр I) Николай начисто проиграл, о чем незадолго до смерти с горечью признался своему сыну, будущему царю Александру II: «Ты думаешь, я управляю Россией? Управляют ею пятьдесят моих генерал-губернаторов». А 80 лет спустя П. А. Столыпин повторил: «Не могу найти пятидесяти дельных губернаторов» (В. В. Шульгин).

Но зато Николай I в начале своего царствования явно преуспел во внешней политике, особенно на ее восточном (южном) направлении, и в обрамлении этой политики православной «палестинской» идеологией.

* * *

Со школьных времен знаем мы, бывшие советские люди, «реакционную» формулу однокашника Пушкина по Царскосельскому лицею графа Сергея Уварова — «самодержавие, православие, народность» (1832 г.).

Но почему попечителя Петербургского учебного округа, при Александре I весьма либерального и «западника», вдруг потянуло к соборности и Святой Палестине?

Да потому, что именно в начале 1830-х годов Николай I начал фундаментальное оформление той самой национально-религиозной концепции «государственной идеи», о которой в 1996 г. только мечтал Б. Н. Ельцин, издавая свое знаменитое распоряжение за год подготовить ему нечто подобное («Российская газета», помнится, даже конкурс на «лучшее воплощение» объявила).

Идеологии царя предшествовали реальная военная политика и дипломатия. Именно к началу 30-х годов Россия окончательно вышла к «теплым морям» (Черному и, через проливы Босфор и Дарданеллы, к Средиземному). Две победоносные войны — с Персией (1826—1828 гг.) и Турцией (1828—1829 гг.) закрепили за Россией восточно-черноморское побережье от Анапы до Батуми, ее контроль над Закавказьем (включая свободу мореплавания на Каспии) и, через «дочерние» православные княжества на Балканах под фактическим протекторатом «белого царя» (Молдавия и Валахия — будущая Румыния, Сербия и Черногория, частично Греция) защиту западного черноморского побережья от будущих посягательств Османской империи и ее покровителей на Западе (Англия и Франция) на случай новых войн (Адрианопольский русско-турецкий мир 2/14 сентября 1829 г.) [18].

Разумеется, царь отдавал себе отчет, что такой стремительный «бросок на юг», сопоставимый лишь с выходом екатерининской России к Северному Причерноморью (Одесса — Херсон — Крым — Азов — Анапа), не останется не замеченным в Европе. И действительно, англичане отреагировали весьма быстро: «Адрианопольский мир нарушает-де европейское равновесие». На что российская дипломатия ответила достаточно резко — а когда Англия с 1814 г. начала завоевывать Индию, она это равновесие не нарушала? Именно с тех времен в дипломатический и литературный лексикон в России входит выражение — «англичанка гадит».

Отношения с Англией осложнились еще больше в 1830—1833 гг. Дело в том, что военным и дипломатическим успехам Николая I в 1826—1829 гг. во многом способствовал очередной внутриполитический кризис в Османской империи. В 1830 г. при поддержке великих держав из состава султанских владений вышла Греция, провозгласив свою независимость во главе с бывшим министром иностранных дел Александра I в 1814—1822 гг. Иоанесом (Иваном Антоновичем) Каподистрия. В том же году султан Махмуд вынужден был подтвердить широкую автономию Сербии, вытекавшую из условий Андрианопольского мира.

Но и в «тылу» у султана все было отнюдь не спокойно. На этот раз восстал его вассал египетский паша Махмед-али, и вооруженная и обученная французскими военными инструкторами египетская армия под командованием сына паши Ибрагима, заняв всю Палестину и Малую Азию, в 1831—1832 гг. победным маршем двигалась на Стамбул, встав лагерем на азиатском берегу Босфора к январю 1833 г. Султан оказался в ловушке — армии у него почти не было (ее в 1828—1829 гг. разбили русские войска), традиционную «преторианскую гвардию» султанов — янычар, он, реформируя государственное устройство, незадолго до того разогнал.

В панике султан обратился за защитой к Англии, Франции и России — срочно пришлите военный флот и войска для защиты султанского дворца. Определенного ответа от двух великих не последовало. Французы ограничились присылкой лишь нового посла, а англичане — популярного журналиста (затем он станет секретарем британского посольства в Константинополе) Джеймса Уркарта.

В контексте европейской истории понять французскую и британскую дипломатию в начале 30-х годов можно. Во Франции произошла очередная революция 1830 г. и режим «короля-банкира» Луи-Филиппа Орлеанского еще только укреплялся внутри страны.

А у англичан под боком вновь восстали собственные «египтяне» — в Ирландии в 1830 г. вспыхнул очередной мятеж против британского господства. Единственный, кто отреагировал молниеносно, был Николай I. Едва российский посланник в Константинополе А. П. Бутенев получает паническое письмо султана о помощи (конец января 1833 г.), как уже 20 февраля русские военные фрегаты бросают якорь в Босфоре, прямо перед дворцом султана. Одновременно царь «налаживает» к египетскому паше своего посланника по особым поручениям статс-секретаря Н. Н. Муравьева (его сыну будет еще ранее поручена другая не менее деликатная миссия, но в Палестине), и добивается от паши приказа — пока не штурмовать Константинополь, который его сын Ибрагим неохотно и выполняет. В апреле 1833 г. на берегах Босфора при посредничестве французских и русских дипломатов начинаются секретные мирные переговоры, которые завершаются в мае полной политической капитуляцией султана. В обмен на номинальное правление Махмуд отдавал египетскому паше в управление фактически весь Ближний Восток (нынешние Сирию, Ливан, Израиль, т. е. всю «Святую Землю»).

Казалось бы, все, «полицейская миссия» России закончилась, пора поднимать паруса и отплывать из Босфора восвояси. Как бы не так! Оказывается, султан еще 20 марта 1833 г. все через того же Бутенева умолял прислать не только флот, но и русских «морпехов». И это пожелание царь с удовольствием и молниеносно выполнил — в начале апреля три дивизии «морпехов» с полным вооружением (более 12 тыс. штыков) прибыли на Босфор и разбили лагерь на берегу Дарданелл.

Четыре месяца, с апреля по июль 1833 г., русские войска «охраняли» черноморские проливы. В европейских столицах поднялась настоящая паника — «русские на Босфоре!», сбывается их вековая мечта о «щите на вратах Царьграда»!

И вдруг, к середине июля, также внезапно, как они прибыли, «морпехи» сворачивают свой бивуак, грузятся на десантные суда и отбывают в Россию.

Послы Франции и Англии в Константинополе срочно строчат депеши в свои столицы: «Слава Богу, русские ушли, черноморские проливы вновь свободны...»

Эйфория от «капитуляции царя» длилась всего лишь месяц. В августе одна из британских газет публикует сверхсекретный русско-турецкий договор от 8 июля 1833 г., подписанный с русской стороны особо доверенным лицом Николая I (к концу его царствования он сменит Бенкендорфа на посту шефа тайной полиции) графом А. Ф. Орловым в местечке Ункяр-Искелесс сроком на восемь лет.

Ункяр-Искелесский договор фактически создавал военный союз Турции с Россией, свободный проход не только торговых, но и военных российских судов через проливы, причем дополнительный военный протокол обязывал султана по первому требованию России закрывать доступ в Черное море иностранным военным судам, а в случае угрозы — приглашать вновь русскую «морпехоту» [19].

На деле это означало полный торговый и военный контроль России над черноморскими проливами и всей акваторией Черного моря, тот самый «щит на вратах Царьграда», прибить который на Босфоре тщетно пытались Екатерина II, Павел I и Александр I.

Многим в России стало ясно, что после такого договора Европа не оставит николаевскую империю в покое, и лучше всего понимал это сам царь. Вспыхнувшая через год после Ункяр-Искелесского договора «большая кавказская война» (1834—1859 гг.) третьего имама Дагестана Шамиля, вызвавшая в советские времена столь противоречивые оценки [20], была отнюдь не случайной.

Не вдаваясь в существо этих идущих до сих пор споров (особенно в связи с недавней войной России в Чечне), отметим следующие факты.

Снабженный секретными инструкциями и профинансированный премьером Великобритании лордом Пальмерстоном «писатель» Дж. Уркарт в 1833 г. совершил большую поездку на Ближний Восток с целью изучения сырьевых и торговых возможностей обширных провинций, формально входивших в Османскую империю. Свои наблюдения и выводы английский разведчик изложил в книжке «Турция и ее ресурсы», вышедшей в Лондоне в том же 1833 г. Главный вывод автора — Черное море отныне недоступно для английской торговли, особенно потому, что «побережье Абхазии и Грузии полностью закрыто для нас» [21].

В 1834 г. летом на британском военном фрегате «Туркуаз» в порт Сухум-кале прибыл Уркарт для встречи со старейшинами кавказских горских племен. Русская военная разведка на побережье Черноморья сразу засекла британского «агента» (см. их обширные донесения в «Турецком столе» в АВПРИ МИД РФ за 1833—1835 гг.).

В 1835 г. Уркарт был назначен секретарем британского посольства в Константинополе и развернул бурную деятельность по поддержке движения Шамиля (посылка оружия, военных инструкторов и т. п.).

Все это было хорошо известно и в российском посольстве в Турции, и в МИД в Петербурге благодаря «вмонтированному» в ближайшее окружение Уркарта «двойному агенту» карачаевцу Андрею Хайю, европейскому кавказцу (долго жил в Европе, принял протестантскую веру, свободно говорил на шести языках) [22].

Ответные меры Николая I не заставили себя долго ждать — в конце 1834 г. побережье от Анапы до Батуми специальным указом царя закрывается для стоянки иностранных судов. И уже в мае 1835 г. русская морская береговая охрана задерживает английскую шхуну «Лорд Чарлз Спенсер» на траверсе Геленджикского порта. По-видимому, англичане сумели скрытно выгрузить оружие и боеприпасы ранее, ибо таможенники ничего не нашли и отпустили шхуну с миром [23].

Однако чисто репрессивные меры на Кавказе были частью обширной программы восточной политики Николая I, впоследствии вошедшей в литературу по восточному вопросу под названием программы «военного православия».

В нее вошли:

— Принятие решения (1832 г.) о строительстве второго (первый — на Воробьевых горах к 1825 г. разворовали, что дало повод Н. И. Карамзину в 1826 г. сказать — ничего нового в России, кроме как по-прежнему *воруют*) Храма Христа Спасителя в Москве на Волхонке (строить начали с 1839 г., после того как взорвали стоявший на этом месте Алексеевский женский монастырь XVII в.).

— Оглашение триады «самодержавие — православие — народность» (1832 г.).

— Начало реализации плана «монументальной пропаганды» Отечественной войны 1812 г. и заграничного похода русской армии и ополчения в 1813—1814 гг. (Александровский столп в Петербурге в 1832 г., памятник-часовня с могилой П. И. Багратиона на батарее Раевского на Бородинском поле в 1839 г., Триумфальная арка в Москве, памятники в Смоленске, Можайске, Малоярославце, Вязьме и т. д.) [24].

Существенное место в этой политике «военного православия» заняла «Святая Палестина». Надо сказать, что еще в 1806 г., со времени начала активных русско-наполеоновских войн, при военном ведомстве и походной дипломатической канцелярии стали формироваться небольшие «походные типографии», выпускавшие листовки и воззвания к солдатам и офицерам противника.

В 1812—1814 гг. эта пропаганда «приравнивания пера к штыку» была существенно расширена. Целые толпы молодых «архивных юношей» из дворян, опасаясь идти на передовую, оттачивали свое перо именно в этих «типографиях» или в «особенной экспедиции» при МИД России, координировавшей всю эту антинаполеоновскую (или антианглийскую или антитурецкую — в зависимости от того, с кем в этот момент воевала Россия) пропаганду, приобретая одновременно некоторый литературно-публицистический опыт.

В 1813 г. «особенная экспедиция» начала издавать еженедельную газету «Conservator Impartial» («Беспристрастный консерватор»), и именно к редакции этой газеты в 1817 г. был прикомандирован А. С. Пушкин*.

Николай I не только не закрыл эту «экспедицию», а, наоборот, значительно расширил ее, создав нечто вроде хрущевского АПН.

Именно к этому «АПН» и был в конце 20-х гг. причислен (подобно Пушкину в 1817—1820 гг.) посредственный поэт (в 1826 г. его стихи высмеет Пушкин в ядовитой эпиграмме), но наблюдательный путешественник Андрей Николаевич Муравьев (1806—1874), сын русского дипломата. Вскоре после заключения Адрианопольского мира Муравьев как паломник и ли-

---

* Подробней см.: Сироткин В. «Младых повес счастливая семья». — «Трибуна», 1999, 26 мая.

тератор, «путешествующий по частной надобности», отправился в «святые места».

Подобно англичанину Уркарту (но только на три года раньше), о котором К. Маркс ядовито писал, что он — «по рождению шотландский горец, натурализовавшийся черкес и одновременно турок по свободному выбору» [25], «паломник» Муравьев на «казенный кошт» объехал за полтора года весь Ближний восток, написав по возвращении в конце 1830 г. очень обстоятельный и интересный отчет для начальства своего «АПН».

Когда же после Ункар-Искелесского договора 1833 г. и восстания горцев Шамиля в 1834 г. англо-русские отношения на Востоке обострились, а в Россию еще и попала книга Дж. Уркарта о ресурсах Турции, начальство предложило Муравьеву литературно обработать свой отчет и выпустить его отдельной книгой, что он и сделал в 1835 г. [26]. Книга имела шумный успех и вдохновила М. Ю. Лермонтова на стихотворение «Ветка Палестины». Много лет спустя Муравьев вспоминал: «Жуковский и Пушкин наиболее хвалили мою книгу: первый — потому, что принимал во мне участие (проталкивал стихи молодого автора в журналы. — *Авт.*), последний же — оттого, что чувствовал себя виноватым за эпиграмму, написанную против меня еще в 1826 г.» [27]

Как установили позднее пушкинисты, великий поэт действительно собирался написать на книгу Муравьева позитивную рецензию и даже набросал было ее план-черновик, но по каким-то причинам не закончил и не опубликовал [28].

Важно, однако, другое — палестинская тема в «военном православии» к концу жизни импонировала и Пушкину, и Гоголю, что уже отмечалось литературоведами (см. например, статью 1933 г. С. Франка «Религиозность Пушкина» [29]).

Как бы то ни было, Муравьев нащупал «жилу» и всю оставшуюся жизнь от нее уже не отходил: он еще несколько раз (но уже как действительно паломник-«частное лицо») посетил Палестину и в 40—50-х годах выпустил еще два трактата по два тома в каждом [30].

После Муравьева «палестинская тема» становится

в русской литературе XIX — начала XX вв. одной из центральных (поэт и переводчик Петрарки А. С. Норов, П. А. Вяземский, библиофил и первый издатель полного собрания сочинений Н. А. Некрасова религиозный общественный деятель С. И. Пономарев, известный художник-баталист П. П. Верещагин, И. А. Бунин, поэты Н. С. Гумилев и В. И. Иванов — все они совершили паломничество в «святые земли») и не прервется для многих из них в эмиграции.

Между тем дипломатически «палестинская тема» как составная часть всего Восточного вопроса (как и движение Шамиля на Северном Кавказе) продолжала торчать занозой в русско-английских отношениях.

К началу 40-х годов случилось новое обострение международной обстановки на Ближнем Востоке. На этот раз войну там начал сам престарелый султан Махмуд — он двинул свои войска против слишком усилившегося египетского паши и в апреле 1839 г. вновь занял Сирию. Более того, ссылаясь на союзный договор 1833 г., султан начал требовать от царя военной помощи, главным образом, русским черноморским военным флотом.

Николай I вовсе не был намерен воевать на стороне Турции против Египта, и тут подвернулась идея Меттерниха урегулировать восточный вопрос на международной конференции.

Идея пришлась как нельзя кстати: Ибрагим-паша наголову разбивает армию султана в Сирии (не пережив позора, султан 30 июня умирает), а командующий всем военно-морским флотом Османской империи капудан-паша Ахмед (из-за интриг с визирем-премьером и подстрекаемый Францией) уводит весь турецкий флот из-под Константинополя и сдает его... египетскому паше. Возникла уникальная в мировой практике ситуация — у дивана (правительства) империи не осталось для своей защиты ни солдат, ни матросов! Единственной защитницей стала... «бумага» — нота 27 июня 1839 г. пяти великих держав (ее подписала и Россия) — отныне турецкое правительство берет под свою защиту «мировое сообщество» [31].

Итогом этого коллективного демарша стал Лондонский протокол 15 июня 1840 г. (Англия, Россия,

Австрия и Пруссия — Францию не пригласили), по которому четыре великих державы брали под свою коллективную — дипломатическую и военную — опеку турецкого султана, предъявив египетскому паше ультиматум: в течение десяти дней вывести войска из Сирии, «святых земель» — Палестины и с о. Крит, но оставить за собой в наследственное пользование Египет.

В результате сложных дипломатических интриг Франции удалось сорвать выполнение этого протокола, но ровно через год, 13 июня 1841 г. там же в Лондоне был подписан второй «восточный протокол» (на этот раз с участием Франции), состоявший из двух частей:

а) о широкой автономии Египта в рамках Османской империи;

б) о нейтрализации черноморских проливов (т. е. фактически об отмене сепаратной русско-турецкой конвенции 1833 г., срок которой, однако, истекал именно в июле 1841 г.).

Для «Святой Палестины» было самым важным то, что она с 1841 г. освободилась от присутствия как турецких, так и египетских войск.

Лондонские протоколы 1840—41 гг. не решили «восточный вопрос» (и свидетельством этому станет Крымская война 1853—1855 гг.), но загнали его «под ковер».

Прежняя борьба за наследие «больного человека Европы» (Османской империи) видоизменилась — она приняла характер дипломатического и религиозного проникновения в «святые земли».

Пользуясь тем, что формально Турция с 1840 г. находилась под «коллективной защитой» великих держав, а египетские войска покинули Палестину, все они первым делом начали открывать свои дипломатические консульства в Иерусалиме, Бейруте, Дамаске, а также направлять в «Святую Палестину» своих миссионеров, для чего начали учреждать еще и духовные миссии (католические, протестантские, православные).

Первой приступила Пруссия (протестанты) — она не только открыла дипломатическое консульство в Иерусалиме, но вскоре послала туда же протестантского епископа (открыла духовную миссию). В ответ католики учредили в Иерусалиме свой патриархат, а Франция — еще и консульство.

Николай I также поспешил открыть в 40-х гг. в Иерусалиме дипломатическое консульство. В 1847 г. наступила очередь духовной миссии.

Обе миссии возглавили два образованных и далеко смотрящих в будущее человека. Духовную — архимандрит Порфирий, начавший еще в 40-х гг. скупать «впрок» земельные участки в Иерусалиме и вокруг него для будущего строительства церквей, подворий, больниц, школ. Он же составил и направил Николаю I обширную записку с конкретным планом расширения паломничества в «святые земли» из России. К сожалению, всегда существовавшая в России «ведомственная дипломатия», помешала тогда, в 40-х гг., кардинально решить этот вопрос: царь направил записку архимандрита в МИД, а тот на нее отрицательное заключение — не дело-де, «каких-то попов» лезть в «государеву вотчину» — дипломатию. В итоге Николай положил проект расширения паломничества под сукно [32].

Очень много сделал и первый дипломатический консул России в Иерусалиме К. М. Базили. Однокашник Гоголя по Нежинской гимназии, именно он принимал своего знаменитого земляка-писателя, возил его по «святой земле». Он же опекал в 1850 г. и Вяземского с женой. Трактат Базили «Сирия и Палестина под турецким правительством...» (СПб., 1875) и сегодня почитается востоковедами как серьезный исторический труд [33].

* * *

Свою 30-летнюю политику «консервативной модернизации» в одной, «отдельно взятой стране» (как и Сталин с его концепцией строительства социализма в «осажденной крепости») Николай I с треском проиграл в Крымскую войну.

И хотя с точки зрения реальных потерь — ни одного кв. метра территории, отвоеванной у Персии и Турции в 1826—1829 гг., Россия по Парижскому миру 1856 г. не потеряла (русско-японская война 1904—1905 гг. в этом смысле обошлась гораздо дороже) и границы Российской империи остались теми же, что и до Крымской войны (их изменит лишь Брест-Литовский мир 1918 г.), в морально-политическом плане «Севастопольская страда» нанесла страшный удар по всей идеологии «самодержавия — православия — народности».

Даже ее символ — Храм Христа Спасителя в Москве — к началу Крымской войны так и не был достроен (и потребуется еще 30 лет, чтобы его завершить).

«Палестинская тема» — паломничество — также в значительной степени осталась при Николае I на бумаге: с 1829 и до начала Крымской войны, т. е. почти за 25 лет, «святые земли» в Палестине посетило всего около 500 человек [34]. Причем в основном ездили либо чиновники-«публицисты» за казенный счет, либо аристократы.

Один из главных протагонистов и основателей ИППО — Василий Николаевич Хитрово, посетивший в первый раз «святую землю» в 1871 г., позднее писал о полном «небрежении» и Русской православной духовной миссии, и Иерусалимского патриархата (где преобладали греки) к нуждам русских паломников, число которых «просто мизерно» [35].

В той обстановке критики и обличения «николаевской эпохи» (очень напоминавшей «перестроечную» публицистику 1986—1991 гг. об эпохе «брежневской»), которая охватила просвещенные круги России после позора Крымской войны, «палестинская» тема зазвучала очень мощно.

Новый царь Александр II откликается на чаяния общественности. В 1859 г. маломощный координационный «Палестинский комитет» (1853 г.) при МИДе под тем же названием преобразуется в общественно-государственный орган при Правительстве и Синоде. В него входят члены императорской семьи, в частности, супруга Александра II Мария Федоровна (в 1864 г. его полномочия еще более усилятся и он станет «Палестинской комиссией», которая в марте 1889 г. вольется в ИППО).

Очень важным инструментом для организации массового паломничества во второй половине XIX — начале XX вв. становится учреждение (с участием государства) в 1856 г. российской пароходной компании в Одессе с задачей регулярного пассажирского сообщения по всем «святым местам» (Палестина, Синай в Египте, Святая гора Афон в Греции).

Через два года, в 1858 г., «Русское общество пароходств и торговли» (РОПИТ) открывает в Иерусалиме постоянную контору по обслуживанию паломников. Результаты не замедлили сказаться: с 1857 г. количество паломников из России резко возрастает и к 1882 г. (году учреждения ИППО) достигает уже почти 13 тыс. человек [36].

Тогда же, в конце 50—60-х гг., начали поступать и крупные пожертвования. Одно из первых сделала жена царя Александра II Мария Федоровна на строительство на Оливковой (Масличной) горе в библейском «Гефсимановском саду» («Гефсимании») женского православного монастыря с восьмиглавой («московского чина») церковью Марии Магдалины, с высокой звонницей («Русской свечей», как ее зовут и сегодня). На участке, помимо церкви и звонницы, было построено еще два подворья (гостиницы) для паломников, поэтому иногда весь комплекс сегодня называют просто Мариино-Магдалинское подворье.

По современным ценам участок в 10 га с фруктовым садом и системой орошения (три цистерны для воды) был куплен... «даром» — всего за 14 тыс. фр. фр. (менее 5 тыс. долл. США сегодня), но на само строительство всего комплекса с окружающей его капитальной двухметровой стеной ушло свыше 300 тыс. фр.

Турецкое законодательство до 1914 г. не предусматривало купчей на юридических лиц. Поэтому покупка (как и все последующие) была оформлена на российского консула в Иерусалиме А. И. Васильева, и лишь 20 марта 1897 г. была переведена на имя русского правительства, для чего потребовался специальный указ (фирман) турецкого султана. В свою очередь правительство передало функции верховного управления и распоряжения этой собственностью Русской духовной миссии в Иерусалиме. В 1897 г. все имущество вместе с участком и садом оценивалось в 402 260 фр. [37].

...В январе 1994 г. вместе с российскими телевизионщиками я побывал в этом подворье. Оно явно разрослось по сравнению с 1897 г., хорошо ухожено, во дворе — большое количество надгробий над могилами монахов и мирян (последних особенно много за 1920-е и 1960-е гг., почти все — эмигранты первой волны). Подворье после карловацкого раскола (1921 г.) на «белую» и «красную» РПЦ попало под духовную юрисдикцию «белой» церкви. И по сию пору «красных попов» туда не пускают, о чем нас предупредили в духовной миссии Московского патриархата в Иерусалиме заранее.

Но мы — не «попы», мы — миряне, паломники, и после небольших переговоров у домофона в воротах, нашу телегруппу впустили, хотя особо возиться с нами не стали. Ни экскурсию проводить, ни показывать какие-либо церковные раритеты (а они, мы знаем, были) не стали — снимайте все, что снаружи, и будя. Даже к трапезе «московитов» не позвали, и мы все три часа были предоставлены сами себе.

Зато была другая интересная встреча. На крыше одного из подворий заметил я человека в черном строительном халате, но явно не монашеского вида — он перекрывал крышу жестью. Вскоре он спустился и... заговорил по-русски. Оказался паломником из Германии, помощник машиниста тепловоза, уже несколько лет проводит часть своего отпуска в «святых местах», бесплатно работает «на Бога» (за кров и скромную монашескую пищу) в Мариино-Магдалинском подворье, помогает по хозяйственным делам — в этот раз перекрывает крышу.

Нет, он не эмигрант-диссидент и не уезжал из СССР по «еврейской визе» — он вообще никогда не бывал в России, ибо родился в самом конце войны в Германии от русской матери и немца-солдата, который погиб в последних боях за Берлин. Набожная мать воспитала его в русско-православном духе, не дала забыть русский язык (хотя учился он в немецкой школе и немецком «паровозном» техникуме) и перед смертью взяла с сына слово — он обязательно посетит «Святую Землю». Один раз приехал, и вот теперь приезжает каждый год за свой счет, иногда даже делая небольшие пожертвования. Вот такой «неожиданный союзник» встретился нам в Иерусалиме.

※ ※ ※

Кардинальный перелом в «палестинской политике» официальных властей России и иерархов РПЦ наступает в 1880—1881 гг.

В 1880 г. в «Святую Землю» в очередной раз приезжает В. Н. Хитрово. «Патриархию (Иерусалимскую. — *Авт.*) я нашел в очень невзрачном виде, — писал он в следующем году в первом номере нового «Православного Палестинского сборника», — заботы патриархии сводятся к нулю, и положение последнего более чем безотрадное. Школ ни одной, а про храмы лучше не говорить»[38]. Одна из основных причин неуспеха русского православного дела в Палестине — длящийся с 40-х гг. ведомственный конфликт Русской духовной миссии (Св. Синод) с Русским дипломатическим консульством (МИД), которые никак не могут определить — кто из них главнее в «Святой Земле»?

В 1881 г. Хитрово представил в МИД и обер-прокурору Священного Синода К. П. Победоносцеву очередную (с 1871 г. пятую) обстоятельную записку с предложением разграничить «ведомственные функции» многочисленных российских и зарубежных духовных миссий, у каждой из которых почему-то оказался свой «хозяин»[39].

Традиционно исторически первые «духовные миссии» стали возникать при посольских церквах России за границей с XVIII в., для чего для отправления религиозных служб по рекомендации Синода и с утверждением их МИДом стали отправлять русских священников (эта практика после 1988 г. возродилась в РФ вновь). Некоторые крупные церковные приходы при посольствах тогда же стали преобразовывать в целые духовные посольства (миссии), главами которых назначались не менее чем архимандриты, а членами — исключительно монахи («черное» духовенство). Постепенно эти духовные миссии и территориально отделились от светских российских посольств: в Риме при Ватикане, где при М. С. Горбачеве прежнюю духовную миссию заменил советский посол при Папе Римском и Мальтийском Ордене; в Константинополе, Афинах, Иерусалиме, Александрии, Сеуле, Токио и др.

Иногда такие духовные миссии исполняли сразу две

функции — религиозную и дипломатическую, как, скажем, Пекинская православная духовная миссия с 1712 г., поскольку МИД России весь XVIII и половину XIX вв. никак не мог установить с Китаем дипломатические отношения из-за неприятия китайского церемониала (правитель «Поднебесной империи» требовал, чтобы иностранные послы вручали верительные грамоты... ползком, на коленях).

До середины XIX в. с управлением большинства заграничных миссий у российских властей не было больших проблем. Субсидировались они из бюджета МИДа, по духовным делам находились в подчинении либо Санкт-Петербургской епархии, либо (Иерусалимская, Пекинская, Японская с 1871 г. и Сеульская с 1897 г.) непосредственно в ведении управления внешних церковных связей Священного Синода в Петербурге.

Первый диссонанс внес... сам Николай I — в 1847 г. рядом с Иерусалимским патриархатом он учреждает еще и Русскую православную духовную миссию, а затем открывает и дипломатическое консульство. Понятное дело, три «хозяина» сразу начинают враждовать, что с горечью отмечает В. Н. Хитрово. Дело доходит до того, что на иерусалимского патриарха Никодима 19 марта 1888 г. совершается покушение — наемный террорист едва не заколол его кинжалом. Хуже всего было, однако, другое — распыление и воровство пожертвований паломников. Как пишет наш современник протоиерей Александр Кравченко, «более чем щедрые субсидии, которые не раз получал Блаженнейший Никодим (в 1883—1890 гг. — глава Иерусалимского патриархата. — *Авт.*), не окупались ничем; без какой-либо определенной пользы разошлись они по карманам кредиторов Иерусалимской патриархии»[40].

«Военное православие» Николая I состояло еще и в том, что он мало считался с иерархами РПЦ. Когда в 40-х годах ему надо было смягчить позицию католических держав в восточном вопросе, он не побоялся лично посетить Папу Римского в Ватикане и даже заключить 22 июня 1847 г. с ним первый (и последний в истории русско(советско)-ватиканских отношений) конкордат о легализации положения католиков и униатов в России, включая гарантию их религиозных свобод и имущества [41].

Еще большую путаницу в управление зарубежными духовными миссиями внесли реформаторские эксперименты 60—70-х годов.

С одной стороны, Александр II ужесточил свои отношения с Ватиканом за его поддержку восстания поляков в «русской» Польше в 1863 г. (отмена 22 ноября 1866 г. конкордата с папой), а с другой — создал в 1865 г. по образцу «Великобританского и иностранного библейского общества» свое «Миссионерское общество для содействия распространению христианства между язычниками» [42] (в 1870 г. его переименовали в «Православное миссионерское общество» с резиденцией в Москве), переподчинив новой непонятной «конторе» некоторые заграничные духовные миссии [42] (как будто имеющих тысячелетнюю цивилизацию китайцев, японцев или арабов можно приравнять к «язычникам» — тунгусам или племенам людоедов в Африке?!).

Однако В. Н. Хитрово, скорее всего, и на этот раз ничего бы не добился (он уже десять лет бомбил «инстанции» своим предложением создать мощное православное общество), если бы в России не случилось очередное трагическое событие — 1 марта 1881 г. террористы-народовольцы убили царя-освободителя Александра II.

Это была первая, как писали духовные последователи «Народной воли», в истории Российской империи «публичная казнь» самодержца (до этого они погибали в результате тайных дворцовых заговоров), сродни казни Людовика XVI в 1793 г. по приговору депутатов французского революционного Конвента.

Русские «качели» в третий раз за один неполный век качнулись вправо, от эпохи «великих реформ» 60—70-х гг. Александра II к «реакции» Александра III, прочно связанной в либеральной дореволюционной и советской литературе с именем наставника царя с юности и до гробовой доски (см. его письма к Александру III с 1881 по 1894 г., недавно, в 1993 г., переизданные вновь) правоведа Константина Петровича Победоносцева (1827—1907), с 1880 и по 1905 гг. состоявшего в должности Обер-прокурора Священного Синода РПЦ Российской империи.

Как писал в прошлом веке один из его современников, «в его громадном кабинете... с письменным столом колоссального размера и другими столами, сплошь покрытыми бесчисленными книгами и брошюрами, становилось страшно от ощущения развивающейся здесь мозговой работы. Он все читал, за всем следил, обо всем знал» [43].

Это не был ПРОПАГАНДИСТ «военного православия» граф Сергей Уваров, это был теоретик самодержавия, заменивший уваровскую триаду на другую — БОГ, ОТЕЧЕСТВО, РОДИТЕЛИ.

Как очень точно назвал громадный обер-прокурорский кабинет на Литейном проспекте в Петербурге наш современник писатель А. П. Ланщиков, «нет, это обиталище не чиновника, не ученого и не философа. Это обиталище УЧЕНОГО ГОСУДАРСТВЕННОГО КОЛДУНА, всемогущего и бессильного одновременно» [44].

Очень близкий к Ф. М. Достоевскому и консервативному историку и философу Константину Леонтьеву, русскому дипломатическому консулу на Балканах (1863—1871 гг.), год проведшему паломником в Святом Пантелеймоновом монастыре на Святой Горе Афон в Греции, и автору капитального труда «Византизм и славянство» (1875 г.), поддерживаемый великим ученым-химиком Д. И. Менделеевым, К. П. Победоносцев был злейшим врагом для графа Льва Толстого и поэта Александра Блока, а также для всей «керенщины» в российской литературе.

Как и Д. И. Менделеев, Ф. М. Достоевский (вспомните его — «православие — это и есть наш русский социализм»), К. Н. Леонтьев, В. В. Розанов, Победоносцев старался вернуть Россию к православным истокам, сочетая грамотность с религиозным воспитанием в школе. Именно он настоял перед Александром III на отмене древнего, еще времен Петра I, указа о запрете РПЦ заниматься обучением крестьянских детей в церковноприходских школах (что через два столетия привело к почти поголовной неграмотности крестьян), и добился больших государственных кредитов на эти школы: с 1880 г. их число выросло с 273 до 43 696 (намного больше, чем светских земских школ), и в них обучалось в 1905 г. без малого 2 млн. крестьянских ребятишек.

Он активно поддерживал — морально и материально — сельских батюшек и разночинцев-интеллигентов, шедших с этой целью «в народ».

Конечно, его «православное просвещение» было по-своему ограниченным. Победоносцев, например, ревниво следил за тем, чтобы в Великий пост все театры были закрыты. Как и Николай I, он не благоволил к университетскому образованию, и в 1886 г. резко воспротивился приданию частному Томскому университету статуса государственного (по тогдашней терминологии — императорского).

Именно к Победоносцеву и попала докладная записка Хитрово. Обер-прокурор не только «дал ход» бумаге, но и «приделал к ней ноги».

«Ногами» стали три великих князя — Сергей Александрович (будущий почетный председатель ИППО и генерал-губернатор Москвы), Павел Александрович и Константин Константинович (будущий президент Императорской Академии наук, драматург и поэт), которые вскоре после гибели Александра II как паломники отправились в «Святую Землю».

Столь мощный «великокняжеский десант», снабженный к тому же всеми необходимыми справками Хитрово о засилии в Палестине «латинян» и «англикан», малом числе русских паломников, «войне» трех глав миссий и отрицательной позиции МИДа (как в случае с финансовыми агентствами Витте за рубежом), стал по их возвращении на Родину таким тараном, что Александр III издал 8 мая указ об ИППО и 21 мая 1882 г. в Петербурге состоялось первое заседание Правления Императорского Православного Палестинского Общества. Его почетным председателем был избран вел. кн. Сергей Александрович, первым ученым секретарем В. Н. Хитрово.

В числе учредителей и членов правления, наряду с членами Дома Романовых (целых семь человек!), вошли представители аристократии (князь Долгоруков, графы Игнатьев и Путятин), крупные ученые-востоковеды, поэты, писатели, путешественники. Широко была представлена профессура Петербургской и Московской духовных академий.

Словом, это была уже не карманная «особенная экспедиция» Александра и Николая Первых, а мощное религиозно-общественное объединение со своей финансовой строкой в государственном бюджете — с 1889 г. по 30 тыс. зол. руб. субсидий, и это не считая так называемых «кружечных сборов» в церквах в «вербное воскресение», что ежегодно давало еще по 75—100 тыс. руб.

Через десять лет ИППО превратилось в самую крупную в России религиозно-общественную организацию, тратившую на свои благотворительные нужды ежегодно более полумиллиона золотых рублей [45].

Куда шли эти огромные средства?

I. **На дотации паломникам** (главным образом, крестьянам) **для поездки из России к «святым местам»** (Палестина и Святая Гора Афон в Греции).

С 1884 г. ИППО начало создавать по всей России свои местные отделения. В них начали продавать так называемые «паломнические книжки» (путевки — по современному) со значительной, до 35%, скидкой на проезд по железной дороге и на пароходе. Так, для малоимущего паломника дорога из Москвы до Одессы по железной дороге, в 3-м классе (трюм) до Яффы и пешком в Иерусалим стоила в 1887 г. всего 46 руб. 50 коп. без питания (продовольствие брали с собой).

Для сравнения: тот же путь (без питания) в 1-м классе стоил 230 руб., во 2-м — 160 руб. [46].

В иерусалимских подворьях за место на нарах (койку), обед из двух блюд и вечерний чай (со своими припасами) с крестьянина до 1914 г. брали 13 коп. в сутки — в самой России такой ночлег на постоялом дворе стоил бы в три — четыре раза дороже.

И неудивительно, что к концу XIX — первом десятилетии XX в. паломничество приняло массовый характер — до 10—12 тыс. человек в год, особенно на православную Пасху (до начала сельскохозяйственных работ в деревне).

Нетрудно установить, что за время довоенного существования ИППО (1882—1914 гг.) десятки тысяч простых русских паломников побывали в «святых землях», причем 72% из них составляли крестьяне [47]. Напомним для сравнения, что аналогичное частное светское общество заграничного туризма графини В. Н. Бобринской для земских учителей в 1909—1911 гг. сумело отправить на схожих льготных условиях всего 4 тыс. «экскурсантов» [48].

Специального социологического исследования состава паломников ни до революции, ни, тем более, в советское время, никто не проводил (некоторые элементы такого анализа содержатся лишь в статье В. Н. Хитрово «Какими путями идут русские поломники в Святую Землю?», 1901, да в работе одного из основателей ИППО и его активного деятеля профессора богословия А. А. Дмитриевского «Типы современных русских паломников в Святую Землю», 1912), поэтому мы воспользуемся анализом двух университетских исследователей из США — Г. Г. Ставроу и Питера Р. Вейсенсела «Русские путешественники на христианский Восток за период с XII по XX век» (аннотированная библиография, Огайо, 1986).

По их подсчетам только в 1883—1897 гг. из 22.238 паломников крестьяне составляли подавляющее большинство — 72,1%, за ними шли с большим отрывом мещане-горожане (12,7%), духовенство (3,5%), мелкопоместное дворянство (3%) и купцы (1,7%) [49]. Данные американских исследователей подтверждаются архивными материалами фонда «Палестинского общества» в АВПРИ МИД РФ, в частности, составленной управляющим подворьями ИППО в Палестине П. И. Ряжским таблицей «Распределения паломников и паломниц по сословиям за 1898/99 г.»

	Сословия	мужчин	женщин	всего
1.	Крестьян	2 349	3 842	6 191
2.	Мещан	248	588	836
3.	Дворян	26	39	65
4.	Казаков	197	402	599
5.	Духовного звания	19	140	159
6.	Почетных граждан	77	84	161
7.	Купцов	25	24	49
8.	Военного звания	53	98 *	151
9.	Иностранцев **	74	17	91
10.	Разночинцев	13	23	36
			Управляющий (подпись)	

* Вдовы военных — *Примеч. авт.*
** Преимущественно православные греки, сербы, болгары, румыны.— *Примеч. авт.*

Распределение паломников по половому признаку в таблице П. И. Ряжского было отнюдь не случайным — за исключением графы «купцы» и «иностранцы», по всем другим сословиям (но особенно крестьян и казаков) женщины составляли подавляющее большинство. Можно даже сказать, что в 1882—1914 гг. русское паломничество в святую Палестину (на Афон в Грецию женщин не пускали и не пускают — там с XII и по сию пору была и есть чисто мужская православная община монахов) было по преимуществу женским.

Некоторые из паломниц по возвращении на Родину опубликовали очень интересные наблюдения (например, паломница Капитолина Барсова)[50].

Зная традиции русских крестьянских семей, в этом «феминизме» паломничества не было ничего странного. Многие русские женщины, особенно на склоне лет, когда подрастали дети и в доме появлялись невестки-помощницы, ходили «на богомолье» и в самой России. Генерал П. П. Петров в своих мемуарах приводит пример своей матери: «Под старость... она отпрашивалась (у мужа. — *Авт*.) сходить пешком на богомолье в монастырь Никандровский около 25 верст или в Псково-Печерский около 90 верст. Любила рассказывать по возвращении про путешествие и встречи»[51].

Но многие паломницы, как пожилые (вдовы), так и молодые, из путешествия в «Святую Землю» домой не возвращались. Оставались там навсегда. Этот феномен отмечал еще в 1859 г. «просвещенный паломник» М. Д. Волконский. Пожилые пристраивались уборщицами (за кров и пищу) в монастырях, подворьях, миссиях, молодые искали женихов или даже «шли на панель» (что с возмущением отмечал паломник из Житомира А. Коровицкий в 1891 г.). Многие промышляли продажей религиозных сувениров, шли «в услужение» к местным богатым арабам няньками, кухарками, горничными.

Разумеется, это не было осмысленное «религиозное диссидентство», скорее — бегство от отупляющего быта русской деревни, заграничная «свобода» без постоянного надзора (а часто и битья) мужа, свекрови, старших братьев, тем более что тогда по «книжке паломника» в Палестине довольно свободно можно было получить «паспорт» (вид на жительство) — достаточно было принести в турецкий околоток письменную рекомендацию местного «батюшки».

Этих русских «невозвращенок» с 60-х гг. прошлого века на Ближнем Востоке всех чохом называли «Наташами», и это собирательное имя всех женщин из России (СССР) сохранилось до сих пор. Как сохранилось и староарабское название русских — «московиты» (почти сродни украинскому «москали»). В разговорном арабском в Израиле, Ливане, Сирии вы и сегодня услышите — «московитская (русская) литература», «московитская» политика, война, школа и т. д. [52]

До 1917 г. большинство «Наташ» — невозвращенок из крестьянок, обслуживая «святые места» за счет мелкой торговли или подаяния (тысячи паломников со всего света в год) могли, перебиваясь с хлеба на квас, существовать в Палестине годами. «Свободные от надзора со стороны своих родственников и старших, — писал профессор А. А. Дмитриевский, — они руководствовались только своими желаниями; в паломничестве они наконец-то обрели свободу» [53]

Революционные события 1917—1920 гг. навсегда отрезали «Наташ» от Родины. Более того — иссяк источник существования для православных «святых мест» в Палестине: ни субсидий, ни подаяний от паломников — приезжали лишь единицы из «белой» эмиграции. И все-таки большинство «Наташ» каким-то чудом выжило.

Мы встретили в январе 1994 г. одну из них совсем рядом с Храмом Гроба Господня в ее крохотной келье с небольшим садовым участком перед ней — мать Валентину, девчонкой приехавшей из тульской деревни еще до Первой мировой войны и в конце концов принявшей монашеский постриг. Вместе с обращенной в православие арабкой-служкой она большую часть своей почти столетней жизни прожила рядом с Гробом Господним, где обе и состарились. Сколько не пытал ее Лев Аннинский под камеру и микрофон, ни вздоха раскаяния «за бесцельно прожитую жизнь» он не услышал. Наоборот, силе духа этой женщины можно было только позавидовать...

Когда два года спустя я пришел снова к той келье,

меня встретила лишь арабка-послушница: «Умерла Наташа, — сказала она на чистом русском языке, утирая слезы, — Бог позвал ее к себе».

II. Учебно-образовательная деятельность ИППО — второе крупное направление расходов Общества. Об этой широкой просветительской деятельности «религиозных мракобесов» и «обскурантов» из ИППО (оценки А. Блока, большевиков) до 1992 г., года воссоздания Российского Палестинского Общества, в СССР не знал почти никто.

Между тем с 80-х и до 1914 гг. ИППО открыло на Ближнем Востоке (Израиль, Сирия, Ливан, Иордания) более 100 двух- (на селе) и четырехклассных (в городе) школ, две (мужскую и женскую) учительские семинарии, которые за 25 лет окончило более 10 тыс. учащихся.

«Русские школы и семинарии в Палестине, — отмечал в 1978 г. журнал «Палестинский писатель», — оказали влияние на арабское литературное движение, и много палестинских поэтов и писателей — выпускники этих школ. Это Насар Иса, Шафик Насар, Халилл Бейдас» [54]. Именно из числа учеников этих школ вышли первые переводчики Пушкина, Лермонтова, Льва Толстого, Достоевского, Чехова, Гоголя на арабский язык [55].

Особенно заметный след оставила четырехклассная мужская педагогическая семинария-интернат в Назарете имени В. Н. Хитрово, построенная на средства ИППО и открытая в 1886 г. Фактически семинария в Назарете была не только педагогическим, но и медицинским (фельдшерским) училищем, ибо все семинаристы обязаны были дополнительно пройти медпрактику (санитары, помощники фельдшера) в русских медпунктах и больницах ИППО в Палестине. В том ужасающем состоянии отсутствия элементарной медицинской помощи, в котором находилось население тогдашней Палестины, учитель обязан был быть еще и фельдшером как минимум.

Душой Назаретской семинарии стал Искандер Кезма, обрусевший араб, окончивший Московскую духовную академию, которого ИППО по контракту отправило в «Святую Землю», где он проработал много лет.

Активный член правления ИППО, а затем — и бессменный, до 1951 г. президент его советского «осколка» — Русского палестинского общества — академик И. Ю. Крачковский, крупнейший ученый-арабист, посетив Назарет, писал еще в 1912 г.: «Хотя учащиеся не все свободно говорили по-русски, им всем был хорошо известен журнал «Нива»... У каждого в доме были сочинения Тургенева, Чехова... Более того, иногда у них оказывалась запрещенная в России литература» [56].

В отличие от французов и американцев, русские не успели создать в «Святой Земле» своего университета. Но способные выпускники школ и семинарий обеспечивались до 1914 г. стипендиями ИППО и направлялись на продолжение учебы в Россию. Типична в этом отношении биография первого (с 1898 г.) переводчика Пушкина и Льва Толстого Халилл Бейдаса (родился в 1875 г. в Назарете). Сначала он окончил двухгодичную русскую сельскую школу, затем — четырехгодичную. Был рекомендован в назаретскую семинарию. После успешного окончания сам стал директором сначала сельской (под Бейрутом), а затем и городской (в Хайфе) русской школы ИППО. Стал одним из духовных лидеров православных арабов, в 1908—1914 гг. издавал на арабском языке общественно-политический «толстый» журнал «Ценности».

Очень интересна судьба одной из выпускниц русской школы ИППО палестинки Кульсум Оде (в СССР — Клавдии Викторовны Оде-Васильевой). Окончив школу, она поступила в женскую педагогическую семинарию в Бейт-Джале (семинария вначале была создана в 1858 г. в Иерусалиме, но греки из Иерусалимского Патриархата вытеснили ее из «святого града»), затем сама преподавала в русской женской школе в Назарете. Здесь познакомилась и вышла замуж за русского военно-морского офицера-врача И. К. Васильева.

Когда турки закрыли в 1914 г. все школы и семинарии ИППО в «Святой Земле» (Турция, как известно, воевала в Первую мировую войну на стороне Германии и Австро-Венгрии против Антанты), К. В. Оде-Васильева уехала с мужем в Россию и стала сначала в Ленинградском, а затем в Московском университетах преподавателем арабского языка и литературы. Не одно поколение советских арабистов за полвека преподавания в СССР прошло через ее руки.

...В апреле 1996 г. по приглашению нынешнего председателя ИППО, посла РФ в Ливане профессора О. Г. Пересыпкина я побывал в Бейруте, совершил поездку по стране. С историей русских просветителей в «Святой Земле» встретился с первой минуты — Российское посольство размещается в... бывшем здании четырехклассной школы Императорского ППО. «Школа» — этот привычный термин может звучать здесь лишь условно — на деле это огромный особняк, выстроенный в арабском (мавританском) стиле, с большим парком и большим количеством хозяйственных построек.

Весь север Ливана и сегодня — арабско-православный. Не доезжая города Триполи — большой православный частный университет «Баламанд» с семью факультетами. Там и сям на севере Ливана натыкаешься на русские православные церквушки и кладбища, где на плитах — русско-арабские имена.

Но самый большой сюрприз преподнес мне российский консул в Бейруте А. В. Игнатов. Он пригласил меня на встречу выпускников — нет, не русских школ ИППО (они, увы, все давно уже умерли), а школ советских — на собрание членов «Ассоциации выпускников вузов СССР». Их, оказывается, вместе с русскими женами и детьми, несколько тысяч, целая «колония» в Ливане, больше, чем в любой другой арабской стране. Многие стали у себя на родине видными адвокатами, врачами, учеными, мечтают о создании своего «Ливано-Российского Дома» (прежний культурный центр СССР в Бейруте из-за отсутствия финансирования дышит на ладан).

Все члены «Ассоциации» по пять — шесть лет отучились в СССР, свободно говорят по-русски и... очень гневаются, что преемники СССР в СНГ всех их начисто забросили — «хохлы» даже на письма не отвечают, требуют писать по-украински, а на весь Ливан нет даже одной пишущей машинки с украинским шрифтом.

Вот как, спустя полвека, преломилась «московитская» просветительская традиция в «Святых Землях»!

III. **Научно-издательская деятельность ИППО** —

третий канал расходования бюджета. Без преувеличения можно сказать, что с 1882 г. ИППО, находившееся под покровительством «мракобеса» К. П. Победоносцева, собрало вокруг себя все лучшие светские и церковные умы — крупнейших арабистов И. Ю. Крачковского и Н. А. Медникова, грузиноведа А. А. Цагарели, византолога И. И. Соколова, археологов Н. П. Кондакова, А. А. Олесницкого, архимандрита Антонина (Капустина).

Последний был еще и главой Русской духовной миссии в Иерусалиме в конце XIX — начале XX вв. и лично руководил раскопками в «Русском месте» (бывшая коптская «Деббота» на Елеонской горе), выкупленном еще в 1858 г. Палестинским комитетом.

Общество делало крупные пожертвования на большие научные экспедиции. В 1882 г. оно субсидировало экспедицию доцента Петербургского университета А. А. Цагарели на Синай (Египет), Афон (Греция) и в Иерусалим для изучения древних грузинских рукописей. Вышедший затем капитальный труд доцента — «Памятники грузинской старины в Святой Земле и на Синае» — и сегодня уникальный источник по древней истории Грузии.

В 1886 г. ИППО субсидировало сразу две экспедиции — археологическую профессора А. А. Олесницкого в Иерусалим для изучения и раскопок того места, где по преданию находился Соломонов храм*, и этнографическую доктора А. В. Елисеева для изучения древних путей паломников, бредших в «Святую Землю» из Руси «посуху» — через Кавказ и Анатолию к Иерусалиму.

Много средств выделяло Общество на научные — светские и религиозные — издания. При его содействии известный арабист Н. А. Медников 15 лет работал над древнеарабскими источниками, результатом чего стало его всемирно известное четырехтомное исследование «Палестина от завоевания ее арабами и до крестовых походов». В порядке «общественной нагрузки»

---

* 22 марта 1915 г. Научный совет ИППО принял решение о создании в Иерусалиме Русского Археологического Института, но продолжавшаяся мировая война, а затем и захват власти в России большевиками помешали реализации этого выдающегося проекта. — *Примеч. авт.*

профессор Медников разрабатывал «учебные программы» для русских школ в «Святой Земле».

Учебное сообщество ИППО с 1886 г. издавало свой академический журнал — «Сообщения Православного Палестинского Общества», быстро превратившийся не только в русский, но и всемирный печатный орган востоковедов (в 1954 г. его издание возобновилось).

Общество издавало также богословскую литературу, в частности, «Жития Святых». Одним из первых под редакцией М. А. Веневитова (в его память названо одно из русских подворий в Иерусалиме) было издано «житие» первого на Руси паломника — черниговского игумена Даниила (XI в.).

В целом, в России конца XIX — начала XX вв. не было второго такого сообщества, которое сочетало бы «народную пользу» (паломничество), академическую науку и религию.

* * *

Однако больше всего денег шло на содержание, как бы сказали сегодня, «паломнической инфраструктуры» в «святых землях»: строительство соборов и церквей, монастырей, подворий, школ, больниц, детских садов и т. д. Особенно активно «паломническая стройка» началась с того времени, как в 90-х гг. XIX в. главой Русской духовной миссии в Иерусалиме был назначен архимандрит-ученый Антонин (Капустин).

При нем был сооружен Троицкий собор и больница рядом со зданием Русской духовной миссии, четыре подворья (гостиницы для паломников), в 1896 г. — еще один храм во имя Святого Александра Невского и Александрийское подворье при нем.

В Назарете была построена мужская учительская семинария, подворье, женская школа, амбулатория и детский сад, и это не считая десятков других сооружений по всей «Святой Земле».

В официальной справке русского консульства в Иерусалиме в МИД России сообщалось, что на 1903 г. только на территории нынешнего Израиля и Ливана находилось 114 объектов недвижимости (участков земли, церквей, приютов паломников, больниц, школ и т. д.), из них львиная доля (97) — в Иерусалиме и вокруг него.

По данным нынешнего председателя ИППО профессора О. Г. Пересыпкина (1992 г.) «к 1917 г. общество на правах собственности имело в Палестине, Сирии и Ливане земельные участки общей площадью более 270 га, часть которых была приобретена на собранные в России средства, а часть получена в дар от православных арабов»[57].

Спустя 46 лет в МИДе, но уже советском, была подготовлена вторая справка о «недвижимом имуществе» в Палестине, Сирии и Ливане, некогда принадлежавшем русскому правительству, царской семье, ИППО и РПЦ.

Похоже, И. В. Сталин в 1949 г. рассчитывал получить от Израиля некую компенсацию в обмен на то, что СССР как постоянный член Совета Безопасности ООН поддержал в 1948 г. резолюцию о создании в «святых местах» государства Израиль.

Вот только небольшой отрывок из этой справки, составленной отделом заграниммуществ управделами МИД СССР (3 февраля 1949 г.). «8. **Земельный участок «Старое подворье Московийе (московское)» или «Русские постройки»** размером 71 678 кв. м, из которых 23 142 кв. м были подарены султаном Абу-уль-Меджид в 1855 г. вел. кн. Константину Николаевичу и 48 536 кв. м были приобретены... на приобретение участка и на подготовку его к постройке было израсходовано в 1855—1860 гг. 154 951 фр.»[58].

В 1949 г. «русские постройки» образовывали 11 объектов недвижимости: 1. Резиденция бывшего «царского» дипгенконсульства с садом и огородом (все вместе — 3 426 кв. м); 2. Консульская тюрьма (КПЗ, по-современному, для задержанных за нарушения соотечественников, которых местная полиция не имела права держать более двух суток); 3. Домик для привратника (коменданта здания генконсульства); 4. Дом для проживания прислуги генконсульства; 5. Три подворья — Елизаветинское женское, Мариинское мужское и Николаевское смешанное — для паломников из крестьян на 300 койко-мест каждое и комнатами для служителей; 6. Собор во имя Св. Троицы; 7. Дом духовной миссии с домовой церковью; 8. Здание общей «большой» русской больницы; 9. Здание «малой» русской больницы для заразных больных;

10. Здание-магазин религиозных сувениров ИППО;
11. Большой бассейн.

...И вот мы ходим с телекамерой по этому большому «русскому поселку» и многое находим из этой описи — недвижимость на месте. Вот только эксплуатируются в интересах современных паломников только два здания — духовная миссия, да еще идут службы в соборе Св. Троицы.

Чувствуется, что израильтяне давно хотят «застолбить» это место: напротив двух русских больниц — недавно построенное в стиле ультрамодерн здание муниципальной мэрии.

Но остальные «русские постройки» эксплуатируются не очень. В одной — какой-то склад ржавой военной техники времен израильско-арабской войны 1948—1949 гг., в другой — временные арендаторы-шведы.

Между тем эти «русские постройки» — самая крупная бывшая российская недвижимость в Израиле, к тому же компактно расположенная на «русском пятачке». Судя по справке МИД СССР, на строительство одиннадцати «объектов» (последний — собор Св. Троицы — закончили в 1897 г.) ушло 800 тыс. зол. руб. (или 2,7 млн. фр. фр.). Любопытно, что казна из этих 800 тыс. потратила 500, жертвователи из России дали 270 тыс., а одно РОПИТ — Российское общество пароходов и торговли, отвалило 30 тыс. зол. руб.

В 1895 г. французы по просьбе ИППО проводили официальную кадастрацию участка «Московийе» и оценку зданий (без собора) — все вместе «потянуло» на 4 млн. 250 тыс. фр.

Поскольку даже по тем временам (не говоря уже о наших) вся эта недвижимость представляла огромную ценность, учитывая тогдашний сюзеренитет Турции над «Святой Землей», ИППО через генконсульство в Иерусалиме и посольство в Константинополе добилось в 1897 г. от султана именного указа (фирмана) о передаче всей этой недвижимости в собственность российского правительства (подлинник фирмана хранится в АВПРИ в Москве, а все купчие — в архиве Священного синода в Петербурге).

Но не все подворья и сегодня находятся в заброшенном состоянии. Скажем, подворье при церкви Свя-

На могиле генерала Корнилова. Генерал Деникин и военные представители Антанты. (Из архива дочери генерала Марины Деникиной-Грей)

Открытка с портретом генерала Деникина

Генерал П. П. Петров. Владивосток, 1922 г.

Николай II после отречения, под арестом, в Царском Селе. Лето 1917 г.

Адмирал Александр Васильевич Колчак

Русское Золото За-границей. Справка.

1° Китай.

1) В Владивостоке — 350.000 зол. рублей — золотом
2) " Харбине — 315.000 зол. рублей "
3) " " — 700.000 " " "
4) " Манчжурии — 3.000.000 " " "
5) " " — 5.000.000 " " чеки
6) " " — 10.000.000 " " алюминий
7) Тяньцзине — 350.000 " " золотом
8) " Шанхае —
9) " Харбине — 1.200.000 " " — золотом
                           ДЕЛО ПОДТЯГИНА
10) Япония — 1.061.777.32 "
    " — 6.940.000.00 "
    " — 818.000.00 "
    " — 1.250.000.00 ДЕЛО ПЕТРОВА
    " — 38 пудов 2 фунта золота
    " — 170.000 амер. долларов
    " — 25.000 фунтов стерлингов
    " — 424.000 золот. франков
    " — 450.000 мекс. долларов
                    золотом валютой
11) В Гонконге — около 14.600.000 депонированных в зо-
                                    лоте и золотой валюте.
    " " около 30.000.000 — золотом в иенах
12) " Нью-Йорке — 27.227.100 ам. долларов
13) " Лондоне — 1.100.000 фунтов стерлингов
14) " Париже — 22.500.000 зол. франков

Справка В. И. Моравского "Русское золото за границей" (Шанхай, 1923 г.). Из личного фонда В. И. Моравского в архиве Гуверовского института (Калифорния, США)

РОСПИСКА

Дана сія росписка Японской Военной Миссіей на ст. Маньчжурія Начальнику Снабженій Дальне Восточной Арміи Генеральнаго Штаба Генералъ Маіору Павлу Петровичу П е т р о в у въ томъ, что Японской Военной Миссіей на ст. Маньчжурія принято на храненіе двадцать /20/ ящиковъ съ золотой монетой и два ящика съ золотомъ въ слиткахъ.

Ящики съ монетой за №№ 3091, 3099, 3001, 3015, 4207, 3353, 3333, 3883, 4937, 3889, 5479, 3019, 4091, 3293, 3863, 3577, 3183, 3249, 2975, и 3831.

Ящики со слитками за №№ 15 и 23.

Всѣ ящики опечатаны сургучной печатью " Управленіе Начальника Снабженій Дальне Восточной Арміи " и плоской " Ялуторовск Казначейство".

Вышеозначенные ящики съ золотой монетой и золотыми слитками составляютъ собственность Дальне Восточной Арміи и никакому отчужденію по чьимъ-бы то ни было заявленіямъ не подлежатъ.

Обязуюсь по первому требованію Генеральнаго Штаба Генералъ Маіора Петрова или по его довѣренности выдать все принятое на храненіе.

Что подписями и приложеніемъ печати свидѣтельствуемъ. Ноября "22" дня 1920 года Ст, Маньчжурія.

Въ случаѣ смерти Ген. Петрова золото подлежитъ выдачѣ Генералу Вержбицкому а послѣ него Генералам Пучкову и [...]

Расписка полковника военной разведки Рокуро Идзоме (Исоме) от 22 ноября 1920 г., выданная генералу П. П. Петрову

ПРИЛОЖЕНІЕ № 29-й.

Переводъ съ японскаго.

Права полученія отъ Ген.м. Подтягина 1.061.777,32 Іен., 6сентября 1922 года переданы японскому подданному Шюнъ Сузуки.
Ранѣе, право на полученіе этихъ денегъ имѣлъ Щекинъ, какъ довѣренный Главнокомандующаго, Атамана Семенова въ настоящее же время всѣ права принадлежатъ Шюнъ Сузуки, какъ сказано выше.

Подъ японскимъ текстомъ подпись:

А. Сазоновъ.

Г-ну М.П.Подтягину.   6 марта 1924 года.

Копія письма, отосланнаго Ген.м. Подтягину на японскомъ языкѣ за подписью Сазонова, получена отъ проф. Матсумото и завѣрена его печатью.
Копія на японскомъ языкѣ хранится въ дѣлахъ Совѣта Уполномочнныхъ.

10 ноября 1925 г.

Расписка на передачу права получения денег от генерала Подтягина Шюну Сузуки (пер. с японского)

Христиан Раковский – полпред Советской России в Англии и во Франции (1923 – 1927 гг.). Фото в алтайской ссылке (1929 г.)

Карл Радек. В 1921 – 1923 гг. выполняет "специальные задания" Коминтерна в Западной Европе

Л. Б. Каменев. В 1918 и 1921 гг. выполняет "специальные задания" В. И. Ленина в Англии. Оба раза миссия окончилась скандалом и высылкой с британских островов

Г. Я. Сокольников – член советской делегации на Гаагской конференции, в начале 30-х гг. – полпред СССР в Англии

Адольф Иоффе – в 1918 г. первый полпред Советской России в Германии. 27 августа 1918 г. подписал так называемый "первый пакт Риббентропа – Молотова" - секретный финансово-экономический протокол-дополнение к Брест-Литовскому миру 3 марта 1918 г.

Зампред Совнаркома А. И. Рыков

Н. А. Бердяев

Архангельский монастырь в Иерусалиме, 1848 г.

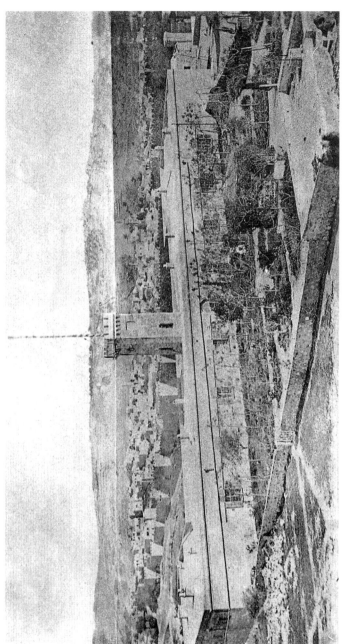

Здание российской дипломатической миссии (консульства) в Иерусалиме, 1880 г. — снесено.

Глава русской духовной миссии в Иерусалиме в 40 — 50-х гг. XIX в. архимандрит Порфирий

Воспитанники старшего класса мужской учительской семинарии им. В. Н. Хитрово в Назарете (Палестина)

Первый ученый секретарь ИППО в 1882 – 1903 гг. В. Н. Хитрово

того Александра Невского (именно там после 1896 г. останавливались все именитые попечители ИППО во время паломничества в «Святую Землю») — так называемое Александрийское, что неподалеку от Храма Гроба Господня, функционирует как гостиница-музей и сегодня. Мы обнаружили там 11 апартаментов для высоких гостей, некое подобие музея русских паломников (под стеклом сложены тяжелые металлические вериги паломников, «дары» русских монахинь Богу — вышитые жемчугом кошельки и т. д.). В подворье висят подлинные полотна И. Е. Репина, И. Н. Крамского, В. А. Серова и других великих русских художников на библейские темы или портреты Александра III, Николая II, великих князей.

Вообще в уцелевших подворьях или монастырях в «Святой Земле» немало таких картин, подлинников которых нет ни в Русском музее в Петербурге, ни в Третьяковке в Москве. Вернуть все это достояние на Родину или, по крайней мере, сделать доступным для обозрения через паломничество — задача весьма благородная, хотя и очень трудно выполнимая.

Ведь за без малого сто лет, что прошли со времени создания всех этих — движимых и недвижимых — сокровищ, в «Святой Земле» трижды менялись режимы. Турок сменили англичане и французы, тех, в свою очередь, режимы независимых государств. Скажем, в одном из русских подворий для паломников в Иерусалиме англичане учредили... тюрьму, а в русской больнице организовали госпиталь для своих солдат. Израильтяне, создав свое государство, наоборот, создали в «тюремном подворье»... музей борьбы евреев с английскими колонизаторами.

Кстати, в период своего «мандата» (1919—1948 гг.) англичане вообще ничьих прав собственности не признавали (отказали в претензиях даже «белой» церкви в эмиграции), а создали в 1934 г. собственный Благотворительный фонд и забрали под его опеку всю «спорную» собственность. В итоге такой «благотворительности» в Александрийском подворье разместился верховный «подмандатный» британский комиссар, а в Николаевском — британская военная полиция.

Израильтяне, однако, ведут осторожную политику — юридически они признают сегодня обе духовные миссии в Иерусалиме — «белую» и «красную», но ни одной из них дореволюционную церковную собственность «не отписывают».

Разгорается большой международный скандал вокруг Сергиева подворья (или «Московийе эль-Джедидэ»). В свое время оно было построено на личные пожертвования почетного председателя ИППО вел. кн. Сергея Александровича и его супруги Елизаветы Федоровны, основательницы Марфо-Мариинской обители в Москве, и записано на имя великого князя (хотя управлялось ИППО).

Супругов постигла трагическая участь — Сергея Александровича в 1905 г. разорвала бомба эсера-террориста Каляева, а Елизавету Федоровну (родную сестру царицы) в 1918 г. в Алапаевске зверски убили большевики (Русская Зарубежная Церковь приравняла ее к лику святых и еще до Второй мировой войны ее прах был перенесен в один из православных храмов Иерусалима).

Сегодня в Сергиевом подворье размещаются две израильские «конторы» — Министерство сельского хозяйства и Общество охраны природы. На Сергиево подворье претендует и «белая», и «красная» церковь, и воссозданное современное ИППО (оно ведь им до 1914 г. управляло).

Но два — три года назад появился еще один мощный конкурент — супруг британской королевы Елизаветы II герцог Эдинбургский, считающий себя «по крови» прямым родственником семьи Романовых (что, кстати, подтвердила и международная экспертиза останков Николая II) и на этом основании претендующий на недвижимость в виде Сергиева подворья. Пока дело до суда не дошло, но в Израиле очень взволновались — шутка ли, сам супруг британской королевы хочет судиться... [59].

Правда, член президентского совета «Ассоциации выпускников вузов СССР в Ливане» доктор Сухейль Фарах настроен оптимистически — он считает, что чем больше будет шума вокруг «русской недвижимости» на Ближнем Востоке, тем нам, россиянам, лучше. Израиль уже в принципе признал, что отнятую у арабов-палестинцев недвижимость (а их в 1948—1973 гг. выгоняли из домов и с участков без церемоний) он обязан вернуть — иначе в чем смысл палестинской автономии? Судебная тяжба супруга королевы лишь увеличит шансы России — англичан, мягко говоря, не любят ни арабы, ни израильтяне за их межвоенную репрессивную «подмандатную» политику.

В Ливане, говорит доктор Фарах, вы уже нашли союзников в нашем «Ливано-Российском Доме», думаю, что найдете и в Израиле.

...А мы, паломники образца 1994-го года, уезжали домой переполненные впечатлениями и мысленно повторяли слова Ивана Бунина: «Есть ли в мире другая земля, где бы сочеталось столько дорогих для человеческого сердца воспоминаний?» [60]

ПРИМЕЧАНИЯ

[1] Freymond Joël. Les emprents russes: de la ruine au remboursement. Paris, 1995.
[2] Welter G. Ce qu'il faut savaire de la Russie économique. Paris, Dunod, 1923. См. также пресс-релиз: Dejeuner de presse, lundi 27 mars 1995 (intervantion de M. Freymond, conseiller technique de l'AFPER). — *Текущий архив экспертного совета.*
[3] См. например: Коваленко Юрий. Будем ли мы платить царские долги? — «Известия», 13 ноября 1990 г.
[4] «Известия», 3 ноября 1992 г.
[5] Большаков В. Платить, судя по всему, придется, и Россия должна об этом знать. — «Правда», 6 июля 1994 г.
[6] История США, т. 1 (1607—1877). М., 1983, с. 505—506; См также: Болховитинов Н. Н. Русско-американские отношения и продажа Аляски (1834—1867). М., 1990.
[7] Прокофьев Вяч. Русское золото, или кто кому должен? (Интервью с председателем общественного международного экспертного совета по российскому золоту и недвижимости за рубежом профессором В. Г. Сироткиным). — «Труд», 16 июня 1995.
[8] См., например: жур. L'Expansion, № 499, 14—27 avril 1995; газ. «Le Quotidien de Paris», 12 avril 1995; газ. «Valeurs actuelles», № 3201, 4—10 auril 1998.
[9] См. также: «Известия», № 241, 3 ноября 1992 г. (краткое выборочное изложение Ю. Коваленко пресс-конференции Ж. Вержеса).
[10] Справка к указу (распоряжению) Президента РФ по созданию Фонда «Возвращение» (российское золото и недвижимость за рубежом), 25 мая 1993 г. Состав. В. Г. Сироткин. — *Текущий архив экспертного совета.*
[11] «О собственности РФ, находящейся за границей», ст. 15 (представлен на обсуждение Комитета по собственности, приватизации и хозяйственной деятельности V Госдумы 13 декабря 1994 г.) — *Там же.*
[12] См.: «О культурном центре России во Франции («Русский Дом»

в Париже)». Отчет о командировке в Париж с 29 ноября по 5 декабря 1992 г. эксперта Комитета профессора В. Г. Сироткина, 10 декабря 1992 г. — *Там же.*

[13] Цит. по: «Ветка Палестины. Стихи русских поэтов об Иерусалиме и Палестине». Состав. Б. Н. Романов. М., 1993, с.8.

[14] Граник Ирина. Семь дней в вечности. — «КоммерсантЪ-Daily», № 63, 13 апреля 1996, с. 16.

[15] Шереметьев С. Д. Путешествие на Восток кн. П. А. Вяземского. СПб., 1883.

[16] Бунин И. А. Собрание соч. В 9-ти томах, т. 3. М., 1965, с. 365—384.

[17] Государственная служба в России, т. 2. Нижний Новгород, 1994, с. 108—116.

[18] Киняпина Н. С., Блиев М. М., Дегоев В. В. Кавказ и Средняя Азия во внешней политике России. МГУ, 1984, с. 128—130.

[19] Киняпина Н. С. Ункяр-Искелесский договор 1833 г. — «Научные доклады высшей школы», серия «Исторические науки», 1958, № 2. См. также: «Восточный вопрос во внешней политике России (конец XVIII — начало XX вв.)». М., 1978.

[20] Ср.: Адамов Е., Кутаков Л. Из истории происков иностранной агентуры во время Кавказских войн (документы). — «Вопросы истории», 1950, № 11; «Шамиль — ставленник султанской Турции и английских колонизаторов». Сб. документов и материалов. Тбилиси, 1953, и А. М. Пикман. О борьбе кавказских горцев с царскими колонизаторами. — «Вопросы истории», 1956, № 3; С. К. Бушуев. Из истории внешнеполитических отношений в период присоединения Кавказа к России (20—70 годы XIX в.) М., 1955.

[21] Цит.: по: Киняпина Н. С., Блиев М. М., Дегоев В. В. Ук. Соч., с. 132.

[22] «Шамиль — ставленник султанской Турции и английских колонизаторов», с. 174—179.

[23] «Красный архив», 1940, т. 5 (102), с. 192.

[24] Сироткин В. Г., Козлов В. Т. Традиции Бородина: память и памятники. М., 1989, с. 35—39.

[25] Маркс и Энгельс. Соч., т. 11, с. 282.

[26] Муравьев А. Н. Путешествие по Святым местам в 1830 году. СПб., 1835.

[27] Муравьев А. Н. Мои воспоминания. М., 1913, с. 25—26.

[28] Пушкин А. С. Полн. собр. соч. в 10-ти томах, т. 7. М., 1964, с. 262.

[29] «Пушкин в русской философской критике». М., 1990, с. 380.

[30] Муравьев А. Н. История святого града Иерусалима от времен апостольских и до наших дней, ч. 1—2. СПб., 1844; Он же. Письма с Востока в 1849—1850 гг., ч. 1—2. СПб, 1851.

[31] Дебидур А. Дипломатическая история Европы, т. 1. М., 1947, с. 389—390.

[32] Коптилина С. В. (Н.-Новгород). Проблема святых мест во внешней политике России в конце XIX — начале XX вв. — «Палестинский сборник», вып. 31 (94). М., 1992, с. 131; Пересыпкин О. Г. Не прерывать добрых традиций. — «Дипломатический ежегодник. 1989». М., 1990, с. 193—194.

³³ Перепеч. в сб. «Сирия, Ливан и Палестина в описаниях российских путешественников, консульских и военных обзорах первой половины XIX в.». М., 1991, с. 254—309.
³⁴ Волконский М. Д. Записки паломника. 1859 год. СПб., 1860, с. 118.
³⁵ Хитрово В. Н. Неделя в Палестине. СПб., 1871, с. 3—5.
³⁶ Вейсенсел Питер (США). Сообщения русских крестьян-паломников о Палестине как отображение жизни русской сельской общины. — «Палестинский сборник», № 31 (94). М., 1992, с. 42 (таблица).
³⁷ Список российских учреждений в Палестине и Сирии (1903 г.) — «Дипломатический ежегодник». М. 1992, с. 263; [Прохоров]. К вопросу приобретения недвижимого имущества в Палестине, Сирии и Ливане (справка МИД СССР, 3 фев. 1949). — *См. Приложения*.
³⁸ Хитрово В. Н. Православие в Святой Земле. — «Православный Палестинский Сборник», т. 1, вып. 1. СПб., 1881, с. 81—83.
³⁹ Часть этой записки (историческое введение) впервые опубл. в «Дипломатическом ежегоднике». М., 1995, с. 124—133.
⁴⁰ Прот. Кравченко А. Взаимоотношения русской и иерусалимской православных церквей при иерусалимском патриархе Никодиме (1883—1890 гг.) — «Палестинский сборник», 1992, № 31 (94), с. 117.
⁴¹ Одинцов М. И. Государство и церковь в России. XX век. — М., 1994, с. 112—123.
⁴² Полтавская И. В. Русские православные духовные миссии на Дальнем, Среднем и Ближнем Востоке (обзор документов). — «Дипломатический ежегодник». М., 1995, с. 112—123.
⁴³ Цит. по: Победоносцев К. П. Великая ложь нашего времени. М., 1993, с. 9.
⁴⁴ Ланщиков Анатолий. Предотвратить ли думаю грядущее? (Предисловие). — Там же, с.9.
⁴⁵ Пересыпкин О. Г. Палестина, близкая нам. — «Палестинский сборник», 1992, № 31 (94), с. 150—151.
⁴⁶ Извещение ИППО: Тариф «До Яффы и обратно», (1887 г.). — «Дипломатический ежегодник», М., 1992, с. 240—241 (фотокопия).
⁴⁷ Хитрово В. Н. Какими путями идут русские паломники в Святую Землю? — Сб. ИППО, 1901, № 12, с. 317.
⁴⁸ Ольденбург С. С. Царствование императора Николая II. М., 1992, с. 484
⁴⁹ Вейсенсел Питер (США). Ук. статья, с. 42 (таблица).
⁵⁰ Барсова К. Дневник иерусалимской поклонницы. — «Церковный вестник», 1885, № № 5—8, 11/12.
⁵¹ Петров П. П. Из крестьян — в генералы (воспоминания). — «Дипломатический ежегодник». М., 1995, с. 258.
⁵² Салех Джихад (Палестина). Просветительская деятельность России в Палестине. — «Палестинский сборник», 1992, № 31 (94), с. 146.
⁵³ Дмитриевский А. А. Типы современных русских паломников в Святую Землю. СПб., 1912, с.32.
⁵⁴ Мухамир Омар Касаб. (Израиль). Просветительская деятельность Палестинского общества на территории Палестины. — «Палестинский сборник», 1992, № 31 (94), с. 72.

⁵⁵ См.: «Пушкин в странах зарубежного Востока». Сб. статей. М., 1979, с. 9.
⁵⁶ Крачковский Ю. Над арабскими рукописями. М., 1912, с. 118.
⁵⁷ «Палестинский сборник», 1992, № 31 (94), с. 151.
⁵⁸ К вопросу приобретения недвижимого имущества в Палестине, Сирии и Ливане (справка МИД СССР, 1949), с. 7—8. — *См. Приложения.*
⁵⁹ Черток Семен (Иерусалим). Русские паломники в Палестине. — «Русская мысль», № 4108, 11—17 янв. 1996, с. 17.
⁶⁰ Бунин И. А. Собр. соч., т.3, с. 384.

Глава VI
ДОКТРИНЕРЫ И ПРАГМАТИКИ

ОТ ЛЕОНИДА КРАСИНА ДО ВАЛЕНТИНА ПАВЛОВА: ПЛАТИТЬ ИЛИ НЕ ПЛАТИТЬ?

В то время как на дальневосточной оконечности евразийского субконтинента «белые» бились в японских судах в 1922—1941 гг. за возврат «колчаковского» и «семеновского» золота, на западной его оконечности почти в то же время (1922—1927 гг.) «красные» начали делать то же самое с золотом «царским», и не прекращали своих попыток вплоть до развала СССР в 1991 г. (переговоры последнего премьера СССР Валентина Павлова с госсекретарем США Джеймсом Бэйкером в Москве по ленд-лизу и «царским долгам» незадолго до августовского путча ГКЧП).

* * *

Первым в этой плеяде большевистских «спецов» по русскому заграничному золоту и недвижимости следует Леонид Борисович Красин (1870—1926), фигура в «коммунистическом иконостасе» до конца не изученная и во многом противоречивая. Родившись в небогатой, но очень образованной и радикально-демократически настроенной семье разночинца в Западной Сибири, Красин с детства вращался в среде польских ссыльно-поселенцев, своих первых «учителей» (1863 г. Россия жестоко подавила очередное польское восстание и тысячи поляков были этапированы в Сибирь).

С юности Красин интересовался техническими дисциплинами и закономерно, что после окончания реального училища в городе Кургане, он в 1887 г. поступил в Технологический институт в Петербурге (тот самый, что был основан при Николае I), избрав только-только зарождающуюся тогда химико-электрическую специализацию. Закончить институт в срок ему не удалось — как и многие студенты его поколения, он примкнул к социал-демократам, начал вести кружки среди рабочих заводов Петербурга (из одного из них вырос затем и прославленный в большевистской историографии ленинский «Союз борьбы за освобождение рабочего класса»), оказался в 1891 г. замешанным в студенческой демонстрации, арестован и административно выслан из столицы, с одновременным отчислением с четвертого курса без права восстановления (высшее образование инженера-технолога Красин завершит только в 1900 г. в Харьковском технологическом институте).

Ссылку ему заменяют «солдатчиной» — службой рядовым в Нижнем Новгороде. Там в 1892 г. по старым марксистским «грехам» (руководителей его марксистского кружка в Петербурге арестовывают) Красина «заметают» заодно — он получает 10 месяцев одиночки в Таганской тюрьме в Москве (использует «тюремное сидение» с пользой — в совершенстве изучает в камере немецкий язык, читает немецких классиков — Шиллера, Гете, Канта — в подлинниках), по освобождении дослуживает воинскую повинность в Туле.

Дальше биография Красина как бы раздваивается. С одной стороны, следуя призыву революционного демократа Дмитрия Писарева к молодежи «делать дело», он, подобно С. Ю. Витте после Одесского университета, идет на «чугунку» — в 1894 г. поступает в городе Калач Воронежской губернии на работу на железную дорогу, сначала — простым рабочим (Витте начинал рядовым кассиром на полустанке), затем (все-таки четыре курса «Технологички», шибко грамотный по тем временам) быстро становится десятником на строительстве полотна.

Но развернуться на железной дороге жандармерия не дает — по «старым долгам» его вновь арестовывают и в 1895 г. ссылают на три года в Восточную Сибирь (в Иркутск).

Как отмечал позднее "ядовитый" философ В. В. Розанов, царизм сам себе плодил политических противников — один раз оступился, «хвост» неблагонадежности будет тянуться за любым талантливым человеком всю жизнь, толкая его в политическую оппозицию режиму.

Красин и в сибирской ссылке прибился к железной дороге — начав чертежником, в конце ссылки он становится инженером-строителем (при катастрофической нехватке грамотных инженеров начальство Транссиба сквозь пальцы смотрело на политическую неблагонадежность специалистов — кстати, такую практику ввел С. Ю. Витте по всему Великому Сибирскому Пути). Отбыв ссылку, Красин экстерном сдает за пятый курс в Харьковском «технологе» и сразу приглашается в 1900 г. в Баку, где на нефтепромыслах разворачивается огромное строительство.

Здесь инженер устремляется в самую новейшую, электрическую, отрасль промышленности, и четыре года строит электроподстанции — в Баку и окрестностях идет процесс электрификации нефтебурения. Но чисто инженерной практики Красину явно мало. Другая его ипостась — революция — снова зовет его к себе.

Наблюдательный психолог Л. Д. Троцкий, познакомившийся с Красиным еще в 1905 г. в Киеве, точно заметил: «Теоретиком в широком смысле Красин не был. Но это был очень образованный и проницательный, а, главное, очень умный человек, с широкими идейными интересами» [1].

Добавим также, что не был Красин и партийным публицистом, как Л. Д. Троцкий, В. В. Воровский, А. В. Луначарский. Два последних в годы эмиграции были «штатными» публицистами при Ильиче или, как писал Троцкий, «для экстенсивной работы, на которую Ленин не любил и не умел расходовать себя» [2].

Для такой же «экстенсивной работы» на партию, но в сфере организационно-технической — создание подпольных типографий (именно в Баку Красин наладил первую мощную подпольную типографию для печатания ленинской «Искры» прямо с матриц, привозимых нелегально из Швейцарии), лабораторий по изготовлению динамита, перевозка оружия и т. п. — приспособил Ленин Красина. В Баку он (а не Сталин, как писали его клевреты позднее) был одним из главных организаторов знаменитой всеобщей стачки нефтяников 1903 г.

За такие заслуги «главного техника» партии по предложению Ленина на II съезде РСДРП заочно кооптируют в члены ЦК, как «руководителя боевой технической группы при ЦК партии» (так будут писать после 17-го года во всех его официальных партийных биографиях).

Климат южного Прикаспия не способствовал здоровью Красина — он схватил малярию (впоследствии эта болезнь будет иметь трагические последствия — она приведет к белокровию, от которого Красин и умрет в 1926 г.) и вынужден был, бросив все, срочно уехать в среднюю полосу России. Он устроился в крупный подмосковный текстильный центр — в Орехово-Зуево, по своей инженерной специальности. Войдя в местную «элиту», Красин быстро свел знакомство с «белой вороной» русского купечества — Саввой Морозовым, начав его «дойку» на нужды партии. Как писал позднее меньшевик-невозвращенец (в 1930 г., будучи советником торгпредства, он отказался вернуться в СССР) В. В. Валентинов (Вольский) в своих воспоминаниях «Малознакомый Ленин», «большевики оказались великими мастерами извлекать, с помощью сочувствующих им литераторов, артистов, инженеров, адвокатов — деньги из *буржуазных карманов* во всех городах Российской империи. Большим ходоком по этой части был член большевистского ЦК инженер Л. Б. Красин...» [3]

Дружил Красин и с модным в начале века писателем Леонидом Андреевым, дававшим в своей квартире приют почти всему российскому ЦК РСДРП(б) (там его однажды всем составом и накрыли царские жандармы), но после Первой мировой войны и Октябрьской революции проклявшим большевиков (Ленина в своем эмигрантском финляндском дневнике 1918 г. он назовет «кровавым мясником»).

В 1905 г. Красин впервые выезжает за границу — он избран от большевиков на III съезд РСДРП в Лондоне. На съезде «главный техник» во всем солидаризируется с Лениным, выступает с двумя — по организационным и политическим вопросам — докладами, теперь уже очно избирается в ЦК партии большевиков.

По возвращении в революционную Россию Красин вновь «едет на двух лошадях» — как представитель крупнейшей германской электрокомпании «Симменс и Шуккерт» (для этого Красин принимает германское подданство, сохраняя российское) — глава ее Петербургского кабельного освещения, и как главный «динамитчик» партии. На предприятиях этого германского филиала в России подпольно вовсю куется «оружие пролетариата»: самодельные бомбы, ружья, револьверы, печатаются прокламации и воззвания.

Долгое время полиция боялась тронуть «германскоподданного инженера». Лишь в 1908 г. Красин «завалился» на конспиративной квартире большевиков в Финляндии, но ничего компрометирующего при нем не нашли. По его же жалобе выборгский губернатор обязал полицию выпустить «германскоподданного» Красина из-под ареста, и тот сразу же из Финляндии эмигрировал в Швецию.

В 1909 г. Красин вновь появился в окружении Ленина. Далее партийная историография начинала творить легенду. Действительно, Красин сам признавался — «не письменный (т. е. не пишущий. — *Авт.*) я человек». И в самом деле — в отличие, скажем, от Троцкого или Луначарского, все публицистическое наследие Красина — две — три тоненькие брошюрки за 1919 и 1925—1926 гг., да несколько статей за рубежом [4]. К первой из этих брошюр мы еще вернемся, но что Красин вообще якобы не любил и *не умел писать* — неправда. Достаточно почитать огромное количество писем его двум женам за 1917—1926 гг.*, чтобы понять, что это не так.

И тем не менее с 1927 г., с издания энциклопедического словаря «Гранат» — «Деятели СССР и Октябрьской революции» (переиздан в 1989 г.) все биографы Л. Б. Красина не уставали повторять, что якобы

---

* Первая жена — Любовь Миловидова, с которой Красин жил с 1910 по 1920 гг., после разрыва с мужем осталась в эмиграции, сначала в Берлине, затем в Париже. Их дочь Люба-младшая вышла замуж за известного французского общественного деятеля лауреата Ленинской премии мира Э. д'Астье де Вижери (в 1967 г. он укрывал в Швейцарии от агентов КГБ Светлану Сталину после ее бегства из СССР, в 1974 г. — А. И. Солженицына). Всю переписку с мужем за 1918—1926 гг. Л. В. Миловидова продала в Амстердамский международный институт социальной истории, и ее активно используют зарубежные исследователи.

Вторая жена (с 1920 г.) — Тамара Миклашевская часть писем из семейного архива за 1922—1926 гг. опубликовала совсем недавно. См.: «Дипломатический ежегодник. 1989». М., 1990, с. 358—370.

в 1909—1916 гг. он временно отошел от «революционной» к «инженерной» работе, а в 1917 г. по первому зову Ленина будто бы вернулся в стан большевиков. На самом же деле, Красин, ровесник Ленина, вовсе не желавший быть у «вождя» на побегушках, в 1909 г. отошел от «твердокаменных» большевиков и ушел к «отзовистам» и «ликвидаторам» во главе с А. А. Богдановым (Малиновским). Помимо Красина, в ту же группу переместились Луначарский и меньшевик-интернационалист В. А. Базаров (Руднев), и всех их Ленин заклеймил как «ренегатов» и «богостроителей» в своей самой философски беспомощной работе «Материализм и эмпириокритицизм» (1909 г).

Более того, как пишет А. А. Богданов в своей автобиографии (1927 г.), «летом 1909 г. был *вместе с Л. Б. Красиным* (выделено мною. — *Авт.*)... устранен из большевистского центра, а в январе 1910 г., при слиянии фракций большевиков и меньшевиков, и из ЦК партии» [5]. Красина восстановят в «цекистах» лишь 14 лет спустя, в 1924 г. на XIII съезде РКП(б), а Богданова — уже никогда, хотя он очень много сделал после 17-го года и в сфере пропаганды коммунизма (возглавлял до осени 1921 г. «Пролеткульт», был действительным членом Коммунистической академии), в организации и планирования науки (капитальный труд в трех томах «Тектология», установочная статья «Принципы единого хозяйственного плана»), и в медицине (создал первый в мире Институт переливания крови, существующий в Москве и поныне).

Поскольку философия и фракционная ругань «беков» (большевиков) и «меков» (меньшевиков) была явно Красину не по душе, он вновь пересел в 1909 г. на своего «инженерного конька» — «Симменс и Шуккарт» с распростертыми объятиями приняли его в штаб-квартиру всемирного картеля в Берлине, положив огромный оклад при квартире и транспорте от картеля.

Фактически Красин вышел из партии и Первую мировую войну встретил убежденным «оборонцем». «К ленинской позиции он относился враждебно, — вспоминал Троцкий в 1926 г. в некрологе-очерке на смерть Красина, — ...Октябрьский переворот он встретил с враждебным недоумением, как авантюру, заранее обреченную на провал. Он не верил в способность партии справиться с разрухой. К методам коммунизма относился и позже с ироническим недоверием, называя их "универсальным запором"» [6].

Как свидетельствуют письма к его первой жене, в июле 1917 г. он даже склонялся к версии о «большевиках — германских шпионах», споря в редакции газеты «Новая жизнь» об этом со своим другом А. М. Горьким. Ленин неоднократно с ноября 1917 г. пытался привлечь Красина к работе в Совнаркоме, предлагая ему то пост наркома финансов, то торговли и промышленности, то путей сообщения. Троцкий так передавал слова вождя: «Упирается, — рассказывал Владимир Ильич, — а министерская башка». Это выражение он повторял в отношении Красина не раз: «министерская башка» [7].

Ключ к раскрытию непримиримой позиции Красина в его отказе занять «министерский» пост в правительстве большевиков лежит в Амстердамском архиве (знал бы «Никитыч» — партийный псевдоним Красина, какую злую шутку сыграет с его сугубо личными и доверительными письмами его первая жена — теперь их читают все, кому не лень!). Известный исследователь леворадикальных течений (эсеры, меньшевики, большевики), живущий в Бостоне и в Москве Ю. Г. Фельштинский обнаружил в этом архиве сенсационное письмо Красина жене от 25 августа 1918 г., оценки которого во многом совпадают с «демократической контрреволюцией» самарского КомУча: «Самое скверное — это война с чехословаками и разрыв с Антантой... Чичерин соперничал в глупости своей политики с глупостями Троцкого, который сперва разогнал, расстроил и оттолкнул от себя офицерство, а затем задумал вести на внутреннем фронте войну... Победа чехословаков или Антанты будет означать как новую гражданскую войну, так и образование нового германо-антантского фронта на живом теле России. **Много в этом виновата глупость политики Ленина и Троцкого,** но я немало виню и себя, так как определенно вижу, — войди я раньше в работу, много ошибок можно было бы предупредить. Того же мнения Горький, тоже проповедующий сейчас поддержку большевиков, несмотря на закрытие «Новой жизни»...» [8] (выделено мною. — *Авт.*).

Самое же интересное (о чем умалчивает Фельштинский) — где написано это резко антибольшевистское письмо (в Берлине!) и что там делал Красин? («... явился одним из авторов так называемого дополнительного соглашения, заключенного в Берлине в августе 1918 г.») [9].

Однако почему он не числится среди полномочных представителей советской дипломатической делегации? И здесь ответ дают все те же письма Красина Любови Миловидовой (письмо 28 декабря 1917 г.): «Переговоры с немцами дошли до такой стадии, на которой необходимо формулировать если не самый торговый и таможенный договор, то, по крайней мере, предварительные условия его. У народных комиссаров, разумеется, нет людей, понимающих что-либо в этой области, и вот они обратились ко мне, прося помочь им при этой части переговоров в **качестве эксперта-консультанта** (выделено мною. — *Авт.*). Мне, уже отклонявшему многократно войти к ним в работу, трудно было отклонить в данном случае, когда требовались лишь мои специальные знания и когда оставлять этих политиков и литературоведов одних значило бы, может быть, допустить ошибки и промахи, могущие больно отразиться и на русской промышленности, и на русских рабочих и крестьянах» [10].

Ох, уж эти «русские рабочие и крестьяне», кто только во имя их блага не сотрудничал с Лениным? И «левый» меньшевик Юлий Мартов, и «левая» эсерка Мария Спиридонова, и недоучившийся студент Киевского университета, личный секретарь Сталина Борис Бажанов, сбежавший из «царства» этих рабочих и крестьян в 1928 г. за границу.

Очевидно, Ленин и Троцкий приняли все условия «конспирации» Красина: эксперт-консультант, под псевдонимом (возможно, старым, партийным — «Зимин»), никакого упоминания в официальных отчетах. Скорее всего, именно поэтому ни в официальном списке делегации во главе с А. А. Иоффе в декабре 1917 г. [11], ни в делегации Г. Я. Сокольникова в марте 1918 г. [12], ни на переговорах по первому «пакту Риббентропа — Молотова» в августе 1918 г. фамилия «Красин» не значится (впрочем, как и псевдоним — «Зимин»).

Зато и имя и фамилия и даже специальность — инженер — значится на откровенно антибольшевистской брошюрке в 16 страничек, изданной пресловутым ОСВАГом — «белым» Агитпропом Добровольческой армии А. И. Деникина в Ростове-на-Дону в 1919 г. (я случайно обнаружил эту брошюрку в отделе «Россика» Национальной библиотеки в Париже [13]). Сам ли Красин ее сочинил в 1918—1919 гг. и отправил с оказией в Ростов, или это плод компиляций «лохматого Ильи» (Н. И. Бухарин) — Эренбурга, скрывавшегося в Коктебеле в Крыму у поэта Максимилиана Волошина и делавшего вылазки в ОСВАГ в Ростове-на-Дону («для заработка»), где он компилировал такие антибольшевистские опусы (именно за этим «ремеслом» его застукал врангелевский дипломат Г. Н. Михайловский во время наездов из Константинополя в Ростов, о чем он и рассказал в своих «Записках»), установить не удалось. Но содержание брошюрки уж очень созвучно письмам Красина жене в 1917—1918 гг. относительно «глупости политики Ленина и Троцкого».

Кстати, в этом деникинском «Агитпропе» — ОСВАГе — подвизалось тогда немало безработных литераторов — от кадетствующей Ариадны Тырковой-Вильямс (однокашница Н. К. Крупской по гимназии) до народнического писателя Ивана Наживина [14], позднее, в эмиграции в Бельгии выпустившего целое собрание своих сочинений под общей рубрикой «Потухшие маяки».

Помимо Наживина, в литературном отделе ОСВАГА трудился другой старый народник и писать Е. Н. Чириков, будущие «евразийцы» князь Евгений Трубецкой и Петр Славицкий, в художественно-плакатном отделе такие дореволюционные художники-модернисты, как И. Билибин и Е. Лансере, и также десятки бежавших на Юг петроградских и московских журналистов.

Кроме изданий ОСВАГА (газеты «Жизнь» и «Народная газета»), они подвизались в других местных газетах самых разных политических оттенков — от респектабельных кадетских «Свободная Речь» (в ней писал сам Петр Струве, бывший «легальный марксист» и будущий врангелевский министр иностранных дел в Крыму) и «Донская Речь» через монархическую

«Свободную Россию» В. В. Шульгина и суворинское «Вечернее Время» до погромно-черносотенных листков В. Пуришкевича «Благовест» и, особенно, «На Москву!», девизом которой был лозунг — «возьми хворостину, гони жида в Палестину» (в конце концов даже А. И. Деникин распорядился закрыть этот листок, опасаясь еврейских погромов в Ростове-на-Дону).

С высоты прошедших лет, читая воспоминания участников гражданской войны с «красной» и «белой» стороны, начинаешь понимать, что оба «агитпропа» — в Москве и в Ростове-на-Дону — были зеркальным отражением друг друга, только с обратными знаками. В Москве висели «Окна РОСТА» со стишатами Маяковского и Демьяна Бедного, в Ростове — «окна ОСВАГА» с виршами Наживина или «белого Демьяна» рифмоплета А. Гридина.

Там красноармеец протыкает штыком буржуя и белого генерала, здесь ражий доброволец — «жида» Троцкого. Вот как в 1921 г. в Берлине во втором томе «Архива русской революции» описывал деникинскую «наглядную агитацию» Александр Дроздов, в 1919 г. один из журналистов ОСВАГА, в 1923 г. вернувшийся в СССР: «В соседней витрине висят аляповатые, как полотна ярмарочных паноптикумов, бесстыдные, как русская пошлость, скудоумные и лишенные всякой остроты лубки. Здесь Троцкий изображен не человеком и не евреем даже, а жидом, горбоносым жидом, с окровавленными губами, как у кладбищенского вурдалака, и карающий штык добровольца протыкает его несколько преждевременно... Здесь изображена советская Россия в виде причудливо отвратительного спрута и просто Россия в виде откормленной молодицы в кокошнике... Кровавый Троцкий и добровольческий штык. Убедительно и показательно. А рядом и генерал Деникин и другие генералы» [15].

О политической установке всех этих бывших кадетов, народников, меньшевиков и эсеров, кормившихся вокруг деникинского «Агитпропа» — ОСВАГа, довольно откровенно писала в своих агитационных брошюрках А. В. Тыркова-Вильямс: «Наши практические задачи очевидны... прежде всего, поддерживать (Добровольческую) армию, а демократическую программу отодвинуть на второй план. Мы должны создавать правящий класс, а не диктатуру большинства. Универсальность идеи западной демократии — обман, который нам навязывали политики. Мы должны иметь смелость взглянуть прямо в глаза дикому зверю, который называется народ» [16].

Очевидно, Троцкий знал кое-что об этих «колебаниях» Красина, поэтому его политические оценки в двух очерках о Красине существенно разнятся. Если в первом «Красине» (1926 г.), написанном еще в СССР, критика приглушена, то во втором «Красине», написанном в изгнании в 1932 г. «Никитыч» остался «революционером и большим человеком», но «он не был большим революционером».

Иерархия ценностей «старых большевиков» у Троцкого весьма строгая. «Ленин, — пишет он во втором очерке 1932 г., — очень ценил Красина, но исключительно как делового человека, как техника, администратора, знатока капиталистического мира. Именно в кругу этих вопросов вращались отношения Ленина с Красиным: заказ паровозов за границей, отзыв по вопросу о бакинской нефти, подыскание необходимых специалистов и пр. Можно не сомневаться, что Ленин не совещался с Красиным по политическим и особенно по партийным вопросам, скорее всего избегал бесед с ним на партийные темы. Включение Красина, как и Кржижановского, несмотря на их «старый большевизм» в ЦК партии* было бы при Ленине совершенно не мыслимо» [17].

«Комчванство» Троцкого в отношении Красина на фоне его изгнания в 1929 г. из СССР и полного поражения так называемой «троцкистской» (большевиков-ленинцев) оппозиции выглядит как трагикомический фарс. В плане понимания геополитических реалий положения Советской России в окружающем мире Л. Б. Красин стоял много выше доктринера мировой революции Троцкого. Да и Ленина он оценивал гораз-

---

* Троцкий имеет в виду избрание Красина и Кржижановского в члены ЦК РКП(б) на XIII съезде. — См.: XIII съезд РКП(б). Стенографический отчет, 23—31 мая 1924. М., 1924, с. 719. На съезде впервые после долгого перерыва Красин выступил с довольно бесцветной речью о германо-советских экономических отношениях — *Примеч. авт.*

до более объективно, чем Троцкий, не говоря уже о Зиновьеве, Каменеве и других «старых большевиках», которые еще при жизни начали творить «ленинскую икону».

Чего стоит впервые опубликованное в «Дипломатическом ежегоднике» письмо Красина своей второй жене Тамаре Миклашевской от 27 января 1924 г. на смерть Ленина. Ни один «старый большевик» не оставил такого документа, где неизлечимая болезнь Ленина трактуется не с политических (что всегда и при всех обстоятельствах делал Троцкий), а общечеловеческих, я бы даже сказал, бытовых позиций понимания личной трагедии человека: «Мука В. И. состояла в неспособности самому припоминать слова и говорить что-либо». Ленин все видит и все понимает, «но у него нет способа сообщаться с людьми, крикнуть о том, что видит и знает!» [18]

Между прочим, в этом письме жене Красин пишет, что первоначально (по крайней мере, по 27 января) речь не шла ни о каком мавзолее и бальзамировании трупа: оказывается, прощание с Лениным сознательно затянули, ибо «три дня ждал В. И., *пока разогреют и взорвут землю на Красной Площади для могилы*». (выделено мной. — *Авт.*; и, действительно — есть кинохроника этого взрыва.

Ленину удалось постепенно втянуть Красина в упряжку «красных наркомов». После Брест-Литовских и Берлинских переговоров (декабрь 1917 — август 1918 гг.) его как «эксперта-консультанта» ставят осенью 1918 г. сначала главой одной из многочисленных, но очень важных чрезвычайных комиссий — по снабжению Красной Армии и в качестве такового вводят в президиум ВСНХ.

Постепенно Ленин «втягивает» Красина в работу на большевиков. Делается это шаг за шагом, путем «подкидывания» отдельных, разовых поручений. Троцкий верно замечает: «Но Красин сопротивлялся недолго (вспомним несчастных «русских рабочих и крестьян», которых из-за головотяпства и некомпетентности мордуют эти «политики» и «литераторы»! — *Авт.*). Человек непосредственных достижений, он не мог устоять перед «искушением» большой работы, открывающейся для его большой силы» [19].

В начале 1919 г. Ленин и Троцкий делают попытку назначить Красина наркомом торговли и промышленности. Тогда у большевиков была еще «производственная демократия» — в наркомы выдвигали ЦК отраслевых профсоюзов! Однако «блин» вышел комом — рекомендацию Троцкого на ЦК профсоюзов металлистов «забодали», и вместо Красина в наркомы торговли и промышленности рабочие выдвинули А. Г. Шляпникова, вскоре ставшего одним из лидеров «рабочей оппозиции» в партии.

Но нет худа без добра. В том же, 1919 г., открывается «дипломатический фронт» — в сентябре в Пскове начинаются первые советско-эстонские переговоры. Л. Б. Красина и М. М. Литвинова «бросают на прорыв» — рубить «прибалтийское окно», а уже в декабре Красина Совнарком назначает главой официальной советской делегации для переговоров о подписании мира с Эстонией (Юрьевский или Тартусский договор 2 февраля 1920 г.). Но Красин до подписания мира в Тарту не досиживает — сдает полномочия главы А. А. Иоффе и срочно отбывает в Москву: надо готовиться к поездке в Лондон. Там открывается нечто вроде «временного посольства» Советской России.

С этого момента Красин уже не «эксперт-консультант» на договоре с большевиками, а в их «штате» — с полномочиями, финансами, письменными рекомендациями от Ленина. Возвращение «блудного сына» свершилось.

* * *

Троцкий, конечно, не прав, когда степень доверия Ленина к тому или иному «старому большевику» ставит в зависимость от членства в ЦК РКП(б). «Вождь мирового пролетариата» был и догматик, и прагматик одновременно. Для реализации доктрины мировой революции у него был один подбор кадров — Григорий Зиновьев, Карл Радек, Николай Бухарин, Мануильский, Пятницкий, «иностранные товарищи», мощный аппарат Коминтерна.

Для национально-государственных дел — совсем другой: Красин, Раковский, Сокольников, Литвинов, Коллонтай, Гуковский, аппарат НКИД и Внешторга.

Эти, по существу, просвещенные высокообразованные «национал-большевики» (среди них оказалось очень много бывших меньшевиков — советники торгпредств В. Валентинов и Иван Литвинов, полпреды Трояновский, Суриц, Майский, сам наркомвнешторг Красин) начали уже загодя, еще до введения нэпа, с 1920 г. готовить «запасной аэродром» для социализма в одной стране на случай, если мировая революция «слишком запоздает».

Симптомом этой переориентации стал не ленинский доклад на X съезде партии в марте 1921 г. о замене продразверстки продналогом, а постановление Совнаркома от 3 февраля 1920 г. о создании «святая святых» Советской России — Гохрана РСФСР (Государственного хранилища ценностей). Гохран находился под личным контролем Ленина, и иметь с ним дело разрешалось только четырем ведомствам: ВСНХ, Наркомфину, Внешторгу и Рабкрину (последний — функции текущего контроля).

В обязанности Гохрана входила «централизация хранения и учета всех принадлежащих РСФСР ценностей, состоящих из золота, платины, серебра в слитках и изделиях из них, бриллиантов, цветных драгоценных камней и жемчуга», причем в декрете Совнаркома специально подчеркивалось, что «все советские учреждения и должностные лица обязаны сдать в Гохран в течение трехмесячного срока все имеющиеся у них на хранении, в заведовании, в переделке или на учебе вышеназванные ценности»[20].

В уже упоминавшемся выше «Отчете по золотому фонду сообщалось, что к 1 февраля 1922 г. в Гохран поступило «монеты, слитков (золотых. — *Авт.*) бывших частных банков, слитков и монеты из сейфов, золота от Главзолото и т. д. — 84 356 234 зол. руб. 95 коп.»[21].

В основном все это богатство было конфисковано у «буржуев». Сначала «шарахнули» по отечественным «единовременным чрезвычайным революционным налогом» (октябрь 1918 г.) с целью отобрать те самые 436 млн. зол. руб., что с 1914 г. хранились по «чулкам» у населения. Летом 1919 г. дошла очередь до «буржуев» иностранных — Петроградская ЧК сделала налет на здания иностранных посольств. Именно там чекисты конфисковали «сейфы», в которых после взлома нашли на 13 млн. зол. руб. царских «рыжиков».

Затем в Петрограде и окрестностях и по всей России прошлись по «закромам» бывшего министерства императорского двора — резиденциям великих князей, их детей и внуков.

Добрались и до музеев — грабили и тащили в Гохран все: слоновую кость, древние рукописи, археологические древности. Только «восточные раритеты» (из Китая, Японии, Персии) дали 437 предметов на 2 млн. 630 тыс. зол. руб.

При фантастической инфляции в период «военного коммунизма», когда деньги мерили метрами и таскали мешками (даже само понятие «деньги» исчезло — говорили «совзнаки»: один золотой «царский» рубль равнялся 20 тыс. «совзнаков»), Гохран стал основным хранилищем реальных ценностей и реальной («валютной») стоимости.

И когда надо было вручать реальные награды «стойким защитникам революции» (обычно это были именные золотые и серебряные наручные часы, вручаемые через Реввоенсовет Республики), выделять реальные средства на подрыв «тылов империализма» через Коминтерн, покупать продовольствие за границей через Наркомвнешторг (в обмен на бриллианты, жемчуг, изумруды и т. п.), промышленное оборудование (паровозы, вагоны, нефтетехнику и т. д.) через ВСНХ (за золотые, платиновые, серебряные монеты «царской» чеканки) — все тянули с Гохрана.

Но «тянули» не только госучереждения. В. И. Ленин с момента учреждения Гохрана постарался окружить его тройным кольцом «надежнейших коммунистов», которым он доверял лично. Это — уполномоченный ЦК по Гохрану Яков Юровский (да, да, тот самый, что командовал в июле 1918 г. расстрелом царской семьи на Урале и лично снял с убитых кольца, браслеты, часы, медальоны и по описи сдал их затем в Гохран), Глеб Бокий — начальник «технического отдела» ЧК — ГПУ (организовал в здании Наркоминдел по Кузнецкому мосту в Москве на последнем этаже и чердаке первую подслушивающую станцию, сначала по контролю телефонных переговоров из иностранных посольств, а затем и за «своими») и... Леонид

Красин, имевший личную доверенность от Ильича на изъятие из Гохрана по первому требованию любых ценностей (главным образом, бриллиантов) — кроме Красина, такие «ленинские» доверенности в 1918— 1920 гг. имел только наркомвоенмор и председатель Реввоенсовета Республики Л. Д. Троцкий [22].

В своей ставке на лично преданных «сторожевых псов» Революции Ленин не ошибся. Гохран приступил к своей деятельности 24 февраля 1920 г., а уже в апреле Юровский лично доложил Ленину — в «конторе» что-то нечисто, много ценностей уходит «налево», видимо, действует какая-то организованная шайка жуликов.

Ленин поручил расследование сигнала Г. И. Бокию. Расследование подтвердило — шайка действует, но благодаря полной неразберихе с учетом и отпуском ценностей поймать ее трудно. Ильич взорвался — главному куратору Гохрана замнаркомфина А. О. Альскому 29 мая 1921 г. он пишет угрожающее письмо: не наведете порядок — **посадим**, ибо Гохран — центральное звено в экономике, так как «нам нужно быстро получить максимум ценностей для товарообмена с заграницей» [23].

Одновременно Бокию приказано:

а) найти *организаторов* хищений (а не «маленькую рыбешку» типа посыльных, учетчиков, рядовых оценщиков алмазов — в списке Бокия фигурировало свыше 100 чел.);

б) составить *полный список* «комчиновников», которые забирали ценности без надлежаще оформленных бумаг или вообще по телефонному звонку;

в) дать перечень предложений по созданию *системы защиты* от будущих хищений.

Организаторов нашли быстро. Ими оказались три дореволюционных российских «бриллиантовых короля», взятые на работу в Гохран как ведущие эксперты: Пожамчи, из обрусевших греков, до революции владел целой «бриллиантовой фирмой» и имел фабрику по огранке алмазов в Антверпене (Бельгия); оценщик алмазов и бриллиантов Александров, а также другой оценщик Яков Шелехес, брат которого работал в ВЦСПС завкультпросветом.

Всех троих накрыли с поличным — на рабочих местах и дома при обысках нашли неучтенные или уже вынесенные из Гохрана бриллианты, «левые» накладные, переписку на бланках Наркомфина с заграничными партнерами. Главное же — все трое отвечали за оценку, сортировку и *отправку* (в том числе — и за границу) драгоценных изделий. Общий ущерб всей шайки ВЧК — ГПУ оценили как кражу бриллиантов на 1500 каратов и всех троих летом 1921 г. расстреляли.

Был составлен и второй список — кто из «комчиновников» на «халяву» получил драгоценности?

Сигналы к чекистам о разбазаривании ценностей, доставшихся большевикам от «проклятого прошлого», поступали и ранее. Скажем, «военспец» Н. И. Раттэль еще в 1918 г. похвалялся золотой «екатерининской» табакеркой, усыпанной бриллиантами, которую ему якобы выдали вместо ордена. У начальника военных сообщений РККА М. М. Аржанова таким «орденом» была... инкрустированная золотом личная трость самого Петра Великого, которую «путеец» самовольно укоротил под свой рост, ибо был всего «метр с кепкой» [24].

Большое недовольство у пуритански настроенного Ленина вызвала свадьба бывшего матроса П. Е. Дыбенко и генеральской дочки А. М. Коллонтай, с купеческим размахом проведенная в одном из реквизированных большевиками великокняжеских дворцов на великокняжеской посуде и с хрусталем, после которой многие ценные вещи из дворца пропали — многочисленные гости унесли их «на память».

Да что там «военспец» или матрос из «красы и гордости Революции» — Балтфлота! Сам великий пролетарский писатель Максим Горький не устоял, оскоромился. Несмотря на закрытие летом 1918 г. его газеты «Новая жизнь» (вспомним его слова о «поддержке большевиков»), он, как и Красин, пошел на службу к Ленину. В феврале 1919 г. он принял из рук большевиков важную должность председателя экспертной комиссии по приему и оценке художественных ценностей при Петроградском отделении Комиссариата торговли.

Зинаида Гиппиус, летом и осенью 1919 г. близко

наблюдавшая в Петрограде «работу» этой горьковской экспертной комиссии, оставила в своих дневниках такую ядовитую запись: «...Горький жадно скупает всякие вазы и эмали у презренных «буржуев», умирающих с голоду... Квартира Горького имеет вид музея, или лавки старьевщика, пожалуй: ведь горька участь Горького тут, мало он понимает в «предметах искусства», несмотря на всю охоту смертную. Часами сидит, перебирает эмали, любуется приобретенным... и, верно, думает бедняжка, что это страшно «культурно!». В последнее время, заключает Гиппиус, Горький стал скупать... «порнографические альбомы» и «царские сторублевки» [25].

Вот и друг Горького Красин попал в «черный список» Бокия, который тот представил по разделу «комчиновники и бриллианты» 23 июля 1921 г. лично Ленину. Среди длинного списка «отоварившихся» в Гохране (например, прокурор РСФСР, бывший прапорщик Н. В. Крыленко) числилась и некая «тов. Красина-Лушникова», которой опять же по записке Альского от 14 марта 1921 г. предписывается выдать бриллиантов аж на целых 11 497 80 каратов?! В записке замнаркомфина указывается, что у просительницы есть письмо из Внешторга номер такой-то от 14.03.21 и мандат «на личность» — номер такой-то, которые Альский будто бы оставил у себя на хранение. «Записка (Альского. — *Авт.*) не имеет печати. Несмотря на отсутствие мандата и печати, — говорится в отчете Бокия, — выдача производится и составляется акт на отпуск за № 33» [26].

Авторы очень интересной и основанной полностью на партийных архивах (ранее почти совсем неизвестных публике) книжки «Красные конкистадоры» О. Ю. Васильева и П. Н. Кнышевский на основе одной лишь фамилии (Красина-Лушникова) делают вывод — эта дама «жена Л. Б. Красина».

Но, во-первых, фамилия «Красина» не такая уж редкая в России. Во-вторых, настоящих жен Красина звали совсем по-другому. Первую (до 1920 г.) звали «Красина-Миловидова», вторую (именно она была законной супругой в 1921 г.) — «Красина-Миклашевская». Возможно, авторы знают о «третьей жене», существовавшей одновременно со второй и именно эта «третья» ходила за бриллиантами в Гохран? Сомнительная версия, тем более что в отчете Бокия вовсе не говорится, что «Красина-Лушникова» — жена наркомвнешторга. Наоборот, там содержится чисто «чекистская» фраза: «Выдачи, за редким исключением, производятся без справок по телефону у лиц, разрешивших данный отпуск ценностей из Гохрана». Уж будьте уверены, если бы это была «жена Красина», Бокий не побоялся бы написать это в отчет и лично доложить Ленину. Думается, что сия дама была, скорее всего, подставной фигурой — посредником какой-то другой шайки воров, но уже из Внешторга.

Сегодня опубликовано уже немало свидетельств современников о переходе от аскетизма и «распределиловки» военного коммунизма к нэпу и «сладкой жизни». Не случайно, что в партийный лексикон с 1921 г. все активнее входит термин «буржуазное перерождение». Один из свидетелей этого «перерождения» выпускник ИКП (Институт Красной Профессуры — «школы» Бухарина) И. И. Литвинов (однофамилец наркома Литвинова — до и после ИКП работал по внешнеторговой линии, а в 1933 г. вместе с семьей ставший «невозвращенцем»), в своем «Дневнике за 1922 год» записал 9 февраля: «...Нужно сказать, что, несмотря на все переброски, произошла полная дифференциация коммунистов. В хозяйственных органах, в военно-снабженческих и в дипломатических работают воры. Я уверен, что процент воров среди коммунистов ВСНХ, Центросоюза, Наркомвнешторга куда выше 99%. Там крадут все: от народного комиссара до курьера. Честные коммунисты сидят в культурно-просветительных и партийных органах» [27].

«Икапист» Литвинов сам, очевидно не подозревая, затронул самую болезненную для Ленина и других доктринеров мировой революции тему — как сочетать реальную жизнь с доктриной, «учиться торговать» с исконным «воризмом», который «слишком близко сидит под шкурой каждого русского человека» (В. В. Шульгин, 1929 г.).

Ведь не случайно старая народоволка Миньковская, полжизни проведшая на царской каторге и в ссылке, к ее концу призналась «икаписту» в 1922 г.: «Во всем она и ее муж винят русский народ. Мы его не знали, говорит она, а то разве были бы народниками. Книжки рисуют народ не таким, каким он является в действительной жизни.

Она заверяет, что на тысячу власть имущих коммунистов, максимум один процент честных. Среди русских, сказала она мне, вообще нет нравственно стойких людей, у других народов не то. Иностранцы — члены делегаций и т. д., приехавшие к нам, оказывается, приезжали главным образом за покупкой драгоценностей. И все они удивляются подкупничеству и взяточничеству большевиков. Ей это рассказывали как сами иностранцы, так и люди, с ними имевшие дело» [28].

Через 76 лет откровения старой народоволки нашли подтверждение в письме все того же А. О. Альского секретарю ИККИ И. Я. Пятницкому по поводу поведения иностранных делегатов на III Всемирном конгрессе Коминтерна и I Всемирном конгрессе Профинтерна летом 1921 г. в Москве. Оказывается, получив по три тысячи германских марок или по 450 долл. США командировочных, борцы за мировую пролетарскую революцию немедленно бежали в бухгалтерию отдела международных расчетов ИККИ или Наркомфин РСФСР, где, по сведениям Альского, «многие делегаты обменивают... часть иностранной валюты, выданной им ИККИ на дорогу домой, *скупая на рубли золото на рынках*» (выделено мной. — *Авт.*).

Возмущенный замнаркомфин дает волю эмоциям: и это делается в «первом отечестве мирового пролетариата», в котором «голодают рабочие и крестьяне; целые тучи беспризорных детей торгуют ради куска хлеба на улицах и вокзалах».

Рекомендации Альского вполне ленинские («мы еще вернемся к террору, и террору экономическому»: Ленин — Каменеву, март 1922 г.), даже если это касается иностранных делегатов — братьев по классу: «такое преступное... отношение к делу со стороны не вполне сознательных тт. из числа делегатов дальше продолжаться не может. Необходимы меры решительные, *вплоть до обысков у отъезжающих*» (выделено мной. — *Авт.*) [29].

Разумеется, руководство Коминтерна на вокзальный «шмон» делегатов, отъезжающих из Москвы, не пошло. Более того, Пятницкий в своей «Докладной записке отдела международной связи ИККИ о выдаче путевого довольствия делегатам III Конгресса» (август 1921 г.) на имя председателя ИККИ Зиновьева начисто отрицает все факты спекуляции: «Делегатам деньги выдавались на дорогу в день отъезда, а потому они не могли эти деньги менять в Наркомфине на советскую валюту и еще закупать золото и серебро».

Конечно, бумаге Альского ход не был дан: Пятницкий отписался Зиновьеву, а секретарь ЦК РКП(б) В.М. Молотов на обоих документах начертал — *«в секретный архив. В. М. 31/X»* [30].

Спустя десятилетия один из первых «покупателей драгоценностей», как раз в 1922 г. начавший свое «дело» в Советской России, фактически подтвердит оценки старой народоволки о коррупции коммунистов. Вот что ответит американский миллионер Арманд Хаммер (в 1922 г. ему было всего 23 года) на вопрос, как это ему удалось разбогатеть на торговых сделках в нищей и разоренной гражданской войной Советской России: «Вообще-то это не так уж и трудно. Надо просто дождаться революции в России. Как только она произойдет, следует ехать туда, захватив теплую одежду, и немедленно начать договариваться о заключении торговых сделок с представителями нового правительства. Их не более трехсот человек, поэтому это не представит большой трудности» [31] (т. е. всех легко можно купить за взятки. — *Авт.*).

По третьей позиции — предложения по учету и контролю ценностей — Бокий также сообщил Ленину немало интересного. *Во-первых,* несмотря на все строжайшие распоряжения о «трехмесячном сроке» сдачи из всех других «контор» имеющихся у них на хранении ценностей, за минувший год со времени этого постановления Совнаркома от 3 февраля 1920 г. дело подвигалось туго, особенно в провинции. Огромное количество возникших в период «военного коммунизма» всяческих «контор» типа горьковской Экспертной комиссии (аналогичная существовала и в Москве, а также во многих губернских столицах) не хотели выпускать из рук столь прибыльное дело, соперничали, писали в ЦК, ГПУ и Совнарком кляузы и доносы друг на друга (см. одну из них — лично Ленину от Горького 2 марта 1921 г. — опубл. в книге «Красные конкистадоры», с. 107—108). Все эти «рога и копыта» типа Чрезучёт, Бесхоз, Наследственно-охранный отдел и десятки других большевистских «контор» ни за что не хотели расставаться с награбленными ценностями.

Во-вторых, отмечал Бокий в своем обстоятельном докладе, сам Совнарком по незнанию «технологии дела» допустил крупный просчет — не вникая, утвердил подсунутую жуликами из Экспертного управления по координации работы экспертных комиссий на местах временную инструкцию по оценке, в которой разрешалось «во избежание задержки разборки ценностей временно согласиться на отбор (для Гохрана) *без составления описи*» (?! — выделено нами. — *Авт.*). Можно представить, сколько ценностей «под честное слово» ушло таким образом сквозь пальцы, «налево»! Инструкция же самого Гохрана об отпуске ценностей по запросам наркоматов и отдельных важных лиц предписывала делать это без реальной оценки стоимости (писали цену в не имеющих никакого значения «совзнаках»), указания веса (кроме алмазов, где отмечалось число каратов), в «штуках», словом — «на глазок».

Так, 26 июля 1920 г. по запросу ВЧК и Московской ЧК Гохран выдал для награждения чекистов 88 серебряных и 6 обычных металлических часов. Отпускал тот самый оценщик Александров, что через год теми же чекистами и будет расстрелян, хотя ревнители «революционной законности» могли бы уже при подписании описи на выдачу заметить: стоимость часов не проставлена, фирма-изготовитель не указана, как и заводские номера часов.

Словом, призыв Ленина построить из золота «отхожие места» по всему миру в конкретной стране — России — воспринимался вполне по-русски. Тащили все (особенно из золота и серебра), что можно было стащить: так уже тогда понималось понятие «общенародная собственность».

Доклад Бокия имел далеко идущие последствия как для организации учета, хранения и выдачи ценностей, так и для всей внешнеторговой политики большевиков (введение «жесткой экспортной диктатуры» (Ленин) — госмонополии внешней торговли).

Уже 10 августа 1921 г. на Совете Труда и Обороны (СТО) под председательством Ленина принимается грозное постановление: отныне вся внешняя торговля (и валютные расчеты по ней с заграницей) идут **исключительно** по каналу Чрезвычайной Комиссии по экспорту (Чрезкомэкспорт) при СТО — некий внешнеэкономический аналог ВЧК (тогда же Ленин в письме к Каменеву пишет — «мы еще вернемся к террору, и террору экономическому»). Перед этим жесточайшей чистке и арестам подверглись Гохран, Рабкрин, Наркомфин. Последний усилили новым наркомом — членом Политбюро Н. Н. Крестинским.

В Чрезкомэкспорт представители Наркомфина за все время его существования (август 1921 — февраль 1922 гг.) не войдут. Зато войдут люди из Внешторга, Рабкрина, ВЧК, Наркомпрода и ВСНХ. Во главе «экономической чека» поставили «твердого ленинца» Михаила Рыкунова, из рабочих-самоучек.

Учредили и «выносной пост» Чрезкомэкспорт — в Ревеле (Таллине), куда назначили «уполномоченного Совнаркома по валютным операциям» М. М. Литвинова, он же торгпред РСФСР в Эстонии (в подчинении наркомвнешторга Л. Б. Красина).

Спустили план: в течение года скупить (фактически — конфисковать) у обывателей ценностей на 20 млн. зол. руб.; одновременно СТО обязывал Рыкунова вывезти за границу для продажи художественных ценностей на 29 645 842 зол. руб.

Далее пошла «инициатива с мест» — по предложению экономического управления ВЧК ЦК РКП(б) 5 сентября 1921 г. за № 65 принимает секретное постановление: Наркомфину через Гохран (председатель Аркус) под контролем ВЧК организовать **тайную скупку золота, платины и иностранной бумажной валюты.** Для чего организовать по всей стране сеть тайных скупщиков под видом спекулянтов. И машина заработала... Но не надолго — вскоре она начала давать сбои.

Фактически обе «чеки» — политическая (ВЧК) и экономическая (Чрезкомэкспорт) пали жертвами столь любимой большевиками «чрезвычайщины». Пока одни чекисты рыскали по всей стране в поисках экспортных ценностей, другие устроили «шмон» на многочисленных экспортно-импортных складах в Москве. И обнаружили — совсем как в брежневские времена с импортным оборудованием, лежащим под снегом — нечто вопиюще бесхозяйственное.

Оказалось, что на 14 московских складах в октябре 1921 г. лежало импортных товаров (бумаги, медикаментов, электроприборов и т. п.) в четыре — шесть раз больше того, что одновременно разные наркоматы требовали срочно закупить на золото за границей. Нашли даже импортные товары «царского» времени, привезенные еще в 1915—1916 гг. в обмен на «залоговое золото». Не разобранными лежали кучи «худценностей», конфискованных у «буржуев» в 1918—1920 гг. И уж совсем «экспортные чекисты» вляпались, когда еще через полгода на складах самого Чрезкомэкспорта другие контролеры обнаружили... сгнившими или испорченными 2 млн. шкурок пушнины, 3632 пудов кости мамонта, 33 тыс. туш конины, 4 тыс. ковров ручной работы, 4 тыс. аршин кружев и вышивки [32]. Есть подозрение, что контролеров этих... направил Л. Б. Красин, выступавший за монополию внешней торговли, но без чрезвычайных «чекистских» методов в экономике.

Во всяком случае, при поддержке управляющего делами Совнаркома В. Д. Бонч-Бруевича Красин привлек к этой тотальной ревизии не только чекистов, но и «спецов из бывших» — царского сенатора Гарина и, особенно, бывшего «миллионщика» Алексея Яковлевича Монисова, откупщика царских «кабинетских промыслов» на Урале, Алтае и в Восточной Сибири (лес, руда, металлоизделия), а также доходных домов в Петербурге (торговый дом Монисовых в конце XIX в. взял также подряд городских властей северной столицы на облицовку Невы и каналов гранитом; эти набережные сохранились и по сей день).

Вышедший из семьи крещеных евреев-купцов Харьковской губернии (отец Монисова консультировал еще великого писателя И.С. Тургенева, когда тому потребовалось продать свое имение, и характеризовал купца как «весьма дельного и честного человека»), Монисов-младший весьма критически был настроен к царской аристократии за ее хозяйственную бездеятельность: «Крупнейшие магнаты, владельцы миллионных десятин на Урале и в Центральной России — графы и князья Строгановы, Абамелик-Лазаревы и др.... ничего не предпринимали и не в какие дела никогда не входили», — с горечью писал он в своем дневнике, делясь опытом откупщика на землях этих аристократов.

Монисова тянуло к «людям дела», и инженер Красин, управляющий петербургским филиалом германской «Симменс и Шуккерт», очень ему импонировал. Понятное дело, «ходок за деньгами» для большевиков Красин задолго до Октябрьской революции охотно поддерживал деловой и личный контакт с «миллионщиком». Не без содействия Красина Монисов в период Первой русской революции уступил за символическую арендную плату один из своих доходных домов на Поварской улице в Петербурге под социал-демократическое издательство «Жизнь и Знание», директором которого стал Бонч-Бруевич.

Именно к ним — Бончу и Красину — пришел искать работу Монисов, которого революция лишила всех прежних богатств. И вскоре стал одним из первых «спецов», работающих на мировую революцию. Сначала Бонч-Бруевич делает его управляющим кооператива «Коммунист» при управлении делами Совнаркома по спецпайкам для «руководящих товарищей». Затем уже Красин приспосабливает бывшего миллионера в Наркомат рабоче-крестьянской инспекции чрезвычайным инспектором, и бывший купец, возглавив рядовых инспекторов «от станка» и «от сохи», за два года проводит свыше 80 ревизий в различных наркоматах и ведомствах советской власти, ужасаясь удивительной бесхозяйственности как русской аристократии, так и ее антипода — пролетариата (в последнем случае — еще и повальному воровству).

Наряду с Юровским, Бокием и чекистами Монисов был в числе бригады ревизоров РКИ, сделавшей «налет» на Гохран Наркомфина в 1920 г.

На этот раз чекисты и «ркаишники» совместно проверяли сигнал о том, что в Гохране и Наркомфине идет повальная кража сотрудниками этих учреждений содержимого сейфов, которые еще в 1917—1918 гг. были конфискованы в частных банках и иностранных посольствах. Сейфы эти простояли запертыми все эти три года, ибо ключи от них были утеряны. Но с началом НЭПа и спросом на валюту о них вспомнили. Жулики из Гохрана и Наркомфина, под предлогом поиска «бриллиантов для диктатуры пролетариата», договорились с чекистами, и те под честное слово выпустили из тюрем наиболее опытных уголовников-«медвежатников», спецов по взлому сейфов.

Те, конечно, соскучились по «работе», и быстренько взломали все сейфы. Но высыпавшиеся из них бриллианты, иностранная валюта, драгоценные украшения и т.д. достались не «диктатуре», а... совслужащим Гохрана и Наркомфина: они быстренько все растащили по своим карманам.

И вот тут-то идея Альского о повальном «шмоне», не удавшаяся с делегатами III конгресса Коминтерна, сработала на полную катушку: на выходе из зданий воров ждали «заградотряды» из сотрудников ЧК и РКИ.

Вот как описывал сам Алексей Яковлевич Монисов в своем отчете в РКИ этот «шмон»: «При обыске сотрудников, выходящих из Гохрана, обнаружены были в их карманах бриллианты, золотые портсигары, осыпанные камнями и с гербами... в общей сложности по довоенным ценам на 50 тысяч рублей. Между вынесенными вещами, между прочим, серьги по 8 карат. Всего взять не удалось. Выходящие сотрудники, заметив что-то неладное, начали выбрасывать бриллианты из карманов прямо на панель» [33].

Спустя два года в том же качестве чрезвычайного инспектора РКИ Монисов оказался на складах Наркомвнешторга (это уже непосредственное ведомство Красина), проверявшихся параллельно со складами Чрезкомэкспорта. Картина представилась не менее ужасная: в России свирепствует голод, а на складе Наркомвнешторга тысячи неотправленных продовольственных посылок гуманитарной американской организации АРА. Более того, охранники и грузчики склада, судя по отчету Монисова в РКИ за конец 1921 г., нагло вскрывают чужие посылки с галетами и шоколадом, консервы, в открытую запивая этот деликатес кофе и какао из других пакетов.

Конечно, большевики типа Красина и Бонч-Бруевича крайне нуждались в таких честных «спецах», как Монисов, раз уже отечественные и зарубежные пролетарии не гнушались спекуляцией золотом и воровством шоколада у голодающих Поволжья. Поэтому Монисов-ревизор нарасхват — в 1921 г. он уже не только главный ревизор РКИ (по современному — аудитор Счетной палаты), но и главный ревизор Хозу СНК, начальник снабжения Особого строительного комитета (Оскома) и даже... ревизор Московской ЧК и член хозколлегии ВЧК! Белоэмигрантская печать возмущена — бывший миллионер служит у чекистов. Одна из «белых» газет советует Монисову... застрелиться, дабы не позорить честное имя русского купца. Впрочем, к чекистам пошел не один Монисов: бывший злейший враг большевиков, не одного из них отправивший в тюрьму и на каторгу Владимир Джунковский, царский генерал-адъютант, товарищ (заместитель) министра внутренних дел и начальник Особого корпуса жандармов, тоже служит «спецом» в ВЧК — изобретает паспортную систему СССР.

Независимо от Красина Монисов приходит к схожим выводам о необходимости государственной монополии внешней торговли — уж если аристократы типа Строгановых оказались неспособными к эффективной экономической деятельности при царях, то что ждать от новых «нэпманов» (они же сегодня «новые русские») из пролетарского жулья при большевиках.

И пишет в конце 1921 г. подробную записку Ленину о необходимости создания единого государственного импортно-экспортного органа — ГОСТОРГА при Наркомате внешней торговли. Ленин передает записку Красину, тот ее полностью одобряет и позднее использует в своей полемике с наркомфином Г.Я. Сокольниковым на Политбюро и в Совнаркоме*.

Зажатый между Сциллой воровства и Харибдой чекистских реквизиций и расстрелов, Ленин, очевидно, понял, что строить НЭП при перманентном соревновании жуликов и чекистов бесполезно.

3 февраля 1922 г. Совнарком принимает уникальное решение, с которого и следует по настоящему исчислять НЭП — Чрезкомэкспорт упраздняется. Но что гораздо более важно — упраздняется и «чека». Вместо нее создается Главное Политическое Управле-

---

* А. Я. Монисова назначают членом правления «Госторга». Но в начале 1922 г. после сыпного тифа у него начинаются осложнения со здоровьем — он становится инвалидом: поражение спинного мозга и полная неподвижность. Всеми забытый, он умирает в конце 20-х гг. в Москве.

ние — ГПУ (с 1924 г. — ОГПУ), которому отныне запрещено творить внесудебные расправы (ревизии и аресты без санкции прокурора), а тем более судить и казнить (отловил шпиона — сдай его в суд).

В немалой степени такой «пассаж» был связан с острой дискуссией в партийных верхах по вопросу о монополии внешней торговли, в которой Ленин и Красин (а, точнее, Ленин под давлением Красина) выступили вместе против всего Политбюро, ЦК и Совнаркома, и... победили.

* * *

Но прежде чем писать об этом странном тандеме Ленин — Красин в вопросе о монополии внешней торговли, следует вернуться к тому моменту, когда Красин прервал в Тарту свои переговоры с эстонцами о мире и срочно вернулся в Москву.

Наступил 1920 год, пожалуй, самый тяжелый для большевиков, последний, третий год гражданской войны. Хотя большевики разбили Колчака и отвоевали почти всю Сибирь до Байкала, в Крыму все еще сидел Врангель, в Польше пилсудчики точили ножи и готовились к атаке на «первое отечество мирового пролетариата» (в апреле 1920 г. они захватят Киев).

Хотя Антанта в январе сняла формально военно-экономическую блокаду Советской России, торговать все равно было нечем: промышленность лежала в разрухе, транспорт не работал, деревня стонала от продразверстки. Единственной реальной ценностью для заграничных закупок были золото, платина и серебро. Но и их еще надо было вывезти на Запад, узнать что почем, найти партнеров (пока — хотя бы мелких «буржуев» — спекулянтов типа Хаммера).

И как раз в 1920 г. было прорублено маленькое «окошечко» на Запад — через Эстонию и ее Ревельский морской порт. Там еще в 1918 г. обосновался бывший казначей РСДРП Исидор Гуковский в качестве торгпреда РСФСР де-факто (в 1920 г. его сменит М. М. Литвинов), постоянно крутились Ганецкий с Козловским — словом, вся большевистская «финансовая рать».

Одновременно с начавшейся еще в 1918 г. в Ревеле мелкой торговлей с европейскими спекулянтами золотом, бриллиантами, художественными раритетами проводилось нащупывание (в полном соответствии с ленинской концепцией империализма) «слабого звена» в цепи враждебных иностранных государств. В 1920 г. таким «слабым звеном» Ленину представлялась Англия.

Дело в том, что еще в 1918 г. большевикам удалось нащупать слабинку в едином антибольшевистском фронте Антанты — добиться признания своего «посла» («уполномоченного НКИД в Лондоне») М. М. Литвинова де-факто (Литвинов имел в Англии во время войны статус политэмигранта и работал техническим секретарем директора дореволюционного Московского кооперативного народного банка).

Этому предшествовал дипломатический скандал. За антивоенную пропаганду англичане арестовали и посадили в тюрьму другого политэмигранта — Г. В. Чичерина. После октябрьского переворота большевики потребовали выпустить из тюрьмы своего соратника. Англичане отказались. Тогда по команде Ленина и Троцкого чекисты заблокировали британское посольство в Петрограде, фактически посадив престарелого посла лорда Джорджа Бьюкенена под «домашний арест», не позволяя ему и персоналу посольства выехать на родину. По существу, это была одна из первых попыток использовать заложников в политических целях, столь распространенная сегодня. Фактически предлагался «обмен» Чичерина на Бьюкенена. Напуганный террором большевиков посол Британии начал слать в Лондон панические депеши. В итоге «обмен» состоялся: 3 января 1918 г. Чичерина выпустили из тюрьмы и выслали из Англии. Как только он приехал в Петроград, большевики отпустили Бьюкенена и персонал посольства.

Литвинов стал также «уполномоченным НКИД» не случайно. Сначала англичане послали свою неофициальную дипломатическую миссию во главе со своим «уполномоченным» Брюсом Локкартом, бывшим британским генконсулом в Москве.

Литвинов в Лондоне сразу стал «расширять окно». Пользуясь своим полудипломатическим статусом (право посылки шифрограмм и дипкурьеров, получения диппочты), «уполномоченный» предпринял атаку на своего «двойника» — посла «временных» в Лондоне кадета Константина Набокова (родного брата Владимира Набокова, отца знаменитого писателя-эмигранта). Литвинов добился лишения К. Д. Набокова средств дипломатической связи («временному» посольству отключили даже телефоны), а затем на бланке «уполномоченного НКИД» направил в «Bank of England» официальное письмо: требую лишить посольство Набокова и военно-закупочную миссию (военный атташат) права распоряжаться денежными суммами, направленными царским правительством в 1914—1917 гг. для закупок оружия, наложив на их счета арест.

И, к великому изумлению «уполномоченного», банк такой арест наложил, правда, не дав и Литвинову права распоряжаться этими средствами (совсем как в случае с генералом Подтягиным в Японии в 1925 г.) [34].

«Мы и до настоящего момента чрезвычайно страдаем от этого «ареста», — жаловался К. Д. Набоков премьеру колчаковского правительства П. Д. Вологодскому 16 февраля 1919 г., — сопряженного со многими унизительными неудобствами» [35].

И хотя в 1920 г. Литвинов сидел уже «уполномоченным Совнаркома» в Ревеле, в Лондоне он оставил своих заместителей и всю дипсвязь. Во всяком случае, когда Л. Б. Красину из Лондона надо было 22 октября 1920 г. дать шифрограмму о срочной присылке оценщицы алмазов с небольшой партией бриллиантов (якобы принадлежащих лично ей) на продажу, он беспрепятственно послал ее в Москву.

Миссия Красина в Лондон в мае — ноябре 1920 г. до сих пор окрашена флером таинственности. Ясно, что он имел поручение расширить «эстонское окно» до «торгового моста» в Европу. Важнейшим результатом этой миссии стало подписание там же, в Лондоне, и именно Красиным 16 марта 1921 г. англо-русского торгового соглашения, фактически — первой бреши в «империалистическом окружении».

Без скандалов удалось ему реализовать и бриллианты через присланную из Москвы «оценщицу» Марию Цюнкевич *.

---

* Миссия Красина по своему профессионализму разительно отличалась от аналогичной миссии Л. Б. Каменева в Лондон в январе 1918 г. Ленин поручает Каменеву почти те же задачи — нащу-

Успеху Красина в Лондоне, несомненно, содействовал его образ «технократа», крупного инженера, известного в кругах иностранных специалистов с дореволюционных времен (представитель фирмы «Симменс и Шуккерт» в Петрограде — это вам не кот начхал!). «Инженерная» репутация и «оборончество» в Первую мировую войну обеспечили Красину отдельные контакты и с представителями «белой» эмиграции, в частности, с Ариадной Тырковой-Вильямс.

Эта «бабушка кадетской партии», которую в России начала века называли «единственным мужчиной в кадетском ЦК», как раз в 1920 г. вернулась из ОСВАГа с разгромленного деникинского фронта и вместе с мужем, новозеландским журналистом и филологом Гарольдом Вильямсом писала для английского издательства роман о русской революции *.

Встреча с Красиным — это встреча с человеком «ее круга», но с той стороны баррикады. Хотя политические позиции двух собеседников были прямо противоположны, объединяло их одно — оба они были людьми **действия**. А еще — **государственниками**. Такой, по определению писателя-эмигранта Бориса Филиппова, «консервативный либерализм», идущий, по его мнению, от А. С. Пушкина с его просвещенной религиозностью [36], сближал Тыркову-Вильямс и Красина. Тем более, что в эмиграции уже с осени 1920 г. (война с Польшей была воспринята большинством «белых» эмигрантов не как революционная, а **национальная**

пать через Англию пути примирения с Антантой (как раз в это время наступил угрожающий перерыв в брестских переговорах с Германией). Было у Каменева и «золотишко». Но вся миссия этого «уполномоченного» кончилась грандиозным скандалом: бриллианты он не продал, а пытался подкупить на них депутатов-лейбористов; контакты не установил и с позором был выслан из Англии. Вдобавок на обратном пути через Швецию и Финляндию попал в руки «белофиннов», те упрятали его в тюрьму и только в августе 1918 г., через восемь месяцев после начала своей неудачной миссии, он вернулся в Москву, будучи обмененным на партию заложников-«белофиннов». — *Примеч. авт.*

* За свою долгую, почти столетнюю жизнь (1869—1962) А. В. Тыркова-Вильямс напишет очень много статей, романов, воспоминаний. Среди них — двухтомное исследование жизни А. С. Пушкина (1928, 1936), трехтомные мемуары (1952—1956), несколько романов, сборников очерков «Старая Турция и младотурки» (1913), неисчислимое количество публицистических статей в русской и зарубежной прессе. — *Примеч. авт.*

война) зарождались семена «сменовеховства», которые расцветут пышным цветом в следующем, 1921 году, с введением НЭПа.

Не во всем Троцкий в характеристике Красина был не прав. Конечно, писал он в 1932 г., Красин «не был пролетарским революционером до конца. Он искал всегда непосредственных решений или непосредственных успехов; если идея, которой он служил, не давала таких успехов, то он обращал свой интерес в сторону личного успеха... Он был ближе к людям типа Кавура, чем к людям типа Маркса или Ленина» [37]. Многие иностранные дипломаты того времени (в частности, министр иностранных дел Италии Сфорца) очень высоко ставили Красина, отмечая в нем «необычное сочетание преуспевающего делового человека* и неуступчивого революционера».

Троцкий, правда, забыл добавить, что когда в 1924—1926 гг. он оказался отодвинут сначала «тройкой» (Зиновьев — Каменев — Сталин), а затем «двойкой» (Сталин — Бухарин) от большой политики, единственный человек, который (во время своих редких наездов из Лондона и Парижа, где он был полпредом СССР) демонстративно садился рядом (или напротив) на заседаниях Политбюро, ЦК или Совнаркома, был **Красин**.

По существу, Красин олицетворял ту «технократическую» линию внешней и внутренней политики России, начало которой с 1892 г. положил С. Ю. Витте. Как и Витте, он весьма скептически относился к «религиозно-идеологическим» изыскам власть придержащих, будь то православие (при Александре III), или коммунизм (при Ленине). Последнему Красин прямо в лицо говорил, что вся эта коминтерновская идеология «мировой революции» — бред, химера, философия «универсального запора». И не только говорил — где мог отказывался давать из Внешторга и Гохрана валюту (известный инцидент с М. П. Томским,

---

* Всю войну Красин оставался управляющим петроградского филиала фирмы «Сименс и Шуккерт», не дав ее секвестировать, как другие немецкие фирмы, царским властям. «Февральская революция, — писал Троцкий в 1932 г. — застала Красина богатым человеком». На Западе и сегодня ходит мнение о единственном «большевике-миллионере» в окружении Ленина. — *Примеч. авт.*

в 1921 г. — председателем Туркестанской комиссии ВЦИК и СНК РСФСР, которому в сентябре 1921 г. он не выдал 100 тыс. руб. зол. на «мировую революцию» в Средней Азии).

Как человека делового и организованного, Красина возмущало головотяпство «мировых революционеров» и их абсолютная некомпетентность в вопросах мировой торговли, особенно, бриллиантами и художественными ценностями*.

Он с таким трудом заключил с англичанами в марте 1921 г. первый в истории Советской России торговый договор, а Наркомфин и другие «конторы» продолжали гнать товары через Ревель. 30 августа 1921 г. Красин отбивает торгпреду в Эстонии М. М. Литвинову категорическую телеграмму: «Я решительно возражаю против продажи ценностей через Ревель. Произведенные продажи сопровождаются для нас крупными убытками, и продолжать подобную растрату казенного добра я не намерен»[38]. Вскоре наркомвнешторг своей властью временно приостановил все операции с золотом и художественными ценностями через Ревель.

Однако этот запрет явно не понравился кому-то в Коминтерне, тем более что хитрый Литвинов подстраховался — переписку с Красиным о запрете продаж на 20 млн. ф. ст. он в копиях переслал в Совнарком на имя Ленина. Тот не согласился с Красиным и вынес вопрос на Политбюро. Что сделал бы современный «нарком», узнав, что вопрос находится у «самого»? Сидел бы и молчал в тряпочку, ожидая «высочайшего» указания.

Не таким был Красин. Он тут же пишет письмо в Совнарком — что за безобразие, вы мне поручили внешнюю торговлю, а теперь по каждому вопросу даете указания? А Литвинов подчинен мне, и не его дело, минуя непосредственного начальника, сразу лезть на Политбюро. Как оказалось, Литвинов в об-

---

* «...До продажи драгоценностей организованным путем мы все еще не доросли и что падение цен, вызванное на рынке бриллиантов более чем неудачной торговлей ими Коминтерном и другими учреждениями, имеет и в будущем под собою достаточные основания». — Из письма Л. Б. Красина в Наркомфин 20 марта 1922 г. — *Примеч. авт.*

ход Красина хотел выслужиться (он уже ранее безуспешно «навоевался» с Чичериным за пост наркоминдела, теперь хотел свалить наркомвнешторга и сесть на его место), и начал переговоры с какими-то заграничными жуликами о продаже золота и бриллиантов на 20 млн. ф. ст. (стоимость одной «царской посылки» залогового золота в 1915—1917 гг.).

Красин дезавуировал Литвинова — на такую сумму бриллиантов во Внешторге уже давно нет, все выгребли подчистую. Для Литвинова его интрига против Красина кончается однозначно — к концу 1921 г. его освобождают в Эстонии сразу от трех должностей — полпреда, торгпреда и «уполномоченного Совнаркома по валютным операциям», но переводят с повышением — замнаркома иностранных дел к Чичерину, где он и работает последующие девять лет, когда, наконец, наступает его звездный час: в 1930 г. Сталин делает его министром.

А что же Красин? Набирает силу, особенно в 1922 г., когда он схлестнулся с будущим наркомфином и «отцом» реформы рубля (червонца) Г. Я. Сокольниковым.

История этого конфликта такова. 6 октября 1922 г. пленум ЦК РКП(б), по предложению Сокольникова, единогласно проголосовал за ослабление монополии внешней торговли (как писал в своих тезисах к пленуму «О режиме внешней торговли» Сокольников, можно разрешить «свободный вывоз» из РСФСР сахара, мехов, зерна, особенно в сторону Персии и Китая)[39].

Из приглашенных на пленум только Красин решительно выступил против ослабления госмонополии на внешнюю торговлю. Ленина на пленуме не было — он болел. Красин поехал к нему в Горки и убедил: дело это — крайне опасное, экономика России только-только встает на ноги, «золотого червонца» еще нет, мы вновь потеряем контроль за экспортом и снова придется на жуликов бросать чекистов.

Ленин и на этот раз согласился с доводами Красина (что, очевидно, и вызвало потом критику Троцкого, ибо вначале этой дискуссии он занял позицию «нейтралитета») и настоял, чтобы решение пленума приостановили на два месяца, до изучения опыта торговли Внешторга[40]. А на декабрьском пленуме уже с участием Ленина предыдущее постановление столь же единогласно отменили — Красин снова победил!

Не надо, однако, думать, что все эти большевики-интеллигенты и государственники — Ленин, Сокольников, Красин — были абстрактными радетелями за «народное дело». Нет, они продолжали старую российскую традицию государственности, точно отраженную историком В. О. Ключевским — «государство пухло, а народ хирел». Когда Ленину нужны были дополнительные валютные ценности на торговлю с Западом, он не останавливался перед развязыванием грабежа церковного имущества.

Сегодня уже хорошо известно его секретное письмо членам Политбюро от 19 марта 1922 г. «данный момент (голод в Поволжье. — *Авт.*) представляет из себя не только исключительно благоприятный, но и вообще единственный момент, когда мы можем 99-ю из 100 шансов на полный успех разбить неприятеля (т. е. православную церковь. — *Авт.*) наголову и обеспечить необходимые для нас позиции на много десятилетий».

Где же эти «Клондайки» и зачем они нужны? А вот зачем: «Нам во что бы то ни стало необходимо провести изъятие церковных ценностей самым решительным образом и самым быстрым способом, чем мы можем обеспечить себе фонд в несколько сотен миллионов золотых рублей (надо вспомнить гигантские богатства некоторых монастырей и лавр). Без этого фонда никакая государственная работа вообще, никакое хозяйственное строительство в частности, и никакое отстаивание своей позиции в Генуе в особенности, совершенно немыслимы... Сделать это с успехом можно только теперь. Все соображения указывают на то, что позже сделать этого не удастся, ибо никакой иной момент, кроме отчаянного голода, не даст нам такого настроения широких крестьянских масс...»[41].

Вот, оказывается, для чего нужна была жесткая государственная монополия внешней торговли. И почему «вождь» той же весной 1922 г. говорил о возврате к «экономическому террору».

Нет, у Красина не было *принципиальных разногласий* с Лениным относительно грабежа монастырей и лавр Русской православной Церкви: в конце концов

Петр I снимал с колоколен колокола, переливая их на пушки, а Екатерина II за 25 лет до Великой Французской революции провела секуляризацию, отобрав у монастырей 90% пахотных земель и угодий, оставив лишь по «шесть соток».

Здесь иллюзий у нас быть не должно — весь нэп, по сути, был восстановлением и продолжением старых дореволюционных реформ Витте (золотой рубль — нэповский червонец, монополия на продажу водки — восстановлена в 1922 г. большевиками). Даже акцизы (дополнительные налоги) по номенклатуре почти совпадали с виттовскими — на сахар, чай, спички, табак, соль, свечи и т. д. Разве что ввели новый — «с резиновых калош» (26 коп. с пары отечественных и 56 коп. — с иностранных; с детских калош «взимается половина ставки»)[42].

Красин не соглашался с Лениным тактически. Это наглядно видно из их переписки в августе 1921 г. об отношении к двум «Помголам» — всероссийским комитетам помощи голодающим: один официальный при ВЦИКе и другой общественный, прозванный «Прокукишным» (по начальным буквам фамилий его создателей известных дореволюционных общественных деятелей С. Н. Прокоповича, Е. Д. Кусковой и Н. М. Кишкина).

Ленин полагал, что «прокукишный» Помгол большевикам не нужен (и, действительно, осенью 1922 г. супругов Прокоповича и Кускову вышлют на «философском пароходе» за границу, а бывшего кадета Кишкина в том же году посадят в тюрьму).

Красин, наоборот, в своем письме Ленину 19 августа 1921 г., солидаризируясь с Г. В. Чичериным, писал, что «прокукишный» Помгол не только большевикам не помеха, а, наоборот, большое подспорье в «заграничном нэпе», который Красин довольно цинично определил как **«столь успешно начатое втирание очков всему свету»** (выделено мной. — *Авт.*).

И Красин расшифровывает эту новую тактику «кнута и пряника»: «Никакой опасности, чтобы Прокукишин стал чем-то опасным за границей, нет. Напротив, он поможет окончательному разложению белогвардейщины, а это важно... и в вопросе о займах, и в переговорах о концессиях. Этот поворот политики (к репрессиям. — *Авт.*) очень неблагоприятно скажется. И чего ради?»[43]

«Втирание очков» Западу у Красина покоилось на том, что он как никто другой в высшем руководстве Советской России понимал — внешнеторговый оборот страны в 1920—1922 гг. держался не на промышленности и даже не на традиционном дореволюционном экспорте сельскохозяйственных продуктов (только в 1924 г. удалось впервые после 1914 г. вывезти за границу 180 млн. пудов зерна), а исключительно на грабеже накопленных в дореволюционные годы ценностей — золотых и серебряных изделий, художественных произведений, традиционного «русского экспорта» (меха, икра, водка). Даже промышленное сырье (уголь, руда, нефтепродукты — бензин, керосин, солярка) занимали тогда в экспорте незначительное место.

Единственный реальный источник дохода в 1921 г. был от продажи бриллиантов (выручили 7 млн. зол. руб.), художественных картин и раритетов (9 млн.) да... черной икры (в 1922 г. одна Германия закупила 338 пудов зернистой и 2973 пуда паюсной икры).

Грабеж церквей, монастырей и лавр мог дать еще немало золота, серебра, ценных икон и т. д., но нельзя же, доказывал Красин Ленину, ехать на этом коньке вечно — когда-нибудь эти «клондайки» кончатся... Нет, отмечал Красин, надо всерьез поворачиваться к цивилизованной (а не «ограбил — продал — купил») торговле.

Так родилась идея Генуэзской конференции и всех последующих за ней встреч «красных купцов» с западными в Гааге и в Париже.

В отличие от чекистов, всюду и везде искавших «контрреволюционеров», Красин отчетливо понимал — доктринерство коминтерновцев и примитивные «охранные» методы ОГПУ в отношении «Прокукишна» могут лишь сорвать всю ту тонкую дипломатическую игру на Западе, которую с 1920 г. он вел в Европе.

Ведь всю весну и лето 1921 г. Красин провел в Германии, ведя сложные и сверхсекретные переговоры с немецкими финансистами и промышленниками о крупном кредите и германских концессиях в Советской России (к февралю 1922 г. более 40 немецких фирм заявили о готовности к экономическому сотрудничеству с большевиками)[44], а также готовился к встрече в Париже в декабре 1921 г. с крупнейшими банкирами и фабрикантами Западной Европы (некий прообраз нынешнего форума в Давосе), где, как мы увидим ниже, решится судьба Генуи и будет обсуждаться вопрос о создании некоего международного экономического консорциума (Антанта — Германия — Советская Россия) как общеевропейского органа по выходу из послевоенного финансового и экономического кризиса.

Однако главным практическим результатом переговоров Красина в Берлине в 1921 г. стало не столько экономическое, сколько военно-техническое сотрудничество Веймарской республики с Советской Россией.

На Западе об этом секретном сотрудничестве в 1925—1931 гг. написано уже немало, в частности, об авиационной школе рейхсвера в Липецке (с 1925 г.), танковой школе «Кама» под Казанью (с 1926 г. именно там учился будущий «танковый маршал» Гитлера Гудериан), химической школе «Томка» под Томском в Восточной Сибири[45].

С 1992 г. такие материалы стали появляться и в России[46], вплоть до публикации карт и схем для студентов о размещении самих советских военных заводов от Москвы до Самары, выполнявших до 1933 г. заказы германских военных[47].

Но мало кто знает, что у истоков этого германо-советского военного сотрудничества 20-х — начала 30-х гг. стоял Леонид Красин. А ведь именно он 26 сентября 1921 г. в письме к Ленину («строго секретно, никому копии не посылаются») впервые детально изложил программу этого сотрудничества.

В этом письме — весь Красин с его «втиранием очков всему миру», т. е. в данном конкретном случае — Антанте и даже коммерческим германским финансово-промышленным кругам, пекущимся о прибыли: «План этот надо осуществить совершенно независимо от каких-либо расчетов получить прибыль, «заработать», поднять промышленность и т. д., — писал Красин Ленину, — тут надо щедро сыпать деньги, работая по определенному плану, не для получения прибыли, а для получения определенных полезных предметов — пороха, патронов, снарядов, пушек, аэропланов и т. д.».

Конечно, для такой грандиозной программы обучения и перевооружения не только рейхсвера, но и Красной Армии (а именно эта задача составляла ЯДРО всей программы Красина) нужны большие деньги, причем золотом.

«Алтынники и крохоборы» из немецких гражданских торгашей, задавленные контрибуцией Антанты и смертельно ее боящиеся, таких денег, по мнению Красина, никогда внутри Германии не найдут. Иное дело военные: они жаждут реванша и «освобождения из-под Антанты». Поэтому немецкие генералы и полковники такие деньги найдут, «хотя бы, например, **утаив известную сумму при уплате многомиллиардной контрибуции той же Франции**»[48] (выделено мной. — *Авт.*).

Расчет Красина оказался абсолютно точным: 25 сентября 1921 г. у него состоялось в Берлине тайное свидание с тремя представителями рейхсвера, одним из которых был кадровый офицер кайзеровской разведки Оскар фон Нидермайер, съездивший уже в июне 1921 г. в Петроград на предмет изучения русских оружейных заводов и их модернизации с помощью Германии[49].

Ленин одобрил план Красина, дополненный идеей Чичерина обеспечить военному сотрудничеству дипломатическое прикрытие (им станет германо-советское сепаратное соглашение в Рапалло 16 апреля 1922 г., выдержанное в духе дополнительного финансового протокола 27 августа 1918 г. в Берлине, одним из авторов которого был как раз Красин) и даже намеревался заключить такую сделку с рейхсвером еще в январе — феврале 1922 г., для чего в Берлин была направлена целая бригада в составе Карла Радека, Красина и Раковского (на месте к ним присоединился полпред Н. Н. Крестинский)[50]. Но все дело испортил длинный язык Радека, который, как мы увидим ниже, не только оскорбил министра иностранных дел Веймарской республики Вальтера Ратенау, но еще и проболтался о некоем сепаратном соглашении с Германией в интервью французской газете «Матэн», что вызвало возмущение Чичерина и распоряжение Ленина от 21 февраля 1922 г. Сталину отстранить Радека от дипломатической работы [51].

В итоге Радека в Геную не пустили, и секретная военная конвенция, как и ее дипломатическое прикрытие — Рапалльский договор — были заключены без него. Разумеется, в тексте «дипломатического прикрытия» ничего не говорилось о секретном военном сотрудничестве: лишь в статье 4 Рапалльского договора содержалось глухое упоминание о «доброжелательном духе», с которым оба правительства будут «взаимно идти навстречу хозяйственным потребностям обеих стран».

Таким образом, благодаря Красину, советская дипломатия убила сразу двух «зайцев». Во-первых, на немецкие деньги начала уже с середины 20-х гг. модернизировать военную промышленность, особенно важную в условиях военной реформы РККА (сокращение контингента в десять раз, переход на мобилизационный принцип подготовки, ставку на технические рода войск — танки, авиацию, химвойска).

Во-вторых, Рапалльское «прикрытие» стало моделью «нулевого варианта» решения спорных финансово-экономических вопросов: обе страны отказывались от взаимопретензий по государственным и частным долгам, включая отказ от компенсации за национализированную в Советской России германскую собственность.

Новый «брест-литовский» мир России и Германии существенно усилил позиции советских дипломатов на генуэзско-гаагских переговорах 1922 г. с Антантой, приблизив полосу дипломатического признания СССР.

Красина Ленин снова бросает «в прорыв» — на этот раз готовить Геную. Готовить не в Москве, а в Лондоне, куда к концу 1921 г. Красин и переносит свой «выносной кабинет» наркома — после 16 марта 1921 г. в Англии он уже не полулегальный «уполномоченный НКИД», как Литвинов в 1918 г., а полномочный торгпред (а затем и полпред СССР), разрывающийся между Лондоном и Москвой. Не случайно Красин первым из советских наркомов освоил аэроплан, и охотно летал (судя по его письмам к жене) туда и обратно и по всей Европе именно на самолете (как ныне летают многие бизнесмены на персональных «боингах»).

Остальные наркомы все еще по старинке предпочитали ездить в персональных «литерных вагонах», целые «стада» которых стояли на запасных путях всех московских вокзалов (Сталин так до самой смерти и не слетал ни на одном самолете, сохранив привычку к «литерному поезду», хотя его «сталинские соколы» уже бороздили небо даже над Северным полюсом).

* * *

Англо-советский торговый договор 16 марта 1921 г. открыл так называемую «полосу дипломатического признания СССР» и положил начало к первой широкомасштабной встрече «капиталистического» и «коммунистического» миров в Генуе на знаменитой конференции (10 апреля — 19 мая 1922 г.).

Идею такой встречи с осени 1920 г. вынашивал Красин. Он неоднократно писал и говорил об этом Ленину. Последний колебался — доктринер боролся с прагматиком. Наконец, к началу 1921 г. «вождь мирового пролетариата» решился.

В марте 1921 г. происходят три важнейших события:

— 8—16 марта в Москве проходит X съезд РКП(б), на котором Ленин провозглашает «коренную перемену всей нашей точки зрения на социализм» — поворот к НЭПу;

— 16 марта Л. Б. Красин подписывает упомянутый выше торговый договор с Англией — первое «нэповское» соглашение с великой иностранной державой;

— 18 марта А. А. Иоффе подписывает в Риге мирный договор с Польшей, который де-факто присоединял Советскую Россию к «версальской системе» договоров о послевоенных границах.

В октябре 1921 г. Г. В. Чичерин рассылает по столицам европейских государств и в США дипломатический циркуляр о готовности советского правительства обсуждать проблему «царских долгов» (до 1914 г.) на любой предстоящей встрече с Западом.

Вся эта серия дипломатических соглашений и заявлений создает почву для организации первого, как бы сказали сегодня, «саммита Восток — Запад».

В январе 1922 г. получена первая реакция с Запада: Верховный Совет Антанты с участием наблюдателей от США и Германии на своем заседании в Каннах (Франция, 6—13 января) в принципе одобрил возможности такого «саммита» при условии, что большевики согласятся обсуждать проблему компенсации национализированной в 1918—1920 гг. иностранной собственности и выплаты «царских долгов». Соответствующее послание было утверждено Верховным Советом и отправлено в Москву.

25 февраля 1922 г. Англия и Франция окончательно определили место и время встречи (Генуя, апрель) и тему конференции — исключительно «русский вопрос».

И обе стороны начали лихорадочную подготовку к конференции. 20—28 марта 1922 г. в Лондоне собрались западные эксперты для того, чтобы окончательно установить сумму валютных претензий к «советским республикам» («пролетарское СНГ» в 1922 г. состояло из РСФСР, УССР, БССР, Грузии, Армении, Азербайджана, Бухары, Хорезма и Дальне-Восточной республики — все они 22 февраля делегировали свои полномочия делегации РСФСР).

Эксперты Запада рекомендовали: все займы и кредиты с момента начала Первой мировой войны с РСФСР и ее «дочерей» списать, но зато «повесить» на них не только «царские», но и колчаковские, деникинские, врангелевские, семеновские и прочие долги (не было лишь долгов «батьки» Махно и других «зеленых» атаманов, да и то — по причине отсутствия документов). Само собой вся иностранная собственность должна быть возвращена владельцам или их потомкам, на худой конец — выплачена валютная компенсация.

Большевики тоже не лыком были шиты — разработали стратегию переговоров, помимо теоретических установок Ленина к Генуе:

— выйти единым фронтом «советских республик» (не допустить Брестского раскола 1918 г., когда украинцы пошли в одну сторону, а русские — в другую; такая угроза могла возникнуть и в Генуе — предсовнаркома и наркоминдел УССР Х. Г. Раковский намеревался было «вчинить чек»

Германии за разграбление Украины в марте — ноябре 1918 г.) и «лимитрофов». «Пролетарское СНГ» сплотили 22 февраля, а «лимитрофов» (Эстонию, Латвию, Польшу) 30 марта 1922 г. в Риге, подписав с ними протокол о согласовании позиций и «едином фронте» в вопросе дипломатического признания будущего СССР.

— срочно создали финансовую комиссию из «спецов» по долгам царского и Временного правительств, а также по «военным долгам» Запада (ущерб от иностранной интервенции 1918—1920 гг.); всего насчитали по «царско-временным долгам» 18 496 млн. зол. руб., а по «военным» — в два раза больше — 39 млрд.

— именно с учетом предстоящей в Генуе встречи с «империалистами» (а разговоры об этом велись весь 1921 г., сразу после подписания англо-русского торгового договора) и была создана та самая комиссия при СТО по золотому фонду, которая провела тотальную инвентаризацию хранения и движения золотого резерва с ноября 1917 г. по конец 1921 г., установив, что к началу 1922 г. РСФСР располагает:

Золотой запас РСФСР на начало 1922 г.

Всего ценностей на	В том числе				остаток румынского золота
	Золота	Серебра	Платины	Иностранных банков	
251 41 4 792 зол. руб. 96 коп.	217 92 3 632 зол. руб. 95 коп.	22 986 314 зол. руб. *	10 41 8 943 зол. руб. 77 коп.	685 900 зол. руб. 24 коп.	87 074 501 зол. руб. 5 коп.

Примечание: Из них на 8 925 063 зол. руб. монеты дефектной, «нетоварной» (лигатурной), годной только на переплавку и перечеканку.

И получалось, что даже если бы в обмен на дипломатическое признание большевики в Генуе согласились отдать весь золотой запас до копейки (251,4 млн. зол. руб.), то и тогда они не покрыли бы и 1/5 «царских долгов» (18 млрд. 496 млн. зол. руб.). Вот почему родилась контрпретензия по «военным долгам» в 39 млрд. зол. руб.

Ситуация для большевиков перед Генуей осложнялась начавшимся в Поволжье и на Южном Урале осенью 1921 г. страшным голодом, невиданным доселе в России.

Ленин и здесь «распределил роли»: Троцкий был брошен на борьбу с голодом (изыскание средств на закупку за границей продовольствия и семян), а Красин — на подготовку к конференции.

«Метода» Льва Давидовича осталась неизменной — «чрезвычайщина», ограбление не только церквей и монастырей, но и... музеев (в частности, знаменитой Оружейной палаты в Москве). В феврале 1922 г. Политбюро и Совнарком назначают Троцкого «Особо уполномоченным Совнаркома по учету и сосредоточению ценностей». В свои замы «демон революции» берет бывшего царского подполковника «военспеца» Г. Д. Базилевича, своего порученца в 1921 г. в Реввоенсовете Республики.

А уже 13 марта 1922 г. Базилевич с грифом «совершенно секретно» докладывает: «Ценности *Оружейной палаты*... выливаются в сумму минимум 197,5 млн., максимум — 373,5 млн. зол. руб. (т. е. больше, чем весь ранее учтенный золотой запас на 1922 г. — см. таблицу выше. — *Авт.*), если не будет сюрпризов «без описей» в оставшихся неразобранными еще 1367 ящиках» [52].

Совершенно иную программу пополнения бюджета и аргументации в Генуе разрабатывает в 1921—1922 годах Л. Б. Красин:

1. Следует немедленно прекратить разовые продажи художественных ценностей и бриллиантов через сомнительных лиц, рекомендуемых начальником Гохрана Аркусом (некий швед Карл Фельд и другие) или через высокопоставленных «кремлевских жен» (жена Горького актриса Мария Андреева-Юрковская, жена Каменева и сестра Троцкого Ольга Каменева-Бронштейн, музейный руководитель). Вместо этого необходимо срочно создать картель (СП) для совместной продажи бриллиантов, лучше всего, с **Де Бирсом** (вот когда, оказывается, появился нынешний многолетний «алмазный партнер» СССР — РФ! — *Авт.*).

«Синдикат этот должен получить *монопольное право* (вот она, монополия государства на внешние связи! — *Авт.*), ибо только таким путем можно будет создать успокоение на рынке бриллиантов и начать постепенно повышать цену. Синдикат должен давать нам под депозит наших ценностей ссуды на условиях банковского процента», — писал Красин в Наркомфин 20 марта 1922 г.

2. В торгово-экономических дискуссиях в Генуе необходимо остро поставить вопрос о **Добровольческом торговом флоте** (Добрфлот) — дореволюционной пароходной компании, чьи суда барон Врангель в ноябре 1920 г. угнал из Крыма за границу, привезя на этих судах остатки своей армии и гражданских беженцев. Кроме того, среди гражданских судов имелось и 52 военных. Французы согнали все эти суда (несколько десятков единиц) на свою военно-морскую базу в Бизерту (Тунис), он там гниет и пропадает* (как это напоминает нынешние украинско-российские споры из-за кораблей Черноморского военно-морского флота! — *Авт.*).

3. Наконец, от царской России России советской досталась огромная недвижимость за рубежом, особенно церковная, в частности, в «святых местах» на Ближнем Востоке. Эту проблему, по мнению Красина, также следует поставить в Генуе**.

О самой Генуэзской конференции написано уже очень много, в СССР был даже поставлен пропагандистский художественный фильм «Москва — Генуя». Но фактически советская делегация превратила кон-

---

* В 1923—1925 гг., будучи полпредом во Франции, Красин будет вести с французским правительством активные (хотя и безрезультатные) переговоры о возвращении «Добрфлота». — «Дипломатический ежегодник. 1989». М., 1990, с. 368. Его преемник Х. Г. Раковский в 1927 г. согласится на продажу Франции и Италии хотя бы 11 военных судов (одну подводную лодку СССР требовал вернуть безоговорочно), но вопрос так и не был решен. Подробный перечень военных судов, из-за которых Красин и Раковский спорили с французами, см.: Узники Бизерты. М., 1998, с. 224. — *Примеч. авт.*

** В 1923 г. в Лондоне Красин официально поставил вопрос о русских владениях в «святых местах» перед британским МИД, требуя признать права собственности СССР над имуществом ИППО, но успеха не достиг. — «Русская мысль», № 4108, 11—12 янв. 1996, с. 17.

ференцию в пропагандистский форум. Выступив не по повестке дня, Г. В. Чичерин сделал доклад о всеобщем сокращении вооружений.

Сепаратной сделкой с Германией в Рапалло 16 апреля 1922 г. «красные» дипломаты вообще пустили конференцию под откос. В итоге главные партнеры Советской России — Д. Ллойд-Джордж (Великобритания) и Луи Барту (Франция) свернули конференцию, фактически устроив на ней месячный перерыв.

15 июня 1922 г. конференция собралась вновь, но уже в Гааге (Голландия) в прежнем составе (не участвовала лишь Германия, которую в «наказание» не пригласили за Рапалло, а США, как и в Генуе, были представлены наблюдателем).

Вторая часть «саммита Восток — Запад» в Гааге была гораздо более конструктивной, ибо спор вели главным образом эксперты. Советскую делегацию на этот раз возглавлял не Чичерин, а его новый зам. М. М. Литвинов. В состав делегации входили также Л. Б. Красин, Г. Я. Сокольников, А. А. Иоффе, большая группа советских «спецов» из бывших.

На этот раз Красину удалось поставить некоторые вопросы из его программы. Да и в целом позиция советской делегации в Гааге была менее жесткой. «Красные» дипломаты уже не занимались коммунистической пропагандой, а торговались как настоящие купцы на ярмарке. В принципе они согласились платить «царские долги» (не снимая своих контр-претензий по «долгам военным», которые их партнеры не отрицали), но при условии предоставления под них больших промышленных кредитов (впервые была названа их конкретная цифра — 3 млрд. 224 млн. зол. руб. в течение трех лет) [53].

Не соглашаясь на **реституцию** *, т. е. на восстановление юридических прав иностранных собственников в России — иными словами, на признание юридичес-

---

* Эта сегодня крайне актуальная проблема реституции («золото Трои», немецкие «трофейные» картины в СССР и т. д.) впервые была поставлена именно на Гаагской конференции 1922 г. Тогда устами Л. Б. Красина было заявлено: «Ни в коем случае не может быть и речи о восстановлении прежних собственников в их правах, на это советское правительство никогда не пойдет». Но времена изменились — и в Российской Федерации на переговорах с Германией на признание реституции уже идут...

кой преемственности дореволюционного и постреволюционного режимов (что в принципе признали 70 лет спустя только Горбачев и Ельцин), большевики тем не менее кинули своим визави две «морковки».

Во-первых, партнером был представлен список национализированных иностранных предприятий, на которых их бывшие владельцы могли бы организовывать *концессии* или взять их снова себе, но на правах *долгосрочной аренды*.

Во-вторых, в последний день заседаний в Гааге, 19 июля 1922 г., М. М. Литвинов, еще раз подтвердив принципиальную готовность РСФСР уплатить дореволюционные «царские долги» в обмен на долгосрочные кредиты, представил второй список иностранных владельцев, которым (в случае отказа их от концессий или аренды) советское правительство готово выплатить денежные компенсации, но при условии переговоров с каждым «иновладельцем» в отдельности.

В советское время «саммит в двух отделениях» — Генуэзская и Гаагская конференции — третировался как главным образом политическая трибуна, где большевики «разоблачали империализм» (что отчасти верно применительно к Генуе), а обе эти конференции якобы не имели существенных последствий, ибо были сорваны... «американскими империалистами» (которые на них вообще решающего голоса не имели, так как были представлены лишь наблюдателями)*.

На самом деле это совсем не так, и «саммит» 1922 г. имел в 1925—1927 гг. самые серьезные последствия. И если бы усилия Л. Б. Красина, Х. Г. Раковского, Г. В. Чичерина тогда увенчались успехом, кто знает, как бы вообще пошло экономическое и политическое развитие СССР в 30—40-х годах?

* * *

Как-то после большого перерыва, уже в начале перестройки, я вновь оказался в Париже. Дела занесли меня на улицу Гренелль, в резиденцию советского посла (до этого она много лет служила послам царским и «временному» — В. К. Маклакову). У парад-

---

* См., например: «Дипломатический словарь», т. 1. М., 1984, с. 236, 253.

ного входа во внутреннем дворике прямо против недействующего фонтана обнаружил привернутую к стене, рядом с дверью, длинную белую мраморную доску с выбитыми на ней фамилиями советских послов СССР во Франции. Спросил, кто сотворил такой «мемориал»? Да Петр Андреевич Абрасимов, ответили, еще в начале 70-х годов. Смотрю, а в «поминальнике» нет ни Л. Б. Красина (первого посла — 1923—1925 гг.), ни Х. Г. Раковского (посла второго — 1925—1927 гг.).

Удивляюсь, вроде бы наступили другие времена, а доски все еще старые, не исправленные. Наверное, «троцкистами» были, говорит мой собеседник, молодой дипломат, вот их и не упомянули. Хорошенькое дело — «троцкисты». Это о Красине, которого в 1926 г. торжественно хоронили на Красной площади через несколько месяцев после «железного Феликса», а урна с его прахом и сегодня покоится в Кремлевской стене [54].

Раковский? Он, пожалуй, да, «троцкист», личный друг Троцкого, участник левой оппозиции, исключен из партии в 1927 г., сослан, возвращен, вновь судим вместе с Бухариным и Рыковым в 1938 г., расстрелян НКВД в Орловском централе вместе с эсеркой Марией Спиридоновой в октябре 1941 г. во время прорыва немцев к городу.

Но все равно, разве он не был послом (полпредом) СССР во Франции?

Еще через пару-тройку лет приезжаю снова в Париж, захожу в резиденцию. Нет больше доски: отвинтили и сняли. Спрашиваю при случае коменданта здания: «что такое?» А демократия, отвечает, СССР больше нет, и послы советские больше нам не нужны.

Вот так и с дипломатическим наследием этих двух большевиков случилось то же, что и с доской на здании резиденции советского посла — оно выпало из истории советской дипломатии на долгие 60 лет.

Опыт трудных, но успешных переговоров Красина и Раковского в Париже в 1925—1927 гг., когда к ним на помощь не раз приезжал из Москвы Г. В. Чичерин, чрезвычайно интересен для сегодняшнего дня *.

---

* В официальной «Истории внешней политики СССР» (т. 1, 1917—1945 гг., изд. 3-е, дополн., под ред. А. А. Громыко и Б. Н. Пономарева. М., 1976) о переговорах Л. Б. Красина и Х. Г. Раковского в 1924—1927 гг. в Париже о «царских долгах» и кредитах СССР до 1988 года (!!!) нет ни строчки. — *Примеч. авт.*

По сути, именно в 20-х годах впервые встал весь комплекс проблем *вхождения* в то, что сегодня именуется **«мировое экономическое пространство».** Тогда, правда, вся эта объективная, идущая от Петра I, фундаментальная внешнеэкономическая проблема «Россия и Запад» подавалась большевиками в идеологической ленинской упаковке — «прорыв капиталистического окружения», «цинизм и грубость американского кулака» (об инженере и золотопромышленнике из США Вандерлипе), «тактика натравливания империалистов друг на друга, пока мы не завоевали всего мира» и т. п.

Словом, перепев «ленинской кухарки» и «ленинской веревки», на которой после получения кредитов и инвестиций, большевики всех этих Вандерлипов и Хаммеров и повесят *.

Впрочем до Ленина все это уже высказывал Петр Великий: «Европа нужна нам на десяток — другой лет, а потом мы снова повернемся к ней задом» (В. О. Ключевский).

Красин и Раковский действовали в тот период истории, когда Россия еще только начинала поворачиваться к Западу «передом», заново рубить петровское «окно в Европу».

Выше мы уже писали, как в 1918—1920 гг. большевики прорубили «эстонскую форточку» через морской порт Ревель (Таллин). Торговый договор с Англией 16 марта 1921 г. Ленин назвал продолжением внешней политики «окошек»: «Нам важно пробивать одно за другим окошко... Благодаря этому договору (с Англией. — *Авт.*) мы пробили некоторое окошко»[55].

Фактически в 1921—1922 гг. большевики одновременно провели целую серию переговоров на Западе:

— сепаратные переговоры с Германией о «Бресте № 2», стержнем которых было военно-техническое сотрудничество на немецкие деньги, но на территории Советской России (начаты еще в сентябре 1921 г. Красиным, продолжены Ра-

---

* Впечатляющую подборку такого рода высказываний В. И. Ленина, обрамляющих его фактический отказ от первоначальной конфронтационной доктрины «мировой революции» и переходу к концепции «мирного сожительства» приводит в своей новейшей работе профессор Г. Н. Новиков (См.: «Теория международных отношений». Учебное пособие. Иркутск, 1996, с. 104—107.

ковским и Крестинским в Берлине, почти сорваны Радеком в феврале 1922 г., и успешно завершенные в Рапалло в апреле);
— зондаж во Франции в начале 1922 г. (Красин), который привел в 1924—1927 гг. к полномасштабным переговорам о кредите и выплате «царских долгов» (Раковский, Красин, Чичерин);
— Генуэзско-Гаагский «саммит» в апреле — июле 1922 г., положивший начало «полосы дипломатического признания» СССР и интенсивные торгово-экономические переговоры практически во всех европейских столицах;
— Берлинские переговоры «трех интернационалов» (Радек, Бухарин) в апреле — мае 1922 г., представлявшие собой первую (и последнюю) попытку найти политический компромисс между социал-демократами и коммунистами.

Основная линия водораздела была прежней — доктринеры-сторонники экспорта мировой революции (Коминтерн) и прагматики-государственники (НКИД, Внешторг), стремившиеся продолжить политику научно-технической модернизации России, начатую еще в 60-х гг. XIX в.

Впервые публикуемые в сборнике «Коминтерн и идея мировой революции» документы из архива Политбюро ЦК РКП(б) за 1921—1922 гг. отчетливо показывают борьбу доктринеров с прагматиками в большевистской верхушке тех лет. Скажем, Адольф Иоффе в письме В. И. Ленину 13 февраля 1922 г. по поводу первого европейского «саммита» пишет в духе своей позиции в Брест-Литовске в 1917—1918 гг. («ни мира, ни войны»): «Нельзя упустить такой трибуны, как Генуя, не изложив нашей программы, тем более, что мы обязаны делать это в интересах мировой революции» [56].

Иоффе вторит Е. А. Преображенский, соавтор Н. И. Бухарина по настольной книге пролетариев СССР «Азбука коммунизма». В своем письме от 18 октября 1921 г. в ЦК РКП(б) он признает, что большевикам нужен от «иностранного капитала... широкий товарный кредит Советской власти».

Но добиваться его нужно не путем дипломатических

переговоров, а через... «Воззвание» от имени ИККИ и Профинтерна, СНК РСФСР и ЦК РКП(б) с призывом «к массовому выступлению» европейских пролетариев взять «власть в свои руки [и] самим осуществить хозяйственный союз с Советской Россией» [57].

Карл Радек, как всегда, скаламбурил: Генуя «не цыганский торг с надеждой всех обмануть, а крупная политика игры сравнительно открытыми картами...» Но при этой «игре» открытыми картами большевикам в Генуе ничего не светит — ни дипломатическое признание, ни кредиты, ни «агитационная трибуна». Что же конкретно предлагал Радек в этой объемной записке «Генуэзская конференция и задачи РСФСР» 7 марта 1922 г. на имя Ленина и других членов Политбюро, так и осталось непонятным [58].

Словом, подобными бессодержательными бумагами Радек лишь подтверждал мнение Ленина из его записки в ЦК РКП(б), что исполнительный секретарь ИККИ «совершенно не годится в дипломаты» [59].

Наркоминдел Г. В. Чичерин 25 февраля 1922 г. от имени большевиков-прагматиков ответил этим 10% фанатиков, способных умереть за идею мировой революции, но неспособных жить за нее (вспомним оценку Красина, которую мы приводили выше).

«...Стоящая перед нами дилемма, — пишет нарком, вспоминая записку Иоффе, — напоминает ту дилемму, которая стояла перед нами в момент Бреста: следует ли нам погибнуть вследствие непримиримости, завещав наши лозунги следующим поколениям, или подписать Брестский договор, т. е. вступить на путь лавирования и отступления».

По Чичерину главное — убедить «буржуев» в Генуе, что «наш курс на сделку с капиталом является прочной и длительной системой», и что «мы приглашаем иностранный капитал на долгосрочные концессии, например, лет на 60» [60].

Но для этого и большевикам надо пойти на уступки, как предлагает Красин, а именно: выплатить в рассрочку царские долги и выплатить компенсацию иностранным собственникам.

В последнем случае Чичерин полностью принимает план Красина о создании в Советской России «грандиозной сверхконцессии» на базе имущества бывших иностранных собственников государств Антанты. В этом случае, отмечал далее нарком, можно было бы выплачивать долги и компенсации «бумажным золотом» — «романовками» и «думками», акциями, царскими векселями и облигациями (как это делалось в отношении Германии по финансовому протоколу 27 августа 1918 г.).

Словом, это и была та самая ПРОГРАММА действий в Генуе и Гааге, на якобы отсутствие которой жаловался Иоффе Ленину и о реальности которой каламбурил Радек, полагая, что Генуя все равно не станет «совещанием об экономическом восстановлении Европы».

Конечно, с позиций сегодняшнего дня нас не столько интересует **история** международных экономических отношений 20-х гг. СССР и Запада, сколько **методика** ведения переговоров, их **технология**, использование, прежде всего, Л. Б. Красиным, который, как мы уже отмечали, с мая 1920 г. имел от Ленина «карт-бланш» на единоличное принятие решений без ежеминутного согласования с «центром», всех **сопутствующих факторов.**

Вот только некоторые из приемов Красина в 1920—1925 гг.:

1. *Использование интересов финансово-промышленных кругов.* Миссия Красина в Лондон (он прибыл туда в мае 1920 г. как преемник «уполномоченного НКИД» М. М. Литвинова на полуофициальной основе, но вскоре добился признания своих полномочий как торгпреда РСФСР де-факто) совпала с резким обострением англо-советских отношений из-за войны с Польшей: его официальные отношения с британским МИД были временно «заморожены». Но Красин не опустил руки — он начал сначала неофициальные, а затем и все более открытые контакты с британскими фирмами (с автозаводами «Скау» о поставке в Советскую Россию 500 автомобилей, с компанией «Маркони» о торговле, с «Армстронгом» о ремонте русских паровозов). Результатом этого зондажа стало создание первого англо-русского СП — «АРКОС» («All-Russian Cooperative Society») уже в октябре 1920 г., через

которое Москва уже к концу года разместила заказов на 2 млн. ф. ст. [61].

Не мудрено, что когда в ноябре 1920 г. британские власти возобновили торговые переговоры (к тому времени уже случилось «чудо на Висле» — остатки советских войск были отброшены от Варшавы за Минск и 12 октября с Польшей было заключено военное перемирие), «русская делегация, — по словам Красина, — имела за собой довольно сильную группу в английском Сити».

В 1921 г. в Нью-Йорке по схеме «АРКОСА» было учреждено аналогичное СП «Амторг».

Аналогичный прием, но в еще более широком — европейском — масштабе был применен Красиным год спустя, в декабре 1921 г. в Париже.

Там по собственной инициативе собралась влиятельная группа банкиров и промышленников со всей Западной Европы. Они выдвинули план создания крупной «Международной Корпорации» по экономическому восстановлению Европы с обязательным участием в этом процессе Советской России как главного источника сырья. При этом мыслилось, что «мостом» между Западом и Востоком станет Германия, чье участие в эксплуатации природных ресурсов России позволит ей выплатить репарации Антанте.

Неофициально на этом «хурале» присутствовали британский военный министр Вортигтэн-Эванс, германский министр хозяйственного восстановления Вальтер Ратенау и... торгпред Советской России Леонид Красин.

За кулисами всей этой конференции стоял и внимательно наблюдал за ее ходом из Лондона сам британский премьер Д. Ллойд-Джордж [62].

И не мудрено, что после этой конференции родилась и идея Генуэзской конференции, и секретный германо-советский протокол в Рапалло, и «ленинская» (а, точнее, красинская) практика концессий в Советской России.

Почти наверняка можно утверждать, что без применения такой методы современным россиянам нечего и думать о возвращении золота и недвижимости их Отчеству.

2. *Защита прав собственности отечественных и иностранных владельцев и умение пойти на*

разумный политический компромисс. Первое «модельное» англо-русское **временное** (формально обе страны еще не имели официальных дипотношений — они их установят лишь 8 августа 1924 г.) торговое соглашение 16 марта 1921 г. уже содержало очень важные, принципиальные юридические положения:

а). Великобритания обязывалась «не накладывать ареста и не вступать во владение золотом, капиталом, ценными бумагами либо товарами, экспортируемыми из России в случае, если бы какая-либо судебная инстанция отдала распоряжение о такого рода действиях»;

б). Но, с другой стороны, советское правительство в принципе «признавало свои обязательства уплатить возмещение частным лицам, предоставлявшим России товары либо услуги, за которые этим правительством не было уплачено своевременно» (но урегулирование этого принципа было отложено на будущее*).

Характерно, что аналогичный метод решения проблемы «царских долгов» (признание в принципе, но урегулирование в будущем) был зафиксирован в еще трех временных торговых соглашениях Советской России в 1921 г. — с Германией (6 мая), с Норвегией (2 сентября) и с Италией (26 декабря).

Политический же компромисс состоял в том, что Красин подписал очевидно «антикоминтерновскую» статью соглашения 16 марта 1921 г.: Советская Россия берет на себя обязательство не вести революционную пропаганду в британской колонии Индии и в Афганистане.

За это Красин добился снятия «золотой блокады» в Англии (и, по английскому образцу, в США), что позволило ему отныне свободно торговать на Лондонской бирже золотом и бриллиантами не нелегально и не по бросовым (30—40% дешевле), а по мировым ценам**.

---

* Именно опираясь на эту статью англо-русского временного торгового соглашения 1921 г. премьер Маргарет Тэтчер и потребовала от М. С. Горбачева в 1986 г. оплатить услуги британских «частных лиц». — *Примеч. авт.*

** Почти с уверенностью можно предположить, что при переговорах с Японией (если они будут вестись не на банковском, а на

Более того, Красин подкрепил свой явный «антикоминтернализм» беспрецедентным в тогдашней советской дипломатии шагом — он официально отмежевался от Л. Б. Каменева, когда того в очередной раз (первый, как мы помним, имел место в той же Англии в 1918 г.) английская тайная полиция схватила за руку на подпольной продаже бриллиантов «в пользу Коминтерна» и в сентябре 1921 г. снова выслала из страны (в 1926 г., когда НКИД попытается послать «левого оппозиционера» полпредом в Англию вместо умершего Красина, англичане не дадут ему агреман, и Каменев вынужден будет поехать полпредом в Италию).

В феврале 1922 г. в Берлине аналогичным образом Красин и Раковский (хотя последний был членом Исполкома Коминтерна с марта 1919 г.) дезавуируют Карла Радека за его слишком длинный язык.

Позднее, в 1925—1926 гг., после смерти Ленина, Красину выйдут боком эти «антикоминтерновские штучки» и вообще его «барская» позиция в партии: на XIV съезде ВКП(б) в 1925 г. его уже не выберут в члены ЦК, в 1924—1925 гг. в просталинской партийной печати на него начнутся нападки и можно не сомневаться, что, доживи он до XV съезда партии в декабре 1927 г., Сталин «пристегнул» бы его к «троцкистам», исключил из партии и сослал бы на Алтай, как он сделал с его коллегой Раковским. Еще бы! Красин в представлении «леваков» из Коминтерна всегда был **термидорианцем**. И хотя, в отличие от Чичерина (интервью французской газете «Пти Паризьен», 9 ноября 1921 г.), он никогда не говорил и не писал о «пролетарском термидоре»[63], для Радека, Каменева—Зиновьева и даже для Бухарина этот «большевистский барин» всегда представлялся «пролетарским Дантоном».

3. *Свободные экономические зоны (концессии) и права иностранных владельцев в СССР* (России).

Красин стоял и у истоков советской концессионной политики, которой В. И. Ленин (его проект 300 концессий в Советской России) в 1921—1922 гг. придавал исключительное значение (в феврале 1921 г. он пред-

---

межгосударственном уровне), японский МИД увяжет проблему «колчаковского» и «семеновского» золота с проблемой «северных территорий». — *Примеч. авт.*

лагает сдать в концессию 1/4 Донбасса (+ Кривого Рога), а также нефтяные промыслы в Баку и Грозном).

Первая крупная концессия была оформлена в Москве, но «на имя» «дочерней» Дальне-Восточной Республики (ДВР) 14 мая 1921 г. Речь шла об американской нефтяной компании и ее праве на эксплуатацию нефтяных полей на Северном Сахалине, тогда еще оккупированных японцами. Концессия, однако, носила явно политический подтекст — вбить еще один клин между США и Японией и, возможно, через этот «жест доброй воли» добиться дипломатического признания США (затея не получилась: США признает СССР лишь в 1933 г., а Северный Сахалин в 1925 г. вновь вернется в СССР — американцы не успели приступить к работе, а Москва уже аннулировала концессию [64]).

Иная ситуация сложилась с английской концессией Лесли Уркарта, горного инженера, много лет проработавшего на свинцовом руднике на Урале, принадлежавшего англичанам и дававшем тогда, «при царе», 60% всего свинца в России. Уркарт создал свою компанию и в июне 1921 г. обратился к Красину. Но речь шла не о концессии «с чистого листа», а возврате если не права прежней собственности, то хотя бы частичной компенсации за большевистскую национализацию.

Красин и Уркарт подготовили «модельный» проект детального концессионного договора из 27 пунктов. В августе английский инженер даже приезжал в Москву, но в октябре неожиданно отказался. Почему? Были две главные причины:

а) Москву не устроили сроки концессии — 99 лет (как Гонконг у англичан в Китае!);

б) условия найма «рабсилы» — только по советским законам и только через советские профсоюзы [65].

Характерно, что и 70 лет не прошло, а та же проблема «рабсилы» возникла в Верховном Совете РСФСР в 1990—1992 гг. при обсуждении законопроекта о концессиях и разделе продукции. Как и в случае с «Русским Домом» в Париже, он попал ко мне на заключение как эксперту Комитета по международным делам и внешнеэкономическим связям. Помнится, я написал разгромное заключение: «...в основу законопроекта положена старая ленинская идея о монополии большевистского государства на все виды собственности, или та самая «веревка», которую большевики вынуждены покупать у капиталистов, но исключительно для того, чтобы, окрепнув, на этой «веревке» этих же империалистов и повесить, но теперь уже — во имя величия свободной и демократической антикоммунистической России» [66].

Так с тех пор ни закон о концессиях, ни о разделе продукции и не был принят в РФ (хотя Б. Н. Ельцин и издал по «разделу продукции» специальный указ).

Вот какими «семимильными» шагами входим мы, россияне, со времен Л. Б. Красина в «мировое экономическое пространство»?!

А сколько раз в 1990—1993 гг. повторялся в демократической России «казус Вандерлипа»! Этого американского горного инженера и золотоискателя, еще в начале XX в. побывавшего на острове Сахалин и полуострове Камчатка в поисках золота, в 1920 г. даже Ленин принял за американского миллионера Ф. А. Вандерлипа, хотя «лжемиллионер» ничего общего, кроме фамилии, с настоящим не имел [67].

Горный инженер из Калифорнии, за которым не было никаких крупных капиталов, обдурил Ленина как мальчишку. С «миллионером» в 1920 г. носились как с писаной торбой. И если в японском суде некий японский летчик талантливо сыграл роль «русского генерала» Подтягина, то почему бы авантюристу-американцу не сыграть роль «дядюшки Сэма» — тут и перевоплощаться не надо. Инженер скромно намекнул, что за ним стоит «вся республиканская партия» (в 1920 г. в США проходили очередные выборы, и действительно демократ Вильсон их проиграл, а выиграл республиканец Гардинг), хотя ни к той, ни другой партии не имел никакого отношения (разве что как рядовой избиратель).

Проходимца принял лично Ленин, другие «вожди», зампред Совнаркома А. И. Рыков **подписал с лжемиллионером договор о концессии** (аренда — с планируемой прибылью в 3 млрд. долл., — всей Камчатки, которая в 1920 г. еще входила в состав ДВР; полуостров ради дружбы с «миллионером» 15 декабря 1920 г. срочно «изъяли» из ДВР и «присоединили» к РСФСР) [68]. При этом «миллионер» наобещал Ильичу семь бочек арестантов, а главное, скорое дипломатическое признание

Советской России. По некоторым данным, Ленин даже снабдил Вандерлипа № 2 письмом в Вашингтон «кому следует» о том, что большевики готовы отдать США... бухту Петропавловска-на-Камчатке для строительства там военно-морской базы (по типу Гуантанама на Кубе) сроком на 99 лет.

Вся афера оказалась полной туфтой, особенно, когда новый президент США Гардинг заявил, что знает совсем другого Вандерлипа и ни о каких «камчатских концессиях» он от подлинного миллионера ничего не слышал.

Ильич выкрутится, и, обозвав лжемиллионера в декабре 1920 г. по-русски «американским кулаком», тем не менее заявит, что он, как всегда, был прав — дело-де, не в личностях, а в том, что «мы беремся восстанавливать международное хозяйство — вот наш план» [69].

И снова — «прыжок» на 70 лет вперед, в нашу эпоху. В 1991 г. при посещении С. П. Петрова в США (Калифорния) мы вместе с ним поехали в архив Гуверовского института войны, революции и мира, посмотреть архив его отца и архив В. И. Моравского. В Институте он знакомит меня с соотечественником из Ленинграда Михаилом Бернштамом, бывшим в СССР короткое время литературным секретарем А. И. Солженицына, затем — эмигрантом в США по «еврейской визе». Работает старшим научным сотрудником в «Гувере», историк. За рубежом опубликовал несколько интересных работ по «демократической контрреволюции» 1918 г. на Урале и в Поволжье (я на них ссылаюсь в предыдущих главах). Даже предложил мне поработать в архиве «Гувера», написал начальству письмо-рекомендацию (последствий не имело).

И вдруг год спустя встречаю Мишу в Москве, на Новом Арбате, 19, в помещении Высшего экономического совета ВС РФ. Почему, откуда? Оказывается, он и еще несколько американцев из бывших «советских» там... иностранные экономические советники (машина, охрана, люкс в гостинице «Россия», хорошие оклады в долларах).

Как историк попал в экономисты, да еще советники? Да так же, как Вандерлип-2 к Ленину — не спросили — «миллионер» ли (экономист), а сам по скромности умолчал. А кто пригласил? Тогдашний председатель ВЭС дважды депутат Михаил Бочаров. Приехал в США искать светлые «экономические» головы в 1990 г. Языка не знает, переводчика нет. В «Гувере» подошел к нему бородач, по-русски не говорит, а просто чешет, да еще с ходу объявил — «я крещеный еврей» (стало быть, «демократ»). Узнал, чего ищет член Межрегиональной группы Съезда народных депутатов СССР М. А. Бочаров. Быстренько, за вечер, отстучал (по-русски!) на компьютере целую программу экономического возрождения России даже не за 500 дней, а за два месяца. И двух недель не прошло — за подписью первого спикера ВС РСФСР Б. Н. Ельцина — приглашение в иностранные экономические консультанты в «демократическую Россию». Современного Гардинга тогда в США не нашлось (впрочем и М. Бернштам Камчатку в аренду и не просил).

С тех пор периодически то встречаю «крещеного еврея» в Москве, где он снова консультирует, уже не знаю кого, то слышу его по радио «Свобода», где он постоянно выступает с проповедями, как «обустроить Расею».

* * *

И все-таки Леонид Красин достойно завершил свой жизненный путь. В 1920—1925 гг. он сделал очень много для успехов советской дипломатии в Западной Европе — чего только стоило прорубленное им «окно в Англию» в марте 1921 г. В начале 1922 г. он вместе с Х. Г. Раковским и К. Радеком («плохим дипломатом», по Ленину) вел секретные переговоры в Германии и с немцами, и с французами. С немцами они завершились сепаратной сделкой в Рапалло и реальным результатом стало тайное германо-советское военное сотрудничество 1922—1932 гг., вплоть до прихода нацистов к власти в Германии. Но немцы не могли в 1922 г. дать Советской России крупные кредиты.

В этой сфере, как и в XIX в., доминировала Франция. Поэтому после Генуи и Гааги Париж стал весьма притягательной столицей для большевиков. Как туда проникнуть, если в русском посольстве все еще сидел посол «временных» Василий Маклаков? В Москве снова выбор пал на Красина — этого «красного барина» охотно аккредитовали по всей Европе, чего нельзя сказать про других: М. М. Литвинова с 1918 г. не пускали в Лондон, А. А. Иоффе (когда его вместе со всем посольством в конце 1918 г. выслали на родину) — в Берлин, самого Красина — в США и т. д.

Кончилось разыгрывание «французской карты» тем, что в Москве решили провести рокировку: Х. Г. Раковского послали полпредом в Лондон, а Красина — «уполномоченным НКИД» в Париж (июль 1923 г.) при сохранении прежней должности наркомвнешторга (до самой своей смерти в 1926 г. Красин так и остался «наркомом-послом», равным по служебной иерархии Г. В. Чичерину, что вызывало его большое неудовольствие).

Конечно, нарком мало времени уделял своим посольским постам — что в Лондоне в 1921—1923 гг., что в Париже в 1923—1925 гг., бывая лишь наездами (вот где пригодилась любовь летать на аэропланах). Но почву для франко-советских переговоров по «царским долгам» и кредитам он все же успел в 1923—1924 гг. подготовить.

Красин начал с того, на чем до Первой мировой войны остановился финансовый агент Витте Артур Рафалович — с подкупа парижской прессы, в частности, крупнейшей газеты «Тан». В 1960 г. во Франции вышел «Дневник ссыльного. 1935 год» (Л. Д. Троцкого), где впервые были изложены условия соглашения Красина с редакцией «Тан». Газета посылает в Москву своего собкора, тот публикует «критически-умеренные» корреспонденции, но общая линия газеты «дружественная к СССР». Главная задача всей акции — добиться установления дипломатических отношений двух стран и тем самым признать «Советы» де-юре (28 октября 1924 г. это и произошло).

За все это «советское правительство, — говорилось в «Дневнике ссыльного», — переводит на счет «Тан» один миллион франков ежегодно» [70].

Однако советские дипломаты оказались более прижимистыми, чем царские. Красин начал торговаться вокруг суммы — 500, 700 тыс. фр. Валюту тогда уже распределяло Политбюро. Оно затребовало от Красина гарантий — к какому числу он обещает дипломатическое признание СССР? (Помните в нашем случае — составьте «повагонный график» вывоза «колчаковского» золота из Японии и пришлите его в МИД РФ к 1 октября 1992 г.?!)

В результате бюрократической волокиты и многомесячной переписки сделка с «Тан» так и не состоялась.

И тем не менее почва к признанию была во Франции взрыхлена, хотя Красин и продолжал бывать в Париже лишь наездами. Именно Красин, после дипломатического признания СССР 28 октября 1924 г., первым из советских послов во Франции вручал свои верительные грамоты французскому президенту.

Вскоре после этого акта полпредство СССР переехало в старое «царское» здание посольства на ул. Гренелль.

«Если веду сейчас жизнь вроде ватиканского затворника, — писал Красин жене Т. В. Миклашевской-Красиной 28 декабря 1924 г. из Парижа, — то только потому, что по новости дела не хватает времени даже на еду и прочее, не каждый день выхожу из своего кабинета...»

«Не выходить из кабинета» побуждали и соображения безопасности. 10 мая 1923 г. в Лозанне «белогвардеец» Коверда убил полпреда в Италии В. В. Воровского, приехавшего на международную конференцию.

«На днях тут перед нашими воротами задержали какую-то полусумасшедшую женщину, с револьвером, признавшуюся в намерении меня подстрелить, но, кажется, она действовала без сообщников, — продолжал Красин. — Впрочем, озлобление в белогвардейских кругах настолько велико, что не удивительно, если обнаружатся и более обстоятельные предприятия в том же роде. *Я лично смотрю на все это с точки зрения фаталистической, чему суждено быть, того все равно не минуешь, а уберечься в этих условиях все равно нельзя (выделено нами. — Авт.)*» [71].

От «белогвардейской пули» Красин уберегся, а вот от страшной болезни белокровия — нет. С 1925 г. здоровье его начинает резко ухудшаться, он целые месяцы проводит в парижских клиниках (только в мае—сентябре ему делают пять переливаний крови), но все было бесполезно — в конце 1926 г. Красин скончался в больнице*.

Эстафету подхватил Раковский. Он и в 1923—1924 гг.

---

* «Дипломатам ленинской школы» не везло со здоровьем — очень болел В. В. Воровский, неизлечимо болен был А. А. Иоффе, тяжело заболел в Лондоне поверенный в делах Ян Берзин, к концу 20-х гг. заболел сам Г. В. Чичерин, годами лечившийся до своей отставки в 1930 г. в Швейцарии. — *Примеч. авт.*

постоянно совершал «челночные поездки» из Лондона в Париж и обратно, а в ноябре 1925 г. официально был переведен из Лондона в Париж полпредом СССР.

Любопытно, что перед своим утверждением на Политбюро Раковский поставил ряд условий:

1. Как некогда Ленин Красину, Политбюро дает ему «карт бланш» на три года для проведения собственной линии во франко-советских переговорах;

2. Он уполномочен вести «франкофильскую политику» и окончательно решить вопрос о «царских долгах»;

3. Коминтерн не вмешивается в его функции посла и не присылает своих агентов во Францию «без предварительной санкции Раковского» [72].

Одним словом, в Париже оказался достойный преемник Красина на посту посла, вдобавок учившийся во Франции (диплом врача в университете Монпелье), написавший о ней не одну книгу (в 1900 г. в Петербурге он выпустил «Историю III Республики во Франции» объемом более 400 страниц).

Самым существенным дипломатическим актом «Рако» (так звали его французские друзья-коммунисты) стала советско-французская конференция по царским долгам и советским кредитам, которая с длительными перерывами длилась с февраля 1926 по ноябрь 1927 г., когда Раковского французские власти фактически вынудили покинуть Францию.

В данном контексте нас специально не интересуют все перипетии сложной дипломатической миссии Раковского в Париже как посла СССР (ноябрь 1925 — ноябрь 1927 гг.) — все они обстоятельно изучены в книге профессора Сорбонны Франсиса Конте «Революционер и дипломат — Христиан Раковский» (я написал к ее русскому переводу предисловие).

Оставляем мы в стороне и тогдашнюю стратегию советской дипломатии: ослабить «империалистический фронт», поочередно играя на противоречиях его участников и попеременно делая ставку то на Францию, то на Германию.

Нас, как и ранее, интересует **технология** решения проблем «царских долгов», залогового золота, недвижимости и кредитов для СССР (РФ). Для этого (в целях удобства анализа) мы объединим две дипломатические конференции: Парижскую (первую ее часть — февраль—июль 1926 г.) и Берлинскую (март—апрель 1926 г.)

Начнем с Парижской. Она торжественно открылась 25 февраля 1926 г. О серьезности намерений большевиков говорил сам состав советской делегации. Помимо Раковского (полпреда, члена ЦК и Исполкома Коминтерна, члена ВЦИК) в нее входили М. П. Томский (в тот момент — член Политбюро, один из руководителей ВЦСПС, член президиума ВЦИК), Е. А. Преображенский (член ЦК, председатель финансового комитета ЦК и Совнаркома, автор брошюры «Экономика и финансы современной Франции»), Г. Л. Пятаков (член ЦК, зампред ВСНХ) и еще 20 экспертов — экономистов, финансистов, юристов.

Утвержденные Политбюро «указивки» требовали: решить проблему «царских долгов» с рассрочкой выплаты минимум на 50 лет и добиться крупных кредитов на индустриализацию.

Внутриполитическая обстановка во Франции была сложной. Шла «министерская чехарда» (правительства сменялись иногда два — три раза в месяц), действовало мощное лобби держателей «царских» бумаг во главе с бывшим французским послом в России Ж. Нулансом, в «верхах» действовали две непримиримые фракции — Э. Эррио хотел компромисса, Р. Пуанкаре — давить на СССР до упора, вплоть до разрыва дипотношений.

В активе у советской делегации был меморандум Л. Б. Красина председателю Комиссии парламента по «царским долгам» Даллье (лето 1925 г.) — готовы уплатить 1 млрд. обычных «бумажных» фр., т. е. на 25% меньше, чем требует Франция (к 1921 г. территория СССР по сравнению с Российской империей сократилась на 25%).

Фактически тактика Раковского строилась на одном — успеть подписать соглашение о долгах и кредитах с «партией мира» (Э. Эррио, Бриан, де Монзи). Забегая вперед, скажем, что это был шаткий расчет, и он в конце концов не оправдался.

Почти одновременно в Берлине начались схожие переговоры, но только о кредитах (взаимопретензии по долгам сняли еще в Рапалло в 1922 г.). Берлинские переговоры не афишировались, их закамуфлировали как переговоры о нейтралитете, но они оказались более успешными.

Вот как графически выглядят результаты Парижских и Берлинских переговоров 1926 г.:

**Результаты
Парижских (февраль—июль) и Берлинских (март—апрель)
финансово-торговых переговоров 1926 г.**

Париж (на 16 июля)		Берлин (на 24 апреля)	
долги	кредиты	нет	кредиты
СССР — выплачивает 40 млн. зол. фр.* в рассрочку на 62 года (до 1988 г.) — выплата начинается с 1929 г. — сумма уменьшается на 25% по сравнению с требованиями Франции — 65% выплат идет в довоенных «царских» ценных бумагах (золотых векселях, «романовках» и «думках»).	**Франция** — предоставляет кредит сроком на три года начиная с 1926 г. в размере 225 млн. долл. США, из которых: 75 млн. чистая валюта 150 млн. товарный кредит. *Товарный кредит:* 40 млн. — на размещение заказов на текстильное оборудование 27,5 млн. — на ГОЭЛРО 20 млн. — модернизация ж. д. транспорта 20 млн. — горнорудное оборудование 13,5 млн. — металлургия. Остальное — на химию, бумагу, продовольствие.	нет	**Германия** — предоставляет заем на 300 млн. зол. марок **СССР** — дает германской промышленности преференции (налоги, законы и т. д.) Заем обеспечивают три корпорации: — «Немецкий банк» — «Всеобщая электрическая компания» — промышленная группа Отто Вольфа *Целевое назначение:* ГОЭЛРО, нефть, добыча минерального сырья, текстиль.
Источники: Ю. В. Борисов. СССР и Франция: 60 лет дип-отношений. М., 1984, с. 38—39; Francis Conte. Un revolutionnaire-diplomate: Ch. Rakovski. Paris, 1978, p. 191		Источники: Ch. Rakovski. Le problème de la dette franco-soviétique. Paris. 1927; F. Conte. Op. Cit., p. 192; Э. Карр. Ук. соч., т. 3, ч. 1, с.298—299	
* *Примечание:* 16 июля 1926 г. советская делегация согласилась увеличить сумму до 60 млн. зол. фр.			

Нетрудно заметить, что с финансово-экономической стороны германо-советское соглашение было, несомненно, более выгодно СССР, чем советско-французское, которое, вдобавок, так и не было подписано. В сочетании с ранее подписанным (12 октября 1925 г.) там же в Берлине полномасштабным советско-германским торгово-экономическим договором, соглашение «о нейтралитете» 24 апреля 1926 г. явно поворачивало интересы СССР в сторону Веймарской Германии.

Однако опыт Красина и Раковского во Франции по ведению в 1923—1927 гг. переговоров о «царских долгах» и советских кредитах не прошел бесследно.

* * *

В 1992—1993 гг. в связи со скандалом вокруг «Русского Дома» в Париже довольно часто приходилось посещать резиденцию Красина — Раковского в 20-х гг. и нынешнюю резиденцию посла России на улице Гренелль, и «бункер» — основное здание посольства на бульваре Ланна. Как-то зашел разговор об истории переговоров по «царским долгам». «Какая история, — воскликнул один из моих бывших московских студентов, тогда трудившийся в экономическом отделе, — вот она, история, смотрите». Гляжу, в шкафах куча пожелтевших папок о переговорах за последние 25 лет. Как имеющий доступ к диптайнам (обладал зеленым диппаспортом МИД РФ) попросил разрешения полистать.

Ба, все те же вопросы и ответы, что и во времена Красина — Раковского, как будто бы само время остановилось. И, главное, все с тем же нулевым результатом. Более того, кое в чем Запад даже вернулся на позиции довоенные, например, в вопросе продажи русского золота в США.

В 1920 г. благодаря усилиям Красина запрет на операции с русским золотом был снят, а в 70-х годах (пресловутая поправка Джексона-Вэника о «запретных списках» на стратегическое сырье) восстановлен вновь.

И это при том, что все послевоенные годы переговоры с США о «царских долгах» (к ним добавились долги и по ленд-лизу за 1941—1945 гг.) велись. Как пишет бывший премьер последнего правительства СССР Валентин Павлов, велись вплоть до августа 1991 г. и пресловутого ГКЧП.

Велись на тех же принципах, что и у Красина— Раковского: американцы нам кредит на 250 млн. долл. (советский вариант — 150—200 млн.), а СССР им из этого кредита — «царские долги» с процентами. Госсекретарь Джеймс Бейкер, по словам Павлова, уже почти был готов подписать соответствующее соглашение, да ГКЧП помешало...[73]

Вот так у нас всегда — то Раковскому помешает в 1927 г. урегулировать проблему «царских долгов» внутрипартийная борьба «троцкистов» со «сталинистами», то Валентину Павлову — его участие в ГКЧП...

«НАЦИСТСКОЕ ЗОЛОТО» И РЕСТИТУЦИЯ

Увлечение любым делом сродни, вероятно, пристрастию к наркотикам. Таким «наркотиком» для меня стала проблема «нацистского золота» и реституция, связанная уже не с Первой, а со Второй мировой войной.

И хотя историю «царского» золота от «нацистского» отделяют двадцать пять лет и они разнятся по характеру попадания этих золотых слитков на Запад (в первом случае добровольная отправка, во втором — откровенный грабеж), проблема их возврата «по домам» имеет очень много общего.

Словом, начавшись в 1996 г. как ручеек, впадающий в мощное русло реки российского золота за рубежом, проблема «нацистского золота» в июне 1998 г. привела меня из Парижа прямиком в альпийскую республику к «швейцарским гномам».

* * *

Нацистское золото. В истории реституции (возврата) этого золота, как и «царского», наблюдаются два аналогичных периода: первый и второй.

Первый для «царского» золота — это межвоенный период: судебные процессы 20-х гг. атамана Семенова в Японии и лжецарицы Анастасии в Англии, ген. П.П. Петрова в 30-х гг. в Японии.

Для «нацистского золота» первый период приходится на 1945—1947 гг., когда в развитие Декларации союзников о поражении Германии от 5 июня 1945 г. была создана в 1946 г. союзная Трехсторонняя комиссия по реституции нацистской собственности в Германии и союзных с ней стран (Венгрии, Болгарии, Румынии, Финляндии, Австрии — как части III рейха после 1938 г.)*. В орбиту своей деятельности комиссия включила и швейцарские банки, в 1934—1945 гг. сотрудничавшие с нацистскими банками, и к 1947 г. ей удалось обнаружить и вернуть небольшую часть (60 млн. долл. по тогдашнему курсу) «еврейского золота» из тех 6,7 млрд. долл. претензий, что предъявляют сегодня Швейцарии международные и национальные (главным образом, в США) еврейские организации.

Принципиальной разницей в предъявлении претензий по «царскому» и «нацистскому» золоту в *первый период* было то, что на «царское» золото претендовали ЧАСТНЫЕ лица, а «нацистское» требовали ГОСУДАРСТВА — участники антигитлеровской кампании (Нюрнбергский, Токийский и другие судебные процессы над нацистскими преступниками и японскими милитаристами).

По мере обострения с 1948 г. холодной войны и раскола победителей на два лагеря, образования двух германских государств — ФРГ и ГДР, вхождения их в два противостоящих военных блока — НАТО и ОВД — проблема «нацистского золота» стала сходить на нет.

Как следствие этой международной политической конъюнктуры замерла и работа Трехсторонней комиссии на долгие полвека, хотя юридически, как и вся Ялтинско-Потсдамская система международных соглашений, она продолжала существовать.

Главным *техническим* результатом деятельности Трехсторонней комиссии на первом этапе ее существования стала констатация того факта, что установить — какое золото «еврейское», а какое нет — даже путем экспертизы было невозможно: «швейцарские гномы» всегда были очень осмотрительны и не принимали золотые вещи жертв Холокоста, так сказать, в натуральном виде. Поэтому вся «продукция» гитлеровских лагерей смерти — обручальные кольца, брас-

---

* По не выясненным до конца мотивам Сталин отказался войти в эту комиссию, и начал силами МГБ СССР собственное расследование истории возникновения «нацистского золота» — так называемую операцию «Крест» (1945—1953 гг.), архивные материалы которой нами пока не обнаружены. — *Примеч. авт.*

леты, серьги и т.п. — шла в Швейцарию только в переработанном виде, и доказать, что тот или иной слиток «нацистского золота» — это золотые коронки уничтоженных евреев, уже тогда, в 1945—1947 гг., было практически невозможным.

Лишь отдельные «золотые посылки» нацистов весной 1945 г., когда им уже было не до переплавки золотых вещей жертв Холокоста (например, два вагона колец, браслетов, коронок из Италии) были засечены агентами Управления стратегических служб США (будущее ЦРУ) при их перегрузке в подвалы Объединения швейцарских банков.

Второй период в истории с «нацистским золотом» наступает в 1995—1996 гг., когда ЦРУ в связи с 50-летием окончания Второй мировой войны рассекречивает значительную часть архивных материалов (главным образом, донесений своих агентов в Швейцарии и других странах Европы периода войны о секретных финансовых операциях нацистов), а Госдепартамент США в преддверии президентской кампании Б. Клинтона о его переизбрании на второй срок придает эти рассекреченном материалам ЦРУ пропагандистское звучание (нужны голоса еврейской общины США). 4 октября 1996 г. Госдеп потребовал «полного и немедленного изучения» путей поступления «грязного нацистского золота в Швейцарию», угрожая в противном случае опубликовать списки швейцарских банков и их служащих, сотрудничавших в 1934—1945 гг. с нацистами.

Как и в 20-х гг., важную роль во «вдруг» вспыхнувшем снова интересе к «нацистскому золоту» сыграла международная конъюнктура. Именно с 1995 г. усилился процесс европейской интеграции, практически поставлен был вопрос о переходе на единую валюту стран-участниц Европейского союза (сначала ее назвали экю, затем евро), а Швейцария, хотя и не является членом ЕС, самым тесным образом с ним связана. Евро явно угрожает монополии американского доллара в мире, и удар по «швейцарским гномам» — это удар по будущей стабильности *евро*, ибо швейцарские банки с их многолетним опытом международных финансовых операций и своими филиалами по всему миру (в том числе, и в США) — готовая структура для *евро*. Об этом мне откровенно говорили в 1998 г. в Берне, Цюрихе и Женеве многие швейцарские банкиры, бизнесмены, дипломаты и журналисты.

Первоначально официальные швейцарские власти — канцелярия президента Швейцарской Конфедерации, МИД Швейцарии и министерство экономики — попытались было отбиться от этой пропагандистской кампании американцев под трафаретным предлогом угрозы вмешательства иностранцев во внутренние дела Конфедерации, заявив, что она сама разберется с «нацистским золотом» в своих банках. Действительно, в декабре 1996 г. швейцарский парламент создал «Независимую комиссию экспертов (Швейцария — Вторая мировая война)» во главе с историком профессором Цюрихского университета Жаном-Франсуа Бержье. В комиссию, кроме швейцарских, были включены и иностранные ученые — историки и юристы из Польши, Германии, США и других стран (но представителей государств — бывших республик СССР там не оказалось).

Американцев, однако, такой поворот дела не устроил.

Дальнейшую историю борьбы стран Запада за получение «нацистского золота» из Швейцарии в 1995—1999 гг. рассмотрим по той же схеме, что и выше: методику пропагандистского давления через СМИ, мобилизацию общественных организаций, подключение правительств и, наконец, организацию антишвейцарских международных форумов.

СМИ и общественные организации. Едва в Швейцарии в 1995—1996 гг. выразили неудовольствие давлением США, как на альпийскую республику обрушились международные еврейские организации — Всемирный еврейский конгресс, Еврейское агентство, Центр Симона Визенталя в Вене и другие аналогичные организации.

В США еврейская община срочно создала специальный фонд, он скопировал в архиве ЦРУ более 3 тыс. рассекреченных документов о «швейцарских гномах», на их основе были написаны заказные статьи и сделаны документальные телефильмы, и все это было выплеснуто в 1996 г. в СМИ США и ЕС. При этом, как в случае с «царскими займами» во Франции и Бельгии, приводились фантастические цифры стоимости «нацистского золота» в Швейцарии — от 7 млрд. (близкая к реальности) до 30 млрд. долл.

Вслед за атакой в СМИ последовали резкие выступления лидеров еврейских организаций. Так, президент Всемирного еврейского конгресса американский миллионер Эдгар Бронфан пригрозил бойкотом Швейцарии в США, что могло бы оставить без работы 230 тыс. американцев, занятых в этих фирмах и филиалах.

Столь грубый нажим вызвал резкий протест в Швейцарии. Президент Швейцарской Конфедерации Арнольд Коллер назвал заявление Бронфана попыткой «шантажа и вымогательства», а МИД Швейцарии направил в госдепартамент США резкую ноту протеста.

Официальный Вашингтон вынужден был отмежеваться от деклараций Бронфана, заявив, что любые формы бойкота против швейцарских фирм в США неприемлемы для решения судьбы «нацистского золота».

Но это была лишь дипломатическая уловка — Вашингтон поменял тактику.

Правительственное давление. На этот раз ставка была сделана на собственную американскую комиссию во главе с высокопоставленным чиновником госдепа Стюартом Айзенстатом, созданную в мае 1997 г. (к декабрю 1998 г. комиссия опубликовала целых два доклада-расследования о «нацистском золоте» в Швейцарии).

Одновременно американцы выделили 150 млн. долл. на оживление старой трехсторонней комиссии, благо во главе ее стоял Пол Уоркер, бывший директор Федеральной резервной системы США. П. Уоркер нанял целую армию аудиторов — 420 человек, но до конца 1998 г. они так и не завершили своей работы и не опубликовали ни одного доклада.

Под давлением США и международных еврейских организаций правительственные комиссии по «нацистскому золоту» стали создавать и другие правительства Запада. Так, в марте 1998 г. декретом президента Жака Ширака во Франции была создана аналогичная американская комиссия Жана Маттеоли, в тот период —

президента Фонда участников антифашистского Сопротивления. Любопытно, что два года спустя, в 1999 г., комиссия обнаружила такое «золото»... в официальной резиденции самого президента Франции — Елисейском дворце. Этим «золотом» оказались художественные картины старых мастеров, конфискованные нацистами у французских евреев, вывезенные в Германию и возвращенные во Францию после 1945 г. как «военные трофеи» (вспомним «ленинский трофей» — золото Брест-Литовска в 1918 г.!).

Оказалось, что их владельцы погибли в нацистских лагерях смерти. Разумеется, Ширак немедленно распорядился снять эти картины со стен Елисейского дворца, где они провисели более 50 лет, и передать их безвозмездно потомкам жертв Холокоста.

Международные конференции. Еще одним средством давления на Швейцарию стали международные конференции и симпозиумы по «нацистскому золоту».

Одна из первых таких конференций с участием 26 экспертов из 17 стран (включая и делегацию Госдумы России) состоялась в мае 1997 г. в Женеве.

Вслед за женевской состоялось еще два крупных мероприятия — Всемирный конгресс по «нацистскому золоту» в Лондоне (декабрь 1997 г.) и аналогичный симпозиум в Вашингтоне (конец ноября — начало декабря 1998 г.).

* * *

Вопреки первоначальным замыслам устроителей свести все вопросы лишь к проблеме «жертв Холокоста» (в прессе — «еврейскому золоту») эти международные встречи возбудили целый комплекс других проблем, оставшихся нерешенными с послевоенных времен.

Например, на Лондонском конгрессе всплыл вопрос о так называемом «вашингтонском компромиссе» 1946 г. Оказывается, уже тогда три союзные державы — США, Англия и Франция (СССР, как уже отмечалось выше, в этом дележе не участвовал) — договорились и подписали в Вашингтоне со Швейцарией соответствующий секретный документ, по которому в обмен на размороженные в банках США швейцарские авуары на 6,3 млрд. швейцарских фр. (они и были заморожены как кара за сотрудничество банков альпийской республики с нацистами) Швейцария выплачивает «отступного» всего на 250 млн. фр. Но это «отступное» пошло не жертвам Холокоста, а на послевоенное экономическое восстановление Европы.

Со своей стороны союзники выдавали «швейцарским гномам» индульгенцию: они отказывались «от всех требований к швейцарскому правительству или швейцарскому национальному банку по золоту, приобретенному Швейцарией у Германии во время войны» [74].

Более того, именно после этого «компромисса» и была создана Трехсторонняя комиссия из союзных участников этой сделки, на счета которой Швейцария обязана была перечислить эти 250 млн.

Но и это не все: именно этой комиссии, так пекущийся о «еврейском золоте», были переданы 337 т «нацистского золота», захваченного союзниками (без СССР) на территории побежденной Германии. Как установлено экспертами Всемирного еврейского конгресса, среди этих тонн оказалось не менее 50 т золота жертв Холокоста.

Многие участники международных встреч 1997—1998 гг. задавали резонный вопрос: а почему тогда, в 1945—1946 гг. США, Англия и Франция так не пеклись об интересах 6 млн. погибших евреев?

Еще одной сенсацией таких конференций стали факты переправки «нацистского золота» не только в Швейцарию, но и в другие нейтральные в годы Второй мировой войны страны — Швецию, Испанию, Португалию, Турцию. Именно такую сенсацию содержал второй доклад правительственной американской комиссии Айзенстата, ставшего к тому времени заместителем госсекретаря США по экономическим вопросам. Почему тогда, спрашивали с трибуны и в кулуарах Лондонского конгресса делегаты, ознакомившись с докладом, мы требуем «еврейское» золото с одной только Швейцарии?

И уже совсем запутались «поисковики» золота III рейха, когда даже в странах-участницах Трехсторонней комиссии были обнаружены счета жертв Холокоста. Так, еще в 1951 г. правительство Франции, оказывается, нашло так называемые «молчащие счета», т. е. счета, с которых никто не снимает и не кладет денег. Таких «молчаливых счетов» в «Банк де Франс» тогда было обнаружено 156, а в «Креди Лионэ» — аж целых 476. На них хранились, как теперь оказалось, внушительные суммы жертв Холокоста, но ни руководство этих двух крупнейших французских банков, ни само правительство с 1951 г. так и не придали это сокрытие авуаров погибших в нацистских лагерях смерти французских евреев гласности, и они стали известны только в 1997 г. [75]

Подобного рода разоблачительные факты поставили инициаторов финансового разгрома Швейцарии под прикрытием поисков золота жертв Холокоста в сложное положение — ведь сказать, что они не участвовали в «вашингтонском компромиссе» после того, как многие газеты Европы и США опубликовали или изложили документ 1946 г., было уже невозможно.

Тогда, с подачи США, роль автора нового компромисса решил сыграть британский министр иностранных дел Робин Кук. Именно он на Лондонском конгрессе по «нацистскому золоту» в декабре 1997 г. предложил создать Международный фонд помощи жертвам Холокоста и даже заявил, что лейбористское правительство Ее Величества выделяет в этот Фонд один миллион фунтов стерлингов. Инициативу немедленно поддержала делегация США, «отстегнувшая» в Фонд на ближайшие три года 25 млн. долл. Но остальные делегаты из 42 стран и без арифмометра подсчитали, что сумма эта мизерная, особенно учитывая набежавшие за 50 лет проценты от 337 т германского золота (из них — 50 т «еврейского»), которые США присвоили себе в 1946 г., и отказались участвовать в этой «благотворительной» акции.

Но основной удар по предложениям Кука нанесли делегаты двух главных контрагентов в компенсации жертв Холокоста — Израиль и Швейцария.

Израильская делегация на Лондонском конгрессе заявила, что только ее государство может распределять деньги для жертв Холокоста (и тут же назвала сумму компенсации — 20 млрд. долл.) и поэтому никакие «международные фонды» они поддерживать не будут и денег в них не дадут.

Отказалась участвовать в «фонде Кука» (так его назвала британская пресса) и Швейцария, мотивируя свой отказ следующими аргументами:

— еще в октябре 1996 г. парламент Швейцарской конфедерации принял специальный закон о «прозрачности банковских счетов», на основании которого впервые в истории страны правительство начало тотальную проверку всех без исключения счетов всех швейцарских банков и их филиалов за границей;

— уже летом 1997 г. Швейцария создала собственный национальный Фонд помощи бывшим жертвам Холокоста, в число учредителей которого вошли все швейцарские банки (уставной капитал — около 200 млн. долл., к 2000 г. планируется собрать более 5 млрд. долл.);

— на 1 июля 1997 г. получены и проверены списки на один миллион еще живых узников нацистских лагерей со всего мира, а в ноябре 60 тыс. из них была выплачена первая небольшая компенсация.

Одновременно швейцарская делегация на конгрессе объявила, что заверенные списки жертв Холокоста от государств, ассоциаций и частных лиц следует высылать в штаб-квартиру Фонда в столице Швейцарской конфедерации (г. Берн) до 1 января 2000 г.

* * *

В июне 1998 г. сижу в вагоне скоростного поезда Париж — Лозанна, еду в Берн, столицу Швейцарии, по приглашению старого друга, бывшего ректора МГИМО, а ныне российского посла Андрея Ивановича Степанова. Еду, чтобы ознакомиться с только что вышедшим объемистым докладом комиссии Берже «Швейцария и Вторая мировая война» (май 1998, Берн [76]), а также переговорить с авторами этого доклада, встречу с которыми заранее подготовило посольство России в Швейцарии.

Надо сказать, что моя поездка «по нацистскому золоту» планировалась еще в 1996 г., в год моего второго приезда в Париж для чтения лекций в Сорбонне. Но два года подряд что-то мешало осуществить задуманное: то у Степанова напряженный график работы посла не совпадал с моими сроками приезда, то у меня возникали во Франции какие-то срочные дела (например, поездка на Лазурный берег на открытие бюста Александры Федоровны, вдовы Николая I, на набережной ее же имени в городке Вилльфранш, что расположен в бухте екатерининских адмиралов Орловых, в 1996 г.).

Не теряя времени, я покупал в Париже все сколько-нибудь серьезные зарубежные исследования о «нацистском золоте» в Швейцарии: англичанина Артура Смита «Золото Гитлера», американца русского происхождения Сиднея Заблудова «Движение нацистского золота», немца Гиана Треппа «Банк для врага» — о швейцарском Банке международных расчетов, швейцарца Жана Зиглера о нацистском золоте и смерти и других [77].

Попутно знакомился в библиотеках Сорбонны со статьями в исторических журналах о советско-нацистском финансово-экономическом секретном сотрудничестве в рамках «пакта Риббентроп — Молотов» в августе 1939 — июне 1941 гг. [78]

Поэтому и в отделе экономического советника посольства РФ в Берне, и с экспертами Комиссии проф. Бержье, а также в Федеральном архиве Швейцарии с его директором профессором Кристофом Графом (именно он вручил мне только что вышедший доклад Комиссии) беседы носили конкретный характер.

При этом мои швейцарские собеседники мягко сетовали, что Москва с трудом раскрывает свои архивы по «нацистскому золоту» (впрочем, как и США, которые в 1995 г. рассекретили архивы ЦРУ весьма выборочно), что, впрочем, не помешало авторам доклада выразить в его предисловии благодарность директорам Росархива В.П. Козлову и бывшего «Особого архива» трофейных документов В.Н. Кузеленкову.

Я, со своей стороны, посетовал проф. Графу, что в зарубежной историографии о «нацистском золоте» нет ни одной ссылки на работы российских авторов (как, впрочем, нет ни одной статьи на русском языке в библиографическом приложении к объемистому докладу Комиссии), и, по возвращении домой, выслал ему из Москвы небольшую подборку ксерокопий статей из российских периодических изданий за 1997—1998 гг. [79]

Здесь нет возможности для детального анализа доклада Комиссии проф. Бержье. Но на двух важных открытиях независимых экспертов остановиться следует.

Первое. Из того «нацистского золота», что после «вашингтонского компромисса» 1946 г. осталось в Швейцарии (330 т), далеко не все оказалось «еврейским», как утверждали представители Всемирного еврейского конгресса на Лондонской конференции в декабре 1997 г., требуя зачесть эти 330 т в уплату 20 млрд. долл. компенсации жертвам Холокоста.

Фактически, как утверждается в докладе Комиссии, «чисто еврейское» образует на сегодняшний день всего 120 т.* А остальное — так называемое государственное золото, захваченное, как правило, на территории оккупированных нацистами стран.

Второе. Среди этого государственного золота Комиссия профессора Бержье обнаружила подлинные документы о переводе из нацистского «Рейхсбанка» в Швейцарский национальный банк в феврале и июле 1940 г. 10,5 т так называемого «сталинского» золота, осуществленного в развитие «пакта Риббентроп — Молотов» и экономических протоколов-приложений к нему.

Срок подачи заявок и на это государственное золото также истекает 1 января 2000 г. Но если другие государства, пострадавшие от нацистского грабежа — Польша, Голландия, Бельгия, Люксембург, Чехия, Сербия (Югославия), Греция, Албания, Италия — давным-давно, еще летом 1997 г., подали такие заявки, то нет среди них только заявок России, Украины и Белоруссии. Или они не потеряли более двух миллионов евреев из тех шести, что официально относятся к жертвам Холокоста? Или России не нужны эти 10,5 т «сталинского» золота, которые Трехсторонняя комиссия предлагала отдать СССР еще в 1946 г., если будет оформлена соответствующая заявка? Сталин этого делать почему-то не стал. Но Б.Н. Ельцин как будто бы не Сталин, а даже совсем наоборот. Так в чем же дело?

---

* Эта сенсация немедленно вызвала в СМИ США и некоторых стран ЕС обвинения Комиссии в необъективности и даже... в скрытом антисемитизме. — *Примеч. авт.*

* * *

В чем дело — мы расскажем ниже, в главе VII «В коридорах власти». Пока же констатируем факт — ни на «еврейское», ни на «сталинское» золото российские официальные власти претензий до сих пор не заявляли, хотя для уплаты одних только процентов по внешнему долгу МВФ десять тонн «сталинского» золота не повредили бы.

Зато претензии на «нацистское золото», как только началась шумиха в западной печати вокруг плохих «швейцарских гномов», сразу заявили общественные организации узников фашизма на Украине, в Белоруссии и России*. По их подсчетам, на территории бывшего СССР (СНГ и страны Балтии) к октябрю 1997 г. еще проживало около одного миллиона жертв фашизма, из которых подавляющее большинство составляют угнанные на принудительную работу в гитлеровскую Германию и оккупированные ею страны — 780 тыс. человек.

Собственно узников концлагерей и гестаповских тюрем в живых осталось не более 95 тыс., а переживших нацистские еврейские гетто и того меньше — менее 30 тыс. человек.

Однако наибольшую активность в вопросах компенсации от Германии и Швейцарии проявляют не эти «взрослые» общественные организации узников-стариков, сколько довольно странные объединения «малолетних узников фашизма»**, неформальный лидер которых и президент одной из них киевский ученый Владимир Литвиненко проявляет наибольшую активность.

Я так и не выяснил до конца у Литвиненко, когда

---

* Белорусская ассоциация бывших заключенных германских концлагерей и ветеранов антифашистского сопротивления, Белорусская ассоциация евреев — бывших узников гетто и нацистских концлагерей, Белорусское объединение бывших узников фашизма «Лес», Международная ассоциация жертв двух тоталитарных режимов. — *Примеч. авт.*

** Международное движение бывших малолетних узников фашизма (президент В. В. Литвиненко), Международный союз бывших малолетних узников фашизма, Белорусская ассоциация бывших несовершеннолетних узников фашизма, Российский союз бывших несовершеннолетних узников фашизма, Украинский союз бывших малолетних узников фашизма. — *Примеч. авт.*

разговаривал с ним по телефону из Москвы, кого же конкретно и в каком количестве объединяют эти «детские» объединения узников фашизма? Что значит — «малолетний» или «несовершеннолетний»? Те, кого угнали в возрасте до 16, 4 или 8 лет?

И почему одно объединение называется «движение» (Литвиненко), а другое — «союз» (Н.А. Махутов), но оба почему-то одинаково «международные»?

Зато в полученных нашим Экспертным советом в 1997 г. документах всех этих «взрослых» и «детских» движений, союзов или ассоциаций четко были прописаны другие цифры — 6 млрд. марок компенсации с Германии, а вовсе не один миллиард, как решила «четверка» (ФРГ, Россия, Белоруссия, Украина — 1993 г.) Аналогичным образом в обращении президентов всех восьми «взрослых» и «детских» организаций узников, адресованном в Правительство РФ 14 ноября 1997 г., накануне лондонского Всемирного конгресса по «нацистскому золоту» 2—4 декабря 1997 г., четко определяется процент претензий по этому золоту в Швейцарии — 70% следует отдать Литвиненко и K° [80].

Более того, «малолетние» потомки «детей лейтенанта Шмидта» (некоторые члены «малолетних» ассоциаций родились после 1945 г.!!) требовали от правительств России, Украины и Белоруссии безоговорочной поддержки их претензий.

Правительственной поддержки в России и Белоруссии они не получили, но на конгресс в Лондон, в отличие от членов нашего Экспертного совета, поехали и там «озвучили» все свои претензии. Британская пресса, правда, с большим недоверием описывала личности этих «малолетних узников», справедливо полагая, что повторение истории с лжецаревной Анастасией или похождений «детей лейтенанта Шмидта» от атамана Семенова в Японии в 20-х гг. может лишь дискредитировать благородную идею материальной компенсации действительных узников фашизма.

История появления «малолетних узников» на конгрессе тем более печальна, что МИД РФ все же направил на лондонскую встречу своего официального наблюдателя — одного из чрезвычайных и полномочных послов по особым поручениям.

Посол, подобно Литвиненко, тоже разговаривал со мной накануне отъезда по телефону, интересовался — а о чем, собственно, пойдет там речь? Оно и понятно: послы по особым поручениям — люди «на подхвате»: сегодня им поручают вести переговоры о «нацистском золоте», завтра — о коровьем бешенстве, послезавтра — переговоры в Рамбуйе по Косово.

Мне же в командировке в Лондон, хотя я ближе к мидовским системам, нежели Литвиненко (как никак 12 лет профессор Дипломатической академии МИД РФ) один из замминистров отказал — нет денег. И пришлось полгода спустя ехать за докладом Комиссии Бержье из Парижа в Берн «на свой кошт».

Литвиненко же — еще бы, глава международного движения жертв двух (Гитлера и Сталина) тоталитарных режимов — после лондонской конференции развил в Киеве бурную деятельность. В мае 1998 г. читаю в «Известиях» — ему удалось создать межведомственную комиссию во главе с тогдашним вице-премьером академиком Валерием Смолием по определению украинской доли в «нацистском золоте». Можно не сомневаться, что «доля» эта будет значительной, раз уже «малолетние» узники, опираясь на свое участие в лондонском конгрессе, увеличили в своих интервью СМИ общую стоимость «нацистского золота» с 7 до 30 млрд. долл. США.

Эта «доля» вообще возрастет до небес, если Украина, по словам Литвиненко, поставит под сомнение «еврейский» характер этого золота, ибо «возвращение золота лишь евреям оскорбляет чувства других жертв нацистских преследований». Правда, такие заявления, как меланхолично пишет киевская корреспондентка «Известий», вызывают у официальных лиц тревогу: «вице-премьер В. Смолий не уверен, что дележ золота не спровоцирует волну антисемитизма на Украине»[81].

Но и здесь, как полагают «самостийники», есть выход: все можно свалить на «москалей», которые в очередной раз забижают неньку Украину — не дают документы об украинской доле из своих «трофейных архивов».

* * *

Реституция (от лат. restitutio — *восстановление**) — этот ранее малознакомый подавляющему большинству читателей и телезрителей термин ныне не сходит со страниц газет и телеэкранов. По существу речь идет о пересмотре «оккупационного права» антифашистских победителей во Второй мировой войне, что, впрочем, происходило уже не раз в мировой истории: после наполеоновских войн на Венском конгрессе в 1814—1815 гг., на Версальско-Вашингтонской конференциях в 1919—1922 гг. по итогам Первой мировой войны и, особенно, на заседаниях Комитета интеллектуального сотрудничества («Лиги умов») в рамках Лиги наций в 1922—1939 гг. «Лига умов», в которую вошли выдающиеся научные (Альберт Эйнштейн, Мария Складовская-Кюри, Зигмунд Фрейд и др.) и гуманитарные (Рабирдранат Тагор, Дж. Голсуорси, Томас Манн и др.) умы, дала жизнь нынешней ЮНЕСКО.

Именно в «Лиге умов» начались первые дискуссии о «перемещенных культурных ценностях»[82], продолжающиеся и поныне.

В контексте современных дискуссий о реституции речь идет о так называемых «перемещенных художественных ценностях», проще говоря, о «военных трофеях» Советской Армии, захваченных в 1945—1948 гг. в Берлине и на территории Восточной Германии (будущей ГДР). Причем в число «трофеев» попали не только шедевры живописи, рисунка или скульптуры из нацистских учреждений или музеев, но и такое общегерманское достояние как «Дрезденская галерея», «Готская библиотека» и другие, а также донацистские муниципальные («золото Трои» Шлимана) или частные (подлинники полотен Поля Сезанна и других французских импрессионистов из коллекции немецкого магната Отто Кребса) собрания.

Отдельную категорию претензий по этим реституциям являют художественные произведения, награбленные нацистами в оккупированных странах — во Франции, Голландии, Польше, Венгрии (15 марта

---
* В современном международном праве термин «реституция» означает возвращение одним государством другому имущества (трофеев), захваченных во время войны. — *Примеч. авт.*

1944 г. германские войска оккупировали территорию своей венгерской союзницы и хорошо пограбили замки древних мадьярских аристократических родов). Все это также было вывезено либо в СССР, либо (из западной зоны оккупации) — в США, Великобританию и Францию.

По данным нынешнего хранителя «золота Трои» в Музее им. Пушкина Владимира Толстикова, всего в 1945—1948 гг. из Берлина и Восточной Германии было вывезено в СССР 1 млн. 700 тыс. художественных наименований [83].

Следует подчеркнуть — вывезено официально, на основе Ялтинских решений трех «великих» (Сталин, Рузвельт, Черчилль), закона № 52 от 3 апреля 1945 г. Союзного командования и закона № 2 от 10 октября 1945 г. Союзного контрольного совета в Берлине.

Союзники согласились, что эти «перемещаемые художественные ценности» — плата (индомнизация) за награбленное или уничтоженное в СССР в 1941—1944 гг. художественные ценности, стоимость которых согласно составленному советскими экспертами сразу после войны «Сводному списку наиболее ценных художественных экспонатов, погибших, вывезенных из музеев и разграбленных оккупантами» равнялась в 1946 г. 140 млрд. зол. «царских рублей», из них 23,9 млрд. зол. руб. (или 230 млрд. долл. сегодня) — только то, что целым и невредимым было вывезено нацистами из СССР в Германию [84].

Что из этого длинного «сводного каталога» уцелело после жесточайших англоамериканских бомбардировок Германии в 1944—1945 гг., что «уплыло» за океан в частные коллекции любителей искусства в США (а некоторые зарубежные эксперты считают, что в 1944—1948 гг. в США «уплыло» 3/4 всего награбленного нацистами*), что через «черный рынок» ушло на Восток (Япония, Тайвань, Южная Корея) — все это выясняют с 1992 г. члены Государственной комиссии РФ по реституции и ее эксперты.

Сама же проблема «реституции» (возврата «воен-

---

* Предусмотрительные американцы еще в 1955 г. заключили с ФРГ договор о сроке давности поисков и возвращения «пропавших» художественных ценностей, и теперь прикрываются им как щитом. — *Примеч. авт.*

ных трофеев» Советской Армии) возникла только в 1990—1992 гг., когда СССР и ФРГ, а затем и ФРГ — Российская Федерация подписали сначала Договор о партнерстве (1990 г.), а затем Соглашение о культурном сотрудничестве (1992 г.), в которых содержались статьи (соответственно 16 и 15-я) о «незаконно вывезенном культурном достоянии».

Вот вокруг этих двух статей и разгорелся весь сыр-бор.

Все началось с «золота Трои», с 1945 г. под грифом «совершенно секретно» хранившемся в запасниках Музея им. Пушкина в Москве (260 «предметов» из золота; изделия из бронзы коллекции Шлимана в том же 1945 г. были отправлены в ленинградский Эрмитаж).

В 1956 г. по решению Политбюро первая крупная трофейная коллекция — «Дрезденская картинная галерея» после ее публичной экспозиции в Музее им. Пушкина в 1955 г., была безвозмездно передана «братской ГДР». С тех пор по разным политическим поводам Н.С. Хрущев и Л.И. Брежнев за почти 40 лет вернули безвозмездно из 1 млн. 700 тыс. «трофеев» почти 2/3 — 1 млн. 200 тыс., включая и большую часть «Готской библиотеки». Но остальные 500 тыс. «трофеев», судя по уникальной информации Владимира Толстикова, опубликованной 25 января 1996 г. в «Московском комсомольце», с середины 50-х гг. настолько засекретили, что, например, к «золоту Трои» не имел доступа даже директор музея — только один сверхпроверенный КГБ СССР «хранитель» в штатском. Секрет продержался 36 лет — даже те музейщики, кто кое-что знал или догадывался, держали язык за зубами.

Но в 1992 г. завеса секретности была прорвана. То ли немцы, подписав в 1992 г. с «демократической Россией» Соглашение о культурном сотрудничестве со статьей 15-й о «незаконно вывезенном культурном достоянии», решили прощупать «друга Бориса» на предмет возврата «трофеев», то ли сами российские демократы в благородном раже разоблачения «коммунистического прошлого» решили раздеться перед Западом догола (а заодно и подзаработать валютки на разоблачительных статьях), но в том же 1992 г. в немецкой прессе и других западноевропейских изданиях появилась серия сенсационных статей бывшего чиновника

Министерства культуры СССР Козлова и его соавтора «эксперта» Акинши о «золоте Трои» и других «секретных трофеях». С тех пор дебаты о «перемещенных художественных ценностях» не утихают ни за рубежом, ни в России. Как это часто случается сегодня, проблема из чисто художественной быстро превратилась в откровенно *политическую*. Одни кричат — «Наши отцы за это кровь проливали, а мы должны это отдавать?» — (Александр Севостьянов, «Правда», 1995 г.). Другие кипятятся — «...мы совершаем по отношению к своим солдатам настоящее преступление: мы как бы объявляем их продолжателями дела нацистов, а себя — правопреемниками гитлеровской Германии» (Алексей Расторгуев, «Литературная газета», 1991 г.).

Масла в огонь с «золотом Трои» подлил неуклюжий демарш советников Президента РФ, который Б.Н. Ельцин озвучил во время визита в Грецию: дескать, Россия сначала покажет «золото Трои» в Афинах, а затем уж у себя, в Москве*. Тут уж всполошилась Турция — Шлиман нашел «золото Трои» на ее территории и тайно вывез (а попросту, украл) в Германию. Тогда возмутились в Бонне — как так, кто позволил Анкаре обзывать нас ворами? Словом, началась такая международная свара, что впору петь частушку, как «вор у вора дубинку украл».

В 1995 г. в России вопрос о реституции «военных трофеев» поднялся до законодательного уровня. Совет Федерации старого состава подготовил к маю 1995 г. жесткий вариант закона «О праве собственности на культурные ценности, перемещенные в результате Второй мировой войны». Как оценил этот законопроект бывший министр культуры Евгений Сидоров, суть его лучше всего отражает русская поговорка — «что с возу упало, то пропало».

V Госдума, наоборот, представила «мягкий» вари-

---

* В апреле 1996 г. выставка «золото Трои» действительно открылась в Музее им. Пушкина в Москве, но в Афины ее предварительно уж не повезли. В июне 1998 г. в Швейцарии один из менеджеров крупного банка ознакомил меня с проектом демонстрации «золота Трои» сначала в альпийской республике, а затем и в странах ЕС, гарантируя правовую защиту от попыток «реституции» (т. е. от ареста «трофейного золота» полицией ФРГ). — *Примеч. авт.*

ант, в частности, возможность реституции (возврата) «военных трофеев» третьим странам*.

В 1996 г. расстановка сил в обеих палатах изменилась — VI Госдума стала коммуно-патриотической, жесткой, а новый «губернаторский» Совет Федерации заметно «помягчел». В итоге Дума 5 июля 1996 г. приняла фактически вариант предыдущего состава Совета Федерации («ничего не отдадим!»), но «губернаторы» закон отклонили.

В конце концов через обе палаты в 1997 г. прошел мягкий «думский» вариант 1995 г., но президент Б.Н. Ельцин его заблокировал — наложил «вето» по конъюнктурным политическим соображениям (законом был недоволен «друг Гельмут», бывший канцлер ФРГ Коль).

И вопрос о реституции снова «завис».

Словом, история с российским законопроектом о реституции очень сильно напоминала мучения с нашим законопроектом «О собственности РФ, находящейся за рубежом», с тем, однако, отличием, что наш законопроект ни в V-й, ни в VI-й думах так и не дошел до обсуждения на пленарных заседаниях. Хотя между «золотом Трои» и, скажем, «золотом Семенова» в юридическом смысле принципиальной разницы нет — в первом случае это «советский военный трофей», во втором — «трофей японский».

В обоих случаях «трофейная проблема» осложняется проблемой политической. Для российских патриотов выдача «золота Трои» — все равно что «сдача» Берлина Гитлеру в мае 1945 г. Для японских патриотов обсуждение вопроса о «романовском золоте» невозможно до «сдачи» Японии «северных территорий» (четырех Южно-Курильских островов).

Как справедливо писала влиятельная гамбургская газета, «немецкие трофейные ценности становятся инструментом во внутрироссийской фракционной борь-

---

* Хотя ни тот, ни другой законопроекты до конца срока легислатур и Совета Федерации и V Госдумы так и не были приняты, некоторые идеи «думского» варианта нашли свое практическое воплощение. В сентябре 1996 г. бывший министр иностранных дел Е. М. Примаков передал князю Лихтенштейна «трофейный» семейный архив, а в обмен получил архив колчаковского следователя Соколова об убийстве царской семьи на Урале, купленный князем на аукционе «Сотбис». — *Примеч. авт.*

бе. Националисты называют трофеи «последним залогом победы после вывода российских войск из Германии». Если их вернуть, получится, что Германия вроде бы никогда не проигрывала войну. Даже российские представители на переговорах уже не знают, кто же уполномочен решать вопрос о возвращении. Президент? Парламент?» («Цайт», 1995 г.).

Справедливости ради следует сказать, что проблема реституции (возвращения) «перемещенных художественных ценностей» все же во много раз сложнее проблем зарубежного золота и недвижимости. Все же в подавляющем большинстве случаев 90% русского золота перемещалось за границу в 1914—1919 гг. на основе юридических межгосударственных соглашений с Великобританией, Германией, Швецией, или по межбанковским договорам (Владивостокское отделение Госбанка России — «Иокогама спеши банк» и «Чосен банк»).

С реституцией все гораздо сложнее. Нет международного акта хотя бы под эгидой ЮНЕСКО о принципах реституции. Попытка выработать такой акт на Венском конгрессе 1814—1815 гг. закончилась ничем. Тогда Австрия, Пруссия, итальянские княжества, Испания требовали вернуть свои произведения искусства, в 1792—1813 гг. захваченные как «военные трофеи» революционными и наполеоновскими армиями (Лувр и сегодня почти наполовину состоит из таких «трофеев»). В конце концов царь Александр I как главный победитель Наполеона распорядился снять вопрос с обсуждения и оставить все «трофеи» (включая русские пушки и знамена, отбитые в 1805—1807 гг.) в Лувре и других музеях Парижа.

Тем не менее споры между государствами о реституции время от времени возникают. Вот уже 150 лет Греция требует вернуть архитектурные детали Парфенона из Великобритании. После Первой мировой войны поляки спорили с Германией и Советской Россией, и часть своих ценностей вернули — мы писали об этом выше.

Сегодня некоторые юристы (например, «московский парижанин» Аркадий Ваксберг — в газете «Монд» 31 марта 1995 г. или на радио «Свобода» 31 июля 1996 г.) предлагают создать по образцу Международного суда в Гааге Международный Арбитражный суд под эгидой ЮНЕСКО в Париже, и именно там решать все спорные вопросы реституции.

Но, думается, реализации такого глобального проекта придется еще очень долго ждать...

Пока же отдельные страны СНГ идут по пути художественного обмена: в апреле 1995 г. Украина вернула Германии одну «трофейную» картину из города Бремена, а взамен получила 723 редкие украинские книги и подлинник письма Петра I одному из украинских гетманов. Тем же путем пошла и Грузия — вернула одну из немецкоязычных «трофейных» библиотек.

Такой «бартер» понятен — и Украине, и Грузии позарез нужны германские кредиты и инвестиции. А нам, россиянам, может быть, стоит внимательно перечитать советско-германское 1990 г. и российско-германское 1992г. соглашения? Вот Михаил Швыдкой не поленился, прочитал и... изумился, о чем публично сообщил всем читателям «Независимой газеты»: «...ни в статье 16-й части 2-ой договора 1990 г., ни в статье 15-й соглашения 1992 г. *нет ни слова о реституции или Второй мировой войне*; авторы этих параграфов с российской стороны, полагаю, *вели речь о контрабанде и музейных ворах*...».[85] (выделено мною. — *Авт.*)

Вот, оказывается, как поворачивается дело — нет в германо-российском соглашении 1992 г. обязательства России на реституцию! Есть интерпретация этой статьи немецкими юристами, а здесь, как говорится, можно еще и поспорить — были бы грамотные юристы с нашей стороны.

Вообще проблема международной правовой базы всей проблемы РЕСТИТУЦИИ — одна из основных в спорах о «перемещенных культурных ценностях». С 1899 г., со времен первой Гаагской мирной конференции о «цивилизованных методах» ведения войны, когда впервые было высказано соображение о необходимости международного правового акта по защите культурного наследия (об этом, в частности, писал участник конференции профессор П. Н. Милюкова[86]) юристы бьются над правовой базой реституции, пытаясь подвести под нее существующие международные акты о защите культурных ценностей[87].

В контексте нашей книги важно отметить, что проблема зарубежного российского золота и реституции культурных ценностей в правовом отношении во многом пересекаются. В самом деле, ведь под понятие «золото» очень часто попадали художественные изделия из драгметаллов и камней, золотые оклады икон, золотые часы и другие изделия. Как мы уже писали выше, зачастую (особенно, в 1917—1922 гг. у большевиков) такое «золото» шло по весу, с оценкой «на глазок», без описей и описания.

И не случайно устроители третьей международной встречи экспертов в Вашингтоне 30 ноября — 2 декабря 1998 г. по «нацистскому золоту» уже объединили вопросы собственно золота (слитки, золотые монеты) с вопросами перемещенных культурных ценностей (картин, икон, золотых художественных изделий и т. д.) [88].

Но пока судьба перемещенных после Второй мировой войны культурных ценностей определяется документами союзников по антигитлеровской коалиции, которые формально-юридически еще никто не отменял.

Хотя бы следующими: от 21 января и 17 апреля 1946 г. Союзного Контрольного Совета (США, Англия, Франция и СССР) — «Определение понятия "реституция"» и «О четырехсторонней процедуре реституции» (инструкция), на основании которых в четыре союзных государства легально и официально вывозились немецкие, венгерские, румынские и т.д. произведения искусства в качестве репараций за уничтоженные или вывезенные произведения из оккупированных стран Европы.

Несправедливо по отношению к немцам, венграм, румынам, финнам? Возможно, но, прежде чем кричать на Вашингтонском форуме 1998 г., а также в печати или на телевидении о «грабеже», надо сначала через ООН, ЮНЕСКО или Европейский совет отменить Ялтинско-Потсдамские соглашения Сталина — Черчилля — Рузвельта — Трумэна и все соответствующие документы Союзного Контрольного Совета в Германии.

В любом случае решение международной проблемы реституции золота и культурных ценностей иначе, как политикой двойных стандартов, не назовешь, что по-русски звучит более определенно: *закон — что дышло, куда повернул, туда и вышло.*

ПРИМЕЧАНИЯ

1. Троцкий Л. Портреты революционеров. — М., 1991, с. 218.
2. Цит. по: Валентинов В. Встречи с Лениным. — М., 1990, с. 322.
3. Валентинов В. Малознакомый Ленин. — Париж, 1972, с. 88.
4. Красин Л. Советский счет иностранным капиталистам. — Л., 1925; его же. Монополия внешней торговли и нэп. — Харьков, 1926. См. также его статьи на английском языке «Ленин и внешняя торговля» (9 февраля 1924 г.) и «Будущее советских торговых отношений» (29 марта 1924 г.) в информационном бюллетене торгпредства СССР в Лондоне «Russian Information and Review». Наиболее полную подборку статей и выступлений Л. Б. Красина на международных встречах и конференциях 1918—1925 гг. см. Красин Л. His Life and Work. — London, 1929; Красин Л. Б. Вопросы внешней торговли. — 2-е изд. — М., 1970.
5. Деятели СССР и революционного движения в России. — М., 1989, с. 362. См. также: Шеррер Ютта. Большевизм на распутье: Богданов и Ленин — Россия XXI. 1996, № 5—6, с. 115—132.
6. Троцкий Л. Указ. соч, с. 224.
7. Там же.
8. Там же. — Прим. 83, с. 358—359.
9. Деятели СССР... (Красин — авторизованная биография), с. 462.
10. Цит. по: Троцкий Л. Указ. соч. — Прим. 82, с. 358.
11. См. копию «Списка членов Российской делегации для переговоров о перемирии и состоящих при ней лиц» в книге: С. Мстиславский (Масловский). Брестские переговоры. — Пг., 1918; Дипломатический ежегодник. — М., 1992 (иллюстрации).
12. См. Мирный договор между Россией с одной стороны и Германией, Австро-Венгрией, Болгарией и Турцией с другой. — М., 1918, с. 3.
13. См. Леонид Красин, инженер. Обнищание России и большевистская коммуна. — Ростов-на-Дону, ОСВАГ, 1919.
14. Наживин И. Что нужно знать солдату? — Ростов-на-Дону, ОСВАГ, 1919; его же. Что же нам делать? — Ростов-на-Дону, ОСВАГ, 1919.
15. Дроздов А. Интеллигенция на Дону — Новая Юность. 1997, № 22—23, с. 167—183 (перепеч. из Архива русской революции).
16. Борман А. А. В. Тыркова-Вильямс по ее письмам и воспоминаниям сына. — Вашингтон, 1964, с. 125.
17. Троцкий Л. Указ. соч, с. 295.
18. Цит. по: Дипломатический ежегодник. 1989. — М., 1990, с. 365.
19. Троцкий Л. Указ. соч, с. 225.
20. Декреты Советской власти. — Т. 7, М., 1974, с. 193.
21. Васильев О. Ю., Кнышевский П. Н. Красные конкистадоры. — М., 1994, с. 97.
22. Троцкий в период внутрипартийной борьбы 1923—1927 гг. не раз демонстрировал подлинники и копии этих «ленинских доверенностей»

тей», выданных ему как вождю РККА (одну из них за июль 1919 г. см. Троцкий Л. Портреты революционеров, с. 353). Л. Б. Красин никогда такие доверенности не показывал и даже не писал о них в письмах.

[23] Цит. по: Алексеева Т., Матвеев Н. Доверено защищать революцию. — М., 1987, с. 243.
[24] Бонч-Бруевич М. Д. Вся власть Советам. — М., 1964, с. 351.
[25] Гиппиус З. Петербургские дневники. 1914—1919, Нью-Йорк. — М., 1990, с. 261—262.
[26] Васильева О. Ю. Кнышевский П. И. Указ. соч., с. 121.
[27] Цит. по: Неизвестная Россия. XX век. — Т. IV, М., 1993, с. 96.
[28] Там же.
[29] Коминтерн и идея мировой революции. Документы. М., 1998, с. 305.
[30] Там же, с. 304.
[31] Хаммер А. Мой век — двадцатый (пути и встречи). — М., 1988, с. 97.
[32] См. Васильева О. Ю., Кнышевский П.Н. Указ. соч, с. 136, 150.
[33] Цит. по: Сосков В. Миллионер, умерший в нищете. — VIP. 1998, № 11—12, с. 65.
[34] См. Зарницкий С., Трофимова Л. Так начинался наркоминдел. — М., 1984, с. 180 — 182.
[35] Цит. по: Неизвестная Россия. XX век. — Т. III, М., 1993, с. 14.
[36] Филиппов Б. Послесловие к книге воспоминаний А.В. Тырковой-Вильямс «На путях к свободе». — Лондон, 1990, с. 431—432.
[37] Троцкий Л. Указ. соч, с. 296.
[38] Цит. по: Васильева О. Ю., Кнышевский П. Н. Указ. соч, с. 132.
[39] См. Сокольников Г. Я. Новая финансовая политика (на пути к твердой валюте). — М., 1991. с. 17.
[40] См. Ленин В. И. Полн. собр. соч. — Т. 45. с. 220—221.
[41] Известия ЦК КПСС, 1990, № 4, с. 191—193.
[42] Юровский Л. Н. Финансы СССР. — «Гранат. Энциклопедический словарь», М., 1927, т. 41, ч. II, с. 520.
[43] Цит. по: Васильева О. Ю., Кнышевский П. Н. Указ. соч., с. 140.
[44] Документы внешней политики СССР. — М., 1961. — Т. 5. с. 121—125.
[45] См., например: Рейхсвер и Красная Армия. Документы из военных архивов Германии и России 1925—1931. — Берлин, Федеральный архив Германии. — 1995.
[46] См., в частности, Дьяков Ю. А., Бушуева Т. С. Фашистский меч ковался в СССР. — М., 1992.
[47] Наука, техника и власть. Материалы к презентации спецкурса «Германо-советское военно-техническое сотрудничество 20—30-х гг.» (кафедра истории науки РГГУ). — М., 1997, с. 26. *(Текущий архив Экспертного совета)*.
[48] Коминтерн и идея мировой революции. — с. 313.
[49] Карр Э. История Советской России. — М., 1989, Т. 3, с. 270—271.

[50] Коминтерн и идея мировой революции. — с. 336. См. также: К о н т Ф. Революция и дипломатия (документальная повесть о Христиане Раковском). — М., 1991, с. 46-62.
[51] Л е н и н В. И. Биохроника. М., 1982, Т. 12, с. 195,197.
[52] Цит. по: В а с и л ь е в а О. Ю., К н ы ш е в с к и й П. Н. Указ. соч., с. 167. См. также докладную Базилевича Троцкому и Ленину от 9 марта 1922 г. о «ящиках с имуществом бывшей царицы» в Оружейной палате на 459 млн. зол. руб. в книге: Л а т ы ш е в А. Г. Рассекреченный Ленин. — М., 1996, с. 142.
[53] См. Гаагская конференция. Полный стенографический отчет. Материалы и документы. — М. —Л., 1922, с. 277.
[54] См. К а р п о в а Р. Ф. Л. Б. Красин — советский дипломат. — М., 1962.
[55] Л е н и н В. И. Полн. собр. соч. — Т. 43, с. 187 — 188.
[56] Коминтерн и идея мировой революции, с. 339.
[57] Т а м ж е. — с. 321.
[58] Т а м ж е. — с. 353—365.
[59] Т а м ж е. — с. 346. См. также С и р о т к и н В. Г. Лицо и маски Карла Радека — Вехи отечественной истории. М., 1991.
[60] Коминтерн и идея мировой революции. — с. 347
[61] F i s h e r L. The Soviets in World Affairs'. — vol. 1. — London, 1930, г. 302; Krasin L: His Life and Work. — London, 1929. — P. 184—186;
[62] К а р р Э. История Советской России. — Т. 3. — М., 1989, с. 266.
[63] Л е н и н В. И. Полн. собр. соч. — Т. 52, с. 116; Ленинский сборник. — Вып. 20. — М., 1932, с. 126—159.
[64] F i s h e r L. Op. cit., p. 303.
[65] К р а с и н Л. Б. Вопросы внешней торговли. — М., 1970, с. 325—327.
[66] См. В. С и р о т к и н. Закон об иностранных концессиях или возврат к нэпу? (экспертное заключение, 15 мая 1992 г.) *(Текущий архив Экспертного совета).*
[67] См. Ленин В. И. Полн. собр. соч. — Т. 42, с. 62.
[68] См. Труды IV Всероссийского съезда Советов народного хозяйства. — М., 1921, с. 57; Документы внешней политики СССР. — Т. III. — М., 1959, с. 384—385.
[69] Л е н и н В. И . Полн. собр. соч. — Т. 42, с. 69—70.
[70] К о н т Ф. Указ соч., с. 192.
[71] Цит. по: Дипломатический ежегодник. 1989. — М., 1990, с. 367.
[72] Из перехваченной французской полицией переписки Раковского с Москвой («досье Раковского» в архиве МВД Франции) (см. К о н т Ф. Указ. соч., с. 191, 364).
[73] П а в л о в В. Упущен ли шанс? (финансовый ключ к рынку). — М., 1995, с. 295—296.
[74] Цит. по: Седых И. Швейцарский след нацистского золота — «Московские новости», 1997, 7—14 дек.
[75] Monde. 1997, 17 mars.
[76] Commission Independant d'Experts. Suisse — Seconde Guerre mondiale — Bern — mai 1998. — 193 pp. Текст доклада отпечатан также по-англ. и по-немец.
[77] См. S m i t h A. Hitler's Gold. The Story of the Nazi War Loot. — Oxford, New York, Munchen. 1989; Z a b l u d o f f S. Movements of Nazi Gold. — Washington, 1997; T r e p p G; Bankgeschöfte mit dem

СИБИРСКОЕ ПРАВИТЕЛЬСТВО
.-оОо-.

Копія.

"...." сентября 1923 г.

г.Токіо.

ПОЛНОМОЧІЕ.

Настоящее полномочіе выдано Члену Сибирскаго Правительства Валеріану Ивановичу МОРАВСКОМУ для заключенія договора от имени Сибирскаго Правительства с Японскимъ подданымъ Шюн Сузуки относительно взысканія иска о 2.400.000 іен /приблизительно/, находящихся в Іокогамскомъ отдѣленіи Русско-Азіатскаго Банка, внесенныхъ Правительствомъ Адмирала Колчака и требовавшихся бывшимъ финансовымъ агентомъ Россійскаго Правительства К.К.Миллеромъ.

На основаніи этого полномочія В.И.Моравскій имѣетъ право подписать договоръ, в которомъ может передать право иска г.Шюн Сузуки и за веденіе дѣла фиксировать цифру гонорара. Общая сумма, которая может быть оговорена в договорѣ в пользу г.Шюн Сузуки не должна быть больше ПЯТИ ПРОЦЕНТОВ / 5 % / фактически полученной Сибирскимъ Правительствомъ суммы и общій дух договора, должен соотвѣтствовать принятому Сибирскимъ Правительствомъ проэкту.

Всему, что по сему полномочію В.И.Моравскій законно учинитъ Сибирское Правительство вѣритъ спорить и прекословить не будетъ.

/ Подписали /

ПРЕДСѢДАТЕЛЬ СИБИРСКАГО ПРАВИТЕЛЬСТВА

А.Сазоновъ

ПЕЧАТЬ
СИБИРСКАГО
ПРАВИТЕЛЬСТВА.

ЧЛЕН СИБИРСКАГО ПРАВИТЕЛЬСТВА

И.Голѡвачевъ.

Вр.Исп.Д.Управляющаго Дѣлами
СИБИРСКАГО ПРАВИТЕЛЬСТВА

Г.Чертковъ.

Полномочия Сибирского Правительства в эмиграции В.И. Моравскому на заключение договора с японским адвокатом Шюн Сузуки (попытка отсудить золотовалютные резервы, находящиеся в 1923 г. на счетах финансового агента России в Японии К. К. Миллера)

大正四年於武月拾七日

交通銀行　花押

横濱正金銀行代表者
取締役　小田切萬壽之助

第二百號ノ一

露國政府大藏省證券七千萬圓發行引受ニ關スル契約

An Agreement made this fourth day of September 1916, Between the Russian Government (hereinafter referred to as the Government) represented by His Russian Majesty's Ambassador at Tokyo, of the one part, and The Yokohama Specie Bank, Limited (hereinafter referred to as the Bank) representing a Japanese Syndicate consisting of the Banks whose names are set forth in the Schedule hereunder written, of the other part, concerning the proposed issue by the Government of Treasury Bills to the amount of Yen 70,000,000. (Seventy Million Yen) with the object of utilizing the proceeds thereof in Japan, whereby it is agreed as follow:—

1. The Government will deliver to the Bank on or before the 15th of November 1916 Treasury Bills to Bearer dated the 25th of September 1916 in denominations of Yen 10,000., Yen 5,000., and Yen 1,000. to the total face value of Yen 70,000,000. (Seventy million Yen) such Bills to be repayable at par on the 25th of September 1917 at the Office of the Yokohama Specie Bank, Limited, Tokyo.

2. The Bank undertakes to issue to the public and to underwrite the above-mentioned Bills at the price of 94 per centum on the face value thereof.

3. The Government will pay to the Bank 1½% (one and a half per centum) on the face amount of the Bills as commission and the Bank is to deduct that commission from the proceeds of the Bills and to defray out of the said commission all expenses including the cost of printing the Bills and the Stamp Duty thereon.

4. The Bank will account to the Government on the 28th of September 1916 for the net proceeds say Yen 64,750,000. (Sixty four million seven hundred & fifty thousand Yen) which sum will be kept on deposit at ten days' notice, Interest @ 2% p. a. (two per centum per annum), with the Bank in the name of " Tresor " for account of the Government and at the disposal of the Special Chancery for credit operations of the Ministry of Finance (Chancellerie particuliere de Credit du Ministere des Finances) in Petrograd.

5. The Government will hand the funds for the repayment of the above Bills to the Bank in Tokyo in cash one day before they mature.

6. The Government will pay to the Bank at the time when the funds for the repayment are paid to the

Русско-японское финансовое соглашение от 4 сентября 1916 г. о предоставлении России кредита в 70 млн. иен под "золотые векселя" Минфина Российской империи (фотокопия)

Bank Yen 17,500 (Seventeen thousand and five hundred Yen) as commission @ ¼0/00 (one quarter of one per mille) on the face value of the Bills.

7. The Government will not place in the Japanese Market any credit instrument of similar form to the proposed issue during the three months after the 4th of September 1916, except through this Syndicate.

In Witness Whereof this Agreement has been drawn up in triplicate and the parties hereto have to each of them set their hands and the official and corporate seals respectively the day and year first above written, of which two copies are retained by the Government and one copy by the Bank.

       (Signed.) Russian Ambassador.
       (Signed.) The Yokohama Specie Bank, Limited. President.

  The Schedule above referred to.

The Dai-Ichi Ginko, Limited, Tokyo.

The Mitsui Bank, Limited, Tokyo.

The Mitsubishi Goshi-Kwaisha Banking Department, Tokyo.

The Jugo Ginko, Limited, Tokyo.

The One Hundredth Bank, Limited, Tokyo.

The Industrial Bank of Japan, Limited, Tokyo.

The Yasuda Ginko, Limited, Toky.

The Dai San Ginko, Limited, Tokyo.

The Bank of Chosen, Seoul.

The Bank of Taiwan, Limited, Taipeh.

The Yokohama Specie Bank, Limited, Yokohama.

The Sumitomo Bank, Limited, Osaka.

The Konoike Bank Gomei Kwaisha, Osaka.

The Naniwa Ginko, Limited, Osaka.

The Sanjushi Ginko, Limited, Osaka.

Yamaguchi Ginko, Osaka.

The Omi Ginko, Limited, Osaka.

The Kajima Ginko Goshi Kwaisha, Osaka.

第十一百號 ノ 十一

露國政府大藏證券引受銀行間契約

第二百十五號、11

露西亞國立銀行トノ融通契約(第11回)

This Agreement made this Seventh day of October one thousand nine hundred and nineteen by and be and between The Russian State Bank of Vladivostok (hereinafter called The Russian Bank) of the first part and The Yokohama Specie Bank, Ltd., of Tokio and The Bank of Chosen of Tokio (both Banks associated with joint and several liability in respect of the particular transactions hereinafter contemplated) of the second part (hereafter collectively called The Japanese Banks). Whereas the Russian Bank has requested The Japanese Banks to grant to it a credit for the amount and on the terms, conditions and security hereinafter specified; and whereas the said Japanese Banks are willing, and have signified their willingness, to grant such a credit; Now This Agreement witnesseth as follows:

ARTICLE 1.

The Japanese Banks shall and will grant a credit to The Russian Bank in the form of accepting Bills of Exchange drawn upon them by the said Russian Bank for a total aggregate amount of Yen Twenty million (¥ 20,000,000) Japanese Currency of present weight and fineness, and this amount shall be drawn half upon The Yokohama Specie Bank, Ltd., of Tokio and half upon The Bank of Chosen of Tokio in Bills of Yen One hundred thousand (¥ 100,000) each.

ARTICLE 2.

Original Bills drawn by The Russian Bank under and by virtue of this Agreement shall all be drawn at three months after sight, and shall be handed over to the Vladivostok Branches of The Japanese Banks, (The Matsuda Bank, Vladivostok, being considered the Vladivostok Branch of The Bank of Chosen for the purposes of this Agreement) which will at once forward them to Japan to their respective office concerned, by which the Bills will thereupon be accepted and made payable in Tokio.

ARTICLE 3.

The Original Bills shall be renewed, but not more than five times, by means of the acceptance by The Japanese Banks of substitute Bills for like amounts on the due dates of the former Bills, such substitute Bills to be drawn in the same manner and form as the maturing Bills. The retired Bills shall be conspicuously marked as discharged, and shall be restored to the Russian Bank.

ARTICLE 4.

To facilitate the business covered by this Agreement, The Japanese Banks each agree to open an account in their books, free of charge, for The Russian Bank, interest to be allowed on daily credit balance at the rate of

11 ＊＊

Титульный и последний листы финансового соглашения от 7 октября 1919 г. между Владивостокским отделением Госбанка России и "Иокогама спеши банк" – "Чосен банк" об отправке в Японию залогового "колчаковского золота" в слитках и золотых монетах на 20 млн. иен (фотокопия)

Should The Russian Bank desire an extension of this Agreement to cover a further Yen Thirty million (¥ 30,000,000), The Japanese Banks are prepared to grant such fresh credit to The Russian Bank on the same terms and conditions as herein set forth, with the exception of the "Special Credit" mentioned in Art. 4. provided that The Russian Bank gives due notice to The Japanese Banks within six months from the date hereof.

In Witness Whereof the parties hereto have set their hands to three exemplifications hereof (each of which shall be deemed to be an original and of equal force and effect) the day and year first above written.

For The Russian State Bank, Vladivostok,

    by Its Representative in Tokio. SHEKINE.

For The Yokohama Specie Bank, Limited.   N. KAJIWARA.

For The Bank of Chosen.   J. KATAYAMA.

第二百十六號

大正八年十二月四日株主臨時總會決議
（株金拂込結了報告）

大正八年五月十四日當銀行臨時株主總會ノ決議ニ基キ增加シタル資本金五千二百五萬
圓ニ對スル新株式五十二萬株ハ、內四十八萬株ハ同總會決議新三項ニ據リ、大正八年六月三十一日現在
ニ於テ當銀行株主名簿ニ記載セラレタル株主ニ對シ割當ツルコト、又其ノ內四十六萬六千六百六十
六株ニ對シテハ、各引受人ヨリ拂込アリタルコト、又他ノ四萬九千九百四十四株ニ付新株主ノ募集ヲ為シタル
ル所同總會決議新三項ニ據リ取締役ノ指名シタル者ニ對シテ之ヲ募集シタル結果、大正八年九月一日ヨリ同月十七日迄ニ各申込アリタル為シテ株主ニ於テ
一圓株金ニ十二百五萬圓拡ニ基キ、募集シタル五十六株ニ對ス國圓過金五十六百圓ニ
分合計金二千二百五萬五千六百圓ハ同總會決議新三項ニ據リ大正八年九月三日ニ第四十一日
十五日ニ金額其拂込ヲ終リタリ。

右殘部續キ國萬株ハ同總會決議新四項ニ據リ取締役ニ於テ大正八年八月九日ニ至リ同月十六
日迄ニ應募致シ上其拂込金ハ其ノ募集ニ對シ引受申込中ニ者タリ、同月十七日ニ之ヲ大正八次長ニ選
擇ノ決議ニ基キ金額其引受申込ヲ承諾スルト共ニ、一圓拂込金拾壹圓十二五圓
百五萬圓總額拂込金五百六十六萬六千八百九十四合計金五百六十六萬六千八百九十四圓ハ當總會
決議新六項ニ據リ大正八年九月二十日ニ即日迄ニ株主ニ於テ之ヲ拂込セシメタル上同四百四十
五株ニ其引受株主ヲ定メタル結果、同月ヨリ同總會決議新四項ニ據リ取締役ニ
於テ之ヲ募集シテ同年十一月十五日迄ニ引受及拡込共其完結シ、且ツ大正八年十二月四日付

Валериан Иванович Моравский. 31 августа 1928 г., Токио

Леонид Красин – наркомвнешторг СССР и одновременно полпред СССР в Англии (1923 – 1924 гг.) и во Франции (1924 – 1925 гг.). 1920 г., Лондон

Коммунизм умрет! РУССКІЕ ЛЮДИ! **Россія неумрет!.**

Мѣсяцъ тому назадъ, послѣ длительной подготовки, изъ СССР, подъ видомъ „высылки", командированъ съ цѣлями планитарной провокаціи Троцкій

Мы получили недѣлю тому назадъ изъ Москвы братское предупрежденіе — Троцкій, старый коммунистъ, работаетъ все время въ единой коммунистической партіи, составленной изъ самыхъ отбросовъ международнаго жулья у которого есть одинъ законъ, одна заповѣдь: п р о в о к а ц і я.

Мы утверждаемъ, что сидя въ Вѣрномъ, Троцкій руководилъ подготовкой краснаго похода въ Индію и ему удавалось почти захватить Авганистанъ работалъ съ краснымъ Эмиромъ Аманулло**й**. Всѣ же брехни объ оппозиціи — это с р е д с т в о п р о в ѣ р к и с в о и х ъ же коммунистовъ, - кто изъ нихъ свое мнѣніе смѣетъ имѣть. Съ другой стороны, ввиду неизбѣжности краха коммунистической власти, вотъ уже шесть лѣтъ, какъ на смѣну теперешнимъ красным тиранамъ, готовятъ другихъ, разыгривая комедію „ссылокъ" и «преслѣдованій», дабы вызвать къ нимъ сочувствіе враговъ коммунистовъ, обмануть еще и въ томъ, что «новые» будущіе московскіе комиссары — „троцкисты" дескать, не отвѣтственны за все, что сдѣлано съ Россіей.

Теперь же, нарядy съ указаннымъ планомъ, Троцкій долженъ связать активность эмиграціи, спутать ея планы, обмануть и спровоцировавъ ее и поcтравцевъ, а если удастся, то поднять соціальную революцію въ Европѣ.

Эти же задачи выполняются и на Дальнемъ Востокѣ, гдѣ отъ ТРОЦКОГО РАБОТАЕТЪ ГРУППА ПРОВОКАТОРОВЪ, ВЪ КОТОРУЮ ВХОДЯТЪ М О Р А В С К І Й.

Самъ, этотъ мелкій жуликъ не представляетъ ничего особеннаго, но за его спиной стоятъ большія акулы международнаго масонства.

Что же касается **МОРАВСКОГО**. то

Э Т О тотъ Моравскій, который въ 1918 г. появился въ Сибири и примазался къ бѣлому возстанію, а затѣмъ когда его, какъ паршиваго эсеровшку выкинули изъ Омска.

О Н Ъ во Владивостокѣ подбиваетъ Гайду „поднять возстаніе противъ адмирала Колчака. Во время этого бунта погибло болѣе 200 офицеровъ, которыхъ подвелъ Моравскій, Краковецкій и др. изъ группы провокаторовъ-эсеровъ, съ 1918 г. перешедшихъ на службу къ коммунистамъ и до сего времени имъ вѣрно служащая.

Друга Моравскаго—К Р А К О В Е Ц К А Г О, Коминтернъ заставили играть въ открытую и онъ съ 1921 г. состоитъ на оффиціальной службѣ по Наркомнидѣлу.

МОР_ВСКІЙ,—Коминтерномъ оставленъ для работы въ эмиграціи, пролѣзать въ бѣлыя организаціи, разваливать ихъ и всячески мѣшать скимъ людямъ за-границей, протянуть братскую руку помощи подневѣ**н**ымъ русскимъ людямъ въ СССР. Но не удался подлому провокаторъ подлые замыслы; въ 1928 г. онъ былъ окончательно разоблаченъ и шелъ изъ бѣлой Сибирской организаціи которую онъ пытался скомпрометировать дѣлая фальшивыя марки, за что Шанхайскимъ судомъ Французской концессіи былъ осужденъ на 3 мѣсяца тюрьмы и выселенъ изъ предѣловъ ея навсегда. Но онъ

УБІЙЦА— многихъ сотенъ русскихъ офицеровъ, своей провокаціонной работой уже много мѣшавшій бѣлому дѣлу, до сего времени продолжаетъ легковѣрія их русскихъ людей и сейчасъ, какъ истый провокаторъ и

ФАЛЬШИВОМОНЕТЧИКЪ-подводитъ попавшихся ему на удочку русскихъ офицеровъ подъ уголовную отвѣтственность.

Знайте русскіе люди что этому прохвосту, сейчасъ, поставлена ударная задача вмѣстѣ съ БУРЦЕВЫМЪ, КОВГАНОМЪ, ПАРСТОУЛОВЫМЪ МЕТЕЛИЦЕЙ, ГЕНШТАБА ПОЛКОВНИКОМЪ Г ШИНЫМЪ И РАФ_ЛОВЫМЪ, и пр. работающими отъ Т р о ц к а г о въ эмиграціи, - принять всѣ мѣры къ провокаціи бѣлыхъ начинаній, чтобы не дать возможности сооорганизоваться и врагамъ коммунизма.

РУССКІЕ ЛЮДИ на ДАЛЬНЕМЪ ВОСТОКѢ

Будьте на стражѣ!

Смотрите, чтобы эти троцкисты не запутали бы хитрыя сѣти.   правды.   20

"Анти-Моравский". Листовка Русской фашистской партии в Харбине. Начало 30-х годов

Профессор В. Г. Сироткин с акцией "частного" займа, не гарантированного Госбанком России (такие акции оплате по "царским долгам" не подлежат)

[78] Feind. — Zurich, 1993; Ziegler J. Die Schweiz, das Gold und die Toten. — München, 1997; Bower T. L'Or nazi. Les banques suisses et les Juifs. — Paris, 1997.

[78] См, в частности, Bougeois D. «Barbarossa» und die Schweiz // Zwei Wege nach Moskau. — München, Zurich, 1991, s. 620—639.

[79] Ланской В. Первый проблеск «нацистского золота». Почему молчит Россия? — «Российская газета», 1997, 18 июля; Григорьев Евг. Проблема нацистского золота обретает международный характер — «Независимая газета», 1997, 30 июля; Абаринов В. Сокровища рейха: вопрос без окончательного решения. — «Известия», 1998, 2 дек.; Орлов А. Золотая тень «третьего рейха» — «Итоги», 1998, № 28.

[80] Заявление международного совещания руководителей ассоциации, входящих в «Международный союз жертв двух тоталитарных режимов», 14 ноября 1997 г.; Заявление Международного союза бывших малолетних узников фашизма (объединяет свыше 550 тыс. граждан из 9 стран СНГ и Балтии) по поводу «нацистского золота» и предстоящей конференции в Лондоне, 22 октября 1997. — *Текущий архив Экспертного совета.*

[81] Цит. по: Соколовская Янина. Украина претендует на часть «нацистского золота» — «Известия», 1998, 29 янв.

[82] См. Илюхина Р. М. Лига Наций, 1919—1934. — М., 1982, с. 79, 237; Ходнев А. С. Международная организация в ожидании приговора? Лига Наций в мировой политике, 1919—1946. — Ярославль, 1995. с. 128—130.

[83] Тавобова Л. Скандал вокруг золота Трои. — «Московский комсомолец», 1996, 25 окт.

[84] Поспелова Н. Святыни, золото и конъюнктура (беседа с министром культуры РФ Евгением Сидоровым) — «Век», 1995, № 33, с. 11.

[85] Швыдкой М. Депутаты решают судьбу золота Шлимана — «Независимая газета», 1995, 16 мая.

[86] Милюков П. Н. Вооруженный мир и ограничение вооружений. — Спб, 1911. См. также: Богуславский М. М. Международная охрана культурных ценностей. — М., 1979; Хайцман В. М. Идеи и общество мира в России конца XIX — начала XX в. — Дипломатический ежегодник. М., 1995; Долгий путь российского пацифизма. — М., 1997.

[87] См., в частности: Конвенции и декларации, подписанные на Конференции мира в Гааге 17—19 июля 1899 г. — Спб., 1901; Конвенции и рекомендации ЮНЕСКО по вопросам охраны культурного наследия. — М., 1990; Международное право и охрана культурного наследия. — Афины, 1997 (на рус. и англ. яз.).

[88] Абаринов В. Сокровища рейха: вопрос без окончательного решения. — «Известия», 1998, 2 дек.

Глава VII

В КОРИДОРАХ ВЛАСТИ

Хождение по коридорам российской власти (Дума, Администрация Президента, Правительство, Совет Безопасности) заняло у меня и некоторых других членов нашего общественного Экспертного совета (в первую очередь — у Марка Масарского, ныне председателя Совета предпринимателей при мэре и правительстве Москвы*) более девяти лет.

Но начали мы со СМИ, с того, что на языке современных имиджмейкеров и «пиаристов» называется информационной поддержкой проекта ВОЗВРАЩЕНИЕ.

Мощным информационным толчком к привлечению внимания к российским богатствам за рубежом стал Первый конгресс соотечественников в Москве (я как эксперт Комитета по международным делам бывшего ВС РСФСР входил в его оргкомитет), по случайному стечению обстоятельств совпавший с путчем ГКЧП и «бархатной августовской революцией» 1991 г.

Впервые в Россию приехали не единицы, а сотни детей и внуков «белых» эмигрантов первой волны. Многие из них приняли участие в ночных бдениях у «Белого дома» (Сергей Петров, Никита Моравский), не побоялись выступить по полузапрещенному «Эху Москвы» (Олег Родзянко). «Бархатная революция» 19—21 августа 1991 г. содействовала патриотическому сплочению бывших «белых» и вчерашних «красных». Самым важным результатом Первого конгресса сооте-

---
* Как бы в благодарность за бескорыстную патриотическую помощь нашему Экспертному совету этого «ходока» по коридорам высшей власти России я написал о нем книгу. См. **Сироткин Владлен**. Марк Масарский. Путь наверх российского бизнесмена. — М., 1994.

чественников стали личные контакты, переписка, поездки по местам «русского рассеяния» и, как результат, работа в личных архивах и «белоэмигрантских» фондах крупнейших архивов мира (именно осенью 1991 г. в США при содействии С. П. Петрова я впервые поработал в фондах В. И. Моравского, Д. И. Абрикосова и других в архиве Гуверовского института войны, революции и мира в Калифорнии).

Правда, первоначальные надежды российских демократов, что «русское зарубежье» поможет притоку иностранных инвестиций (подобно притоку от хуцяо — от зарубежных китайцев в КНР) не оправдались. Подавляющее большинство потомков эмигрантов первой волны крупными бизнесменами (кроме, возможно, армян) не стало — в большинстве это была «служилая интеллигенция»: профессора университетов, ученые, госслужащие, владельцы мелких «русских ресторанов» и т. д.

Зато косвенно, через информацию о тоннах русского «залогового золота» в зарубежных банках и тысячах объектов недвижимости, наши соотечественники подсказали путь возможных инвестиций — создание совместных финансовых компаний на проценты за 80 лет от этого «русского золота» или от совместной эксплуатации недвижимости.

ПРОБЛЕМА ЗАРУБЕЖНОГО ЗОЛОТА И НЕДВИЖИМОСТИ В СМИ (ПРЯМОЕ И КРИВОЕ ОТРАЖЕНИЕ) 1991—1999 гг.

Как я уже писал выше, первым прорывом в дотоле почти неизвестной проблеме российских богатств за рубежом стала получасовая телевизионная передача в ноябре 1991 г. «Примирение: послесловие к конгрессу соотечественников» на ВГТРК с моим участием. Именно в этой передаче участник конгресса Сергей Петров вкратце рассказал историю о том, как его отец передал 22 ноября 1922 г. 22 ящика с золотом «на хранение» японцам под расписку о возврате «по первому требованию».

В 1991—1992 гг. последовала серия моих публикаций в журналах «Деловые люди», «Столица», газетах «Неделя», «Известия» и других *, из которых заметный отклик читателей вызвала большая статья «Вернется ли на Родину российское золото?», оперативно напечатанная редакцией журнала «Знамя» в августе 1992 г. с послесловием Марка Масарского.

Не скрою — эти первые мои публикации носили известный оттенок сенсационности: еще бы — «люди гибнут за металл», и это в первую очередь вызвало интерес к моим статьям у зарубежных корреспондентов в Москве. Помнится, корреспондент тиражной английской газеты «Дейли Экспресс» Уилл Стюарт уж очень допытывался у меня в 1992 г. — где этот подаренный британским королем Эдуардом VII в 1908 г. Николаю II английский остров и не хочет ли Москва организовать на нем свою базу подводных лодок?

«Обмен островами» в 1908—1909 гг. между русским царем и английским королем носил чисто символический характер. По британским традициям, если король дарует титул «лорда», он обязан дать его носителю недвижимость, пусть символическую. Символику в Англии нашли в виде торчащей из морской воды скалы в 1,5—2 м высотой. Примерно таким же подарком «отблагодарил» и Николай II — королю Эдуарду VII был подарен в 1909 г. скалистый островок у побережья Эстляндии (Эстонии). Никакого практического значения ни та, ни другая «недвижимость», кроме исторического курьеза, не имела, но английский репортер три месяца обзванивал все «инстанции» в Москве (МИД, МВЭС, Минфин, архивы), ища документы этого «великосветского обмена» и мучая меня расспросами.

Семь лет спустя курьез, хотя и другого свойства, повторился с другой английской газетой — «Санди Таймс». За эти годы вокруг нашего Экспертного совета сложился целый «штат» московских журналистов, регулярно освещавших в своих печатных органах проблему зарубежного российского имущества. Это Юрий Калашнов из «Коммерсанта» и «Коммерсантъ-Daily», Сергей Шараев из «Трибуны» (кстати, тогда еще «Ра-

* Основной их перечень см. *Приложения* (краткая библиография).

бочая трибуна» — одна из первых начала освещать эту проблему в отечественных СМИ), Эльмар Гусейнов из «Известий» и другие. Среди них оказалась и Юлия Малахова из «Российской газеты». Журналистка еще в сентября 1998 г. взяла у меня материал и интервью, оформила это в статью на целую полосу — «Царское золото вместо советских долгов» (подпись — «записала Юлия Малахова») и опубликовала в своей газете 26 февраля 1999 г. Суть статьи: Россия может покрыть часть своих текущих внешних долгов из зарубежного «царского золота», в том числе, и находящегося в Великобритании.

В Москве эту большую, на целую полосу пятничной «толстушки» — «Российской газеты» никто не заметил: ни в обзорах прессы Елены Выходцевой по РТР, ни на «Эхе Москвы» она не была даже упомянута.

Зато заметили статью в московском корпункте лондонской «Санди Таймс». Мне позвонили из корпункта от имени аккредитованного корреспондента газеты Марка Франкетти и попросили дополнить статью свежими фактами, в частности, о прохождении вопроса в российских коридорах власти. Я сообщил, что готовлюсь к докладу на Совете Безопасности РФ во второй половине марта 1999 г., где намерен обосновать ключевой тезис моей статьи — «царское золото» в зачет текущих внешних долгов России. На том и расстались.

14 марта в «Санди Таймс» появляется большая статья М. Франкетти «Россия заявляет свои права на царское золото, отправленное в Лондон», фактически являющаяся переложением моей с Ю. Малаховой статьи в «Российской газете» от 26 февраля с некоторыми дополнениями.

На этот раз английский вариант нашей статьи был замечен бюро «Интерфакс» и РИА «Новости» в Лондоне.

«Интерфакс» в тот же день под заголовком «Российский историк предлагает правительству РФ начать переговоры с западными странами по возврату вывезенного золота» дало изложение статьи «Санди Таймс», а РИА «Новости» пером своего собкора в Лондоне Владимира Симонова — комментарий к статье.

Важнейшим в обоих материалах было то, что в Лондоне не отрицали получения во время Первой мировой войны и после нее значительного количества золота из России (до 45 т.) и оценивали его стоимость вместе с процентами за 80 лет в 50 млрд. долл., но, со ссылкой на представителя Английского банка Джулиан Хилли, заявляли: «...Это проблема не Банка Англии, а правительства, поскольку первоначальное соглашение (в сентябре 1914 г. — *Авт.*) было заключено между российским и британским кабинетами министров»[1].

Таким образом, в отличие от американцев, французов и японцев, англичане, наконец, признали факт нахождения «царского золота» на британских островах и косвенно подтвердили, что это золото только в Англии «тянет» на 50 млрд. долл. (напомним, что наш экспертный совет вот уже ряд лет дает цифру в 100 млрд. долл., но всего русского золота за рубежом, что, кстати, вызывало всегда скептические отзывы экспертов Минфина и ЦБ — преувеличивают-де, ребята...).

Дальнейшие события в отечественных СМИ можно озаглавить так же, как сделала «Российская газета»: «пророка в своем Отечестве, похоже, как не было, так и нет...» (18 марта 1999 г.)

Когда какие-то сенсационные факты (золота на 50 млрд. долл. за границей!) публикует отечественный автор в отечественной газете — это не сенсация. Подумаешь, собака укусила человека. А вот когда то же самое в иностранной — это уже человек укусил собаку!

И тут же сначала «Трибуна» (Сергей Шараев), а затем и «Известия» (В. Михеев, В. Скосырев) излагают мою статью из «Российской газеты», но перепечатанную в «Санди Таймс» как сенсацию — человек укусил собаку. Правда, С. Шараев свою публикацию сделал в виде интервью со мной по телефону, при этом отметив в «шапке»: «вчера шумиху в финансовых и правительственных кругах Великобритании вызвало выступление профессора Сироткина, председателя Экспертного совета по русскому золоту и недвижимости, на страницах «Санди Таймс».

«Известия» же, также ссылаясь на мой материал в той же английской газете, дополнительно навели справки у одного из ведущих экспертов России по золоту. Тот подтвердил, что, действительно, из 48 тыс. т. золота, добытого в XX в. во всем мире, 4—5 тыс. т. на самом деле составляли золотой резерв Российской империи на 1914 г., и из этих четырех — пяти тысяч тонн Россия вполне могла отправить в Англию на закупки оружия в Первую мировую войну 45 т. Тот же эксперт подтвердил: это «царское золото» и в самом деле может сегодня стоить 50 млрд. долл.[2]

Но больше всего меня потрясла редакция «Российской газеты». 16 марта по поручению одного из заместителей главного редактора газеты мне позвонил ее спецкор Владимир Кучеренко и попросил... прокомментировать статью Марка Франкетти в «Санди Таймс». Я ядовито ответил, что с удовольствием это сделаю при условии, что уважаемые замглавного и спецкор ознакомятся с подшивкой собственной газеты и прочитают наш с Юлией Малаховой, штатной сотрудницей газеты, материал в номере от 26 февраля. Тем более, что на него ссылается и «Санди Таймс».

Мое сообщение повергло В. Кучеренко в изумление, и я понял — наши «демократы от СМИ» собственных газет, даже если они начальники, не читают, а вот за «сенсациями» из-за рубежа следят по ИТАР—ТАСС, Интерфаксу и РИА «Новости» внимательно.

Словом, как во времена А. И. Герцена и его журнала «Колокол» в Лондоне: хочешь прославиться в Отечестве — пиши за границу, там прозвонят, здесь услышат.

Но надо отдать должное журналистам из «Российской газеты» — они выкрутились из щекотливой ситуации все же более элегантно, чем В. И. Ленин в 20-х гг. с американским лжемиллионером Вандерлипом: 18 марта В. Кучеренко опубликовал с моим портретом в рубрике «По следам наших публикаций» (?!) колонку с таким заголовком — «Как Владлен Сироткин Лондон взволновал» (помните, у М. Е. Салтыкова-Щедрина, «как мужик двух генералов прокормил» — *Авт.*) и подзаголовком «Английская "Санди Таймс" сделала сенсацию, прочитав "Российскую газету"».

Именно в этой колонке и содержался пассаж о пророках в своем Отечестве[3].

Справедливости ради следует сказать, что иногда

и в отечественных СМИ замечали мои публикации. Именно так случилось с материалом «А «ленинское» золото все-таки во Франции!» в «Литературке» в соавторстве со Светланой Поповой, архивистом Центра хранения историко-документальных коллекций (быв. «Особый архив» — трофейные документы) [4]. Сразу после этой публикации у меня состоялся очередной тур выступлений по радио и телевидению, а во Франции, как я уже писал выше, это вызвало ответные публикации.

И все же обстоятельная статья Марка Франкетти в «Санди Таймс» по своему подходу к проблеме — скорее исключение, чем правило. «Правилом» чаще всего были попытки увязать объективную финансово-экономическую проблему зарубежного имущества с некими скрытыми военно-политическими интересами России за границей. Это характерно, в частности, для публикаций итальянской «Джорнале» (собор Св. Николая Угодника в гор. Бари на юге Италии, с 1912 г. — одно из «святых мест» русских паломников, в 1939 г. подаренное полпредом СССР в Риме властям Муссолини, в 1945 г. юридически возвращенное СССР как фашистская собственность) или японской «Токио симбун» («колчаковское» и «семеновское» золото в Японии).

Общее отношение Запада и Востока к появлению в российской прессе проблемы золота и недвижимости откровенней всего отразила, пожалуй, французская журналистка в Москве Вирджиния Куллудон. «Многие сегодня в России, сгорая от нетерпения, — писала она 7 января 1995 г. в журнале «Пуэн», — оттачивают националистические аргументы. Ибо перелом уже близится, и вполне возможно, что под давлением нового экстремистского электората Москва решит дать ход делу о забытых ящиках с золотом с целью отсрочить решение некоторых болезненных проблем. Так, например, в прессе высказывается мнение о том, что нельзя «отдавать» Курильские острова Японии, не поднимая вопрос о золоте Колчака» [5]. Подобная попытка «притянуть за волосы» к чисто финансовой проблеме «политику» — наиболее типичный пример реакции зарубежной прессы.

Между тем члены нашего Экспертного совета

с 1991 г. постоянно подчеркивали и в своих публикациях, и на пресс-конференциях, что они не хотят и не будут превращать объективно существующую проблему межгосударственных долгов в предмет политических спекуляций отдельных органов печати или политических партий.

Вспоминаю, как еще в 1992 г. известный «державник» бывший генерал КГБ СССР А. Стерлигов пытался уговорить нас вооружить его аргументацией по «зарубежному золоту» для программы его партии, но мы категорически отказались. Члены нашего совета не стали «вооружать» противоборствующие партии ни на парламентских выборах 1993 и 1995 гг., ни на президентских 1996 г., хотя предложения (и с точки зрения финансовой — весьма заманчивые) и делались. В 1999 г., в преддверии «думских» и даже президентских выборов 2000 г. предложения поддержать нашей «национальной идеей» то или иное движение или партию, стали повторяться. Вокруг нашего Экспертного совета снова появились «ходоки» — от ЛДПР, лужковского «Отечества» и даже «Яблока». Но ответ наш был по прежнему категорическим — в политику не играем. Вам наша фактура нужна лишь до 1999—2000 гг. — выберут, и вы вновь о национально-государственных интересах России забудете до новых выборов. А нам работать и работать еще не один год.

«Сухой остаток» многочисленных публикаций в отечественных и зарубежных СМИ за 1991—1999 гг. с точки зрения новых фактов достаточно скромен по сравнению с публикациями членов нашего экспертного совета (В. Г. Сироткин, М. В. Масарский, И. А. Латышев, Ю. М. Голанд, С. П. Петрофф, Н. В. Моравский).

Но все же несколько публикаций — во французском журнале «Экспресс» в 1998 г. о переплавке «ленинского» золота во Франции и продаже этих «новых» слитков в Нью-Йорке, статьи Виктора Черепахина, редактора международного отдела газеты «Moscow Life», о «пражском следе царского золота» и царском золоте как основе капитала многих банков Запада после Октябрьской революции в «Независимой газете» в 1997—1998 гг., сенсационную публикацию политолога Евгения Кирсанова в той же газете 5 августа 1998 г. о том, как Япония по-пиратски захватила в марте 1917 г. последний «транш» царского залогового золота (включая и 5,5 т личного золота семьи Николая II Романова) и не менее сенсационное интервью «пороховых дел мастера» доктора химических наук Л. В. Забелина газете «Труд» 29 сентября 1998 г. о том, как в 1916 г. Россия «вбухала» в концерн Дюпона 2,5 млрд. долл. на строительство завода бездымного пороха в США (который так и не успели построить до 7 ноября 1917 г.), да еще бесплатно отдала «формулу Менделеева» как ноу-хау по производству такого пороха, что гигантски обогатило «Дюпон Кэмикал» (полное название публикации см. ниже, *Приложения. Краткая библиография*) — внесли существенные уточнения.

В плане концептуальном все публикации 1991—1999 гг. делятся на три части:

Первая. Это публикации членов Экспертного совета и вышеперечисленных авторов у нас и за рубежом, где исследуется на основе фактов история проблемы и предлагаются варианты ее *практического решения;*

Вторая, или «сенсационная», типа поисков островка у Британских островов, подаренного английским королем Николаю II в момент дарования ему титула лорда, или «апельсинового гешефта» в 1964 г. хрущевских чиновников в Израиле, обменявших русскую церковную недвижимость в «Святой Земле» на два теплохода апельсинов;

Третья, или «заказная», когда противники возвращения российского золота и недвижимости под юрисдикцию России из числа «олигархов» через подконтрольные им СМИ выдвигают надуманные аргументы, а членов нашего совета обзывают «фантазерами» (бывшие министры экономики Александр Шохин и Андрей Нечаев на передаче «Пресс-клуб» по ТВ-Центр 28 февраля 1999 г., посвященной проблеме зарубежного российского золота).

Приемы контраргументации довольно примитивны и рассчитаны на обывателя, слабо знакомого с отечественной историей.

Вот некоторые из них:
— подсчет золота идет по его физическому весу, без учета набежавших за 80 лет процентов. Но даже эксперты Английского банка, откликаясь на публикацию в «Санди Таймс», признали:

в момент доставки «царское золото» стоило по весу 4 млрд. долл. в ценах за унцию в 1914 г., но в 1999 г. то же золото с учетом процентов за 80 лет уже «тянуло» на 50 млрд. долл.;
— за большевистскую национализацию в 1918 г. Россия якобы должна Западу в сто раз больше (40 трлн. долл.), чем у нее находится золота и недвижимости за границей (400 млрд. долл.)

Цифра этого долга взята «с потолка», ибо 1) с Германией все взаимопретензии об имуществе были урегулированы соглашениями 1918, 1922 и 1926 гг., и сегодня ФРГ имущественных претензий к России не имеет (тогда как у России имеются претензии по советскому имуществу в бывшей ГДР и военному — по ЗГВ); 2) с Францией претензии крупных держателей «царских займов» (банков «Креди Лионэ», «Сосьете Женераль», «Париба», компании Национальное общество железных дорог Франции и др.) были урегулированы еще в 1922—1927 гг. и компенсация им была выплачена. Кстати, в декретах 1918 г. о национализации почему-то не был упомянут список иновладельцев США, и их собственность не была национализирована.

При обсуждении проблем реституции ангажированные журналисты, особенно, из германских СМИ, почему-то упорно ссылаются на Гаагскую конференцию 1907 г. «О законах и обычаях ведения войны». Как уже отмечалось выше, никакого международного акта о реституции до сих пор не принято. Из 13 одобренных в Гааге в 1907 г. конвенций лишь одна — «Об ограничении случаев обращения к силе для взыскания по договорным долговым обязательствам» — имеет некий намек на желательность мирных реституций, но и этой конвенции явно недостаточно, чтобы юридически обосновать, например, возвращение «золота Трои» в Германию, Грецию или Турцию.

ИЗ ПРАВИТЕЛЬСТВА В СОВЕТ БЕЗОПАСНОСТИ
1995—1999 гг.

Собственно, вопрос о желательности включения в финансово-экономический оборот для возрождения новой, демократической России ее огромных богатств за рубежом, впервые возникнув на первом конгрессе соотечественников в августе 1991 г. в Москве, все последующие восемь лет время от времени всплывал в российских коридорах власти.

При этом в нашем Экспертном совете возникло нечто вроде разделения труда: по начальникам ходил Марк Масарский, а я писал всевозможные обращения и справки (их большая коллекция, адресованная Силаеву, Гайдару, Шумейко, Черномырдину, Немцову, и, наконец, Ельцину, и сегодня хранится в *Текущем архиве экспертного совета*).

Общее отношение власть предержащих можно охарактеризовать старой поговоркой брежневских времен: *все идут навстречу, но пройти нельзя.*

Никто открыто не возражал против важных и нужных проблем (президент Б. Н. Ельцин трижды накладывал на наших бумагах положительную резолюцию, причем последний раз — накануне второго тура президентских выборов 1996 г. в присутствии М. В. Масарского, входившего в его избирательных штаб), но каждый раз бумаги тонули в бюрократическом аппарате правительства и администрации президента.

Изо всех высших должностных лиц на наши бумаги тогда откликнулся только Е. М. Примаков, в тот период директор Службы внешней разведки. В ответ на наше письмо и приложенную к нему справку [6], Примаков весной 1994 г. принял меня лично. Состоялся обстоятельный часовой разговор о деятельности нашего общественного совета и путях подключения к этому благородному делу государственных органов, в частности, путем создания специальной Межведомственной комиссии по защите имущественных интересов России за рубежом (в тот период ее создание мыслилось при Президенте, и Марк Масарский несколько раз обсуждал этот вопрос с тогдашним главой администрации президента С. А. Филатовым).

Однако и в деле создания такой комиссии еще четыре года «*все шли навстречу...*». В конце декабря 1997 г. с помощью Масарского и А. И. Вольского и при их участии я прорвался к первому вице-премьеру Б. Е. Немцову в «Белый дом». Борис Ефимович выразил большой скептицизм в реальной возможности возврата российских богатств из-за рубежа («что с возу упало, то пропало»), посетовал, что такая акция осложнит получение «траншей» от МВФ и других иностранных банков, но отказать А. И. Вольскому он не может — ведь батюшка Немцова когда-то в советские времена работал партийным клерком в Промышленном отделе ЦК КПСС, возглавлявшемся всесильным тогда Вольским.

В итоге в начале января 1998 г. появилось письмо Немцова Ельцину с очередным предложением создать Межведомственную комиссию и очередная положительная резолюция президента Черномырдину. После этого еще два месяца ушло на согласование кандидатуры председателя такой комиссии (Минфин и Центробанк отказались, Мингосимуществу отказали) и, в конце концов, остановились на Примакове, в тот момент министре иностранных дел.

Но не успели мы возрадоваться, а Примаков — сформировать персональный состав комиссии и ее «Положение» — на тебе, бабушка, наш Юрьев день: правительство Черномырдина президент отправляет в отставку.

Масарский начинает «отлов» нового премьера — «киндерсюрприза» Сергея Кириенко. Составляем новое письмо, подписывают Вольский, Масарский, я и Михаил Прусак, сенатор и губернатор Новгородской области, председатель Комитета по международным делам Совета Федерации.

С помощью торгпреда РФ Виктора Ярошенко уже не в Москве, а в Париже прорываюсь весной 1998 г., во время официального визита нового премьера во Францию, к *Самому*, на ходу вручая свою книгу с вложенным в нее письмом нашей четверки о желательности ускорения создания комиссии. «Киндерсюрприз» на бегу бросает — «разберемся», и улетает в Москву.

Но за оставшиеся у него три «премьерских» месяца разобраться не успевает: грянул дефолт 17 августа, и С. В. Кириенко, как и Черномырдин, оказывается в отставке.

И только Примаков, не как председатель комиссии, а уже как премьер подписывает, наконец, 3 октября 1998 г. долгожданное правительственное распоряжение «О Межведомственной комиссии по обеспечению эффективного использования собственности Российской Федерации, находящейся за рубежом, и защите имущественных интересов Российской Федерации» [7].

Назначается и председатель этой Комиссии — министр Мингосимущества Ф. Р. Газизуллин, которому в недельный срок поручается составить персональный список членов Комиссии. Одновременно 3 октября 1998 г. утверждается и «Положение» об этой комиссии, в целом совсем неплохое:

проводится координация деятельности органов исполнительной власти и разработка предложений Правительству;

осуществляется поиск и оформление прав собственности на имущество, находящееся за рубежом, включая недвижимое имущество, вклады и акции в зарубежных компаниях, драгоценные металлы (золото!) и иные ценности;

проводится защита имущественных интересов в судебных и иных инстанциях за рубежом;

осуществляется координация разработки государственной концепции управления федеральной собственностью, находящейся за рубежом;

делаются предложения в правительство об изъятии и о перераспределении имущества РФ, находящегося за рубежом, в случае выявления правонарушений и фактов его неправильного использования, а при наличии признаков злоупотребления об этих фактах комиссия информирует правоохранительные органы.

Было крайне приятным увидеть в этом «Положении» отражение предложений нашего Экспертного совета:

комиссия «координирует осуществление мероприятий по отработке механизма проведения работ по поиску недвижимого и движимого имущества, *принадлежавшего ранее Российской империи и бывшему СССР* и *находящегося за рубежом* (выделено мной — Авт.), по обеспечению правовой защиты имущественных интересов», включая оформление прав собственности *на «царское» и «советское» имущество,* а также *«выделение средств государственной поддержки на осуществление этой деятельности* (выделено мной — Авт.)» [8].

Ведь именно этим — поиском дореволюционного и советского имущества более восьми лет занимался наш Экспертный совет, собрав в своем *Текущем архиве* самый полный пока банк данных. Часть этих данных была опубликована в 1997 г. в моей книге «Золото и недвижимость России за рубежом», а также в ее Приложениях — о движении золотовалютных активов России за границу в 1914—1920 гг. и зарубежной собственности (в обновленном виде эти таблицы даются в *Приложениях*).

И уж совсем члены нашего Экспертного совета пришли в восторг, когда прочитали в этом «Положении» такую статью:

Комиссия «организует проведение в Российской Федерации и за рубежом симпозиумов, семинаров, круглых столов и конференций по проблемам, относящимся к компетенции Комиссии, а также взаимодействует со средствами массовой информации в целях обеспечения гласности и информирования населения Российской Федерации о политике государства в области защиты имущественных интересов Российской Федерации за рубежом».

Именно «информированием населения» и занимались члены нашего Экспертного совета с 1991 г. (главным образом, М. В. Масарский и я), правда, не всегда жалуя при этом «политику государства в области защиты имущественных интересов Российской Федерации за рубежом».

Ведь как раз в период создания этой комиссии две крупные частные телевизионные фирмы — НТВ Интернэшнл и ТСН — обратились ко мне с предложением стать автором и ведущим двух очень крупных проектов (один — на 12 передач, другой — на 24, обе по 26 мин. эфира каждая) передач на отечественного и зарубежного (русская диаспора в США, Западной Европе и Израиле) телезрителя по «царскому золоту» и «советской недвижимости» именно «в целях обеспечения гласности» о наличии за рубежом 400 млрд. долл. российского золота и недвижимости.

Но, как водится на Руси, когда за реализацию дела национально-государственных интересов берется отечественная бюрократия, любой, даже очень хороший правительственный документ превращается в свою противоположность.

Во-первых, хотя в постановлении, подписанном

Примаковым 3 октября 1998 г., указывался *недельный срок* формирования персонального состава Комиссии, чиновники Мингосимущества «формировали» его три месяца, и только к январю 1999 г., к первому организационному заседанию комиссии, он был сформирован из 18 человек (никто из членов нашего Экспертного совета в список не попал, на что на заседании Совета Безопасности 22 марта 1999 г. было указано представителю Мингосимущества, о чем речь пойдет ниже).

Во-вторых, долго не могли определиться с председателем Комиссии. По постановлению Примакова им был назначен министр Мингосимущества Газизуллин, но тот сначала долго болел, затем подал прошение об отставке с поста министра по состоянию здоровья, а затем неожиданно приглашен к президенту в марте 1999 г. и... оставлен главой Мингосимущества.

Нацелившийся было на кресло министра врио Мингосимущества первый зам. А. А. Браверман сразу охладел к делам Комиссии (а вскоре он вообще был удален из Мингосимущества).

За всеми этими бюрократическими аппаратными играми был, однако, глубокий подтекст, связанный с «чубайсовской приватизацией» и восходящий еще к 1994 г., к первой правительственной комиссии по зарубежному имуществу, во главе которой стоял другой министр и тогдашний вице-премьер — Олег Давыдов, глава ныне фактически упраздненного МВЭС.

Все это побуждает нас, как это ни неприятно, углубиться в нынешнюю теорию и практику бюрократических игр вокруг приватизации.

* * *

18 января 1995 г. без всякой предварительной подготовки (беседы о целях встречи, подготовки справки от Экспертного совета и т.п.) Масарский и я неожиданно были приглашены на правительственное заседание в «Белый дом» к вице-премьеру О. Д. Давыдову. В одном из залов заседаний, так знакомом мне по работе экспертом в бывшем Верховном Совете РСФСР, сидело человек пятьдесят чиновников разного ранга из МИДа, Минфина, ГКИ, ЦБ, СВР и других министерств и ведомств.

После краткого вступления вице-премьера слово для сообщений по 15—20 минут каждое было предоставлено Масарскому и мне.

Масарский вкратце рассказал о своих хождениях по коридорам власти в 1992—1994 гг., а я — о зарубежном российском золоте и основных регионах размещения «царской» и «советской» недвижимости, посетовав, что ГКИ до сих пор не имеет полного реестра этой недвижимости, особенно в странах «третьего мира» (я даже изложил письмо старика-негра из Танзании, случайно попавшее в наш Экспертный совет: я стар, охранять больше не могу — заберите обратно 20 домов-коттеджей, построенных в джунглях 30 лет назад ГКЭС для своих специалистов).

Помнится, поразила реакция зала: тишина, ни вопросов, ни реплик, ни выступлений (аналогичная реакция была и четыре года спустя, 22 марта 1999 г. на заседании Совета Безопасности, о котором речь ниже). Давыдов попытался было расшевелить зал, сам начал задавать риторические вопросы залу, но тщетно — тишина.

В итоге был принят Протокол № ОД-П6-П26-5 от 18 января 1995 г., в котором министерствам и ведомствам предлагалось «провести поиск архивных материалов, подтверждающих права Российской Федерации за рубежом» и «один раз в квартал докладывать в Правительственную комиссию по защите имущественных прав РФ за рубежом, создаваемую (?! — *Авт.*) в соответствии с поручением Правительства РФ от 26 октября 1994 № АЧ-П6-39648».

В части нашего Экспертного совета в Протоколе была сделана запись — поручить юристам Правительства осуществить «правовую экспертизу выявленных в архивах министерств, ведомств документов и документов профессора Дипломатической Академии МИД России В. Г. Сироткина».

Излишне говорить, что ни «поквартально», ни «погодично» ни одно ведомство или министерство в «Правительственную Комиссию» ничего не доложило, если не считать обстоятельной справки архива ФСБ «Из истории происхождения золотого запаса России» от 17 января 1995 г., представленной к совещанию в «Белом доме» и переданную после совещания секретариатом Давыдова в наш Экспертный совет (см. *Приложения*).

Вспоминаю, что после получения текста этого протокола, меня неприятно поразила бюрократическая «указивка»: *один раз в квартал докладывать*.

...В молодости, вскоре после окончания истфака МГУ, я пять лет проработал в Комиссии по изданию дипломатических документов при МИД СССР, копаясь в ранее засекреченных документах Архива внешней политики России (ныне АВПРИ — Российской империи). Командовал нами, тогда совсем молодыми людьми (сегодня один из них — академик РАН, другие — доктора наук, профессора), некий лихой мидовский чиновник, бывший завхоз архива, почему-то окончивший при незаконченном среднем образовании ВДШ — Высшую дипломатическую школу (впоследствии его за квартирные махинации все равно выгнали из МИДа). Он тоже требовал «поквартальной» отчетности в поисках документов (а некоторые досье мы читали впервые за 150 лет, сами нумеруя листы дела), но на выявление, подготовку и издание очередных томов «Внешняя политика России XIX — начала XX в.» все равно уходил не «квартал», а три—четыре года.

Между тем несостоявшаяся комиссия Давыдова могла бы значительно облегчить свою задачу, обратись она заранее в наш Экспертный совет за информацией о банке данных по недвижимости и золоту за рубежом, или к таким энтузиастам, как выпускник МГИМО Ю. Н. Кручкин («советская» гражданская и военная недвижимость в Монголии), к ученому секретарю ИППО полковнику в отставке В. А. Савушкину (по церковной недвижимости в «святых землях» на Ближнем Востоке) или к отставным полковникам Е. И. Карабанову и В. П. Никифорову по «советской» военной и гражданской недвижимости в Германии (695 объектов), Австрии (2 415 объектов), Румынии (295 объекта) и Венгрии (244 объекта), ныне работающим под эгидой ассоциации «Ветераны внешней разведки», а ранее с бригадой из 12 человек по контракту с ГКИ искавших на месте, в бывшей гитлеровской Германии (ГДР), а также в бывших странах—сателлитах брошенное или проданное генералами ЗГВ и других «оккупационных штабов» имущество Советской Армии (архив «бригады» сегодня — это шесть доверху набитых подлинниками документов сейфов).

Как отмечалось позднее в справке Счетной палаты РФ об итогах проверки работы ГКИ (Мингосимущества) в 1996 г. (см. *Приложения*), а также в подготовительных материалах к заседанию Совета Безопасности 22 марта 1999 г. (в частности, в записке замсекретаря А. М. Московского секретарю Совбеза Н. Н. Бордюже в феврале того же года — *Там же*) эти «поручения выполнены не были».

Поручение Правительства от 26 октября 1994 г. осталось на бумаге — Правительственная комиссия по защите имущественных прав за рубежом во главе с Давыдовым так и не была сформирована, а вскоре при очередной перетряске кабинета Черномырдина и сам Давыдов был отправлен в отставку вместе с «отставленным» МВЭС.

Понятное дело — никто и не намеревался «осуществлять правовую экспертизу» документов профессора Сироткина, а спустя еще какое-то время и сам главный «правовой эксперт» — министр юстиции В. А. Ковалев, попавшийся на видеопленку при «помывке» с девочками в бане, оказался сначала в отставке, а затем и на тюремных нарах.

Между тем ситуация с поиском, учетом и, особенно, с эксплуатацией (т. е. с отчислениями в федеральный бюджет валютной прибыли) зарубежной российской собственности ухудшалась день ото дня после проведения бесплодного правительственного совещания 18 января 1995 г. у Давыдова.

Это наглядно показала Справка Счетной Палаты за конец 1996 г. о проверке ГКИ — Мингосимущества. Отсылая читателя в деталях к тексту Справки (см. Приложения), а также к публикациям в российской прессе [9] (как правило, они были сделаны в 1996—1998 гг. благодаря «утечкам» копий справки из самой Счетной Палаты), подчеркнем лишь основные тенденции этой справки, объясняющие многолетнюю «пробуксовку» всех предложений нашего Экспертного совета по наведению порядка в деле государственного использования российских богатств за рубежом, в частности, скрытый саботаж нашего ключевого предложения с 1994 г. — создание специального ФЕДЕ-

РАЛЬНОГО АГЕНТСТВА ПО ЗАЩИТЕ ИМУЩЕСТВЕННЫХ ИНТЕРЕСОВ РОССИИ ЗА РУБЕЖОМ.

Кстати, идею создания такого Агентства поддержал депутат Госдумы от КПРФ и соавтор законопроекта «Об имуществе РФ, находящемся за рубежом» Леонид Канаев («Российская газета», 27.05.1998), а также газета «Коммерсантъ-Daily» (21.05.1998).

Необходимость создания такого федерального органа, как Агентство, фактически вытекает из всего контекста Справки Счетной Палаты по проверке деятельности ГКИ за рубежом: ее общий вывод — ГКИ совершенно не справляется с возложенными на него функциями по загранимуществу.

Вот только отдельные критические замечания из справки:

— у ГКИ нет ни необходимого штата (девять человек в главном управлении собственности за рубежом на 1509 объектов федеральной собственности в 112 странах мира на 3,24 млрд. долл.*), ни зарубежного представительства, ни денег, нет *методики* оценки и поиска и даже полного *реестра* зарубежной собственности;

— ГКИ не располагает данными по финансовым вложениям — доли паев, акций, ценных бумаг юридических лиц. Между тем, только во Внешэкономбанке на 1 ноября 1996 г. числились капиталы бывших совзагранбанков и их партнеров на фантастическую сумму в 4 трлн. 64,5 млрд. руб. После 1991 г. все эти капиталы остались за границей и ГКИ ничего о них не знало, хотя еще 12 декабря 1995 г. правительственным постановлением № 1211 «Об инвентаризации собственности РФ, находящейся за рубежом» оно обязано было это сделать в месячных срок (до данным депутата Л. Канаева, в 1998 г. пять бывших совзагранбанков с суммарным капиталом в один миллиард долларов вообще попытались уйти в «свободное заграничное плавание», освободившись от контроля Центрального банка РФ);

— ГКИ не выполняет одну из своих основных функций — контроль за поступлением в федеральный

---

* Многолетний руководитель главного управления (ныне департамента) собственности за рубежом В. П. Шумаков в марте 1999 г. подал, наконец, в отставку. — *Примеч. авт.*

бюджет средств от использования зарубежной федеральной собственности (продажа, сдача в аренду, гостиничные и транспортные услуги и т. д.). Между тем, сообщается в справке Счетной Палаты, только бывший МВЭС получил в 1994—1995 гг. от сдачи в аренду своего недвижимого имущества при торгпредствах 15,3 млн. долл., из которых перечислил в бюджет чуть больше половины — 7,65 млн. долл.

— ГКИ фактически пустил в 1992—1994 гг. на самотек приватизацию бывших советских внешнеторговых объединений («Общемашэкспорт», «Разноимпорт», «Техностройэкспорт» и многие другие), что позволило нечестным внешторговцам искусственно занизить величину уставного капитала, а разницу положить себе в карман (до 16,1 млн. долл. только при приватизации «Нафта Москва» и ВО «Техснабэкспорт»).

Сомнительные махинации внешторговцев в конце концов привели к отставке их министра и ликвидации самого МВЭС.

Однако борьба за «внешнеторговую империю» Леонида Красина на этом не закончилась. Пользуясь тем, что с 1992 г. под флагом либерализации и демократизации экономики (упразднение Госплана, Госкомцен, Госкомитета по сырьевым ресурсам и др.) была упразднена и государственная монополия внешней торговли, различные ведомственные кланы и объединения лоббистов бросились делить «жирный пирог» — зарубежную собственность бывшего СССР.

Выше мы уже писали, какая нешуточная борьба развернулась в 1992—1995 гг. всего за один объект недвижимости, оказавшийся «бесхозным» — Русский культурный центр (дворец графа Шереметева) в Париже.

С упразднением по указу Президента за № 1135 от 2 августа 1996 г. МВЭС таких объектов (торгпредств и их инфраструктуры — школ, магазинов, дач и т. д.), как дворец Шереметева, оказалось в десятки раз больше. Добавьте к ним более 50 представительств «Совэкспортфильм» (офисы, квартиры), «Интуриста» и «Морфлота» СССР и другие «совзагранучреждения». По подсчетам «думца» Леонида Канаева, всего таких «бесхозных» советских объектов к 1998 г. насчитывалось

2 559 общей площадью в 2 млн. кв. м. и балансовой стоимостью в 2 млрд. 667 млн. долл. Из них, полагает Канаев, лишь 78% используется в интересах РФ, 12% сдается «налево» (деньги в карман), а 255 объектов вообще брошены на произвол судьбы и разворовываются местным населением (большинство из них находятся в Латинской Америке или Африке — «Российская газета», 27.05.1998).

Такое безобразие, по мнению депутата, стало возможным только потому, что:

а) «у семи нянек дитя без глазу» — этими 2 559 объектами управляют целых 14 министерств и ведомств;

б) отсутствует единая юридическая база управления зарубежной собственностью, фактически до июня 1998 г. опиравшаяся на устаревший указ Б. Н. Ельцина «О государственной собственностью бывшего Союза ССР за рубежом» от 8 февраля 1993 г.

Что касается законопроекта «Об управлении собственностью Российской Федерации, находящейся за рубежом», то он с 1994 г. с большими осложнениями обсуждается в Думе и только в декабре 1998 г. с трудом прошел второе чтение.

Нельзя сказать, что Правительство РФ не пыталось решить судьбу бывшей советской собственности (о «царской» все эти годы речь вообще не шла). 5 января 1995 г. премьер В. С. Черномырдин подписывает распоряжение № 14 «Об управлении федеральной собственностью, находящейся за рубежом». Но спустя несколько месяцев то же правительство свое постановление дезавуирует, отменив центральный пункт о ГКИ как главном органе управления зарубежной собственностью.

Причина такой непоследовательности Черномырдина стала ясна год спустя, когда упоминавшимся выше указом Президента № 1135 от 2 августа 1996 г. зарубежная собственность упраздненного МВЭС передавалась... управлению делами Президента РФ и его начальнику П. П. Бородину (УДП).

«Империя Бородина», самый близкий исторический аналог которой — Министерство уделов Российской империи, обслуживавшее до 1917 г. членов императорского Дома Романовых (около 50 взрослых великих князей и княгинь во главе с семьей Николая II, а также их дети, внуки и правнуки — всего около 300 человек).

Для «прокорма» их еще с 1613 года — года воцарения династии Романовых на троне, выделялись так называемые кабинетные (удельные) земли вместе с крепостными.

При постоянном расширении сначала территории Московского царства, а с Петра I (1721 г.) — и империи, на «новых землях» обязательно выделялись «кабинетные земли» — в Поволжье, на Алтае (личный домен царствующих императоров до 1909 г., когда Николай II отписал его в казну для расселения «столыпинских хуторян»), в Новороссии и в Крыму, в Карелии и Прибалтике и т. д.

На балансе Министерства уделов находились также «зимние» и «летние» дворцы, дачи (виллы) в Крыму, конные заводы, рыбные промыслы, алмазные и золотые рудники и т. д., не считая «служб сервиса» — ателье, мастерских Фаберже, императорских яхт и пароходов, «царских» поездов и др.

Всем этим огромным хозяйством в Петербурге и на местах управляли императорские хозяйственные конторы с огромным штатом чиновников.

Каждый взрослый член Дома Романовых, кстати, не подсудный обычному гражданскому суду (как в советские времена — члены Политбюро ЦК КПСС), имел «цивильный лист» (открытый банковский счет) и мог брать с него денег немеренно. Но одна важная деталь — Романовы не обладали правом частной собственности на недвижимость: ни царь, ни его братья, сестры, дяди и тети не могли продать, заложить или растащить, скажем, Ливадийский дворец в Крыму.

В большинстве своем «неприкасаемые» члены Дома Романовых весьма рачительно относились к «кабинетским» деньгам (царица даже штопала чулки своих дочерей), а некоторые были крупными меценатами: великая княгиня Елизавета Федоровна — на богадельни для больных, императрица-мать, вдова Александра III, Мария Федоровна — на слепых, глухих и других «убогих», великий князь Константин Константинович (знаменитый поэт К. Р.) — на театр и науку, другой великий князь — на развитие авиации и т. д.

Вот эту «царскую» хозяйственную структуру после

расстрела «Белого Дома» 4 октября 1993 г. и восстановил «царь Борис» в виде УДП, куда вошли семь ранее самостоятельных «уделов»: управления делами ЦК КПСС, Совминов СССР и РСФСР, управления делами Верховных Советов СССР и РСФСР, четвертые главки Минздрава СССР и РСФСР со всеми их дачами, санаториями, охотничьими хозяйствами, собственной авиакомпанией «Россия» и т. д.

Хорошо информированный еженедельник «Коммерсантъ-Власть» (1999, № 12, 30 марта) так обрисовал новое «министерство уделов» кремлевского завхоза:

Империя Бородина.
— На балансе УДП находятся:

В Москве

— Кремль: реконструкция на 180 млн. долл.
— «Белый дом» (правительство): реконструкция на 89 млн. долл.
— Госдума: реконструкция на 72 млн. долл.
— Совет Федерации
— Президент-отель, гостиницы «Арбат», «Золотое кольцо» и др.
— Всего более 300 офисных зданий в одной Москве.

В Подмосковье и по всей России

— Дачные поселки, виллы, в том числе: «Серебряный бор», «Архангельское» и др.;
— 15 подсобных хозяйств;
— 18 строительных трестов;
— 4 комбината питания, спецателье, прачечная, фотоателье, «кремлевский» детсад, мебельная фабрика;
— 10 автобаз, три поликлиники, две аптеки, аптечные склады, склады медоборудования и т. д.;

Фирмы УДП

— Унитарное госпредприятие «Госзагрансобственность» (балансовая стоимость управляемых заграничных объектов, по оценке самого Бородина, 600 млн. долл.);
— «Госинвест» — внебюджетное финансирование и управление валютными активами;
АОЗТ «Русь-Инвест»;

— Финансово-промышленная компания реконструкции и развития (Кремля, вилл «Семьи», покупка драгоценностей и т. д.);
— Фонд президентских программ;
— ЗАО «Федеральная финансовая группа»;
— Издательство «Пресса» (быв. «Правда») и «Известия»;
— 60 так называемых «дочерних» фирм, среди которых — ЗАО «Согласие» (крупнейшее в Европе алмазное месторождение им М. В. Ломоносова под Архангельском — вспомним личные алмазные и золотые рудники Николая II!).

Вывод: — В аппарате УДП работают 350 чел., а на «хозяйстве» в этих 200 «фирмах» — более 110 тыс. «крепостных».

— Все это «хозяйство» тянет на десятки млрд. долл. (второе место после «Газпрома»), а бюджет УДП в два раза превышает бюджет России на 1999 г. (40 млрд. долл. против 20 млрд.), несмотря на сокращение Госдумой расходов на Администрацию Президента на 20%.

Счетная Палата в своей справке 1996 г. отметила неконституционность такой передачи неправительственной хозяйственной организации (указ противоречит статье 114 Конституции 1993 г.), поскольку функция управления любой федеральной собственностью возлагается исключительно на Правительство РФ.

Возможно, позиция Счетной Палаты вдохновила нового премьера С. В. Кириенко на попытку «осадить» П. П. Бородина в его претензиях стать еще и «министром» по внешнеэкономическим связям. Вскоре после своего трудного утверждения в Думе Кириенко обрушился с резкой критикой на Мингосимущество и в апреле 1998 г. вернулся к старому постановлению Черномырдина 1995 г., вторично обязав министерство подготовить «Положение об управлении загранимуществом РФ».

Зажатое между премьером и «главным завхозом» Президента, Мингосимущество собрало свою коллегию, но никакого «Положения» не приняло. Тогда Кириенко пригрозил «вызвать на ковер» и назначил отчет Мингосимущества на ВЧК.

Но до августа 1998 г. это заседание ВЧК так и не

состоялось, а после 17 августа «киндерсюрприз» был с треском выгнан в отставку. По информации из кремлевских коридоров власти, среди прочих лоббистов дележа загранимущества к этому изгнанию «ручку приложил» и П. П. Бородин.

Впрочем, «ручку» он приложил еще раньше, при премьерстве Кириенко: 29 июня 1998 г. Президент подписывает новый указ № 733 «Об управлении федеральной собственностью, находящейся за границей». На этот раз, в отличие от указа 1996 г., речь уже идет не только о «внешнеторговой», а вообще обо всей федеральной собственности за рубежом (теоретически так же и о «царской»).

Надо отдать должное консультантам управления делами Президента: в этот раз они замахнулись не только на 2 млрд. 667 млн. бывшей «советской» недвижимости за границей, но и на золотовалютные активы бывших совзагранбанков, СП, ВО и других советских учреждений, что, по подсчетам Л. М. Канаева, «тянуло» уже внушительно — на 130 млрд. долл.

В роли «толкача» нового проекта выступило само Мингосимущество в лице его нового молодого руководителя Департамента собственности за рубежом А. А. Радченко, охотно выступающего перед отечественными журналистами.

В мае 1998 г. на очередной пресс-конференции Радченко «озвучил» коллективный доклад Мингосимущества и консультантов управления делами, пышно озаглавленный «О повышении эффективности использования федеральной собственности, находящейся за рубежом».

Справедливо констатируя уже набивший оскомину факт, что у 2 559 объектов российской федеральной зарубежной собственности «семь нянек», он предложил вместо них учредить одну «няньку» — Управление делами президента во главе с «усатым нянем» П. П. Бородиным. При этом бойкий руководитель департамента намекал, что Бородин уже с 1996 г. самый крупный хозяин федеральной собственности за границей (715 объектов) после МИДа (1 541 объект). Все остальные владельцы сущие «нищие» — Валентина Терешкова с ее Российским зарубежным центром (бывшим СООДом) — 77 «халуп», РИА «Новости» (ныне объединенное в холдинг ВГТРК во главе со Швыдким) — 63, а у остальных — вообще «мелочовка».

Умело манипулируя цифрами, юный столоначальник из Мингосимущества доказывал, что все это богатство из рук вон плохо эксплуатируется, четвертая часть объектов вообще пустует, а прибыль приносят только объекты управления делами (750 тыс. долл. в год), остальные (например, терешковские «центры») наскребают едва-едва по 200 тыс. долл.

Разумеется, в чей бюджет идут «эффективные» 750 тыс. долл. — Радченко предусмотрительно умолчал (зато в связи с одной швейцарской строительной фирмой сим «бюджетом» в марте 1999 г. активно занялась Генпрокуратура РФ).

И что же предлагалось соорудить на этом месте вместо «семи нянек»? Вы никогда не догадаетесь — третью «естественную монополию» РАО «Росрубежсобственность», по типу «Газпрома» и РАО ЕЭС!!! Вот, оказывается, для чего был нужен указ Б. Н. Ельцина № 733 от 29 июня 1998 г. «о создании в установленном порядке акционерных обществ на основе находящегося на территории иностранных государств имущества Российской Федерации» [10].

При этом, как мы в Экспертном совете вскоре поняли от обращавшихся к нам лоббистов, в число главных учредителей новой естественной монополии должны были войти Управление делами Президента, Мингосимущество и Главное производственно-коммерческое управление по обслуживанию дипломатического корпуса (ГлавУПДК) при МИД РФ. Участие последнего учредителя нового АО вполне объяснимо — у МИД и ГлавУПДК вдвое больше заграничных объектов, чем у Бородина, и забрать посольства и консульства под свою длань, обложив и их «данью», как сегодня торгпредства — это насколько же «эффективней» будет «работать» российская загрансобственность?!

Судя по тому, что уже в начале сентября 1998 г. в наш Экспертный совет за консультациями обратились заместитель министра иностранных дел И. И. Сергеев и новый начальник ГлавУПДК В. С. Федоров [11], дело о создании РАО «Росзарубежсобственность» было поставлено на практическую ногу, хотя некоторые члены правительства Кириенко (в частности, первый вице-премьер Б. Е. Немцов) уже весной выступали против создания еще одной конструкции «бандитского капитализма» («Коммерсантъ-Daily», 21.05.1998).

С другого конца зашли «люди Чубайса» и его Российский центр приватизации, возглавляемый до недавнего времени Максимом Бойко, бывшим вице-премьером и главой ГКИ. С санкции все того же А. А. Радченко и на деньги ЕБРР (по некоторым данным, до 300 млн. долл.) они подрядились реально оценить зарубежную российскую федеральную собственность [12], которая затем должна была пойти на «эффективное использование» (читай — личное обогащение) главных учредителей «нового Газпрома» — РАО «Росзарубежсобсвенность».

Но на этот раз П. П. Бородин крупно просчитался, свидетельством чего стали рейды следственных бригад Генпрокуратуры в марте 1999 г. в его ведомство для «выемки документов».

Подвел шаблонный подход к решению задачи «приватизации» заграничной собственности. Ведь все мыслилось по схеме 1996 г. — указ — разгон МВЭС — Давыдова в отставку — торгпредства наши.

И здесь также — указ 29 июня 1998 г. — Примакова в отставку — МИД если не разогнать, то отобрать у него хотя бы половину из 1541 посольств и консульств для «эффективного использования» (сиречь обложения «данью»).

Но вышла осечка — дефолт 17 августа спутал все карты и всю прежнюю клановую расстановку сил «наверху». Примакова не только не выгнали, а, наоборот, назначили премьером и Дума его с первого захода утвердила.

И вместо нового «Газпрома» в виде РАО «Росзарубежсобственность» Примаков утверждает нечто совсем другое — Межведомственную правительственную комиссию, но с прямо противоположными — государственными — задачами, нежели в «задумке» П. П. Бородина: «по обеспечению эффективного использования собственности Российской Федерации, находящейся за рубежом», т. е.. не на «бюджет» Кремля, а на бюджет ГОСУДАРСТВА.

Счетная Палата одновременно начинает очередную плановую проверку Мингосимущества, а одна из спецслужб РФ — Российского центра приватизации на предмет выяснения возможного экономического шпионажа в пользу одного или нескольких иностранных государств.

* * *

Не все, однако, чиновники госаппарата «демократической» России сродни юркому Радченко — иначе бы наше Отечество давным-давно разворовали. Есть еще государственники и в правительстве, и в администрации президента, и в Совете Безопасности.

Однажды, в самом начале января 1999 г., после моего очередного выступления по телевидению в программе Андрея Леонова «Слово и дело» по ТВ-Центр о российских богатствах за рубежом, у меня дома раздался звонок. Мужской голос, слегка шепелявя, представился ответственным сотрудником Администрации Президента, выразил свой восторг по поводу моей гражданской позиции в телепередаче по проблеме возвращения российского золота и недвижимости за рубежом и поинтересовался — чем может помочь Администрация нашему Экспертному совету?

Спустя некоторое время встречаемся на Старой площади и совместно приходим к выводу — действовать надо через Совет Безопасности (СБ), как пока единственный в высших эшелонах власти России орган, координирующий работу «семи нянек». Конкретная задача — попасть к секретарю СБ Н. Н. Бордюже, минуя частокол его помощников и заместителей, объяснить генералу суть дела и получить *резолюцию*, разумеется, положительную.

Все дальнейшие действия сильно смахивали на эпизод из телесериала «Семнадцать мгновений весны». Помните, как во время воздушной тревоги Штирлиц-Исаев попадает в кабинет Бормана? (Поэтому-то я и не называю имен своих добровольных помощников, которых служба собственной безопасности все равно «вычислила» — ура бессмертному генералу Коржакову, и уже после отставки Бордюжи с постов главы Администрации и секретаря СБ один из них по-житейски попросил меня — а как попасть в Дипакадемию МИД РФ на учебу?)

Итог многоходовой аппаратной интриги превзошел вначале все ожидания: Бордюжа не только прочитал бумагу, но и полностью одобрил ее основные идеи и даже назначил срок созыва СБ — через десять дней, поручив подготовку заседания своему заму А. М. Московскому.

За десять дней не получилось — аппарат СБ слишком громоздкая бюрократическая махина для того, чтобы работать оперативно. Сначала мне пришлось писать кучу справок, участвовать в рабочих заседаниях с чиновниками СБ и у замсекретаря Московского (кстати, в них принял участие известный генерал армии М. И. Барсуков, ныне начальник военной инспекции СБ) [13].

Ключевым документом стал проект протокола заседания СБ, которое, наконец, состоялось через три месяца после резолюции Бордюжи, увы, уже без него — за несколько дней до этого заседания в связи со скандалом вокруг генпрокурора Ю. И. Скуратова Президент отправил нашего «Бормана» в отставку с обоих постов — главы Администрации и секретаря СБ.

В итоге гора родила мышь — ситуация 18 января 1995 г. зеркально отразилась 22 марта 1999 г.: ничего кардинального Совет Безопасности не принял, кроме общих деклараций.

В окончательном тексте Протокола исчезло ключевое предложение о создании специального Федерального Агентства по защите имущественных интересов России за рубежом (одна «нянька»), и оставлены прежние «семь» (в рамках существующей структуры Правительства — сиречь по прежнему Мингосимущество, за спиной которого маячит П. П. Бородин).

Пропала и координирующая функция МИД — замминистра И. И. Сергеев (кстати, почему-то не пришедший на заседания СБ) отказался выступить в роли «координатора».

В «сухом остатке» в окончательном тексте Протокола осталось лишь одно конкретное предложение: рекомендовать Правительству РФ включить профессора Сироткина в состав Межведомственной комиссии по защите имущественных интересов за рубежом.

Саму же Комиссию, судя по информации ее члена Е. И. Никулищева, начальника инспекции по контролю за распоряжением федеральной собственностью Счетной Палаты РФ, оппоненты нашего «державного» Экспертного совета решили превратить в свое «агентство». Судя по приходившим в Счетную Палату из этого «агентства» бумагам, главной задачей Бравермана была раздача разного рода индульгенций на приватизацию зарубежных объектов федеральной собственности.

Именно так — как раздача «слонов» — и было задумано второе заседание Межведомственной комиссии 7 апреля 1999 г., которое намеревался провести врио Мингосимущества А. А. Браверман. Ключевым в повестке дня заседания был пункт 5 — «Об утверждении УДП полномочным представителем Правительства РФ по вопросам организации работ, связанных с поиском имущества бывшей Российской империи и бывшего СССР».

Судя по приложенным к этому пункту документам — письму начальника Экономического управления Администрации Президента А. Данилова-Данильяна (25 февраля 1999 г.), проектом решения Межведомственной комиссии («согласиться» и «одобрить») и постановления Правительства РФ [14] — все было заранее обговорено и согласовано: осталось лишь проштамповать бумаги.

Фактически речь шла вот о чем: не получилось пока создать свой «Газпром» в виде РАО «Росзарубежсобственность» — есть другая запасная бородинская «контора», созданная еще в 1996 г. по тому самому президентскому указу № 1135 вместо МВЭС, а именно: унитарное предприятие «Госзагрансобственность» при Управлении делами Президента РФ.

Именно оно и должно было сыграть роль того самого Федерального агентства по защите имущественных интересов РФ за рубежом, создать которое мы предлагали с 1994 г.

Мотивы такого «подряда» были банальны: у Мингосимущества и Правительства в целом нет денег чтобы заниматься «царской» и советской недвижимостью на 300 млрд. долл., а у УДП (еще бы!) они есть.

Оказывается, есть у УДП и «Госзагрансобственности» и «высококвалифицированные представители в ряде зарубежных стран» (из «Пояснительной записки» к проекту постановления Правительства, составленной в УДП). Видел я лично этих «высококвалифицированных представителей» в торгпредстве России в Париже: один сидит в бухгалтерии, другой — вахтером в гостинице торгпредства, оба фиксируют «доход» — плату приезжих российских постояльцев за жилье, аренду автомобиля, телефонные переговоры и т.п. Весь этот «навар» снимается со счета торгпредства и перечисляется на «кремлевский» счет УДП.

И за все это П. П. Бородин требовал не только *управления*, но и распоряжения (аренда, продажа, залог и т. д.) зарубежной «царской» и советской собственности на 300 млрд. долл. США!

Я присутствовал на этом заседании Межведомственной комиссии 7 апреля, пока в качестве приглашенного от Счетной палаты РФ.

К удивлению многих, вел его не врио Браверман (за три дня до заседания его вообще уволили из правительства), а сам министр Фарид Газизуллин.

И он сходу «забодал» хитроумный план превращения «кремлевского завхоза» не только в «министра» МВЭС, но и МИД и других зарубежных федеральных ведомств.

Никакого «одобрямс» на этот раз не было — проекты УДП полетели в мусорную корзину. Максимум, на что согласился Газизуллин, это выдать «Госзагрансобственности» УДП генеральную доверенность на поиск и оформление «царской» и советской собственности, но с последующей ее передачей на баланс Правительства.

Для аппаратчиков нынешней власти такое решение Межведомственной комиссии звучало как РЕВОЛЮЦИЯ в коридорах власти. Впрочем радость наша была преждевременной: 12 мая 1999 года люди Бородина взяли реванш, отправив правительство Примакова в отставку. И все стало возвращаться «на круги своя».

ПРИМЕЧАНИЯ

[1] Документ: Россия — Запад — Золото — Возврат. Интерфакс. «Новости», Лондон, 15.03.1999., РИА. Выпуск «Новости Россий-

ской экономики», Лондон, 15 марта. Корр. РИА Новости Вл. Симонов. — *Текущий архив Экспертного совета.*

[2] Шараев С. Золотой блеск туманного Альбиона. — «Трибуна», 1999, 17 марта; Михаеев В., Скосырев В. Царское золото спасло бы Россию — «Известия», 1999, 18 марта.

[3] «Российская газета», 1999, 18 марта.

[4] «Литературная газета», 1998, 28 января.

[5] Куллудон В. «Ленинское» золото во Франции (перевод статьи из еженедельника «Пуэн») — «Дипломатический ежегодник». М., 1995, с. 271. См. также Coulloudon V. La mafia en Union sovijtique. — Paris, 1991.

[6] Примакову Е. М. Справка о возвращении золота и недвижимости из-за рубежа (к образованию президентской комиссии). Составил профессор Дипакадемии МИД РФ Сироткин В.Г., 14 марта 1994 г. — *Текущий архив Экспертного совета.*

[7] Постановление Правительства Российской Федерации. № 5027. М., 1998, с. 9292.

[8] Там же, с. 9293.

[9] См., в частности: Сироткин В. Казна — не мошна для частных займов — «Российская газета», 1996, 28 декабря; Михайлов И. В поисках российского золота и недвижимости (беседа с проф. В. Сироткиным) — «Русская мысль», 1997, 4—10 декабря; Самойлова Н. Загранинвентаризация — «Коммерсантъ», — 1998, 13 марта; Папилова Ю., Калашнов Ю. Мингосимущество включилось в борьбу за зарубежную собственность — «Коммерсантъ-Daily», 1998. 21 мая; Канаев Л. (депутат Госдумы). Дворцами не бросаются — «Российская газета», 1998, 27 мая.

[10] Указ Президента РФ «Об управлении федеральной собственностью, находящейся за границей», № 733 от 29 июня 1998 г., Москва, Кремль. — *Текущий архив Экспертного совета.*

[11] Служебная записка проф. В.Г. Сироткина замминистра иностранных дел И.И. Сергееву, 15 сентября 1998 (о «царском» золоте и недвижимости за рубежом); Служебная записка проф. В.Г. Сироткина начальнику ГлавУПДК при МИД РФ В.С. Федорову, 7 декабря 1998 (основные регионы поиска и возможные сроки реализации). *Текущий архив Экспертного совета.*

[12] Российский центр приватизации. Оценка недвижимого имущества РФ за границей и рекомендации по его эффективному использованию (техническое задание). Михаил Ермолов, главный менеджер РЦП, 23 февраля 1998 г. — *Текущий архив Экспертного совета.*

[13] В Совет Безопасности (справка-предложение) 17 февраля 1999, проф. Сироткин В.Г.; Докладная записка секретарю СБ Н.Н. Бордюже от зам. секретаря А.М. Московского (проект, составленный Сироткиным), февраль 1999 г.; Протокол заседания СБ (проект Сироткина), 20 марта 1999 г. — *Текущий архив Экспертного совета.*

[14] Письмо А. Данилова-Данильяна на имя ВРИО министра А.А. Бравермана, 25 февраля 1999; Решение Межведомственной комиссии об утверждении УДП полномочным представителем Правительства РФ по имуществу бывшей Российской империи и бывшего СССР за рубежом (проект); Постановление Правительства РФ (проект) и Пояснительная записка к нему (папка Материалов к заседанию Межведомственной комиссии, 7 апреля 1999 г.) — *Текущий архив Экспертного совета.*

ЗАКЛЮЧЕНИЕ

Итак, наш рассказ об эпопее российского золота и недвижимости за рубежом завершился. И оказалось, что эта, казалось бы, частная, финансово-имущественная проблема самым тесным образом связана с историей России, Европы и мира в уходящем XX веке.

В самом деле, если бы Николаю II удалось найти консенсус с «думской» оппозицией и тогдашними «олигархами», Россия лучше подготовилась бы к Первой мировой войне, а царскому и Временному правительствам не пришлось бы посылать ²/₃ золотого запаса (2 600 т) за границу для закупок бездымного пороха, снарядов, патронов и военной техники*. И, тогда, возможно, не было бы никакого Октября...

Проблема зарубежного российского имущества вновь встала в повестку переговоров большевиков с Западом в 20-х годах, а вопрос о выплате «царских долгов» стал главным условием дипломатического признания СССР. Технология ведения этих переговоров, одним из главных авторов которой был наркомвнешторг и посол Леонид Красин, и сегодня — наше национальное ноу-хау.

Это ноу-хау Красина пригодится при ведении переговоров в Швейцарии по «нацистскому золоту» и в Германии — по реституции перемещенных культурных ценностей.

Вновь стала актуальной ушедшая, казалось бы, в историческое небытие проблема монополии внешней торговли, за внедрение которой в период НЭПа ярост-

---

* Подробней о политической обстановке в России в период «снарядного кризиса» и вызревании кризиса «верхов» накануне Февральской революции см. в нашей книге «Демократия по-русски» (М., издательство «МИК». — 1999).

но боролся Л. Б. Красин, перетянувший в ЦК РКП(б) на свою сторону Ленина.

Псевдолиберализация внешнеэкономической политики, формальным проявлением которой стало упразднение в 1996 г. МВЭС, привела к гигантскому бегству ворованных капиталов за границу (по данным Е. М. Примакова в 1999 г., до 20 млрд. долл. в год).

«Прихватизация» внутри страны перекинулась за границу — различные министерства и ведомства начали ускоренно делить зарубежную «советскую» собственность. Ключевую роль в этом дележе играли различные государственные и «акционированные» ведомства — Мингосимущество, Российский федеральный фонд имущества (РФФИ), Российский центр приватизации и, особенно, унитарное предприятие «Госзагрансобственность» при Управлении делами Президента РФ.

«Приватизация» зарубежной «советской» собственности для всех этих «контор» облегчалась отсутствием научной международно признанной *методики* оценки недвижимости, хотя, как отмечалось в справке Счетной Палаты РФ в 1996 г., еще 12 декабря 1995 г. Правительство специальным постановлением «Об инвентаризации собственности РФ, находящейся за рубежом» обязало Мингосимущество разработать такую методику «в месячный срок».

Конечно, принимать такие постановления может, в отличие от остального мира, только правительство Черномырдина, которое, как известно, всегда «хотело, как лучше...»

Тысячу лет существует Русь, и никогда в ней не было ни методик, ни оценок (отсюда — «умом Россию не понять»).

Всегда было как в песне — «широка страна моя родная, много в ней лесов, полей и рек...» А сколько стоят эти поля (и сегодня их оценочный кадастр — не более 15%), почем леса — никто никогда этого не знал. Да и православная церковь освящала это неведение: «земля ничья, она Божья».

Отсюда с таким трудом прививалась на Руси частная собственность на землю, отсюда — и византийская «безоценочная элита» (чиновники), сами «с потолка» или исходя из интересов собственного кармана определявшие цену «лесов, полей и рек», а также оплату коммунальных услуг, проезда в общественном транспорте, соотношение доллара и рубля.

Ведь реальная оценка национальных богатств грозила российским чиновникам самым страшным — разделением власти и собственности, что в XVIII в. уже произошло в Западной Европе и в США.

Такие попытки делались и в России (Николай I, граф Витте, Столыпин). Скажем, первое министерство государственных имуществ было создано не при Черномырдине, а при царе Николае I еще в 1837 г., успев оценить около пяти процентов «казенных» лесов и полей. Но едва в стране началась первая «приватизация» в связи с отменой крепостного права в 1861 г., как в 1866 г. тогдашние чиновники убедили нового царя Александра II (как и нашего «царя Бориса» с МВЭС в 1996 г.) упразднить это первое «Мингосимущество», ибо реальная стоимостная оценка «лесов, полей и рек» мешала им воровать.

И только 160 лет спустя после николаевского эксперимента, в июне 1997 г. *методика оценок* возродилась на Всероссийской научно-практической конференции «Оценка национального богатства страны» в Парламентском центре в Москве благодаря усилиям академика РАН Львова и бизнесмена Масарского.

Именно на этой конференции впервые публично прозвучали такие цифры и факты:

30 трлн. долл. — разведанные запасы минерального сырья;

17 квадримиллионов руб. — основные фонды;

100 млрд. долл. — самая скромная оценка зарубежной недвижимости;

1972 г. — последняя по времени попытка оценить национальные богатства страны.

Все участники конференции в один голос изумлялись, что, строя рыночную экономику («капитализм»), наши рыночники-демократы за семь лет своего правления умудрились обходиться без основополагающего инструмента такой цивилизованной экономики — закона об оценочной деятельности.

Те же лоббисты, что добились упразднения МВЭС в 1996 г., в 1997 г. попытались было заблокировать закон об оценке (госорганы и независимые оценщики с лицензией, по типу нотариусов), принятый обеими палатами Федерального Собрания (6 мая президент наложил на закон вето).

Однако год спустя справедливость восторжествовала, а лоббисты-«приватизаторы» и чиновники-коррупционеры были посрамлены: 29 июля 1998 г. Б. Н. Ельцин все же утвердил важнейший федеральный закон «Об оценочной деятельности в Российской Федерации».

Конечно, и при таком хорошем «оценочном» указе путь не будет слишком легким, коль скоро даже с переводом уже законной федеральной собственности (зданий посольств, торгпредств, бывших совзагранбанков и т. д.) из-под юрисдикции несуществующего СССР на «баланс» Российской Федерации возникают проблемы. Как сообщил начальник отдела Юридического управления МИД РФ С. В. Шитьков, на 1 мая 1999 г. в 34 странах «советская» недвижимость юридически все еще числится... за СССР. Препятствуют этому, вопреки соглашению 30 декабря 1991 г., главным образом Украина и Грузия: они разослали даже специальные ноты с требованием заблокировать процесс переоформления, ссылаясь на то, что их парламенты не ратифицировали соглашение глав государств СНГ от 30 декабря 1991 г. При этом вопрос о перерегистрации с 1997 г. (18 февраля 1997 г. Верховная Рада обусловила свое согласие на ратификацию «предоставлением российскими властями Украине полной информации об активах и долгах бывшего СССР за рубежом») из чисто юридического трансформировался в политический: дележ совзагрансобственности превратился в украинско-российских отношениях в дележ «второго» черноморского флота.

Масла в огонь начали подливать и другие державы — Германия, Австрия, Польша, Румыния. Ссылаясь на дипломатические ноты Украины и Грузии, они стали чинить препятствия переоформлению, и в 1997—1999 гг. этот процесс забуксовал. Эта пробуксовка усилилась с марта 1999 г. — со времени агрессии НАТО против Югославии.

В этой связи, как справедливо отмечает С. В. Шитьков, «есть большая опасность «увязнуть» в переговорах, в то время как промедление в данном вопросе оборачивается для нашей страны существенными убытками, связанными с неиспользованными возможностями распоряжаться загрансобственностью с целью извлечения дополнительных средств для федерального бюджета»*.

Критически разобрав также принятый Думой во втором чтении в конце 1998 г. закон «Об управлении собственностью Российской Федерации, находящейся за рубежом», опытный мидовский юрист делает важный вывод, с которым трудно не согласиться:

«Вместе с тем сам факт того, что и исполнительная, и законодальная ветви власти осознают необходимость наконец навести порядок в своих собственных зарубежных хозяйственных делах и начать получать доходы в бюджет, управляя российским загранимуществом и используя его излишки в коммерческих целях, настраивает на оптимистическую волну. Главное, чтобы высокие порывы и государственные подходы не были сведены к обыкновенной дележке того, что контролировать достаточно трудно в связи с естественными причинами. Думается, что вопросы контроля за использованием государственного имущества, находящегося за рубежом, а также закрепления и подтверждения прав России на него сегодня являются основными и именно на них следует сконцентрировать главные усилия»**.

Добавим к этой сентенции лишь одно предложение, уже неоднократно звучавшее на страницах этой книги: при «семи няньках», да еще в сложной международной обстановке в «дальнем» и «ближнем» зарубежье, эта важнейшая государственная проблема без кардинальных организацинных мер — создания мощного, наделенного полномочиями **Федерального Агентства по защите имущественных интересов Российской Федерации за рубежом** — *решена не будет.*

---

* Шитьков С. О российском загранимуществе.— «Международная жизнь», 1999, № 5, с. 75.

** Там же.— с. 78.

ПРИЛОЖЕНИЯ

Движение золото-валютных

№№	Дата	Ценности (золото в слитках, монете, ценные бумаги), цель отправки	Стоимость (начало века) или вес
			Царское
			ВЕЛИКОБРИТАНИЯ
1.	Октябрь 1914 г.	Золото в слитках — *залог для закупок оружия*	75 млн. 120 тыс. зол. руб. (8 млн. ф. ст.)
			США
2.	Декабрь 1915 — ноябрь 1916	Золото в слитках и монете, ценные бумаги — *залог для закупок оружия*	40 млн. ф. стерл. *(золото, стоимость ценных бумаг — неизвестна)*
3.	Январь 1916	Золото (в зол. монете), ценные бумаги — *на строительство порохового завода концерна «Дюпон Кемикал» в шт. Коннектикут, США.*	2,5 млрд. долл. (в ценах 1998 г.)
			ЯПОНИЯ
4.	Сентябрь 1916	Ценные бумаги — *на закупки оружия*	70 млн. зол. иен

АВПРИ МИД РФ — Архив внешней политики Российской империи МИД РФ — *Примеч. авт.*

Таблица 1

резервов России за рубеж (1914—1920 гг.)

Документы	Местонахождение документов	Комментарий
Секретная англо- русская финансовая конвенция № 1 (окт. 1914 г.)	АВПРИ МИД РФ* (подлинник)	По условиям конвенции при невыполнении оружейного заказа остаток возвращается — **не возвращен.** Золото отправлено из Архангельска в Ливерпуль на транспорте «Мантуа»
Секретная антанто-русская финансовая конвенция № 2 (дек. 1915 г.) и русско- японская транспортная конвенция (ноябрь 1916 г.)	АВПРИ МИД РФ (подлинник). Частично опубл. Wladimir Novitzky. Russian Gold. N-Y, 1928, р 12—15	Условия возврата аналогичны № 1 + Япония 3% за фрахт от стоимости груза (8,5 млн. ф. ст.) — **не возвращено.** Груз перевозится на поездах через Сибирь, далее через Тихий океан на японских судах в США (три золотых эшелона)
Русско-американская конвенция концерна «Дюпон» с Минобороны и Минфином России (янв. 1916 г.)	АВПРИ МИД РФ (подлинник), ЦГАНХ СССР (копия)	По воспоминаниям участника строительства инженера А. Сапожникова, изложенных в интервью д.х.н. Л. В. Забелина «Труду», № 178, 29.09.1998 — **не возвращено**
Русско-японская финансовая конвенция 4 сент. 1916 г. (подписана послом в Токио Крупенским и председателем консорциума из 16 японских банков — правопреемник сегодня — Мицубиси-банк)	АВПРИ МИД РФ, архив МИД Японии (подлинники), копия опубл.: В. Г. Сироткин. «Золото и недвижимость России за рубежом». М., 1997 (иллюстрации)	По условиям конвенции — возвращается при невыполнении заказа — **не возвращено**

№№	Дата	Ценности (золото в слитках, монете, ценные бумаги), цель отправки	Стоимость (начало века) или вес
5.	Янв. — февр. 1917	2 тыс. 244 ящика с золотом в слитках и монетой — *на закупки оружия*	20 млн. ф. ст. (187 млн. зол. руб.)
		5,5 т личного золота Николая II — в *Brother's Berring Bank, London*	В накладной стоимость не указана (по цене зол. в 1914 г. — около 8 млн. зол. руб.)

Колчаковское
ЯПОНИЯ

6.	7 октября 1919	Золото в слитках и монете, ценные бумаги — *на закупки оружия для армии Колчака*	20 млн. зол. иен
7.	16 октября 1919	Золото в слитках и монете, ценные бумаги — *на закупки оружия для армии Колчака*	30 млн. зол. иен (или 26 млн. 580 тыс. зол. руб.)

ГОНКОНГ

8.	Апрель — ноябрь 1919	Золотая русская и иностранная монета — *Гонконг-Шанхайское отделение Русско-Азиатского банка*	44 млн. зол. руб. (в 20-х гг. переправлены в США на счет посла Временного правительства Бахметьева)

Документы	Местонахождение документов	Комментарий
Секретная антанто-русская финансовая конвенция № 3 (февр. 1917) Доверенность Николая II на Brother's Bering Bank, London (упом. атам. Семеновым на его процессе в 1945 г.)	АВПРИ МИД РФ (подлинник), Архив быв. КГБ СССР (процесс атам. Семенова) Факт отправки упом. в кн. W. Clark. The Lost Fortune of Tsars. N-Y — London, 1994	Последний «золотой эшелон» в США и Англию через Японию. Полностью был захвачен Японией и вывезен в порт Майдзури (Япония) на крейсерах «Касима» и «Катори» как «военный трофей» (Россия и Япония в марте 1917 г. не воевали). Эта первая пиратская акция изложена В. Кирсановым в «НГ», 5 авг. 1998. В архиве Экспертного совета есть копии япон. документов, подтверждающих акт захвата — **не возвращено**
Соглашение колчаковского уполномоченного Никольского и управляющего Владивостокским отдел. Госбанка России Щекина с представителями «Иокогамского валютного банка» и «Корейского банка» Кайявара и Катаяма	В архиве «Мицубиси-банк»; в краевом архиве г. Владивостока (предположительно)	Копия опубликована: Сироткин В. Г. Указ. соч. (по японским архивам).
Аналогично согл. От 16 окт. 1919 г., Владивосток, подписано теми же лицами	Аналогично	Копия имеется в архиве Экспертного совета
Распоряжения мининдел Омского правительства Колчака И. И. Сукина. Принимал генконсул России в Гонконге Гроссэ	ЦГАОР, Коллекция Пражского зарубежного архива русского архива русской эмиграции — ф. 197. Минфин Омского правительства	Опись ф. 197 и 143 (Минфин и канцелярия Госбанка) опубл.: «Дипломатический ежегодник», М., 1995, с. 297—301

№№	Дата	Ценности (золото в слитках, монете, ценные бумаги), цель отправки	Стоимость (начало века) или вес
			ЯПОНИЯ
9.	29—30 янв. 1920	Остатки «царского» и «колчаковского» золота	Не менее 55 млн. зол. руб.
10.	22 ноября 1920	20 ящиков с зол. монетой и 2 ящика со слитками	1 млн. 270 тыс. зол. руб. (1 300 кг.)
			Временное правительство *ШВЕЦИЯ*
11.	11 октября 1917	Золото в слитках и монете — *для закупки оружия*	4 млн.850 тыс.
			Большевистское *ГЕРМАНИЯ — ФРАНЦИЯ*
12.	10 и 30 сентября 1918	Золото, ценные бумаги — контрибуция за Брест-Литовский мир	Золото: 93 542 кг — 122 млн. 800 тыс. зол. руб. Ценные бумаги: 203 млн. 635 тыс. зол. руб.

Документы	Местонахождение документов	Комментарий
Нота протеста Приморской земской управы (белые) 19.02.1920 г.	Подтверждающие документы из японских архивов находятся в Экспертном совете	Вторая пиратская акция Японии совместно с генералом Розановым, быв. представителем Колчака в Приморье. Золото вывезено из Владивостокского отделения Госбанка на крейсере «Хидзен» в Японию. История похищения изложена: Латышев И. А. «Как Япония похитила российского золота» М., 1996, с. 40—46
Расписка полковника Рокуро Идзомэ генералу П. П. Петрову от 22.11.20 о «принятии на хранение» и «возврате по первому требованию». Дана на ст. Маньчжурия КВЖД	В архиве Гуверовского института, США; в личном архиве сына генерала Петрова — Сергея (США)	В 1934 — 1941 гг. Генерал Петров судился с Минобороны Японии, но проиграл. Расписка опубл.: Сироткин В. Г. Ук. соч. (иллюстрации).
Русско-шведская финансовая конвенция с Риксбанком	АВПРИ; Нац. библиотека в Стокгольме	Искать в быв. Архиве КГБ СССР (операция «Крест», 1945—1953 гг.)
Русско-германское соглашение 27 авг. 1918 г., Берлин	Подлинник опубликован: «Документы внешней политики СССР», т. 1, 1957, с. 445—453	Перевезено в Париж из Берлина на основании германо-бельгийско-французской конвенции 1.12.1918. — опубл.: «Лит. газета», 28.01.98. По условиям Версальского договора (ст. 259) находится во Франции на «временном хранении» до решения вопроса Россией, Германией и Францией

№№	Дата	Ценности (золото в слитках, монете, ценные бумаги), цель отправки	Стоимость (начало века) или вес
			Правительство *ЧЕХИЯ*
13.	2 октября 1918	Серебряные монеты — *на содержание чехословацкого легиона*	900 тыс. зол. руб.
			«Нацистское» золото *ШВЕЙЦАРИЯ*
14.	Февр. и июль 1940	Золото в слитках	10,5 т. (стоимость не указана)

Итого: 1) В 1914 — 1920 гг. вывезено за границу почти 100% довоенного золота Российской империи на 3 млрд. 604,2 млн. зол. руб. (Справка ФСБ, 17.01.95), или на 5 млрд. 626 млн. долл. США (в ценах 1914 г.), что по весу составляет 3600 т (В. Новицкий, В. Моравский, П. Бурышкин), не считая «бумажного» золота (ценные бумаги). Большая часть золота осталась в Японии (300 т), Франции и Англии (по 47 т), США, Швеции и Чехии.
В зависимости от методики подсчета, сегодня оно оценивается от 30 (без процентов за 80 лет) до 100 млрд. долл. (с процентами).
2) Еще более запутанная картина с «нацистским золотом» в Швейцарии. «Сталинское» золото 1940 г. находится среди 120 т так называемого «еврейского золота», награбленного на оккупированной территории СССР и других государств Европы в 1939—1944 гг. При этом слитки и золотые вещи, как правило, переплавлены на заводе в городе Локле, в то время принадлежавшем Швейцарской банковской корпорации.
Самое главное — в любом случае обсуждения проблемы возможного возврата — лишь при подаче РФ официальных претензий на «нацистское золото»; срок подачи истекает 1 янв. 2000 г. Пока такой заявки от РФ не поступало.

Таблица составлена автором по архиву Международного экспертного совета (была представлена на заседании Совета Безопасности РФ 22 марта 1999 г.)

Документы	Местонахождение документов	Комментарий
Соглашение 2 октября 1918 г. правительства КомУча и Нацсовета чехвойск, Уфа	ЦГАОР, коллекция Пражского зарубежного архива	Опубл. в эмигрантских трудах участников событий в Праге, Риге, Харбине
Советско-германское финансово-экономическое соглашение 19 авг. 1939 г., Берлин	АВП МИД РФ, Росархив и Особый архив. Опубл. «Nazi-Soviet Relations», т. 2 Washington, 1948. Упом. в докладе комиссии профессора Бержье «Швейцария во 2-й мировой войне» (Берн, май 1998)	Золото поставлялось через германский «Рейхсбанк» в «Объединенный банк Швейцарии» (ОБШ) для оплаты закупок стратегического сырья в нейтральных странах (Швеция, Португалия, Лат. Америка). Сделка была признана союзниками незаконной еще в 1940 г. В 1945 г. Сталину было предложено возбудить судебный иск к ОБШ, но он отказался

Таблица 2

Недвижимость России за рубежом
(выборочно)

Недвижимость	Местонахождение	На основании каких документов	Комментарий
«Царская» (государственная) Израиль (*русский пятачок*)			
Здание Собора Св. Троицы (постр. в 1897)	Восточный Иерусалим, до 1967 г. — территория Иордании, с мая 1999 г. — Палестинская автономия	Фирман (указ) турецкого султана на имя генконсула России в Иерусалиме, 1897 г. (*АВПРИ, Архив Синода — ЦГИА в СПб.*)	В октябре 1996 г. по ходатайству МИД РФ возвращено правительством Израиля под юрисдикцию РФ
Здание Русской православной духовной миссии (постр. в 1847)	Восточный Иерусалим, до 1967 г. — территория Иордании, с мая 1999 г. — Палестинская автономия	Фирман (указ) султана на имя главы миссии архимандрита Порфирия, 1848 г. (*АВПРИ, архив Синода*)	В октябре 1996 г. по ходатайству МИД РФ возвращено правительством Израиля под юрисдикцию РФ
Три подворья (гостиницы для паломников) на 3 тыс. чел.	Восточный Иерусалим. Законсервированы. В одном — склад старой израильской военной техники 1948—1949 гг.	Фирманы конца XIX — начала XX в. (*АВПРИ, архив Синода*)	*Передано в хозпользование РПЦ — ИППО**
Здание Генерального дипломатического консульства МИД России (с консульской тюрьмой, домом привратника, садом и бассейном)	Восточный Иерусалим. Снесены властями Израиля (на их месте построено здание муниципалитета), но участок юридически остался за Россией	Фирман султана на имя русского генконсула (*АВПРИ, архив Синода*)	Принадлежали МИД России (до 1914 г.)

---

* **РПЦ** — Русская православная церковь (Московский патриархат), **ЗРПЦ** — зарубежная русская православная церковь, **ИППО** — Императорское Православное Палестинское общество (1882—1917 г. восст. в 1992 г.) — *Прим. авт.*

Недвижимость	Местонахождение	На основании каких документов	Комментарий
Две больницы (большая и малая)	Восточный Иерусалим. Существуют и поныне (законсервированы 50 лет)	Фирман на имя председателя ИППО, нач. XX в. (АВПРИ, архив Синода)	ИППО
Дом Романовых			
Сергиево подворье («русский пятачок»). Построено на личные пожертвования вел. кн. Сергея Александровича и его супруги Елизаветы Федоровны	Восточный Иерусалим. Самое большое подворье. Сдается в аренду Израилем иностранным фирмам под офисы	Фирман на имя вел. кн. Сергея Александровича, председателя ИППО в 1882—1905 гг., ген.— губернатора Москвы и Московской губернии (АВПРИ, архив Синода)	ИППО. С 1996 г. на здание претендует супруг английской королевы герцог Эдинбургский как «родственник по крови» членов Дома Романовых. Посольство РФ в Тель-Авиве рассматривает претензии герцога надуманными и считает претензии РПЦ на подворье **обоснованными**
Александрийское подворье. Быв. Резиденция вел. князей-паломников.	Иерусалим, рядом с Гробом Господним. Ныне музей	Фирман на имя вел. кн. Сергея Александровича (ЦГАОР, коллекция «Библ. Зимнего дворца»)	**ЗРПЦ***
Собор Св. Марии Магдалины с подсобными постройками и садом (построен на средства вдовы Александра II Марии Александровны, 1881—1887 гг.)	Иерусалим, Масличная гора	Фирман на имя Марии Александровны (АВПРИ, архив Синода)	ЗРПЦ

Реестр 37 объектов церковной и светской недвижимости в «Святой Земле» в XIX в. на 1903 г. (здания, земельные участки и т. д.) см.: «Дипломатический ежегодник». М., 1992, с. 260—268 (официальная публикация по АВПРИ МИД РФ). Стоимость одних только объектов «русского пятачка» в Иерусалиме составляла 4 млн. 250 тыс. зол. фр. (АВПРИ, справка управления заграноимущества МИД СССР, 1949 г.)

Недвижимость	Местонахождение	На основании каких документов	Комментарий
Франция			
Дворец «Бельведер». Летняя резиденция вел. князей на Лазурном берегу	Ницца, бульвар «царевича Николая»	Купчая с городскими властями Ниццы, 1865 г. *(архив г. Ниццы)*	Не приватизирован и не продан — муниципальная собственность (ныне размещен городской лицей)
Дворец «Вальроз». Владения быв. управляющего императорскими ж. д. России фон Дервиза (дальний родственник семьи Романовых); в 1910 г. куплен фабрикантом А. А. Путиловым, с 1920 г. — собственность мэрии г. Ниццы	Ницца, «Верхний город». Несколько зданий, включая здание театра. Выступал собственный симфонический оркестр с хором; 5 янв. 1879 г. дана опера «Иван Сусанин» («Жизнь за царя») Ф. Глинки	Купчая с городскими властями Ниццы, 1867 г. *(архив г. Ниццы)* Упом. в журн. «Sourgentin», № 123, oct. 1996 (Nice), p 28—29	Муниципальная собственность мэрии Ниццы (с 1964 г. размещен один из факультетов университета Ниццы)
Собственность «белых» эмигрантов			
Дом для престарелых (богадельня). Комплекс зданий на 70 чел. с гаражом и садом	г. Монтон (возле франко-итальянской границы), Лазурный берег	Купчая с 1908 г. *(архив г. Монтона)*	Принадлежит Ассоциации эмигрантов. Продается за 30 млн. фр. (1999), так как русских пансионеров больше нет.
Русская «Биостанция моря», 1892—1932 гг., ныне биостанция Сорбонны по морской биологии для практики студентов. Комплекс зданий	г. Вилльфранш (пригород Ниццы), Лазурный берег	Купчая графов Орловых в 70-х гг. XVIII в. Станция размещена в помещениях быв. Русских военно-морских казарм XVIIII—XIX в. *(архив мэрии).* Упоминается: Федор Степун. «Бывшее и несбывшееся (мемуары)». Лондон, 1990	Вице-мэр г. Вилльфранш Шарль Минетти предлагает (1998) долгосрочную аренду для организации русско-французского культурного центра

Недвижимость	Местонахождение	На основании каких документов	Комментарий
США			
Особняк-музей армии Колчака (огромная коллекция оружия, мундиров, орденов, знамен, мемуаров и т. д.). Существует с 30-х гг.	Сан-Франциско, США	Контракт на покупку участка, строительство здания *(архив мэрии)*	Собственность ветеранов «Великой войны» (1914—1922 гг.). Их потомки сегодня входят в Ассоциацию кадетов и суворовцев. Готовы безвозмездно передать архивы в РФ (японцы пытаются купить музей)
Швейцария			
Дворец графа Бестужева-Рюмина. До 1970-х гг. — Лозанский университет, сегодня — городской художественный музей	Лозанна, построен в начале XX в. в стиле ампир	Деньги графа Бестужева-Рюмина *(архив г. Лозанны, контракт)*	Граф был обманут властями Лозанны — деньги взяли, а здание не отдали. Адвокаты Лозанны готовы начать процесс (1998 г.)
Русская Православная Церковь			
Италия			
Собор Николая Угодника с хоз. постройками и парком («святое место» православия с 1912 г.)	г. Бари, Южная Италия	Купчая с Итальянским правительством *(архив Ватикана, архив Синода в СПб.)*	Бесхозен до 1939 г. «Подарен» полпредом Штерном Муссолини в 1939 г. Возвращен СССР как денонсированная фашистская собственность. Не принят Сталиным. Снова бесхозен — РПЦ не берет «на баланс». Содержится муниципалитетом города Бари (в помещениях на одну тысячу человек живут две монашки-итальянки)

Недвижимость	Местонахождение	На основании каких документов	Комментарий
Русские фабриканты			
Иран			
Рыбные концессии «Братья Лианозовы»	Каспийское побережье Персии, центр г. Пехлеви	Договоры о концессиях Лианозовых с иранским правительством 1876, 1879, 1886, 1893 и 1896 гг. В 1906 г. продлены до 1925 г. Советско-иранский договор 1921 г. (ст. 14) предусматривал переговоры о передаче собственности Лианозовых советскому государству, поскольку один из братьев Лианозовых (Мартин) продал в 1921 г. свою долю акций (промыслы в Астаре) СССР	После военной экспедиции флотилии комиссара Раскольникова в 1920 г. промыслы были де-факто захвачены СССР — они управлялись советскими уполномоченными, а продукция вывозилась в СССР. Переговоры о промыслах Лианозовых велись в 1921—1924 гг. 28.10.1922 г. был подписан протокол: в связи с истечением срока последнего (1906 г.) договора с Лианозовыми их права концессионеров передаются СССР, Лианозовым выплачивается компенсация, а СССР платит Ирану 50% от прибыли концессии. Однако в 1925 г. в Иран прибыла миссия США и сорвала эту договоренность. Подробней см.: Dr. A. C. Millspaugh. The American task in Persia. NY — London, 1925, p. 294—303

Недвижимость	Местонахождение	На основании каких документов	Комментарий
Советская собственность			
Восточная Европа			
Германия — 695 объектов Венгрия — 244 объекта Болгария — 672 объекта Австрия — 2415 объектов Финляндия — 295 объектов Румыния — 464 объекта, на основе оккупационного права 1945 г. Общая стоимость более 10 млрд. долл. (1997 г.)		Союзная декларация о поражении Германии и ее союзников от 5.06.1945 Постановления Союзной контрольной комиссии в странах-союзниках Германии, 1945—1947 гг.	Коллекция архивных документов в ЗАО «Интерпоиск» (6 сейфов) *Руководители Е. П. Карабанов и В. П. Никифоров.* Необходимы судебные процессы
Монголия			
42 объекта — жилые дома, школы, больницы, пионерлагеря, котельные и т. д. Только в Улан-Баторе и Дархане оценочная стоимость — *11 млн. 633 тыс. долл.*		Соглашения ГКЭС, МВЭС, МО СССР с монгольским правительством за 1924—1990 гг.	Кроме того, в Монголии осталось несколько больших военных аэродромов, которые намереваются купить иностранные авиакомпании, летающие в Японию и США *(справка Ю. Н. Кручкина, быв. 3-го секретаря посольства СССР в МНР, февр. 1999 г.)*

Таблица составлена автором по архиву Международного экспертного совета (была представлена на заседании Совета Безопасности РФ 22 марта 1999 г.)

ИЗ ИСТОРИИ ПРОИСХОЖДЕНИЯ ЗОЛОТОГО ЗАПАСА РОССИИ (СПРАВКА ИЗ АРХИВА ФСБ)*

Со времени Крымской кампании создание твердого запаса, позволяющего России возобновить платежи в звонкой монете, было задачей, к которой стремились все министры финансов. Политику накопления золота продолжали все последующие министры финансов России.

При министре финансов Витте Россия располагала необходимыми суммами для оплаты золотом и создания золотой единицы на основе 1 рубля равного 2,667 франкам. Денежная реформа Витте была облегчена благодаря золотодобыче в Сибири и займам за границей.

При последователе Витте Коковцеве был создан твердый золотой запас, установлена значительная денежная наличность, которую можно было бы использовать в случае непредвиденных обстоятельств (неурожая, войны). Эта наличность оказалась кстати в начале войны с Японией в 1904 г. Золотой запас накануне войны достигал 604 млн. р., не считая золота, помещенного различным образом за границу (ЦГАНХ СССР, ф. 2324, оп. 1, ед. хр. 833, л. 1,2).

От начала Первой мировой войны до Октябрьской революции Россия располагала самым крупным золотым запасом в Европе, представляющим собой огромную сумму — свыше 2 млрд. руб.

Движение золотого запаса выражается в следующих цифрах в млн. руб.:

	1914 г.	1915 г.	1916 г.	1917 г.	8.10.1917 г.
Золото внутри страны	1 604	1 560	1 614	1 476	1 101,1
Суммы золота за границей	140	170	646	2 141	2 503,1
Всего:	1 744	1 633	2 260	3 617	3 604,2

(ЦГАНХ СССР, ф. 2324, оп. 1, ед. хр. 760, л. 9)

За исходную точку отсчета взят 1913 г., как последний, стабильный в финансовом отношении, довоенный год.

---

* Передана секретариатом бывшего вице-премьера О. Д. Давыдова в текущий архив Экспертного совета после 18 января 1995 г. — *Примеч. авт.*

1914 г. явился рубежом, с которого начались существенные изменения в составе и количестве российского золотого запаса.

За время войны царское правительство передало Англии 650 млн. руб. под обеспечение своих займов для оплаты военных заказов, сделанных в Англии и США. Кроме того, Временное правительство отправило в Стокгольм 5 млн. руб. (ЦГАНХ СССР, ф. 2324, оп. 1, ед. хр. 12, л. 29).

Под давлением обстоятельств военного времени имперское правительство России эвакуировало примерно половину золотого запаса в Саратов и Самару. Другая половина хранилась, в более или менее равных долях, в Петрограде и Москве.

Стремясь лучше укрыть золотые запасы, правительство начало концентрировать их в Казани, подальше от линии фронта. Выбор места хранения золота не случаен — Казанский банк располагал обширными кладовыми. К тому же город занимал удобное географическое положение, имел железнодорожное сообщение с центром страны.

В начале 1915 г. в Казань было эвакуировано золото из Петрограда — российская и иностранная монета Монетного Двора, золото в слитках частных аффинеров и частных банков.

Начиная с 1915 г., все отделения Банка Сибири и ближайшие к Казанскому отделению прислали сюда всю свою наличность и высылали таковую ежемесячно, по мере накопления (ЦГАНХ СССР, ф. 2324, оп. 1, ед. хр. 758, л. 52 об.).

С наступлением немцев вглубь России в начале 1918 г., Совнарком РСФСР решил сосредоточить весь золотой запас России в Казани. Сюда началась эвакуация золотых запасов из Москвы, Самары, Саратова, Тамбова, Козельска и других городов России. Из Петрограда стали поступать ценности Монетного Двора, Главной палаты мер и весов, Горного института.

Сосредоточение в Казани золотого запаса России, румынского золотого фонда, хранившегося во время войны в Москве, запасов серебра и других ценностей продолжалось до того времени, пока не стало очевидным, что в Казани небезопасно.

Контрреволюционный заговор изменил обстановку

в этом районе. Совнаркомом рассматривался вопрос относительно нового места хранения золотого запаса. Срочно была сформирована группа, ответственная за осуществление эвакуации золотого запаса из Казани, под руководством К. П. Андрушкевича. В эту особую экспедицию входили: С. И. Добринский, Богданович, Н. В. Наконечный, Леонов, симбирский комиссар финансов С. М. Измайлов (ЦГАНХ СССР, ф. 2324, оп. 1, ед. хр. 865, л. 382 об).

Экспедиция прибыла в Казань 28 июля 1918 г. и приступила к подготовке эвакуации. Решено было погрузить золотой запас на пароходы и баржи и отправить вверх по Волге до Нижнего Новгорода и дальше по Оке. Но в разгар работ, 5 августа, когда началась эвакуация золота, в районе пристани был высажен белогвардейский десант, а в городе вспыхнул контрреволюционный мятеж.

Тогда была предпринята попытка вывезти золото по железной дороге, но не оказалось ни одного паровоза. Андрушкевичу К. П., Измайлову С. М. и казанскому министру финансов Бочкову А. И. в сопровождении дружинников удалось вывезти в Москву на четырех автомобилях 100 ящиков с золотом.

Весь оставшийся в Казани золотой запас попал в руки контрреволюционеров и в конце августа 1918 г. был перевезен в Самару.

Нарицательная стоимость вывезенного из Казани в Самару золотого запаса, по сведениям Самарского правительства КомУч, составляла 657 млн. руб.

В сентябре 1918 г. по распоряжению Самарского правительства золото было эвакуировано в Уфу.

На совещании в Уфе было избрано так называемое Всероссийское Временное правительство в виде пятичленной Директории, которой подчинялось Самарское правительство.

Опасаясь, что при дальнейшей эвакуации на восток золотой запас может попасть в руки образовавшегося Омского правительства в Сибири, Уфимская Директория обратилась к членам верховного политического органа чехословацкой армии — Отделу Чехословацкого Национального Совета с просьбой дать охрану для конвоирования золотого запаса в Челябинск.

К эшелонам с золотым запасом были приставлены

чехословацкие караулы. Право распоряжаться золотом формально перешло от Самарского правительства к Директории.

В Челябинске золото было перегружено из вагонов в подвалы элеватора. Уфимская Директория избрала своей резиденцией Омск и в качестве исполнительного органа приняла в свой состав Омское министерство, в котором министром финансов был И. А. Михайлова.

Позднее, по распоряжению Михайлова, золото было перевезено из Челябинска в Омск, в Госбанк.

В ноябре 1918 г., в результате переворота в Омске при поддержке Антанты, на всей территории Сибири была установлена диктатура Колчака. В знак благодарности Колчак признал все долги Царского и Временного правительств, составлявшие 16 млн. руб. золотом. Весь золотой запас перешел к Колчаковскому правительству.

Омским министерством финансов было официально опубликовано:

«Всего запасов из Казани вывезено золота:

а) в русской монете на 523 458 484 руб. 42 коп.

б) в иностранной монете на 38 065 322 руб. 57 коп.

в) в слитках на 90 012 027 руб. 65 коп.

Всего: 651 535 834 руб. 64 коп.».

Здесь впервые обнаружилась разница в номинальной стоимости золотого запаса, определенной в Казани в 657 млн. руб.

С мая 1919 г. началась продажа и вывоз золота за границу в качестве гарантий союзникам за покупаемое Колчаком оружие и снаряжение.

Из Омска во Владивосток для продажи и депонирования в виде гарантий было отправлено 217 038 кг золота на сумму 279 508 835 рублей, из которых по назначению прибыло только 184 238 килограммов на сумму 237 251 815 рублей. (ЦГАНХ СССР, ф. 7733, оп. 37, ед. хр. 1958, л. 6).

32 800 килограммов золота на сумму 42 251 020 рублей были захвачены атаманом Семеновым. Часть золота была истрачена на покупку оружия, а с остальными 33 млн. руб. золотом он бежал за границу, но воспользоваться этим золотом ему не удалось. Он вынужден был отдать золото на хранение японцам, которые впоследствии его не вернули (Гос. архив Иркутской обл., ф. 260, ед. хр. 225, л. 8).

Из 184 238 кг золота, прибывшего во Владивосток, 32 800 кг были помещены в Госбанк, а остаток в размере 151 438 кг был использован для кредитных операций (ЦГАНХ СССР, ф. 7733, оп. 37, ед. хр. 1958, л. 6; ф. 2324, оп. 1, ед. хр. 760, л. 17 об; ЦГАОР СССР, ф. 3985, оп. 1, ед. хр. 105, л. 4).

В продажу было пущено 53 005 кг золота на сумму 68 261 497 руб.:

в мае 1919 г. во Францию через Китайский промышленный банк — 126 пудов на сумму 2 661 185 руб.

в мае 1919 г. в Англию через Гонконг-Шанхайский банк — 516 пудов на сумму 10 898 182 руб.

в июне 1919 г. в Англию и Францию через Гонконг-Шанхайский банк и Китайский Промышленный банк — 698 пудов на сумму 14 753 114 руб.

в июле 1919 г. в Японию через «Иокогама спеши банк» — 140 пудов

в августе 1919 г. в Японию через «Иокогама спеши банк» — 502 пуда

(пункты 4. 5 — всего 642 пуда на сумму 13 559 381 руб.).

в сентябре 1919 г. в Японию через «Иокогама спеши банк» — 500 пудов на сумму 10 550 254 руб.

в августе 1919 г. во Францию через Китайский Промышленный Банк — 750 пудов на сумму 15 839 381 руб.

Всего: 3 232 пуда на сумму 68 261 497 руб.

В качестве гарантии депонировано 98 433 кг на сумму 126 765 304 руб.:

в Японию в обеспечении займа на Монетном дворе в Осаке кредита в размере 30 млн. иен — 1 500 пудов на сумму 31 680 765 руб.

для операций с Англо-Американским синдикатом в Гонконг-Шанхайском банке — 3 937,5 пуд. на сумму 90 860 437 руб.

для приобретения винтовок в Америке через Русско-Азиатский банк — 150 пудов на сумму 4 224 102 руб.

для приобретения пулеметов Кольта — 50 пудов

Всего: 5 637,5 пудов на сумму 126 765 304 руб.

(ЦГАНХ СССР, ф. 7733, оп. 37, ед. хр. 1958, л. 5; ЦГАНХ СССР, ф. 2324, оп. 1, ед. хр. 760, л. 54об, л. 55).

Накануне своего падения Омским правительством были взяты следующие займы:

50 млн. иен у «Иокогама спеши банка» и у «Чосен банка». В Осаку на депозит этих банков было отправлено золота на 30 535 434 иен русской золотой монетой. В счет этого займа было получено валюты на 29 500 000 иен.

7 500 000 ф. ст. у Англо-Американского Синдиката «Кидер Пободи» в Нью-Йорке, «Бр. Беринг» в Лондоне. В Гонконг в Гонконг-Шанхайский банк было депонировано золота в разной иностранной монете и в слитках на сумму 8 621 171 ф. ст., т. е. по паритету золота 9,4575 на сумму свыше 81 500 000 золотых руб..

(Из материалов по контрпретензиям СССР к странам Антанты и Франции. ЦГАНХ СССР, ф. 7733, оп. 37, ед. хр. 1958, л. 5)

Часть этого займа была использована, а часть зачислена на личные счета представителей Сибирского правительства за границей:

1. В Токио у К. К. Миллера:
— 6 940 000 иен;
— 170 000 американских долл.;
— 424 000 франков;
— 450 000 мексиканских долларов.
2. В Лондоне у К. Е. Замен — 517 000 ф. ст.
3. В Лондоне у профессора Бернацкого — 607 000 ф ст.
4. В Нью-Йорке у С. А. Угет — 27 227 американских долл.
5. В Париже у Рафаловича — 21 439 000 фр.
6. В Париже у «Унион» — 256 000 фр.
7. В Шанхае у б. консула Гроссе — 40 000 ф. ст.
8. Кроме того, во Владивостокской Кредитной канцелярии числилось за банками:
— «Бр. Беринг» — 2 000 000 ф. ст.;
— «Ландманс Банк» — 9 000 000 датских крон;
— «Русско-Азиатский» — 113 000 иен, 8 000 американских долл., 4 000 ф. ст.;
— «Индо-Китайский» — 15 680 000 фр.

Общая сумма всех остатков достигала почти 100 млн. зол. руб.

К моменту падения Омского правительства в его распоряжении оставалось:

у генерала Юденича свыше 8 053 000 франков;

у военного агента в Японии генерала Подтягина свыше 6 275 000 иен;

(Из материалов по контр-претензиям СССР к странам Антанты и Франции. ЦГАНХ СССР, ф. 7733, оп. 37, ед. хр. 1958, л. 4).

Дальневосточным правительством в 1920 г. была сделана безуспешная попытка получить эти суммы через посредство японского правительства.

Безуспешной была попытка получить через «Чосен Банк» и «Иокогама спеши банк» суммы от реализации золота, депонированного в Японии Омским правительством в обеспечение своего займа. (ЦГАНХ СССР, ф. 7733, оп. 37, ед. хр. 1958, л. 4).

Омск оказался недостаточно надежным местом хранения золотого запаса, который значительно сократился из-за крупных переводов за границу правительством Колчака.

В конце октября 1919 г. работники, сопровождавшие золото, Н. С. Казановский, Н. П. Кулябко, А. М. Племянников, А. Д. Арбатский провели неофициальную ревизию золота и подвели баланс. Было установлено, что Колчаком и его людьми истрачено более 11 500 пудов золота. Но собрать всю необходимую документацию о выемках золота не удалось, поэтому цифра безусловно занижена.

Собранные Казановским, Кулябко и Арбатским документы по расходу Колчаком золотого запаса, отразили следующее положение вещей.

К 31 октября 1919 г. золотой запас был погружен в вагоны и подготовлен к вывозу на восток. При этом исчез один мешок с 60-ю тыс. зол. руб.

12 ноября 1919 г. «золотой эшелон» двинулся на восток. Колчаковское правительство стремилось доставить это золото во Владивосток и передать его на хранение правительству США.

1 января 1920 г. состоялось совещание представителей союзных представителей в Иркутске — англичан, французов, американцев, японцев, чехословаков, которое пришло к следующему заключению:

«Золотой запас Российского правительства оказывается в опасности и может попасть в руки лиц, не имеющих прав распоряжаться от имени русского народа, а потому долгом союзников является совместно с Российским правительством принять меры к обеспечению охраны этого золотого запаса. Для неприкосновенности золота и хранения его пока союзные правительства, в согласии с представителями правительства Российского, не решат об окончательном его назначении, совещание решило перевезти золото под охраной союзных сил во Владивосток».

(ЦГОАР СССР, ф. 5856, оп. 1, ед. хр. 394-6, л. б).

4 января 1920 г. Иркутск был занят большевиками. Колчак перешел под охрану чехословацких войск и подписал отречение от поста Верховного правителя в пользу Деникина.

5 января 1920 г. началась передача золотого эшелона под охрану чехословацких войск. Но попытка чехов полностью взять на себя «охрану» золотого эшелона успеха не имела, так как русские солдаты отказались оставить свои посты. Решение солдат поддержали Казановский, Кулябко и другие банковские сотрудники, бывшие в эшелоне. Золотой эшелон под смешанной охраной медленно продолжал путь на восток. На станции Тыреть была обнаружена пропажа 13 ящиков с золотом. Судьба этого золота неизвестна.

В конце января 1920 г. золотой запас был отбит у колчаковцев партизанами и рабочими. Хотя фактически золотой запас находился в ведении Иркутского ревкома, его охрана была смешанной и состояла из представителей иностранных держав, аккредитованных при правительстве Колчака, отряда белочехов и югославов, а также бойцов красных партизанских отрядов Сибири. Эта охрана выполняла свои задачи вплоть до 4 марта, когда из Иркутска на восток ушла последняя чехословацкая часть.

Сибирский ревком информировал о захваченном у колчаковцев золоте:

«17 февраля 1920 г.... Для Вашего сведения сообщаем [о] находящихся в нашем распоряжении ценностях, захваченных от павшей власти. На вокзале в Иркутске находится в вагонах под смешанной охраной нашей и чехов запас золота по оценке 5 руб. 50 копеек золотник в слитках — на 13 005 359 руб. 45 копеек, в монете — на 396 062 рубля 78 копеек; всего на 409 068 103 рубля 23 копейки».

(ЦГАНХ СССР, ф. 7733, оп. 1, ед. хр. 1346, л. 17).

18 марта 1920 г. была произведена приемка поезда с золотым запасом. В 13 вагонах «золотого» поезда

оказалось 6 815 ящиков, из них: в 197 ящиках — золотые слитки, в 6 354 ящиках — полноценная российская золотая монета, в 262 ящиках — дефектная золотая монета, и в 2-х ящиках золотые слитки из Пермского Нарбанка. Общая стоимость золотого запаса РСФСР составила 409 625 870 руб. 23 копейки по номинальной оценке». (ЦГАНХ СССР, ф. 7733, оп. 1, ед. хр. 1356, л. 56 об.)

Золотой запас, оставшийся в Европейской части РСФСР после вывоза казанского золота в Омск, составлял 450 млн. руб. (1 101,1 — 651 = 450 млн. руб.) и был сосредоточен в Москве. Часть его в 1918 г. была передана Германии во исполнение 2-й и 3-й статей финансовой конвенции, присоединенной к Брест-Литовскому мирному договору. Всего до 11 ноября 1918 г., когда Германия, подписав перемирие с союзниками, отказалась от всех выгод, связанных с Брест-Литовским договором, было передано Германии 93 526 849 кг золота на сумму 120 799 240 руб. 63 коп. по оценке 5 руб. 50 коп. за золотник (ЦГАНХ СССР, ф. 2324, оп. 1, ед. хр. 760, л. 21).

Во исполнение статьи 259 Версальского договора Германия обязалась передать союзникам все наличные деньги и ценности, которые она получила в виде платежей по Брест-Литовскому договору. Союзные державы сохранили за Россией право получить от Германии всякие восстановления и возмещения, которые соответствуют началам Версальского договора.

В силу этого Брест-Литовское золото, разделенное на две почти равные доли между Францией и Англией (доля Франции — 46 791 165 г; доля Англии — 46 735 801 г.), было помещено на хранение во Французский банк. Золото это является собственностью СССР, как преемника Российской империи. Оно рассматривается, начиная с Генуэзской конференции, как один из главнейших и наиболее бесспорных золотых активов, подлежащих возвращению СССР.

В качестве такого актива Брест-Литовское золото было выдвинуто на Лондонской конференции в 1924 г. и на Парижских переговорах 1926 г..

Примечание: 1 золотник = 4,266 г
стоимость 1 золотника золота составляла 5 руб. 50 коп.
стоимость 1 г золота составляла 23 рубля 46 коп.

К ВОПРОСУ ПРИОБРЕТЕНИЯ НЕДВИЖИМОГО ИМУЩЕСТВА В ПАЛЕСТИНЕ, СИРИИ И ЛИВАНЕ (СПРАВКА МИД СССР)*

В силу разных причин царское правительство было вынуждено в 1843 г. послать в Палестину своих представителей, которые в 1847 г. организовали там Русскую Духовную миссию.

В 1853 г. наряду с миссией был учрежден «Палестинский комитет». С этого времени Палестинский комитет приступил в разных местах Палестины, Сирии и Ливана к приобретению в свою собственность земельных участков и возведению на них разных зданий и подворий для русских паломников. В 1864 г. «Палестинский комитет» был упразднен и вместо него была образована «Палестинская комиссия», реорганизованная в 1882 г. в «Императорское Палестинское Православное Общество» (фактически «Палестинская комиссия» существовала до 1889 г.).

С 1889 г., по возбужденному «Палестинским Обществом» ходатайству, оно стало получать ежегодно субсидию из Государственного Казначейства в сумме 30 000 руб.

Поскольку основная деятельность «Палестинского Православного общества» и его предшественников, начиная с 1853 г., заключалась в приобретении земельных участков в разных «святых местах», а также в постройке зданий, подворий, храмов и т. д., **то уже в 1914 г. «Палестинское Общество» имело в своем распоряжении, на правах собственности, большое количество зданий и земельных участков с общей площадью более полмиллиона кв. саженей, из которых значительное количество земельных участков было принесено в дар «Палестинскому Обществу» со стороны местных граждан, а в свою очередь «Палестинское общество» ряд земельных участков принесло в дар русскому государству, юридическим и фактическим представителем которого выступал консул в Иерусалиме.** (выделено мной. — *Авт.*)

Следует иметь в виду, что правовое положение нашей собственности в Палестине характеризовалось

---

* Передана в 1996 г. в Текущий архив Экспертного совета председателем ИППО профессором О. Г. Пересыпкиным. — *Примеч. авт.*

наличием одного ограничения (вакуфа), смысл которого заключался в следующем:

турецкое мусульманское законодательство до первой мировой войны не признавало юридических лиц; оно считалось только с правами отдельных физических лиц, а не с их союзами и обществами. Поэтому в Турции в те времена (в период деятельности Палестинского Общества) все общества, компании, союзы, товарищества, религиозные и пр. учреждения во всех сделках по недвижимым имуществам прибегали к посредничеству своих членов, служащих или посторонних лиц, на имя которых записывались и оформлялись эти покупки. В силу этих обстоятельств значительное количество недвижимого имущества иностранных благотворительных учреждений были записаны на имя частных лиц.

В 1913 г. турецкое правительство издало новый временный закон, срок действия которого был ограничен шестью месяцами, по которому было разрешено религиозным и благотворительным учреждениям переписывать на свое имя те имущества, которые были записаны на имя частных, третьих лиц.

Также на имя третьих лиц, в частности, на имя вел. Кн. Сергея Александровича и других, было записано большое количество участков, и поскольку последний после смерти не оставил никаких завещательных распоряжений относительно записанных на его имя имуществ общества, а выданные им доверенности на право распоряжения этими имуществами потеряли силу, и учитывая, что Палестинское Общество не могло быть назначено его правопреемником, так как оно не могло приобретать имущество — трудно сказать, какое из этого имущества в Палестине, Сирии и Ливане было с 1913 г. переоформлено за Палестинским Обществом, Духовной Миссией или Русским государством.

1. Два смежных земельных участка: большой участок «Дохра» размером 6 300 кв. м. и меньший без названия размером 2 700 кв. м. на склоне горы Рас-она около деревни Бейт-Джала недалеко от города Вифлеема. (По сведениям быв. секретаря Палестинского Общества Хитрово размер их 14 640 кв. м.). Один из них был приобретен в 1866 г. и второй в 1872 г. Антонином * на свое имя за 3 тыс. фр. На участке расположены:

1. Два двухэтажных каменных дома, в которых помещалась женская семинария.
2. Одноэтажный каменный дом для служащих семинарии.
3. Домик-особняк архимандрита Антонина.
4. Одноэтажный дом — амбулатория.
5. Конюшня.
6. Три цистерны для воды, прачечная и фруктовый сад.

Оба участка окружены общей капитальной стеной стоимостью в 10 000 фр. В 1895 г. стоимость построек определялась 142 800 фр. и земельных участков 12 000 фр. В 1897 г. — оба участка переведены на имя Российского правительства, после чего были получены два фирмана турецкого султана, подлинники которых хранятся в Архиве Внешней Политики. В делах НКИД имеются две незаверенные копии указанных фирманов, два плана участка и несколько планов зданий, расположенных на участке.

2. Земельный участок размером около 10 568 кв. м. в Галилее около железнодорожной станции Аффула в Ездрелонской долине подарен в 1913 г. российскому Палестинскому Обществу Михаилом Сурсуком (бейрутский нотабль).

Купчая крепость на участок была составлена на имя Кезмы, начальника семинарии Палестинского Общества в Назарете. Земля относится к разряду мири. По постановлению Совета Палестинского Общества от 11 декабря 1913 г. было отпущено 8 600 фр. на постройку вокруг этого участка каменной стены. Чтобы земельный участок не перешел после смерти Кезмы его наследникам, 14 января 1914 г. Кезма дал письменное заявление Палестинскому Обществу о том, что записанный на него участок в Аффуле был куплен на средства Палестинского Общества и фактически принадлежит не ему, а Обществу. По сведениям от августа 1913 г. на участке Палестинское общество предполагало построить приют для паломников. По случаю Первой мировой войны Общество не успело переписать участок с Кезмы на Российское Правительство или на кого-либо из русских. В деле участка

---
* Архимандрит Антонин (Капустин) — глава Русской духовной миссии в Иерусалиме в конце XIX в. — *Примеч. авт.*

имеется незаверенная купчая крепость на турецком языке с русским переводом, а других документов, подтверждающих право собственности Палестинского Общества на участок, нет.

3. Земельный участок «Баб-Хотта» с двумя садами внутри стен Иерусалима в его северо-восточной части в квартале Баб-Хотта размером 193 391 кв. м приобретен Палестинской комиссией в 1850—1859 гг. у одного местного монаха Виссариона за 17 840 фр. В 1889 г. участок был передан в ведение Российского Православного Общества. До 1859—1860 гг. на участке никаких построек не было. Он ежегодно сдавался в аренду местному кустарю кирпичнику. После 1896 г. на участке построен двухэтажный дом-приют. Земля относится к разряду мюльк. В 1896—1897 гг. участок был переписан у русского консула в Иерусалиме на имя русского правительства, на что имеется два подлинных фирмана, которые хранятся в Архиве Внешней Политики. Кроме того имеются две незаверенные копии с вышеупомянутых фирманов на французском и турецком языках и незаверенный план участка.

Масличная гора

4. Земельный участок «Гефсимания» с церковью Марии Магдалины приобретен за 14 000 фр. на имя русского консула Васильева. Согласно плану размер его 10 112 кв. м, а по др. документам 11 960 кв. м. Участок расположен за городской чертой в местности древнего Гефсиманского сада. На участке расположено Мариино-Магдалинское подворье, состоящее из двух каменных домов (приюты для паломников), художественной конструкции с мазанкой храма во имя Марии Магдалины, трех цистерн для воды и фруктового сада.

Израсходовано на строительство храма 240 000 фр., на дома 25 000 фр., на капитальную стену, окружающую все подворье, 36 000 фр. В 1897 г. 20 марта все это имущество было в кадастровом управлении Иерусалима переписано на имя русского правительства, на что был получен фирман турецкого султана, подлинник которого хранится в Архиве Внешней Политики. Кроме того в делах НКИД имеется три незаверенных плана на все подворье. В 1897 г. все имущество оценивалось в 402 260 фр.

5. Земельный участок «Арз-Уль-Хабаель» на Масличной Горе (на горе «Елеон» или Малая Галилея).

Около Малой Галилеи в местности Хабаель в деревне Альтур. Участок был приобретен Палестинской комиссией при Министерстве иностранных дел за 2 300 фр. на имя русского консула в Иерусалиме. Размер его 9 923 кв. м. Кроме разрушенных замка и цистерны на участке никаких построек не было. После ликвидации Палестинской комиссии, участок был передан в ведение Палестинского Общества. В 1897 г. участок был переведен на имя Российского правительства. Для закрепления прав собственности на участок был получен фирман турецкого султана. Вследствие неиспользования участка, а также плохого наблюдения за ним со стороны Общества в 1908 г. от участка было отрезано 100 кв. м соседом Сулейманом Муакет. В июле 1908 г. указанные 100 кв. м по требованию Российского Генерального консула в Иерусалиме были отобраны местными властями у Сулеймана и возвращены обществу. Вокруг участка построена кирпичная ограда. В 1897 г. стоимость участка определялась в 40 000 фр. Подлинник фирмана турецкого султана на участок хранится в Архиве Внешней Политики. Копии фирмана и плана земельного участка хранятся в НКИД.

6. Второй или малый земельный участок в Назарете «Огород-Шуруща» размером 1480 кв. м приобретен Палестинским Обществом 16 июня 1864 г. за 15 000 пиастров на имя русского консульского агента в Хайфе Константина Аверино у назаретских жителей Ильи Аббуда и Оде Хаммура. На Аверино была составлена купчая крепость, которая после смерти Аверино была потеряна. Новому консульскому агенту С. К. Хури на основании права десятилетней давности владения удалось переписать участок на свое имя в Назаретском кадастровом управлении в августе 1892 г. Незадолго до своей смерти С. К. Хури выдал начальнику Назаретской учительской семинарии Общества Кезме доверенность на передачу участка председателю Православного Палестинского Общества вел. княгине Елизавете Федоровне. По архивным материалам от 1915 г. установлено, что Палестинскому Обществу переписать участок на имя Елизаветы Федоровны не удалось. Он по-прежнему в Кадастровом управлении оставался записан на Селима Хури. Никаких документов на право собственности Общества на участок нет. Участок оспаривался греческой православной общиной, в результате чего он был разделен на две половины, часть в 1480 кв. м отошла Палестинскому Обществу и 1480 кв. м греческой общине. В 1904 г. стоимость участка определялась в 979 фр.

7. «Третий Назаретский» земельный участок в квартале «Эль-Айн» размером 3361 кв. м. был составлен из двух смежных участков: один из них был приобретен с аукциона местным жителем Михаилом Хури у назаретского жителя Хумиоса и второй принадлежал тому же Михаилу Хури. В 1891 г. оба участка были приобретены Палестинским Обществом у Михаила Хури за 105 зол. фр. фр. В 1892 г. Палестинское Общество объединило оба участка в один, но купчие крепости за №№ 7 и 8 были составлены на каждый участок в отдельности. Кроме того, была составлена третья купчая крепость № 9 на фруктовый сад, находящийся на этих участках. Участок и сад в Назаретском кадастровом управлении были записаны на имя А. И. Якубовича — инспектора русских школ в Палестине. 10 сентября 1907 г. Якубович, уезжая из Палестины, выдал начальнику Назаретской учительской семинарии Общества Кезме доверенность на управление и передачу участка Палестинскому Обществу. По архивным материалам от 1915 г. установлено, что в 1913 г. Палестинское общество пыталось переписать земельный участок на имя русского правительства, но ввиду начала войны осуществить это не удалось, и участок оставался записанным на имя Якубовича. Документов, подтверждающих право собственности Палестинского Общества на участок, нет, так как купчая крепость хранилась в делах Галилейской инспекции. В делах участка имеется незаверенная копия плана земельного участка. В 1904 г. стоимость участка определялась в 6645 фр. плюс 3535 фр. каменная стена вокруг участка.

8. Земельный участок «Старое подворье Московийе» или **«Русские постройки»** размером 71 678 кв. м, из которых 23 142 кв. м были подарены султаном Абу-уль-меджид в 1855 г. вел. кн. Константину Николаевичу и 48 536 кв. м были приобретены: 1. У графа Кушелева-Безбородко, 2. У Г. Таннуса — местного жителя, 3. У архимандрита Никифора, 4. У банкира Бергхейма, 5. У архитектора Пьеротти. Земля относится к разряду мюльк. На приобретение участка и на подготовку его к постройке было израсходовано в 1855—1860 гг. 154 951 фр. На участке расположены:

1. Дом в 3 426 кв. м. быв. Генконсульства России с садом и огородом.
2. Дом для прислуги Генконсульства.
3. Дом для кавваса и для консульской тюрьмы.
4. Дом для привратника.
5. Два дома-приюта III разряда для паломников и помещения некоторых служащих, всего на 600 человек.
6. Собор Святой Троицы.
7. Дом духовной миссии с домовой церковью.
8. Здание общей большой больницы.
9. Здание малой больницы для заразных больных.
10. Дом для магазина Палестинского Общества.
11. Большой бассейн.

На постройку зданий было израсходовано: правительством 500 000 руб., добровольно пожертвованных 270 000 руб. и подарено Российским Обществом пароходства и Торговли (РОПИТ) 30 000 руб. Всего 800 000 руб. или 2 703 000 фр. Все здания сделаны из камня и расположены на возвышенном месте около шоссейной дороги, проходящей из Иерусалима в Яффу. Все это имущество являлось самым крупным имуществом России в Палестине. В 1895 г. стоимость участка оценивалась в 1 250 000 фр. и здания свыше трех миллионов фр. В 1897 г. земельный участок и постройки были записаны на имя царского правительства и был получен султанский фирман, подлинник которого хранится в Архиве Внешней Политики. По имеющемуся незаверенному плану участка видно, что в зданиях, расположенных в Московийе находились три подворья: 1) Елизаветинское женское, 2) Мариинское мужское и 3) Николаевское.

Копия купчей крепости находится в деле за № 331 Священного Синода (Ленинградский архив).

9. Земельный участок «Даббага» или «Коптское городское место» внутри стен Иерусалима недалеко от храма «Гроба Господня» размером 1429 кв. м. (по другим данным 8 гектаров). Составлен был из двух частей: первая часть была куплена в 1859 г. русским консулом Доргобужиновым у коптского священника Джирвиса и его брата Ризка за 28 159 фр. и вторая часть была приобретена Доргобуджиновым у Магомета Али 26 сентября 1859 г., у митрополита Петры Арвийского 5 июля 1861 г. русским консулом Соколовым за 15 820 фр. До 1887 г. на участке были развалины церкви Св. Марии Латинской и др. древних христианских памятников. В 1887—1891 г. на участке были построены русской духовной миссией: церковь Александра Невского, ценность и обстановка которой заключается в высокохудожественных произведениях религиозного содержания лучших русских авторов, и каменный дом из 11 комнат для паломников, на строительство церкви и дома было израсходовано 106 500 руб. золотом или 319 000 фр. Все это имущество находилось в ведении Российского Православного Палестинского Общества. В 1895 г. стоимость всего имущества определялась в 570 000 фр.

10. Земельный участок «Вениаминовский приют» вблизи стен Иерусалима в местности «Баб-ель-Халиль» размером 1 729 кв. м. В 1896 г. монахом Российской духовной миссии в Иерусалиме Вениамином участок вместе с двухэтажным домом, фруктовым садом и др. надворными постройками был принесен в дар Российскому Палестинскому Обществу на имя Михайлова, заведующего подворьями Палестинского Общества в Иерусалиме. В 1895 г. Михайлов путем дара перевел это имущество на имя вел. кн. Сергея Александровича. Подлинная купчая крепость на это имущество хранится в Архиве Внешней Политики в папке «Российское Посольство в Константинополе» отдел Константинопольское П-во ед. хр. № 3359. Кроме того, в делах НКИД имеется засвидетельствованная светокопия плана земельного участка и расположения построек подворья. В 1895 г. стоимость всего имущества определялась в 49 742 фр.

11. Земельный участок под названием «Згнеми» или **«Хакурет-уль-Бераджие»** расположен вблизи стен Иерусалима около старых Дамасских ворот. Размер его 12 809 кв. м, приобретен в 1895 г. за 20 700 фр. у Джебрал Гаргура на имя драгомана быв. Российского Генконсульства в Иерусалиме Мехашири. Несмотря на то что покупка его производилась для постройки паломнического приюта, участок до 1886 г. не использовался, а имевшийся на нем дом был заброшен. В 1886 г. участок был сдан в аренду для посевов, а дом под квартиру католикам, турецким подданным Нессе Рофа и Джириэ Мадросс за 16 турецких лир в год. Весь участок огорожен каменной стеной. Кроме площади для посева на участке был еще небольшой фруктовый сад и две цистерны для воды. В 1888 г. по распоряжению губернатора города Иерусалима от участка было отрезано 20 кв. м для проведения новой дороги. Участок был в ведении Палестинского комитета при МИД. В 1897 г. он был переведен на царское правительство и был передан в ведение Палестинского Общества. Официальным документом на право собственности является султанский фирман от 1897 г., находящийся на хранении в Архиве Внешней Политики; кроме того имеется незаверенная копия плана на участок. По оценке 1897 г. стоимость участка определялась в 230 000 фр.

12. Земельный участок (№ 1) «Мамилла» размером 15 614 кв. м, а по имеющемуся заверенному плану 15 565 кв. м расположен недалеко от стен Иерусалима против Мейдана у пруда Мамилла или св. Вавилы (по пруду называется и земельный участок). Приобретен в 1857 г. у Коблан-Дахдеева графом Кушелевым-Безбородко за 28 500 пиастров. Кушелев продал его уполномоченному Палестинской комиссии Мансурову за 29 650 фр. Весь участок огорожен кирпичной стеной, но никаких построек на нем нет, кроме двух цистерн для воды. В 1897 г. участок оценивался в 140 000 фр. и был переписан с Мансурова на российское правительство. Подлинный фирман турецкого султана, доказывающий права собственности на участок быв. царского правительства находится на хранении в Архиве Внешней Политики. Кроме того в НКИД имеется заверенный план участка.

13. Земельный участок (№ 2) «Мамилла» размером 4 483 кв. м расположен рядом с участком № 1 «Мамилла», приобретен в 1885 г. уполномоченным Палестинской комиссии Мансуровым на свое имя за 6 000 фр. под кладбище. На участке имеется сад, построек никаких нет. Вокруг участка построена кирпичная стена. В 1897 г. участок был переписан с Мансурова на российское правительство и оценен в 33 000 фр. Подлинный фирман турецкого султана, закрепляющий права собственности быв. царского правительства, находится на хранении в Архиве Внешней Политики. Кроме того в НКИД имеется заверенный план участка.

14. Земельный участок «Эль Атн» в Вифлееме составлен из трех отдельных частей земли, купленных за 33 000 фр. от трех местных жителей на имя генерал-майора Степанова. Общий размер участка 7 955 37 кв. м. Никаких построек на нем нет, но весь засажен деревьями и окружен каменной стеной, на постройку которой было израсходовано Палестинским Обществом 1 300 фр. В 1898 г. участок путем дарения был переписан на вел. князя Сергея Александровича.

Стоимость его определялась в 37 000 фр. и стены 1 300 фр.

Участок разделен общественной дорогой на две части.

Подлинная купчая крепость, выданная Главным управлением кадастров на имя Сергея Александровича, хранится в Архиве Внешней Политики в папке «Российское Посольство в Константинополе, отд. Констант. П-во, ед. хр. № 359». Кроме того в деле участка имеется незаверенная копия указанной купчей, светокопия подлинного плана участка и незаверенный план участка.

15. Земельный участок «Хомси» или «Мерис-Уль-Асами» у новых ворот Иерусалима размером 3 436 кв. м. приобретен быв. русским консулом в Иерусалиме Доргобужиновым в 1859 г. у Юсеана Гейнема, драгомана русского Генконсульства, за 1 840 фр. По сведениям от 1886 г. участок был не застроен и сдавался местным жителям под посевы. В 1893—1895 г. на участке был построен русским Генконсульством каменный дом для квартир чиновников Генконсульства. На постройку дома было израсходовано 115 000 фр. 27 октября 1896 г. земельный участок был записан на имя русского правительства, на что имеется подлинный фирман турецкого султана, который хранится в Архиве Внешней Политики. Участок и дом находились в ведении Генерального Консульства в Иерусалиме. В 1895 г. стоимость участка и построек на нем определялась в 176 000 фр. В делах НКИД имеется заверенный план вышеупомянутого дома.

16. Земельный участок «Московийе-эль-Джедиде» для «Нового Сергиевского подворья» размером 4 202 кв. м. недалеко от стен Иерусалима. Приобретен участок в 1886 г. Смышляевым у Мусы Соломана Тамнуса за 36 000 фр. На участке расположены: каменное здание приюта паломников I, II, III разрядов, каменный дом, занимавшийся квартирами должностных лиц Палестинского Общества, пекарня, баня, кухня, машинное отделение, склады и др. надворные службы. Это подворье являлось административным центром всех недвижимых имуществ Российского Палестинского Общества в Иерусалиме и в его окрестностях. На постройку зданий было израсходовано 540 000 фр. В 1895 г. все подворье оценивалось в 650 000 фр. 19 июня 1895 г. земельный участок и все здания были записаны на имя вел. кн. Сергея Александровича. Подлинная купчая крепость на это имущество хранится в Архиве Внешней Политики в папке «Российское Посольство в Константинополе отд., Констант. П-во, ед. хр. № 3359».

Город Хеврон

17. Земельный участок «Баляд-Эн-Насара» размером 265 000 кв. м находится в 3—4 километрах от города Хеврона. Приобретен участок в разное время от разных лиц по частям на имя Хаммури, одного из арабских шейхов.

Из архивной переписки видно, что он был составлен из 34 маленьких клочков земли и было составлено на него 34 купчих крепости. Израсходовано на покупку всей земли 11 454 франка. На участке были развалины древней церкви, которая по преданию была построена Евсевием, епископом Кессарийским, на месте Мамврийской рощи, вырубленной императором Константином. На участке никаких построек не было. Вся площадь была занята фруктовым садом. Почва у участка относилась к разряду древнего вакуфа Тамим-Эд-Дари, за которую ежегодно духовная миссия платила, кроме верги, еще вакуфный налог хикр. В последнее время вследствие своей древности вакуф утратил свой прежний характер и земля приобрела характер мюльк. После смерти архимандрита Антонина умер шейх, на которого был записан участок, поэтому по турецкому закону участок перешел по наследству во владение старшего сына шейха Ахмеда.

В 1896 г. умер и старший сын Хаммури Ахмед и участок перешел во владение жен и детей умершего шейха Хаммури и жен и детей умершего старшего сына Хаммури Ахмеда.

В 1903 г. Российская духовная миссия пыталась полюбовно урегулировать вопрос о владении земельным участком с юридическими владельцами его, но наследники умершего шейха отказались признать право собственности духовной миссии на участок. После этого духовная миссия учинила иск в Хевронском суде для перевода владений на имя Антонина, а затем на его наследников Капустиных. Хевронский суд 16 апреля 1905 г. вынес решение в пользу духовной миссии.

Документов, подтверждающих право собственности быв. русской Духовной миссии на это участок, нет. В 1895 г. стоимость всего земельного участка оценивалась в 30 000 фр.

18. Земельный участок «Халлят-эль-Бутме» (в переводе на русский язык означает узкая полоска земли с теревифовым деревом) размером 20 демюнов или 18 000 кв. м находится рядом с участком «Баляд-Эн-Насара». Приобретен был участок архимандритом Антонином за 4—5 тыс. фр. на имя Хевронского арабского шейха Ибрагима Хаммури и на него была составлена временная купчая крепость. Земля участка относилась к разряду древнего вакуфа Тамим-Эд-Дари, т. е. к той же категории, что и участок Баляд-Эн-Насара. Вследствие всей древности вакуф утратил свой прежний характер и земля приобрела характер мюльк.

В 1895 г., не сделав перевода участка на имя Духовной миссии, шейх И. Хаммури умер и юридическое право собственности на участок перешло старшему сыну шейха Ахмеду. В 1896 г. умер старший сын шейха Ахмед и право собственности на участок перешло женам и детям умершего шейха и Ахмеда. В 1903 г. ввиду отказа наследников сделать перевод участка на архимандрита Антонина, а затем на его наследников Капустиных, Хевронский суд 16 апреля 1905 г. вынес решение в пользу Духовной миссии. В 1895 г. стоимость земельного участка определялась в 5 000 фр. Сада и построек на участке не было. Документов, подтверждающих право собственности быв. русской духовной миссии на участок, нет.

В дер. Силоам

19. Земельный участок «Хакурет-Уль-Баядер» или «Улие» размером 684 кв. м. приобретен с 1878 г. по

1882 г. от нескольких владельцев за 1 740 фр. Кроме того в 1898 г. было еще прикуплено несколько кв. м. На участке имеется скала, обсеченная с трех сторон, фигура которой представляет черехугольную башню в 8 метров высоты. Верхняя половина скалы выдолблена в виде комнаты. У подножия восточной стороны башни имеется небольшая древняя цистерна. Кроме того, на участке были развалины древней церкви и несколько деревьев. С 1878 г. по 1889 г. купчая крепость была составлена на крестьянина Хюсейна Зияде. В 1898 г. после покупки последней части участка купчая крепость была составлена на имя двух крестьян братьев Ава-Даллы и Мыслеха Дарвиша. 8 февраля 1900 г. в суде шариата участок был переведен на имя наследников архимандрита Антонина Капустиных и 29 августа 1900 г. весь участок был переписан на имя вел. князя Сергея Александровича путем дара, на что 30 августа 1900 г. был получен временный владетельный акт на этот участок за № 22456/251, который также был заменен на две купчие за №№ 74 на участок и 75 на деревья и цистерну. Вокруг участка была построена каменная стена стоимость 1 077 фр. В 1900 г. стоимостью участка вместе с сооружениями определялась 8 237 фр. Незаверенные копии купчих крепостей на участок имеются при деле участка. Рядом с участком была приобретена гробница, конец купчей крепости на которую находится в деле за № 331 Священного синода (Ленинградский архив, 5).

20. Деревня АЙН-КЯРЕМ (бывший Горный град Иудов). Земельный участок «Карие-Дживари» около Иерусалима у въезда в деревню Айн-Кярем (место Горнее) размером 6 204 кв. м приобретен в 1856—1859 г. б. Палестинской Миссией при Министерстве иностранных дел на имя драгомана б. Российского Генерального Консульства в Иерусалиме Шейха-Шири за 2 000 фр. После ликвидации Палестинской комиссии участок был передан в ведение Российского Палестинского Общества. Общественной дорогой участок разделен на две части, на большую и на малую. 20 марта 1897 г. участок был переписан на имя Российского правительства. Для закрепления прав собственности Российского правительства на обе части участка были получены два фирмана турецкого султана, подлинники которых хранятся в Архиве Внешней Политики. Кроме того, в делах НКИД имеется незаверенный план участка и незаверенные две копии вышеупомянутых фирманов на французском и русском языках. Земля относится к разряду мири.

21. Земельный участок «Эль-Уара» в деревне Айн-Кярем размером 4 денюма или 3 600 кв. м. находится рядом с участком Уара-Эль-Хас. Приобретен участок в 1890 г. на имя матери архимандрита Антонина за 460 фр. В 1891 г. участок был переписан на имя архимандрита Антонина. В 1899 г. после смерти Антонина участок был переписан на имя племянников Антонина Капустиных, а затем Капустины принесли его в дар вел. кн. Сергею Александровичу, на которого была оформлена купчая крепость. На участке расположены каменный дом в 9 комнат, дом из трех комнат, склад, баня, цистерна, виноградник, масличные и другие деревья. В 1895 г. стоимость участка определялась в 3 000 фр., построек в 10 000 фр. Перед смертью архимандрит Антонин завещал этот участок с постройками и садом своей воспитаннице Апостолиаде с правом передачи после ее смерти какой-либо женщине. После смерти последней все имущество должно перейти в собственность русской церкви в Айн-Кярем (Горнем). Никаких документов на право собственности быв. Российского правительства на этот участок нет. С трех сторон участка построена кирпичная стена.

22. Земельный участок «Хадфе» или «Хадере» размером 360 000 кв. м был приобретен на архимандрита Антонина за 70 000 фр. в 1889 г.. Участок составляет часть вакуфа, учрежденного несколько сот лет тому назад Абу-Аедиан-Эль-Гуси в пользу бедных марокканцев. На участке расположены: церковь Богородицы, два двухэтажных каменных дома — приют для поклонников. Кроме того, среди виноградных лоз, апельсинных, лимонных и других фруктовых деревьев построен 41 небольшой домик, где проживают поклонницы, оставшиеся на жительство в Палестине, и 27 цистерн для воды. Все домики построены на средства поклонниц и согласно условиям после их смерти должны перейти в собственность вакуфа архимандрита Антонина. В 1895 г. стоимость построек и участка определялись в 999 500 фр. Документов на право собственности России нет. Копия купчей крепости находится в деле № 331 Священного синода (Ленинградский архив).

23. Земельный участок «Уара-эль-Хас» размером 8 денюмов или 7 200 кв. м приобретен в 1888 г. архимандритом Антонином на имя Халеби, драгомана Российской духовной миссии в Иерусалиме за 752 фр. В 1891 г. участок был переписан на имя архимандрита Антонина. В 1894 г. после смерти Антонина участок был переписан на имя его наследников — племянников Капустиных, а затем Капустины приносят его в дар вел. князю Сергею Александровичу, на которого была оформлена купчая крепость. На участке фруктовый сад, построек никаких нет.

На основании духовного завещания от 19 марта. 1894 г. архимандрита Антонина участок передан во владение С. А. Апостолиады, которая будет пользоваться им пожизненно, затем передаст своей наследнице, после смерти наследницы участок перейдет Палестинскому обществу. Вокруг участка построена кирпичная стена. Документов на право собственности нет. Стоимость участка в 1895 г. определялась в 7 000 фр.

Город Бейрут и окрестности

24. Земельный участок площадью 2 133 кв. м в городе Бейруте в квартале Ашрафие, улица Дебек, быв. Марий Митрий. Этот участок огорожен каменной оградой, внутри ограды находится старый одноэтажный каменный дом в пять — шесть комнат. Около дома колодец и бассейн для воды. Участок был куплен в 1897 г.; купчая крепость за № 433 была учинена на имя вел. кн. Сергея Александровича. За этот участок было уплачено 84 000 турецких пиастров, ориентировочно 840 руб. золотом. На этот участок имеется русский перевод с копии купчей крепости, заверенный русским генконсулом в Бейруте, и план участка. Участок передан СССР. В Отделе Загранимущества имеются соответствующие документы.

25. Бейрут, квартал Мусайтбех, ул. Сэн-Эли. Здесь имеется большой земельный участок, занесенный в кадастровую опись под номерами 1505, 1506, 1509, 2948, 2947, 2946, 2945, 3203, площадью 11 266 пик (один пик равен 75 кв. см) или 8 439 5 кв. м. Участок обнесен каменной оградой. Внутри ограды — маленькая часовня, большой двухэтажный каменный дом и большое одноэтажное здание бывшей русской православной мужской школы. Этот участок куплен начальницей русских православных школ в Бейруте Марией Черкасовой на средства Православного Палестинского Общества. Участок записан на имя помощницы Черкасовой, учительницы русских школ Афифы Абдо, хотя она была только фиктивным владельцем имущества.

В 1914 г. на все это имущество турками был наложен секвестр, а после войны до 1924 г. оно было в руках Ливанского правительства. В 1922 г. Афифа Абдо возбудила судебное дело против Ливанского правительства по поводу этого имущества. Судом первой инстанции 6 мая 1922 г. (решение № 269) и апелляционным судом в 1924 г. Афифа Абдо была признана законной владелицей этого имущества. В судебном деле имеется ссылка на купчую крепость от июля 1900 г. № 8, но ни копии, ни оригинала ее в судебном деле нет. Теперь все это имущество за смертью Афифы Абдо перешло к ее наследникам.

Судя по архивным материалам, в 1900 г. в Бейруте дамским попечительством из православных арабских женщин был основан православный женский учительский институт известный как институт Сюрзок, так как во главе его стояла мадам Сюрзок. В собственность института был подарен участок земли с находящимся на нем большим двухэтажным каменным зданием института. Кроме того, Сюрзок купила участок земли (напротив института) с фруктовым садом и построила на нем институтскую церковь. Институт находился под попечительством Православного Палестинского Общества, но о принадлежности имущества института Палестинскому Обществу или кому-нибудь из русских подданных никаких сведений и документов еще не найдено. В отчетах о недвижимом имуществе и в сметах Палестинского Общества совершенно не упоминается это имущество.

В Ливане

26. В селении Дур-Элх-Шуэри (в 28 км от Бейрута в Ливанских горах) имеется участок земли около 10 десятин. В нем расположен Сук-эль-Гарбский мужской православный монастырь. Обширные монастырские помещения в зимние месяцы пустуют, а летом сдаются бейрутским дачникам. В архивах не найдено никаких указаний и документов, подтверждающих наши права на этот участок. Он являлся и является до сих пор собственностью антиохийского патриарха.

По некоторым сведениям, в 1914—1918 гг. это имущество было приобретено Палестинским Обществом, и сделку с турками якобы оформлял бывший русский генконсул в Бейруте Батюшков.

Южнее Триполи, в горах Ливана, имеется мужской православный монастырь имени Бельментской Божьей матери. Монастырь имеет две мельницы и масличные рощи. В 1900 г., по инициативе антиохийского патриарха, при монастыре была основана православная духовная семинария, которая получала материальную поддержку от Палестинского Общества, в частности здание семинарии было построено на его средства.* По архивным материалам, этот монастырь является собственностью Антиохийской Патриархии.

В Сирии

27. В местности Седнай, северо-восточнее Дамаска, имеется женский православный монастырь, якобы основанный еще при императоре Юстиниане, но главный храм и большинство келий построено в 1870—1872 гг. антиохийским патриархом Иерофеем на средства, собранные кружечным сбором по церквам России и среди православных арабов. Главным источником дохода монастыря является отдача на лето до 100 комнат дамасским дачникам. Монастырь владеет участком земли, не представляющим особой ценности ввиду его каменистой почвы. Между Иерусалимской Духовной Миссией и антиохийским патриархом шел спор о праве владения этим монастырем. Из архивной переписки не удалось установить результаты этого спора. Никаких документов и косвенных указаний о наших правах на этот монастырь в архивах не найдено.

---

* В настоящее время на территории монастыря и семинарии размещается крупный православный ливанский частный университет Баламанд. — *Примеч. авт.*

Город Иерусалим и Окрестности

28. Земельный участок размером 2 796 кв. м в селении Рамал-Ла Иерусалимского мутассарифлика, в местности «Айнуль-Мезариб». Участок был фиктивно продан за 455 фр.; в действительности же подарен арабским священником Иовом, сыном Салеха-Абу-Магба управляющему Русскими Подворьями Палестинского Общества Михайлову Н. Г. в июле 1316 г. (1900 г.) по ильмухаберу № 93. Священник Иов и его сыновья после стали членами Палестинского Общества и каждый получил за участок в подарок золотые часы с цепочкой от имени «Его высочества».

В 1317г. (1901 г.) земельный участок был принесен в дар Сергею Александровичу, на что в ноябре 1901 г. был выдан ильмухабер за № 70.

29. Участок земли размером 4 гектара с дубом Мамврийским. На участке имеется 2-х этажный дом, храм Пресвятой Троицы и приют русской духовной миссии. Здания построены в 1910—1913 гг. Дуб и участок были приобретены в собственность России в 1868 г. архимандритом Антонином (Капустиным). Копия купчей крепости находится в деле за № 331 Священного синода (Ленинградский архив, ст. I).

30. Новый Назаретский земельный участок или «Усадьба Назаретской семинарии» размером 49 321 кв. м, приобретен Палестинским обществом в конце 1913 или в начале 1914 г. у местного назаретского жителя Хажжи Салим Аунулла на имя начальника русской назаретской учительской семинарии Кезма. Участок был приобретен для русской учительской семинарии в Назарете.

В Назаретском кадастровом управлении были составлены две купчие крепости на имя Кезма. Купчая крепость № 1 была получена в начале февраля 1914 г., но вследствие того, что она оказалась не вполне пригодна для обоснования прав собственности, Кадастровому управлению было заявлено, что купчая № 1 потеряна. 23 февраля Палестинское Общество получило взамен «утерянной» купчей крепости новую за № 85, которая была послана русскому посольству в Константинополе для перевода участка на имя русского правительства. Однако вследствие начала войны перевод участка на имя правительства не осуществлен. В деле участка (пакет № 17 Палестинского Общества) имеется: купчая крепость № 1, которая не может служить нам основанием для доказательства наших прав на участок, так как номер ее подчищен, и незаверенная копия купчей № 85 в русском переводе.

Город Тивериада

31. На берегу Генесаретского (Тивериадского) озера. В городе и около него имеются 3 земельных участка:

а) В самом городе, на берегу озера, рядом с местом Православной патриархии, так называемое «место со сводами» размером 1 000 кв. пик или 562, 5 кв. м. На участке 5 древних полуразрушенных сводов и 5 колонн.

Участок был оформлен на имя архимандрита Антонина.

б) Так называемое «место с колоннами». Эти недвижимости относятся к разряду земель казенных (мири).

Участок находится в 5—6 минутах ходьбы к югу от города и почти на берегу озера.

Площадь участка 20 денюмов или 18 000 кв. м, но на самом деле она равняется 82 500 кв. м. Купчая крепость была составлена на имя С. Хури (по некоторым данным была поддельная).

в) Земельный участок под названием «место бань» или «место горячих ключей». Земля мири. На участке имеются 7 горячих ключей. Размер его 4 500 кв. м, но на самом деле 22 400 кв. м.

Купчая крепость была составлена на имя С. Хури (по некоторым данным, поддельная). Из этих трех участков неоспоримо принадлежит нам только участок со «сводами», остальные два Турция не признала за нами ввиду отсутствия подлинности их покупки (нота от 9 августа 1888 г. за № 459). Копии купчей крепости находятся в деле № 3435 посольства в Константинополе, с. 83.

32. Земельный участок в селе Кана-Галилейская (Канаель Джалиль) Бейрутского вилаета размером 900 кв. м.

Земельный участок куплен Антонином за 500 фр. на имя С. Хури. По данному земельному участку был судебный спор между Хури и собственником соседнего участка, который заявил на него право. Судебное решение было вынесено в пользу соседа. Что было сделано дальше, выяснить не удалось.

Иерусалим, Яффа, Иерихон

33. Земельный участок в дер. Силоам, в районе Мегаретуз Зунар, в 10—15 минутах ходьбы от Сионских ворот, к югу от Иерусалима, размером 450 кв. м.

На участке имеются 15 деревьев, развалины древней церкви, цистерна и пещера. Покупка была оформлена на имя двух крестьян, которые переписали участок на Халиби в 1882 г. На участке был построен домик.

34. Земельный участок «Уа-ре-ед-Дуббак» с двумя пещерами, из которых большая называется Руммание или Дейр-Эссиние.

Участок находится к юго-востоку от Иерусалима в той части Кедронской долины, которая называется «долина Сауахири» в 25 минутах ходьбы от Генерального консульства.

Согласно плану, снятому в июле 1899 г., размер участка составляет 2 493 кв. м. Большая часть земли и обе пещеры были куплены Антонином 15 ноября 1866 г. на имя крестьянина Хюсейна-Зияде, который в 1871 г. перевел покупку на имя Халеби.

20 августа 1872 г. к этому участку было прикуплено еще некоторое количество земли. 26 августа 1899 г. вся недвижимость была переведена на имя Халеби. В этот же день вся недвижимость была принесена Халеби в дар вел. кн. Сергею Александровичу и была записана на его имя.

35. Земельный участок над названием «Дарбатин-Дабита» или Яфский сад, 22 300 кв. м вблизи Яффы, в 10 минутах пути от города. Этот участок состоит из фруктового сада, в котором находится храм Петра и Тавифы и 7 каменных домов, из которых 3 служат приютом для паломников. Против сада с юга находится узкая небольшая полоса земли размером 79 кв. м под названием «Сикет-ес-Себиль», которая обозначена в общем плане Яффского сада и обнесена каменной оградой.

Земельный участок был приобретен Антонином 10 сентября 1889 г. от Халеби и гражданки Капустиной, на имя которых он был раньше оформлен.

Копия купчей крепости находится в деле 4057 Архива Внешней Политики стр. 511.

36. Земельный участок Бейу-эль-Хараба при входе

в деревню Аната в 1 часе пути к северо-востоку от Иерусалима размером 370 кв. м, а по другим данным 450 кв. м.

Земельный участок был куплен 29 октября 1879 г. Халеби.

15 июня 1899 г. земельный участок Халеби передан в дар вел. кн. Сергею Александровичу, записан на его имя. Копия купчей крепости находится в деле за № 574 Православного Палестинского Общества (Ленинградский архив, с. 14—17).

37. Земельный участок «Гарс-Хасан» на Масличной горе по соседству с участком «Керм-уль-Бадд», в 270 шагах к юго-востоку от места «Вознесения» и церкви «Спасителя». Размер участка 2 977 кв. м.

Земельный участок был куплен 9/1—1896 г. начальником Духовной миссии на имя Халеби.

7 июня 1899 г. Халеби передал земельный участок вел. кн. Сергею Александровичу, записан на его имя.

38. Земельный участок размером 15 375 кв. м в Иерихоне на участке «Ель-Бирке» с фруктовым садом и с двумя домами для паломников, посещавших Иордан и Мертвое море.

Земельный участок в июне 1887 г. был куплен на имя генерал-майора Степанова М. П., который 7 июня 1899 г. подарил его вел. кн. Сергею Александровичу и переписал на его имя. Копия купчей крепости находится в деле 331 Священного Синода (Ленинградск, архив, лист дела 6).

39. Земельный участок «Керим уль-Хараб» или Кубур-уль-Эндиа» с пещерами «Пророков» на Масличной горе размером 1406 кв. м (1503).

Земельный участок куплен 8 августа 1882 г. Антонином по частному документу, который был обменен им на официальный документ в марте 1890 г. В 1901 г. земельный участок был принесен в дар наследниками архимандрита Антонина вел. кн. Сергею Александровичу и записан на его имя по ильмухаберу за № 73 в ноябре 1901 г.

Необходимо иметь в виду, что при оформлении этого участка было обусловлено, что сама пещера «Пророков» является общественной собственностью и доступ в нее открыт беспрепятственно для всех.

Изложенное было подтверждено нотой Порты (Турции) 30 мая 1892 г. за № 1348/48.

40. Земельный участок на вершине горы Эмонской под названием Керм-уль-Бадь размером в 6750 кв. м (по другим данным 12 406 кв. м). Куплен на имя вел. кн. Сергея Александровича в 1889 г.

Рядом Антонином была куплена узкая полоса земли у кармелиток за 500 фр. Купчая была заверена во французском консульстве на имя Антонина. Копия купчей крепости находится в деле за № 331 Священного Синода, лист дела 3.

41. Земельный участок Ед-Дабби на юго-восточном склоне Масличной горы размером 10 911 кв. м, из которых 462 кв. м было отдано под общественную дорогу.

Одна треть этого участка была куплена в 1889 г. на имя Халеби, а две трети были приобретены 12 мая 1899 г. Рафаилом на имя Сергея Александровича и в этот же день весь участок, согласно донесению Генерального Консульства в Иерусалиме от 31 мая 1899 г., за № 560 был записан на имя Сергея Александровича.

Дом М. В. Миловидовой

42. 15 июля 1899 г. гражданка Миловидова купила земельный участок за 50 000 фр., размером 2490 кв. м, из которых 634 кв. м было занято большим домом с разными постройками. Участок находится вне стен Иерусалима напротив Вениаминовского приюта.

22 июля 1899 г. Миловидова перевела земельный участок и строения в дар Русской Духовной миссии в Палестине. Копия дарственного акта находится в деле за № 4057 Архива Внешней Политики за № 422.

43. Земельный участок на месте «Джеваруль-Баляд» или «Джеварулькорие» в деревне Кфейр Бейрутского вилайета размером в один денюм или 919 кв. м (а по другим данным 223 кв. м). приобретен 13 ноября 1899 г. за 4 500 фр. у турецкого подданного Хана сына Эсбира Михаила на имя вел. кн. Сергея Александровича. Весь участок занят садом из оливковых деревьев. В 1900 г. стоимость участка определялась в 10 000 фр. На участок имеется оригинал купчей крепости, который хранится в Архиве Внешней Политики в деле «Российское Посольство в Константинополе», Отдел Констант. П-во, ед. хр. № 3359.

Кроме того имеется оригинал купчей крепости, хранящейся в НКИД (Ливан).

44. В городе Назарете Бейрутского вилайета, Аккского санджака, так называемый 1-й участок, под подворьем общества, мерой в 3 134 кв. м, записан в крепостных документах на имя русского правительства.

45. В городе Назарете, бывший Абу Хамади и Ханны Хамиса, под подворьем общества, записан в крепостных документах на имя жителя г. Назарета, турецкого подданного Салима Райеса, выдавшего на участок дарственную запись на имя П. П. Николаевского, бывшего инспектора Галилейских школ Палестинского Общества. Размер 1 000 кв. м.

46. В городе Назарете, рядом с подворьем общества, под домом, купленным у Магли, мерой около 270 кв. м, записан в крепостных документах на имя А. Г. Кезма, начальника Назаретской мужской учительской семинарии Общества.

47. В городе Хайфе Бейрутского вилайета Аккского санджака, под подворьем имени Сперанского общества, в местности «Вад-уль-Касыр», мерой около 3 600 кв. м, записан в крепостных документах на имя бывшего августейшего председателя общества великого князя Сергея Александровича.

48. В городе Хайфе, на берегу моря, рядом с правительственным конаком (сараем), мерой 2015 кв. м, записан в крепостных документах на имя Императорского Православного Палестинского Общества.

49. В селе Кафр-Кенна Бейрутского вилайета Аккского санджака Насырской казны, мерой 2811 кв. м, записан в крепостных документах на имя А. И. Якубовича, бывшего инспектора учебных заведений Общества.

50. В селе Раме Бейрутского вилайета Аккского санджака и казы, мерой 568 кв. м, записан в крепостных документах на имя А. И. Якубовича, бывшего инспектора учебных заведений Общества.

51. В городе Назарете, соседний с предыдущим, бывший братьев Салем ед-Дабы, мерой около 800 кв. м, записан в крепостных документах на имя А. Г. Кезмы, начальника Назаретской мужской учительской семинарии Общества.

По некоторым данным Палестинскому Обществу принадлежали еще следующие участки:

На горе Елеонской, около Иерусалима, несколько домов для паломников, музей и т. д.

К востоку от Иерусалима по направлению к Иордану в Вифании участок земли с 2-х этажным домом для паломников.

В Иерихоне участок земли с тропическим садом Палестинского Общества и несколько домов.

В Катамоне участок земли.

В Веб-Джале участок земли около «поля пастушков» и «поля Вооза».

В Веб-Захарии участок земли с большим садом и домом.

На горе Кармил участок земли с хвойным садом, храмом и домом.

Участок земли в Туране и Муджедиле.

Большой сад в местечке Джаннии.

Земельный участок «Добрый Самарянин» между Иерусалимом и Иерихоном и некоторые другие. История покупки этих участков подлежит уточнению, так как материалы о них крайне недостаточны и противоречивы.

Зав. отделом загранимуществ управления делами
(Прохоров)
1949 г.

Архив внешней политики Российской Империи МИД РФ (АВПРИ).

О РОЗЫСКЕ КОЛЧАКОВСКОГО ЗОЛОТА *

4 января 1920 г. после занятия Иркутска большевиками Колчак перешел под охрану чехословацких войск и подписал отречение от поста Верховного правителя в пользу Семенова.

4 января того же г. золотой запас Колчака был принят под охрану союзников на станции Нижнеудинск. При этом «...представители населения настаивали на «перевеске всего золота», но председатель приемочной комиссии Гасек (чех) на это не согласился, тогда представители населения уклонились от участия

---

* Справка передана секретариатом бывшего вице-премьера О. Д. Давыдова в **Текущий архив Экспертного совета** после 18 января 1995 г. — *Примеч. авт.*

в комиссии и 28 вагонов с золотом были проверены по описи, со вскрытием двух вагонов для пересчета ящиков и мешков».

5 января 1920 г. началась передача золотого эшелона под охрану чехословацких войск. Но попытка чехов полностью взять на себя «охрану» золотого эшелона успеха не имела, так как русские солдаты отказались оставить свои посты. Решение солдат поддержали Казановский, Кулябко и другие банковские сотрудники, бывшие в эшелоне. Золотой эшелон под смешанной охраной медленно продолжал путь на восток. Утром 12 января на станции Тыреть (200 верст от Иркутска) пломбы у одного из груженных золотом вагонов оказались поврежденными. При вскрытии вагона и пересчете ящиков была обнаружена пропажа 13 ящиков с золотом.

При этом было отмечено, что у вагона, в котором произошла кража, ночью стоял русский (?) караул.

Дальнейшая судьба пропавших ящиков с золотом оставалась неизвестной долгое время.

Дело о розыске золота было заведено в 1940 г. на основании заявления эстонца А. И. Лехта, который через Советское консульство ходатайствовал о разрешении въезда на территорию СССР в район станции Тайга с целью отыскания золота, якобы закопанного в 1919 г. отступавшими колчаковцами. Лехт А. И. в своем заявлении ссылался на эстонца Пуррока К. М., который служил старшим писарем в 21 запасном Сибирском полку армии Колчака и принимал непосредственное участие в его захоронении. При отступлении армии Колчака, в конце октября 1919 г. Пуррок К. М. вместе с двумя солдатами и командиром полка, полковником Швагиным М. И., южнее станции Тайга, от первой просеки по тракту, на пятой лесной дороге справа, зарыли в яму, глубиной 2,5 метра, 26 ящиков с золотом. При просмотре архивных документов было установлено, что такой полк существовал в Колчаковской армии и что он действительно отступал в тот период через станцию Тайга.

В сентябре 1931 г. Пуррок вместе с Лехтом выезжали на ст. Тайга с целью найти место зарытого золота. В предполагаемом месте Пуррок заметил около дороги вал длиной 3—4 метра и с помощью ножа извлек из земли комок истлевшего сукна. По найденному валу Пуррок определил и остальные две ямы с имуществом, а по ним установил и место нахождения золота. (Показания А. И. Лехта). Но в связи с утерей Пурроком паспорта и отсутствием денег, они пробыли на ст. Тайга 10—15 часов и прекратили поиски в полной уверенности, что ящики с золотом на месте.

В марте 1940 г. Лехт и Пуррок подали заявление Генеральному Консулу СССР в городе Таллине о разрешении въезда в СССР для новой попытки розыска захороненного золота. Эта просьба была удовлетворена.

С 13 по 23 июня 1941 г. на поиски золота на ст. Тайга выезжали оперативные работники 2-го Спецотдела НКВД СССР Кузьмин и Митрофанов совместно с Пурроком. Однако из-за давности времени (22 г.) и изменения местности (старый лес спилен и вырос новый лес), Пуррок не смог указать место, где зарыто золото. Группа нашла пятую лесную дорогу справа от просеки и параллельно дороге на расстоянии 14—16 метров были выкопаны 148 шурфов глубиной 1,75 метра, тогда как золото было зарыто на глубину 2,5 метра. Кроме того, на четвертой лесной дороге также было вырыто 100 шурфов, однако золото не обнаружено.

По возвращении из экспедиции Пуррок К. М. 5 июля 1941 г. был привлечен к уголовной ответственности по статье 169, часть II УК РСФСР за злоупотребление доверием и обман органов власти, выразившимся в том, что Пуррок не указал экспедиции точного места захоронения золота.

Допрошенный 10 июля 1941 г. в качестве обвиняемого Пуррок К. М. виновным себя не признал и показал, что за давностью времени и из-за сильного изменения местности он не мог определить и указать точное место захоронения клада.

Особым Совещанием при НКВД СССР 2 мая 1942 г. он был осужден за мошенничество на 5 лет. Находясь в заключении в Приволжском лагере МВД 10 сентября 1942 г. Пуррок умер.

По Справке МВД ЭССР от 12.04.58 г. Лехт А. И. умер в 1950 г..

В июле 1954 г. сотрудники 5-го отдела УКГБ по Кемеровской области Кулдыркаев и Бяков также выезжали на ст. Тайга с заданием организовать розыск зарытого золота.

Кулдыркаев и Бяков нашли то место, где в 1941 г. Кузьмин и Митрофанов вместе с Пурроком производили раскопки, и пробили 360 скважин глубиной 2,5 метра вдоль лесной дороги № 5, но золота не обнаружили. После чего были привлечены для нахождения места, где зарыто золото, геофизики Федоров М. М. и Грязнова М. К. с аппаратом для обнаружения железа в земле (магнитные весы Шмита), так как из показаний Пуррока известно, что в районе зарытия золота, по распоряжению полковника Швагина в три ямы были закопаны револьверы системы Наган, шинели, подметки, стальные подковы для лошадей, а в четвертую яму — золото. Когда ящики с золотом были засыпаны землей, сверху в яму положили убитую лошадь, чтобы отпугнуть тех, «...кто вздумает раскопать яму».

Указанная группа поиски зарытого золота прекратила, считая, что Пуррок давал неправдоподобные показания о захоронении золота в районе станции Тайга.

30 октября — 25 октября 1958 г. в целях сбора дополнительных данных и определения участков работы по отысканию клада на станции Тайга были командированы старший оперуполномоченный ОБХСС ГУМ подполковник милиции А. Д. Данилин, оперуполномоченный ОБХСС ГУМ капитан милиции П. М. Майоров и старший оперуполномоченный 32-го Спецотдела МВД СССР майор в/с Г. И. Кожеуров.

Данной оперативной группой была проведена работа по проверке показаний Пуррока и Лехта. Был установлен и опрошен большой круг лиц, проживающих в г. Тайга и его окрестностях, которые хорошо помнили период отступления колчаковских войск через станцию Тайга. На основании показаний свидетелей и исследования местности было сделано заключение о достоверности ориентиров, о которых указывали Пуррок и Лехт.

По мнению оперативной группы, местность, где в 1941 г. группой МВД СССР с участием Пуррока проводились поиски, является наиболее приближенной к месту, где могло быть зарыто золото.

В беседе с работником пожарной охраны Овчинниковым, который в 1941 г. привлекался к розыску клада, выяснилось, что поиски велись только путем шурфования почвы. Шурфы закладывались на глубину 1 метра на расстоянии 1—1,5 метров один от другого.

Из материалов дела известно, что клад закопан на глубине до 2,5 метров. Следовательно, оперативная группа в то время если даже и стояла на правильном пути в определении местонахождения клада, обнаружить его не могла, поскольку поиск производился не на той глубине.

Учитывая собранные дополнительные данные оперативная группа сделала заключение о том, что «...экспедиция в составе сотрудников 2-ого Спецотдела НКВД СССР... выезжавшая на ст. Тайга, и сотрудники 5-го отдела УКГБ по Кемеровской области Кулдыркаев и Бяков, выезжавшие на ст. Тайга в 1954 г. производили розыск золота от ст. Тайга в сторону Новосибирска, а золото, по агентурным донесениям... было зарыто от ст. Тайга в сторону Красноярска», т. е. экспедиции 1941 и 1954 гг. «искали клад в противоположной стороне от предполагаемого места захоронения золота, в силу чего оно естественно не могло быть ими обнаружено» (Справка по архивно-следственному делу № 0103375 от 31 марта 1958 г.), и принимая во внимание, что розыском клада активно не занимались, отметили целесообразность возобновления поисковых работ летом 1959 г. с применением соответствующей аппаратуры.

На основании Заключения от 18 июня 1959 г. на имя Начальника 3-его Спецотдела МВД СССР полковника Н. Я. Баулина дальнейшие мероприятия по розыску золота в районе станции Тайга были прекращены.

4 апреля 1992 г. в газете «Московский Комсомолец» была опубликована статья Валерия Жукова «Золото Колчака искать на станции Тайга» с подзаголовком «Сенсационные признания руководителей сталинского Гохрана», в которой опять была поднята тема «Колчаковского золота» и отмечалось, что «...при современных методах разведки недр отыскать крупное скопление золота — это раз плюнуть! Может, рискнуть?»

СНОВА НА ПОВЕСТКЕ ДНЯ «РУМЫНСКОЕ ЗОЛОТО»

Информация ИТАР—ТАСС *

БУХАРЕСТ, 21 сентября (корр. ИТАР—ТАСС Николай Морозов). «Шокирующим, нахальным, ядови-

---

* В российской печати эта «тассовка» не публиковалась. — *Примеч. авт.*

тым и безответственным» было названо в среду на пресс-конференции Партии национального единства румын (ПНЕР) недавнее предложение оппозиционной Демократической партии создать парламентскую комиссию для возвращения из России золотого запаса Румынии. Исполнительный секретарь ПНЕР, входящей в правящую коалицию, сенатор Валер Суян весьма сдержанно отнесся к идее создания подобной комиссии, которая, по его мнению, «не способна решить столь деликатную проблему». «Мы, однако, не имеем ничего против того, чтобы комиссия Демократической партии изучила этот вопрос на территории России, но при условии, что они не вернутся на родину без румынского золота», — заключил не без иронии В. Суян.

...Осенью 1916 г. Румыния, участвовавшая в Первой мировой войне на стороне Антанты, под угрозой оккупации страны германскими войсками приняла решение передать на хранение союзной царской России золотой запас национального банка, драгоценности королевы Марии, фонды музеев и церквей, документы академии и государственных архивов, а также состояния частных лиц. Согласно некоторым подсчетам, общая стоимость двух железнодорожных составов с румынскими ценностями, отправленных в Россию в 1916—1917 гг., достигает сегодня 38 млрд. долл. Затем в России вспыхнули революция и гражданская война, все хранившиеся в Кремле ценности, в том числе румынские, были эвакуированы в Сибирь*, где следы их фактически теряются. По разным версиям, этим золотом поживились и адмирал Колчак, и атаман Семенов, и чешский экспедиционный корпус...

Румынская сторона не однажды поднимала этот вопрос, и часть ценностей была возвращена в Бухарест советским правительством в 1934 и 1956 гг. В последний раз «деликатная тема» была затронута на официальном уровне президентом И. Илиеску во время визита в Москву в 1991 г. Тогда М. Горбачев лаконично ответил, что он «не информирован, но поинтересуется».

В ходе ведущихся на протяжении десятилетий споров российская сторона выдвигает «контрпретензии». Дело в том, что после начала Октябрьской революции

---

* «Румынское золото» к началу 1918 г. находилось в Нижнем Новгороде и в Казани.

в 1917 г. румынская армия конфисковала имущество, принадлежавшее российским войскам, расквартированным на территории Румынии, — сотни складов с оружием, военным снаряжением, обмундированием, продовольствием. Кроме того, Румыния не оплатила поставки боеприпасов, снаряжения и продовольствия, производившиеся частично из русских запасов до весны 1917 г. Разумеется, проблемы румынского золота и российского имущества должны быть урегулированы компетентными специалистами, сказал корреспонденту ИТАР—ТАСС видный российский историк, специалист в области российско-румынских отношений Владилен Виноградов, однако сделать это нужно так, чтобы не бросить тень на сегодняшние отношения между двумя странами.

Между тем этот аспект меньше всего заботит «непримиримую» румынскую оппозицию, которая в преддверии парламентских и президентских выборов энергично разыгрывает «антирусскую карту», спекулируя на непростых проблемах, обременяющих взаимную румыно-российскую историю. «Для восстановления экономики Румынии необходимо несколько десятков миллиардов долларов. Откуда их взять?» — спрашивает депутат от Демократической партии Георге Горун в сегодняшнем номере газеты «Кроника ромынэ». Ответ, подчеркивает он, приходит сам собой: «Сейчас идет работа над новым румыно-российским договором. Правительство Румынии должно упомянуть в этом документе проблему золотого запаса, и не только...»

По сути же, единственная цель румынской оппозиции — скомпрометировать нынешнее правительство, чтобы после выборов занять его место. Вот почему она ставит сложный вопрос о золотом запасе в нарочито нереалистичной и зачастую оскорбительной для партнеров форме, фактически блокируя пути к его решению. Ведь каждый успех кабинета — провал оппозиции. Поэтому, даже если и удастся нащупать путь к компромиссу, можно не сомневаться, что оппозиция немедленно обрушит на правительство очередной поток обвинений в профессиональной некомпетентности, предательстве национальных интересов и «промосковской политике». Тем временем российские и румынские эксперты продолжают кропотливую работу по подсчету взаимных потерь и претензий, не теряя на-

жды на компромисс и стараясь держаться в тени, чтобы не навлечь на себя политических бурь.
Текущий архив Экспертного совета.

ИСПАНСКОЕ ЗОЛОТО

В 1936 г. испанские республиканцы согласились сдать на хранение большую часть испанского золотого запаса общей стоимостью более полумиллиарда долларов в Москву. Осенью 1938 г. Агаянц прислал в Центр из Парижа телеграмму, в которой сообщал, что в Москву отослано далеко не все испанские золото, драгоценные металлы и камни. В телеграмме указывалось, что якобы часть этих запасов была разбазарена республиканским правительством при участии руководства резидентуры НКВД в Испании.

О телеграмме немедленно доложили Сталину и Молотову, которые приказали Берии провести проверку информации. Однако когда мы обратились к Эйтингону, резиденту в Испании, за разъяснением обстоятельств этого дела, он прислал в ответ возмущенную телеграмму, состоявшую почти из одних ругательств. «Я, — писал он, — не бухгалтер и не клерк. Пора Центру решить вопрос о доверии Долорес Ибаррури, Хосе Диасу, мне и другим испанским товарищам, каждый день рискующим жизнью в антифашистской войне во имя общего дела. Все запросы следует переадресовать к доверенным лицам руководства ЦК французской и испанской компартий Жаку Дюкло, Долорес Ибаррури и другим. При этом надо понять, что вывоз золота и ценностей проходил в условиях боевых действий».

Телеграмма Эйтингона произвела большое впечатление на Сталина и Берия. Последовал приказ: разобраться во взаимоотношениях сотрудников резидентуры НКВД во Франции и Испании.

Я получил также личное задание от Берии ознакомиться со всеми документами о передаче и приеме испанских ценностей в Гохран СССР. Но легче было это сказать, чем сделать, поскольку разрешение на работу с материалами Гохрана должен был подписать Молотов. Его помощник между тем отказывался подавать документ на подпись без визы Ежова, народного комиссара НКВД, — подписи одного Берии тогда было недостаточно. В то время я был совершенно незнаком со всеми этими бюрократическими правилами и передал документ Ежову через его секретариат. На следующее утро он все еще не был подписан. Берия отругал меня по телефону за медлительность, но я ответил, что не могу найти Ежова — его нет на Лубянке. Берия раздраженно бросил:

— Это не личное, а срочное государственное дело. Пошлите курьера к Ежову на дачу, он нездоров и находится там.

Его непочтительный тон в адрес Ежова, кандидата в члены Политбюро, несколько озадачил и удивил меня. Вместе с курьером нас отвезли на дачу наркома в Озеры, недалеко от Москвы. Выглядел Ежов как-то странно: мне показалось, что я даю документ на подпись либо смертельно больному человеку, либо человеку, пьянствовавшему всю ночь напролет. Он завизировал бумагу, не задав ни одного вопроса и никак не высказав своего отношения к этому делу. Я тут же отравился в Кремль, чтобы передать документ в секретариат правительства. Оттуда я поехал в Гохран в сопровождении двух ревизоров, один из которых, Берензон, был главным бухгалтером ЧК—НКВД еще с 1918 г. До революции он занимал должность ревизора в Российской страховой компании, помещение которой занял Дзержинский.

Ревизоры работали в Гохране в течение двух недель, проверяя всю имевшуюся документацию. Никаких следов недосдачи ими обнаружено не было. Ни золото, ни драгоценности в 1936—1938 г. для оперативных целей резидентами НКВД в Испании и во Франции не использовались. Именно тогда я узнал, что документ о передаче золота подписали премьер-министр Испанской республики Франциске Ларго Кабальеро и заместитель народного комиссара по иностранным делам Крестинский, расстрелянный позже как враг народа вместе с Бухариным после показательного процесса в 1938 г.

Золото вывезли из Испании на советском грузовом судне, доставившем сокровища из Картахены, испанской военно-морской базы, в Одессу, а затем поместили в подвалы Госбанка. В то время его общая стоимость оценивалась в 518 млн. долл. Другие ценности, предназначавшиеся для оперативных нужд испанского правительства республиканцев с целью финансирования тайных операций, были нелегально вывезены из Испании во Францию, а оттуда доставлены в Москву — в качестве дипломатического груза.

Испанское золото в значительной мере покрыло наши расходы на военную и материальную помощь республиканцам в их войне с Франко и поддерживавшими его Гитлером и Муссолини, а также для поддержки испанской эмиграции. Эти средства пригодились и для финансирования разведывательных операций накануне войны в Западной Европе в 1939 г.

Однако вопрос о золоте после разоблачений Орлова в 1953—1954 г. получил новое развитие. Испанское правительство Франко неоднократно поднимало вопрос о возмещении вывезенных ценностей. О судьбе золота меня и Эйтингона допрашивали работники разведки КГБ в 1950—1960 г., когда мы сидели в тюрьме. В итоге, как мне сообщили, «наверху» было принято решение в 1960 г. — компенсировать испанским властям утраченный в 1937 г. золотой запас поставкой нефти в Испанию по клиринговым ценам.

Из кн.: **Павел Судоплатов.** Разведка и Кремль. Записки нежелательного свидетеля. — ТОО «Гея». М., 1996.

СЧЕТНАЯ ПАЛАТА РОССИЙСКОЙ ФЕДЕРАЦИИ. СПРАВКА *

В соответствии с Положением о Госкомимуществе России, утвержденным постановлением Правительства Российской Федерации от 4 декабря 1995 г. № 1190, а также постановлением Правительства Российской Федерации от 5 января 1995 г. № 14 «Об управлении федеральной собственностью, находящейся за рубежом», на Госкомимущество России возложены функции по управлению и распоряжению объектами федеральной собственности, находящимися за рубежом, защите имущественных прав и интересов государства за рубежом, учету, поиску и оформлению прав собственности на федеральное имущество за рубежом, контролю за его сохранностью и использованием, а также контролю

---

* Передана в текущий архив экспертного совета в феврале 1999 г. из Секретариата Совета Безопасности РФ *(публ. с сокращениями.).*

за поступлением средств в федеральный бюджет от использования государственной собственности. Реализация вышеупомянутых функций осуществляется, главным образом, Управлением собственности за рубежом и межгосударственных имущественных отношений (штатная численность 12 человек, фактическая численность 9 человек), а также по отдельным вопросам — Управлением приватизации предприятий оборонного комплекса и военного имущества, Отделом приватизации предприятий торговли и сферы обслуживания, Управлением приватизации предприятий строительного комплекса.

В результате проверки установлено, что в работе Госкомимущества России, а также других федеральных органов исполнительной власти по выполнению вышеупомянутых задач имеется ряд существенных недостатков.

В частности, в Госкомимуществе России отсутствуют в имеющемся перечне недвижимых объектов за рубежом, являющихся федеральной собственностью, детализированные характеристики по каждому объекту: балансовая стоимость, время приобретения, основные технические характеристики и другая необходимая информация. Согласно данных Госкомимущества России, а также имеющейся в Комитете информации МИДа России, МВЭС России, Росзарубежцентра, Минобороны России, ИТАР—ТАСС, РИА «Новости» на балансе указанных министерств и организаций находится 1509 объектов федеральной собственности в 112 странах мира, балансовая стоимость указанной недвижимости оценивается Госкомимуществом России в 3,24 млрд. долл. США.

В Госкомимуществе России практически отсутствует учет федеральной загрансобственности в виде финансовых вложений — долей, паев, акций, ценных бумаг и т. д. в юридических лицах, находящихся за рубежом. Запросы Госкомимуществом России в соответствующие организации по данному вопросу не направлялись, за исключением обращений в Банк России, Внешэкономбанк, Минфин России, РФФИ о представлении сведений о бывших совзагранбанках (величине уставного капитала, долях акционеров и др.). Указанная информация от вышеупомянутых организаций Госкомимуществом России получена не была.

По данным Внешэкономбанка, по состоянию на 1 ноября 1996 г. на балансе Банка значатся вложения в капиталы бывших совзагранбанков в размере около 4 трлн. руб. и в акции других банков и организаций — 64,5 млрд.руб. Центральный банк Российской Федерации фактически отказался представить информацию о финансовых активах за рубежом, являющихся собственностью Банка России.

До настоящего времени не существуют автоматизированная система учета и реестр федеральной загрансобственности, создание которых постановлением Правительства Российской Федерации от 5 января 1995 г. № 14 было поручено осуществить Госкомимуществу России совместно с Госкомстатом России, МИДом России и МВЭС России до конца 1995 г. Работа указанных министерств по созданию системы учета и реестра федеральной собственности за рубежом была затянута в связи с тем, что несмотря на неоднократные поручения Правительства Российской Федерации, Минфином России не выделены необходимые средства для финансирования указанных работ.

Госкомимуществом России и другими заинтересованными министерствами разработана (до настоящего времени не утверждена Правительством Российской Федерации) Методика, устанавливающая порядок оценки находящегося за рубежом и закрепленного за федеральными органами исполнительной власти, учреждениями и предприятиями Российской Федерации недвижимого и движимого имущества, в том числе долгосрочных финансовых вложений, включая вклады предприятий Российской Федерации в доходные активы (акции, облигации и другие ценные бумаги) и уставные фонды зарубежных предприятий, что постановлением Правительства Российской Федерации от 12 декабря 1995 г. № 1211 «Об инвентаризации собственности Российской Федерации, находящейся за рубежом» было поручено осуществить в месячный срок. В то же время, Госкомимущество России в декабре 1996 г. обратился в Правительство Российской Федерации с предложением, об опытном применении Методики рядом министерств и организаций в отношении имеющегося у них на балансе имущества за рубежом (по отдельному списку стран).

В связи с отсутствием Методики невозможно оценить реальную (рыночную) стоимость недвижимости за рубежом с учетом износа. Кроме того, федеральными органами исполнительной власти, учреждениями и предприятиями не проведена инвентаризация собственности за рубежом на базе указанной Методики, что также было предусмотрено упомянутым постановлением Правительства Российской Федерации.

Госкомимуществом России не исполняются надлежащим образом возложенные на Комитет Указом Президента Российской Федерации от 30 ноября 1992 г. № 1518 «О порядке реализации и использования высвобождаемого военного имущества» и Положением о Госкомимуществе России функции по учету и контролю за использованием высвобождаемого военного имущества за рубежом. Госкомимуществом России не создан реестр недвижимого военного имущества за рубежом, Комитет не располагает данными о недвижимом военном имуществе, высвобожденном в ходе вывода российских войск из стран дальнего зарубежья и бывших республик Союза ССР, а также наличии недвижимого военного имущества за рубежом на балансе соответствующих министерств и организаций (за исключением зданий Аппаратов военного атташе).

Госкомимущество России не обеспечил должный контроль за реализацией постановления Правительства Российской Федерации от 28 февраля 1994 г. № 162, предусматривающего возможность использования военного имущества, высвобождаемого в связи с выводом Вооруженных Сил Российской Федерации из государств — бывших республик Союза ССР, путем создания совместных предприятий, продажи или передачи этого имущества в уставный капитал вновь создаваемых и действующих структур с определением доли России в их деятельности, а также передачи указанного имущества уполномоченным органам государства, на территории которого это имущество находится, с учетом его стоимости во взаимных расчетах между Россией и другой договаривающейся стороной. Комитет не осуществляет проработку вопросов, связанных с созданием совместных предприятий в указанных странах на базе высвобождаемого недвижимого военного имущества. Что касается передачи высвобождаемого военного имущества странам СНГ для учета его стоимости во взаиморасчетах России с этими государствами, то указанными вопросами

Госкомимущество России не владеет, поскольку, по имеющимся в Комитете данным, ими занимается Минобороны России.

Госкомимуществом России проводится определенная работа по поиску имущества бывших Российской Империи и СССР за рубежом: в период 1992—1996 гг. было выявлено 8 земельных участков, из них 5 — со строениями в ФРГ, зарегистрированных в Германии как собственность, приобретенная бывшими МИД СССР, МВТ СССР и Советской Армией.

Российскими организациями, управляющими недвижимыми объектами за рубежом, являющимися федеральной собственностью, не завершена работа по документальному оформлению правопреемства Российской Федерации на указанное имущество бывшего СССР. По имеющимся в Госкомимуществе России данным, к настоящему времени перерегистрированы на имя Российской Федерации объекты федеральной собственности, находящиеся на балансе МИДа России, только в 68 странах.

Необходимо отметить, что признание прав собственности России на имущество бывшего СССР за рубежом сдерживается в связи с претензиями на часть указанной собственности Республики Украина, которая в июне 1992 г. направила в зарубежные страны соответствующие ноты. По этой причине, согласно информации Госкомимущества России, в Европе Россию признали единственным правопреемником бывшего СССР только Болгария, Венгрия, Исландия, Финляндия и Швеция. В связи с данной проблемой затруднено и оформление прав собственности на найденные в Германии недвижимые объекты бывшего СССР.

Достаточно сложно решаются вопросы о разграничении собственности между Россией и странами ближнего зарубежья в связи с распадом Советского Союза. Только с Республикой Украина требуется урегулировать права собственности на 300 объектов производственной и социальной сфер, расположенных на территории обеих стран. До настоящего времени отсутствует договорно-правовая база, регулирующая имущественные отношения со странами Балтии.

Согласно имеющейся в Госкомимуществе России информации, в период 1995—1996 гг. было принято 8 решений Правительства Российской Федерации, связанных со сделками с федеральным имуществом (купля, продажа, мена и т.п.), находящимся в оперативном управлении МИДа России и МВЭС России в Суринаме, Индии, Швейцарии, Финляндии, Индонезии, Австрии, Южной Корее, ФРГ. При этом Госкомимуществом России в ходе проверки не предъявлены документы, обосновывающие целесообразность осуществления указанных сделок, а также представления Госкомимущества России и упомянутых министерств, которые должны являться основаниями для принятия соответствующих решений Правительства.

В связи с выходом Указа Президента Российской Федерации от 2 августа 1996 г. № 1135 «О мерах по улучшению использования недвижимого имущества, закрепленного за Министерством внешних экономических связей Российской Федерации», предусматривающего передачу МВЭС России Управлению делами Президента Российской Федерации в оперативное управление служебные здания, сооружения, жилые дома и другое недвижимое имущество, находящееся на балансах представительств России по торгово-экономическим вопросам в иностранных государствах, представители Госкомимущества России принимают участие в работе созданной Управлением Делами Президента России комиссии по приему-передаче имущества. Следует отметить, что по вопросам реализации упомянутого Указа до настоящего времени не существует соответствующих распоряжений Правительства Российской Федерации, что противоречит Конституции Российской Федерации (ст. 114), возлагающей функции по управлению федеральной собственностью на Правительство Российской Федерации.

Госкомимуществу России необходимо усилить работу по контролю за сохранностью и эффективным использованием федеральной загрансобственности, закрепленной на балансе госпредприятий и учреждений, в том числе и путем сдачи ее в аренду.

Госкомимущество России не располагает полными данными о сдаче в аренду имущества за рубежом, находящегося на балансе министерств и организаций. В Комитете имеется в наличии только часть договоров, заключенных МВЭС России и его загранпредставительствами, о сдаче в аренду недвижимого имущества за рубежом в 17 странах. Имеющиеся договоры аренды

Госкомимуществом России не систематизируются и не учитываются в полной мере. Договоры аренды недвижимого имущества, закрепленного на балансе других российских учреждений и организаций, в Госкомимущество России не представлялись, как это предусмотрено постановлением Правительства Российской Федерации от 5 января 1995 г. № 14.

Госкомимущество России не осуществляет систематический контроль за поступлением в федеральный бюджет средств от использования российскими организациями имущества, являющегося федеральной собственностью, и принятие необходимых мер для обеспечения этих поступлений, что предусмотрено Положением о Госкомимуществе России. Комитет не располагает исчерпывающими данными по получаемым министерствами и организациями доходам от использования федерального имущества за рубежом, в том числе от сдачи его в аренду, а также о поступлениях в федеральный бюджет средств от сделок с указанным имуществом, включая доходы по ценным бумагам, долям, паям, акциям.

Минфин России также не располагает данными о поступлении в 1995—1996 гг. в федеральный бюджет средств от использования собственности за рубежом, включая недвижимое имущество, кроме того, указанные доходы не предусматриваются проектом бюджета на 1997 г. В то же время, только МВЭС России, согласно поступившей от Министерства информации, в 1994—1995 гг. получено доходов от сдачи в аренду недвижимого имущества за рубежом в размере 15,3 млн. долл. США, перечислено в бюджет — 7,65 млн. долл. США.

Следует отметить, что согласно постановления Правительства Российской Федерации от 5 января 1995 г. № 14 средства, вырученные в результате совершения сделок с федеральным имуществом за рубежом, должны целиком направляться в федеральный бюджет в порядке, определяемом Минфином России.

Как показали проверки МИДа России, МВЭС России, Росзарубежцентра и ИТАР—ТАСС по расходованию бюджетных валютных средств на международную деятельность, единый порядок перечисления средств в федеральный бюджет от использования загрансобственности Минфином России не разработан. Доходы от сдачи в аренду находящейся на балансе указанных организаций федеральной загрансобственности используются ими в порядке, устанавливаемом в каждом конкретном случае.

При этом часть доходов, полученных от сдачи в аренду рядом организаций, в частности МВЭС России, недвижимости за рубежом, с разрешения Минфина России остаются в распоряжении указанных организаций и не перечисляются в федеральный бюджет, что противоречит постановлению Правительства Российской Федерации от 5 января 1995 г. № 14.

Неэффективно осуществляется управление предприятиями за рубежом с федеральной долей собственности, большинство из которых работают убыточно и не перечисляют дивидендов в федеральный бюджет. Так, из 5 таких предприятий, в которых за Госкомимуществом России закреплены акции и доли в уставном капитале, являющиеся федеральной собственностью, прибыльно работает только СП «Вьетсовпетро», Вьетнам (управление государственной долей осуществляется РВО «Зарубежнефть»).

До настоящего времени не разработан ряд нормативных документов, регулирующих вопросы управления, учета и поиска федеральной собственности, находящейся за рубежом.

В частности, Минфином России не разработано Положение о порядке финансирования работ Госкомимущества России по поиску, оформлению прав собственности Российской Федерации и управлению имуществом, находящимся за рубежом, а также защите имущественных интересов России за рубежом.

Минтрудом России не утверждено Положение о порядке привлечения, условиях работы и оплаты труда должностных лиц федеральных органов исполнительной власти и специалистов предприятий и учреждений, направленных для работы в органах управления находящихся за рубежом юридических лиц с российской долей участия.

В ходе выборочной проверки имеющихся в Госкомимуществе России документов по приватизации в 1992—1994 гг. государственных предприятий, в том числе внешнеэкономических объединений, которые имели на своем балансе долгосрочные финансовые вложения в находящихся за рубежом юридических лицах, а также недвижимость за рубежом, был выявлен ряд недостатков и нарушений действующего законодательства и нормативных актов по приватизации, в том числе в части оформления необходимых документов, контроль за которым возложен на Госкомимущество России.

В частности, были допущены ошибки при расчете уставного капитала внешнеэкономических объединений («Общемашэкспорт») и при пересчете долгосрочных финансовых вложений в иностранной валюте в рубли («Разноимпорт»). Отсутствуют полные комплекты документов по приватизации внешнеэкономических объединений «Стройматериалинторг» и «Техностройэкспорт».

При приватизации объединений «Внешинторг» и «Зарубежстрой» в уставные капиталы образованных акционерных обществ не были включены недвижимые объекты в КНДР и Монголии, которые находились на балансе указанных объединений на момент их акционирования. Права пользования АООТ «Внешинторг» и АООТ «Зарубежстрой» на указанные объекты до настоящего времени не урегулированы Госкомимуществом России. Данные объекты, как федеральная собственность, Госкомимуществом России за указанными акционерными обществами не числятся.

Следует также отметить, что приватизация государственных предприятий и организаций, имеющих на балансе собственность за рубежом, осуществлялась в соответствии с действующими в указанный период законодательными и нормативными актами, которые предусматривали, что при определении величины уставного капитала создаваемых акционерных обществ средства предприятия в иностранной валюте, внесенные в виде паев (вкладов) и находящиеся у предприятия на балансе, принимаются при оценке в суммах, отраженных в балансе в рублевом выражении по состоянию на 1 июля 1992 г. без проведения последующих переоценок основных фондов и валютных статей баланса и без учета изменения курсового соотношения за истекший период. Данное обстоятельство привело к значительному занижению фактической величины уставного капитала создаваемых акционерных обществ, которое только при приватизации компании «Нафта Москва» и ВО «Техснабэкспорт» составило около 33 млрд. руб. или 16,14 млн. долл. США, соответственно, занижению первоначальной цены продажи предприятий, и следовательно, существенным потерям федерального бюджета средств от приватизации.

В целом следует отметить, что вопросам учета и контроля за использованием федеральной собственности за рубежом руководством Госкомимущества России уделяется недостаточное внимание, о чем свидетельствует то обстоятельство, что данные вопросы ни разу не рассматривались на заседаниях Коллегии Комитета.

Кроме того, штатная численность подразделений Госкомимущества России, ответственных за данные вопросы, и в первую очередь, Управления собственностью за рубежом и межгосударственных имущественных отношений, а также уровень оплаты труда сотрудников Комитета не позволяет в надлежащей мере осуществлять выполнение широкого круга задач по поиску, управлению, учету и контролю за использованием федеральной собственности за рубежом.

Выводы.

Итоги проведенной проверки работы российских организаций по учету и контролю за использованием федерального имущества за рубежом показали в целом, что в этой работе имеются значительные недостатки, требующие принятия мер по их устранению, в частности:

■ не созданы автоматизированная система учета и реестр объектов федеральной собственности за рубежом, практически полностью отсутствует учет федеральных вложений, а также недвижимого военного имущества за рубежом;

■ недостаточно осуществляется контроль за сохранностью и эффективным использованием федеральной собственности за рубежом, а также высвобождаемого военного имущества;

■ не осуществляется систематический контроль за поступлением в федеральный бюджет от российских организаций средств от использования собственности за рубежом и учет этих средств;

■ не завершена работа по оформлению прав собственности Российской Федерации на имущество бывшего СССР за рубежом;

■ неэффективно осуществляется управление предприятиями за рубежом с федеральной долей собственности;

■ не разработан ряд нормативных документов, регулирующих вопросы управления и распоряжения федеральной собственностью за рубежом.

Проведенная проверка Госкомимущества России является первым этапом планируемой работы по комплексному анализу всех вопросов, связанных с использованием финансовых и имущественных вложений за рубежом, являющихся федеральной собственностью. В течение 1997 г. предусматривается осуществить проверки ряда российских организаций, имеющих на балансе государственное финансовое и иное имущество за рубежом, по вопросам эффективности его использования.

1996 г.
Текущий архив Экспертного совета.

КРАТКАЯ БИБЛИОГРАФИЯ

Книги

Будберг А. П., барон. Дневник белогвардейца. Л. 1925.
Васильева О. Ю., Кнышевский П. П. Красные конкистадоры. М., 1994.
Гинс Г. К. Сибирь, союзники и Колчак. т. 1—2. Пекин, 1921.
Гиппиус З. Петербургские дневники. 1914—1919. Нью-Йорк — Москва, 1990.
Голанд Ю. М. Кризисы, разрушившие НЭП. Валютное регулирование в период НЭПа (изд. 2-е, допол.). — М., 1998.
Гутман-Гун А. Россия и большевизм: материалы по истории революции и борьбы с большевизмом. ч. I., 1914—1920. Шанхай, 1921.
Жуков Ю. Н. Операция Эрмитаж. М., 1993.
Карр Э. История Советской России, т. 3, ч. I. Советская Россия и внешний мир. М., 1989.
Кашиц В. Кровь и золото царя. — Киев, 1998.
Коминтерн и идея мировой революции. Документы. — М., 1998.
Конт Ф. Революция и дипломатия (документальная повесть о Христиане Раковском). Предисл. В. Г. Сироткина. — М., 1991.
Красин Л. Б. Вопросы внешней торговли. М., 1970.
Колчак А.В. Последние дни жизни. Барнаул, 1991.
Милюков П. Н. Россия на переломе, т. 1—2. Париж, 1927.
Павлов В. Упущен ли шанс? М., 1995.
Литвинов И. И. Из дневника 1922 г. — «Неизвестная Россия. XX век», т. IV. М., 1993.
Петров П. П., генерального Штаба генерал-майор. Роковые годы, 1914—1920. Калифорния, 1965.
Сокольников Г. Я. Новая финансовая политика (на пути к твердой валюте). М., 1991.
Троцкий Л. Д. Портреты революционеров. М., 1995.
Узники Бизерты. Документальные повести о жизни русских моряков в 1920—1925гг. — М., 1998.
Хаммер А. Мой век — двадцатый (пути и встречи). М., 1988.
Черветти Дж. Золото Москвы. М., 1995.
Юровский Л. Н. Денежная политика Советской власти. М., 1996.

* * *

Abrikosow D. I. Revelations of a Russian Diplomat. Seattle, 1964.
Clarke W. The Lost Fortune of the Tsars. N-Y. 1994.
Fischer L. The Soviets in World Affairs, vol. 1—2, L., 1930.
Freymond Joel. Les emprunts russes. Paris, 1995.
Gaida R. Moje pameti. Praha, 1925.
Gorboff Marina. La Russie fantôme, Lausanne, 1995.
Janin P.-M., gén. Ma mission en Sibirie, 1918—1920. Paris, 1933.
Krasin Leonid. His Life and Work. L., 1929.
Kudela Joseph. Les légions tchecoslovaques et l'or russe. Praha, 1922.
Millspaugh A. C. The American task in Persia. — N-Y — London, 1925.
Novitzky. The Russian Gold Reserve before and during the World and Civil Wars (1883—1921). — «Russian Gold Reserve». N-Y., 1928.
Smele Jh. D. Civil War in Siberia: anti-bolshevik government of admiral Kolchak, 1918—1920. Cambridge, 1996.

Smele Jh. D., Collins D. N. Колчак и Сибирь: документы и исследования, 1919—1926. New-York, 1988, (издано на русском языке).
Smith A. Hitler's Gold. — Oxford, N-Y, Munchen, 1989.
Zabludoff S. Movements of Nazi Gold. — Washington, 1997.

Статьи

Абаринов В. Сокровища рейха: вопрос без окончательного решения. — «Известия», 1998, 2 дек.
Агафонов С. Кому достанется золото Колчака, если оно будет найдено? — «Известия», 11 октября 1991, № 243.
Беккер А. Российскую собственность за границей придется отсуживать. — «Сегодня», 4 июля 1995.
Большаков В. Платить, судя по всему, придется, и Россия должна об этом знать. — «Правда», 6 июля 1994, № 118.
Волкова Л. Золото России: царские долги и царские жесты. — «Российская газета», 28 декабря 1994.
Гак А. М., Дворянов В. Н., Папин Л. М. Как был спасен золотой запас России? — «История СССР», 1960, № 1.
Григорьев Е. Проблема нацистского золота обретает международный характер. — «Независимая газета», 1997, 30 июля.
Гузанов В. Уплывшее сокровище (русское золото в иностранных банках). — «Совершенно секретно», 1993, № 3.
Дроздов А. Интеллигенция на Дону. — «Новая Юность», 1997, № 22—23.
Дроздов С. Почему Россия лишилась царского подарка? (О российской недвижимости за рубежом). — «Дипломатический ежегодник». М., 1995.
Ефимкин А.П. Золото Республики. — «Дипломатический ежегодник». М., 1995.
Идашкин Ю. В. Были ли большевики куплены на золото германского Генерального штаба? — «Дипломатический ежегодник». М., 1995.
Ильинская Т. Российские владения в Риме. — «Эмиграция», август 1993, № 29.
Инглези Х. Как решить вопрос царских долгов? — «Известия», 5 марта 1992, № 55.
Казаков И. Вернется ли из Японии российское золото? — «АиФ» — Татарстан, 1997, 9—15 октября.
Канаев Л. Дворцами не бросаются. — «Российская газета», 1998, 27 мая.
Кирсанов Е. Собирается ли Токио возвращать долг? — «Независимая газета», 1998, 5 августа.
Кладт А. П., Кондратьев В. А. «Золотой эшелон» (возвращение золотого запаса РСФСР, март — май 1920). — «Исторический архив», 1961, № 1 (публикация документов).
Коваленко Ю. Французы предлагают покрыть царские долги с помощью капиталов КПСС, упрятанных в парижских банках. — «Известия», 3 нояб. 1992, № 241.
Ковешников Ю. Золото. — «Открытый урок» (еженедельное приложение к «Учительской газете»), 1996, № 31, 32.
Копосова Н. Золотая лихорадка (интервью с депутатом Госдумы В.А. Лисичкиным). — «Российская газета», 1995, № 23, 31 января.
Кузнецов И. Так кто же должник? — «Сын Отечества», — 1991, 8 февраля.
Куллудон Вирджиния. «Ленинское» золото во Франции. — «Дипломатический ежегодник». М., 1995.
Кучеренко В. Как Владлен Сироткин Лондон взволновал. — Российская газета, 1999, 18 марта.
Ланской В. Первый проблеск «нацистского золота»: почему молчит Россия? — «Российская газета», 1997, 18 июля.

Лебедев Е. Что с возу упало (как возвратить увезенные на Запад капиталы?) — «Трибуна», 1998, 30 января.

Лившиц С.Г. Новое о «золотом эшелоне». — «Алтай», Барнаул, 1969, № 4.

Манько А. Жизнь взаймы (из истории российских государственных долгов) — «Век», июнь 1993, № 24.

Масарский М. В. Золото «царское», «ленинское», «колчаковское», «семеновское»... — «Литературная газета», 1997, 26 ноября.

Масарский М. В. Золото и земли в обмен на деньги (интервью с Юрием Калашновым) — «Коммерсантъ», 1998, 14 апреля.

Масарский М.В., Сироткин В.Г. Долги России, или игра в одни ворота. — «Дипломатический ежегодник». М., 1995.

Михеев В., Скосырев В. Царское золото спасло бы Россию. — «Известия», 1999, 18 марта.

Моравский Н. В. Страницы истории сибирского областничества в собраниях документов Гуверовского института и из архива моего отца В.И. Моравского. — «Культура российского зарубежья». Сб. Статей. М., 1995.

Настало время окончательно решить вопрос с российскими претензиями на недвижимость в Германии. — «Новая ежедневная газета», 28 июня 1994, № 118.

Натаров В. Золотой след. — «Литературная газета», 24 мая 1995, № 21.

Папилова Ю. Авгиевы конюшни. «Коммерсантъ», 1998, 27 мая.

Папилова Ю., Калашнов Ю. Мингосимущество включилось в борьбу за зарубежную собственность. «Коммерсантъ», 1998, 21 мая.

Петров С. П. Сколько российского золота оказалось за границей в 1914—1920-х гг.? (доклад). — «Дипломатический ежегодник». М., 1995.

Попов Ю. Не было пороха в пороховницах? (интервью с химиком Л.В. Забелиным) — «Труд», 1998, 29 сентября.

Портанский А. В Думе замышляют еще одну национализацию. — «Известия», 21 февраля 1995, № 33.

Поспелова Н. Святыни, золото и конъюнктура (беседа с министром культуры Евг. Сидоровым). — «Век», 1995, № 33.

Самойлова Н. ГКИ провело ревизию зарубежной собственности России. — «Коммерсантъ-Daily», 4 июля 1995, № 122.

Седых И. Швейцарский след нацистского золота. — «Московские новости», 1997, 7—14 декабря.

Смирнов. Снова о золоте Колчака. — «Клады и сокровища», 1999, № 1—2.

Сосков В. Миллионер, умерший в нищете. — ЖИП, 1998, № 11—12.

Список русских учреждений в Палестине и Сирии (1903 г.) — «Дипломатический ежегодник». М., 1992, с. 260—268 (недвижимость в «святых землях»).

Суханов Ан. Тайна «золотого эшелона». — «Модус Жиженди», сентября 1995, № 14/15.

Тавобова Л. Скандал вокруг золота Трои. — «Московский комсомолец», 25 января 1996, № 15.

Хисамутдинов Амир. История «колчаковского» золота. — «Владивостокское время», 22 июля 1995, № 70.

Холл У. Власти Швейцарии предотвратили международный бойкот своих банков. — «Финансовые известия», 1997, 21 января.

Черепахин В. Время собирать золото России. — «Независимая газета», 1998, 22 мая.

Черных Е. Злата Прага с русской позолотой. — «Комсомольская правда», 4 февраля 1992.

Черток Семен (Иерусалим). Русские паломники в Палестине. — «Русская мысль», 11—17 января 1996, № 4108.

Швыдкой М. Депутаты решают судьбу золота Шлимана. — «Независимая газета», 16 мая 1995.

Штекер Дж., Буранов Ю. Тайна Арманда Хаммера (знаменитый американский промышленник был агентом Коминтерна...). — «Известия», 10 июня 1992, № 135.

* * *

Atoun Helene. Empunts russe: on reparle de remboursement. — «La Quotidien de Paris», 12 avril, 1995.
Franchetti M. Russia stakes claim to tzar's London Gold — Sunday Times, 1999, 14 march.
Jacquin Jean-Baptiste. Les derniers croyants de l'emprunt russe. — «L'Expansion», 499, 14—27 avril 1995.

Публикации и интервью В.Г. Сироткина

— От гражданской войны к гражданскому миру. — в кн.: «Иного не дано». Сб. статей. М., 1988.
— Номенклатура в историческом разрезе — Через тернии. Сб. статей. — М., 1990.
— Марк Масарский: путь наверх российского бизнесмена. М., 1994.
— Демократия по-русски. — М., 1999.

* * *

— Шлейф «царских долгов». — «Деловые люди», 1991, № 3 (март).
— Царские долги надо платить: весь вопрос в том — когда? — «Известия», 14 марта 1992, № 63.
— Вернется ли на Родину российское золото (послесловие М. Масарского). — журнал «Знамя» 1992, № 8.
— Государево золото. — «Неделя», 1993, № 16 (апрель).
— Куда ушло «российское золото»? — «Аргументы и факты», 1993, № 17.
— Апельсиновый гешефт (интервью Вл. Щедрина с В. Г. Сироткиным). — «Рабочая трибуна», 19 февраля 1994, № 33.
— Царский подарок у берегов Шотландии (о судьбе российского золота и недвижимости за рубежом). — «Недвижимость за рубежом» (ежемесячный журнал), 1994, № 1 (август).
— Что с возу эпохи упало... (интервью зам. главного редактора А. Черняка с проф. В. Сироткиным). — «Правда», 12 августа 1994, № 145.
— Русское золото находится во Франции, Японии, Чехии. — «Россия», 9—15 ноября 1994, № 42.
— Длань Петра — Неделя, 1994, № 12.
— Еще 100 млрд. долларов. Кто и когда вернет их стране (о «царской» недвижимости за рубежом). — «Россия», 7—13 декабря 1994, № 47.
— Почему «государевым слугам» не требуется «государево золото»? — «Неделя», 1994, № 32.
— Золото русских царей. — «Аргументы и факты», 1994, № 46.
— «Царское» золото и борьба за власть в России. — «Панорама» (Лос-Анджелес), 4—10 января 1995, № 717.
— Русское золото, или кто кому должен? (интервью собкора в Париже В. Прокофьева с проф. В. Г. Сироткиным). — «Труд», 16 июня 1995.
— Щедрые подарки Парижу и Токио. — «Огонек», 1995, № 43 (октябрь).
— Рука Москвы (российской собственности за границей хватило бы на уплату всех наших долгов; и еще бы осталось...). — «Огонек», 1995, № 47 (ноябрь).
— Золото империи рассыпано по всему миру. Но нам оно не нужно (интервью

Нат. Бондаренко с В. Г. Сироткиным). — «Общая газета», 16—22 ноября 1995, № 46.
- Россия и Запад: кто кому должен? — «Век», 1995, № 14.
- «Нулевой вариант» (как вернуть российское богатство, упавшее с воза истории?). — «Век», 1995, № 29.
- «Век» выступил — Япония взволнована (еще раз о скандальной ситуации вокруг российского золота). — «Век», 1995, № 33.
- Царское золото передавалось Японии не только под расписки (решению проблемы могло бы помочь создание совместного консорциума). — «Независимая газета», 1997, 25 июля.
- В поисках российского золота и недвижимости (беседа Игоря Михайлова с профессором Владленом Сироткиным). — Русская мысль (Париж), 1997, 4—10 декабря.
- А «ленинское» золото все-таки во Франции! — «Литературная газета», 1998, 28 янв.
- «Где наши 47 тонн золота?» — «Правда», 1998, 8 апреля.
- Князь Оболенский и русская Ницца. — «Правда», 1998, 14 мая.
- Хобби профессора Сироткина (интервью с Михаилом Гохманом). — «Версии», 1998, 16—23 июля.
- Закон сохранения недвижимости (интервью с Юрием Калашновым) — «Коммерсантъ-Деньги», 1998, 29 июля, № 28.
- Все еще русская Ницца. — «Коммерсантъ», 1998, 1 августа.
- Откуда деньги на займы? — «Независимая газета», 1998, 8 августа.
- Запад должен России 40 млрд. долл. — «Комсомольская правда», 1998, 14 августа.
- «Субтропический» капитализм и Россия. — «Независимая газета», 1998, 29 августа.
- А деньги у России — в тумбочке. Профессор Сироткин убедительно доказывает: «Запад должен нам 400 миллиардов долларов!» (интервью с Сергеем Шараевым). — «Трибуна», 1998, 15 сентября.
- За что нас порет история (заметки о генезисе российской власти за сто лет). — «Независимая газета», 1998, 22 сентября.
- Правительство взялось за зарубежную собственность. — «Коммерсантъ», 1998, 20 ноября.
- Дом Романовых заплатит по счетам. Правительство Евгения Примакова займется поиском царской недвижимости и золота за рубежом (интервью с Сергеем Шараевым). — «Трибуна», 1998, 22 ноября.
- Золото и дипломаты. — «Международная жизнь», 1999, № 1.
- Долги России (что Россия должна другим странам и что другие страны должны России?) — Diplomat (издан. ГлавУПДК при МИД РФ), 1999, № 2,3.
- По долгам России заплатит не Россия. — «Коммерсантъ», 1999, 12 февраля.
- Царское золото вместо советских долгов (записала Юлия Малахова). — «Российская газета», 1999, 26 февраля.
- Золотой блеск туманного Альбиона (интервью с Сергеем Шараевым). — «Трибуна», 1999, 17 марта.
- Россия — Запад: кто кому должен? — «Финансовая Россия», № 20, 1999, май.

* * *

- Russia owns $300 bn worth of gold and real estate abroad. — «Diplomatic courier» (Moscow) 9, October, 1994, p. 6—7.
- La Russie «d'outre-mer». — Geopolique (Paris). 1996 — № 54.

ОГЛАВЛЕНИЕ

От автора 3

Глава I
ОТКУДА У ЦАРСКОЙ РОССИИ СТОЛЬКО ЗОЛОТА И НЕДВИЖИМОСТИ ЗА РУБЕЖОМ? 6
Золото и внешние займы 6
Недвижимость 23

Глава II
«КАЗАНСКИЙ КЛАД», БРЕСТСКИЙ МИР И «ДЕМОКРАТИЧЕСКАЯ КОНТРРЕВОЛЮЦИЯ» В ПОВОЛЖЬЕ 41
Генералы из «кухаркиных детей» 41
В погоне за «казанским кладом» 58
Чехословацкий след «казанского клада» 69

Глава III
«ЛЕНИНСКОЕ» ЗОЛОТО». «ЗОЛОТО КОМИНТЕРНА». «НИЖЕГОРОДСКИЙ КЛАД» УХОДИТ НА ЗАПАД ... 96
«Золото Ленина» — германскому кайзеру (или первый «пакт Риббентропа — Молотова») 96
Прибалтийское «окно» большевиков 109
«Золото Коминтерна» 113

Глава IV
ЗОЛОТЫЕ КЛАДОВЫЕ ЗАПАДА И ВОСТОКА НАПОЛНЯЮТСЯ ЧЕРЕЗ ВЛАДИВОСТОК 147
Царские золотые «коносаменты» на японских судах 149
1919 год: «Иокогама спеши банк» становится крупнейшим банком Японии 156
Японская армия военные трофеи не возвращает... 164

Глава V
НЕОЖИДАННЫЕ СОЮЗНИКИ 204
Потомки держателей «русских займов» обвиняют... правительство Франции 205
На Ближнем Востоке берегут православный дух и... российскую недвижимость 222

Глава VI
ДОКТРИНЕРЫ И ПРАГМАТИКИ ... 263
От Леонида Красина до Валентина Павлова: платить или не платить? ... 263
«Нацистское золото» и реституция ... 328

Глава VII
В КОРИДОРАХ ВЛАСТИ ... 354
Проблема зарубежного золота и недвижимости в СМИ (прямое и кривое отражение) 1991—1999 гг. ... 355

Из правительства в Совет Безопасности, 1995—1999 ... 363

Заключение ... 387

Приложения ... 392

Краткая библиография ... 458

Сироткин Владлен Георгиевич

ЗАРУБЕЖНОЕ ЗОЛОТО РОССИИ

Редактор *В. Мамонов*
Младший редактор *Е. Дубровская*
Художественный редактор *В. Горин*
Технический редактор *Л. Бирюкова*
Корректор *Л. Марченко*

Лицензия ЛР № 070099 от 03.09.96 г.
Сдано в набор 18.06.99 г. Подписано в печать 30.09.99 г.
Формат 84×108¹/₃₂. Гарнитура Таймс. Печать офсетная.
Усл. печ. л. 24,36+1,26 (вкл). Тираж 11 000 экз.
Изд. № 99-396-ДО. Заказ № 4350.

Издательство «ОЛМА-ПРЕСС»
129075 Москва, Звездный бульвар, 23

Полиграфическая фирма «КРАСНЫЙ ПРОЛЕТАРИЙ»
103473 Москва, ул. Краснопролетарская, 16

СИБИРСКОЕ ПРАВИТЕЛЬСТВО
-o0o-.

"...." сентября 1923 г.

г.Токио.

Копія.

П О Л Н О М О Ч І Е.

Настоящее полномочіе выдано Члену Сибирскаго Правительства Валеріану Ивановичу МОРАВСКОМУ для заключенія договора от имени Сибирскаго Правительства с Японским подданым Шом Сузуки относительно вычисленій иена о 2.400.000 іен /приблизительно/, находящихся в Іокогамском отдѣленіи Русско-Азіатскаго Банка, внесенных Правительством Адмирала Колчака и требовавшихся бывшим финансовым агентом Россійскаго Правительства К.К.Миллером.

На основаніи этого полномочія В.И.Моравскій имѣет